王充闾

中国当代散文大家。辽宁省作家协会名誉主席、南开大学等校兼职教授。曾任中共辽宁省委常委、宣传部部长，并任鲁迅文学奖散文杂文奖评奖委员会主任。早年接受系统的国学教育，大学毕业后做过教师、记者、官员，人生阅历、社会经验极为丰富，是当今文学创作与学术研究的『通才』。历史文化写作的代表作家，享有『南秋雨，北充闾』之誉。

国粹

人文传承书

王充闾　著

图书在版编目(CIP)数据

国粹：人文传承书/王充闾著. —北京：北京大学出版社，2017.7
ISBN 978-7-301-28401-8

Ⅰ.①国… Ⅱ.①王… Ⅲ.①中华文化—文化史 Ⅳ.①K203

中国版本图书馆 CIP 数据核字(2017)第 109381 号

书　　名	国粹：人文传承书 Guocui：Renwen Chuanchengshu
著作责任者	王充闾　著
策划编辑	王炜烨
责任编辑	王炜烨　杨书澜
标准书号	ISBN 978-7-301-28401-8
出版发行	北京大学出版社
地　　址	北京市海淀区成府路 205 号　100871
网　　址	http://www.pup.cn
电子信箱	zpup@pup.pku.edu.cn
新浪微博	@北京大学出版社
电　　话	邮购部 62752015　发行部 62750672　编辑部 62750673
印 刷 者	北京中科印刷有限公司
经 销 者	新华书店
	965 毫米×1300 毫米　16 开本　27.25 印张　360 千字
	2017 年 7 月第 1 版　2022 年 6 月第10次印刷
定　　价	65.00 元

王元骧

目　录

序　章　传承：文化自信

003　第一篇　中国心

第一章　祖先：人生命脉

011　第二篇　始祖
018　第三篇　道家智者
037　第四篇　士君子
046　第五篇　秦始皇之道
061　第六篇　和亲者
078　第七篇　千古文人心
098　第八篇　达人境界
112　第九篇　才人真绝代
126　第十篇　女杰
135　第十一篇　平常心
148　第十二篇　性情生活家
160　第十三篇　苦味人生

第二章　人文：生命符号

173　第十四篇　鸿蒙开

181　第十五篇　生生之为易
191　第十六篇　尽信《书》不如无《书》
202　第十七篇　广陵散
211　第十八篇　诗词密码
230　第十九篇　联趣
244　第二十篇　姓氏文化
257　第二十一篇　座次格局

第三章　河山：文明大地

267　第二十二篇　三峡气象
279　第二十三篇　徽文脉
286　第二十四篇　江南传奇
293　第二十五篇　古晋北
305　第二十六篇　凉山云和月
320　第二十七篇　丝绸之路

第四章　传统：生活智慧

329　第二十八篇　贤母品格
339　第二十九篇　邯郸道
348　第三十篇　隐士
366　第三十一篇　文明融合
377　第三十二篇　家天下
390　第三十三篇　情是何物
400　第三十四篇　科举
414　第三十五篇　历史周期率

序章

传承:文化自信

历史文化传统是一座精神富矿,人创造并书写了传统,是出发点,也是落脚点。读人通心,与古代的传统对接,与古人的心灵撞击,传承一颗永远的中国心。

第一篇

中国心

I

我的祖籍地河北大名，是北宋王朝的陪都，当时称为北京。千百年来，这里民众间流传下来“说书讲古”的习俗。祖父辈迁徙到山海关外，也把这个传统带了过来。农闲时节，人们吃过晚饭，聚集在场院里，几杆旱烟袋，一壶糊米茶，“李唐赵宋”“南朝北国”，讲起来没完。这种环境的耳濡目染，渐渐地培植了我对于历史传统的深深爱好。一般地说，单纯的爱好是先于知识的渴求的。待到入塾启蒙、求知问学，接触到的《四书》《五经》，“左史”“庄骚”，也无往而非史。过去有两句老话，一曰“文史不分家”，一曰“六经皆史”，都显现出华夏民族特殊发达的历史文化传统。

而历史本身更葆有一种独特的魅力。“年代久远常常使最寻常的物体也具有一种美”，“‘从前’这两个字可以立即把我们带到诗和传奇的童话世界”(朱光潜语)。而历史题材的多义性、不确定性和足够的“想象空间”，更具备一般现实题材所欠缺的文体张力。这一切，都像磁石一般吸引着我。青灯独对或者沧桑看云，我常常设想以一条心线穿透千百年的时光，使已逝的风烟在眼前重现奇华异彩。数十年来，读史、述史已经成为我精神享受、思想升华的一种必要方式，一种无需选择的自动行为。

不过，历史文化传统是一座取之不尽、用之不竭的精神富矿，真正去着手勘探，里面的文章可就多了，正所谓“一部《二十四史》不知从何说起”。当然，要说简单也很简单，无非一个是人、一个是事。相传波斯王即位时，要史官为他编写一部完整的世界史。几年过后，史书编成了，多达六千多卷。年纪已经不轻的皇帝，日夜操劳国事，一直抽不出时间看，没办法，只好让史官加以缩写。经过几年艰苦劳作，缩编的史书完成了，而皇帝已经老迈不堪，连阅读缩写本的精力也没有了，便要史官做进一步的压缩。可是，没等编成，他就生命垂危了。史官赶到御榻前，对波斯王说，过去我们把世界史看得太复杂了，其实，说来十分简单，不过是一句话："他们生了，受了苦，死了。"这九个字，"他们"是人，"生了，受了苦，死了"是事。事是风云人是月，可看作是对历史的概括。

那么，"月"与"风云"谁为主从呢？当然月是中心。"烘云托月""云开月上""月到风来"，月总是占据主导地位的。

历史以人物为中心，历史是人的实践活动在时间中的展开。是人创造并书写了历史。光照简册的万千事件，诚然可以说轰轰烈烈，空古绝今，惊天动地，撼人心魄，可是，又有哪一桩不是人的作为呢！人的思想、人的实践活动，亦即人的精神存在与物质存在，是一切史实中最基础的事实。可以说，历史的张力、魅力与生命力，无一不与人物紧密相连。

历史中，人是出发点与落脚点。人的存在意义，人的命运，人为什么活、怎样活，向来都是史家关注的焦点。历史学家钱穆多次强调："历史讲人事，人事该以人为主、事为副。没有人怎会有事？""历史存在依人不依事，而人则是永可以存在的。"又说："思想要有事实表现，事背后要有人，如果没有了人，制度、思想、理论都是空的。""因此我来讲历史人物，特地希望我们要看重人，拿人来做榜样，做我们一个新的刺激。"其实，也不单是历史学，在关注人生、人性，关怀人的命运方面，整个人文学科都是相通的：哲学思索命运、历史揭示命运、文学表达命运——无往而非人，人是目的，人是核心。

2

读史，主要是要读人，而读人重在通心。"未通古人之心，焉知古代之史？"这也是钱穆的话。读史通心，才可望消除精神障蔽与时空界隔，进入历史传统深处，直抵古人心源，进行生命与生命的对话。我很认同这一说法：历史传统是精神的活动，精神活动永远是当下的，决不是死掉了的过去。事实正是如此，读史原是一种今人与古人的灵魂撞击、心灵对接、生命叩问。俗话说，看三国掉眼泪——替古人担忧。这种“替古人担忧”，其实正是后世读者一种心灵的参与和介入，它既是今人对于古人的叩访、审视、勘核，反过来也是逝者对于现今还活着的人的灵魂的拷问。每个读史的人只要深入到人性的深处、灵魂的底层，加以省察、比证、对照，恐怕就不会感到那么超然与轻松了。

通心，首先应能设身处地地加以体察，也就是要把历史人物放在当时当地的历史情境中去进行察核。南宋思想家吕祖谦有言：“观史如身在其中，见事之利害，时之祸患，必掩卷自思，使我遇此等事，当作何处之。”借用钱锺书的说法，就是“遥体人情，悬想时事，设身局中，潜心腔内，忖之度之，以揣以摩”。

二是强调感同身受，理解前人。研究历史文化的朋友都知道，苛责前人，率意做出评判，要比感同身受地理解前人容易得多。而换位思考，理解前人，却是一切治史以及读史者所必不可缺的。明末清初的文学家李渔说过：“凡读古人之书，论前人之事者，盖当略其迹而原其心。”法国年鉴学派的著名史学家马克·布洛赫在《历史学家的技艺》一书中也曾指出，“长期以来，史学家像阎王殿里的判官，对已死的人任情褒贬。这种态度能够满足人们内心的欲望”，而“理解才是历史研究的指路明灯”。其实，“我们对自己、对当今世界也未必十分有把握，难道就这么有把握为前辈判断是非善恶吗”？我体会他的意思，不是说不应该评骘、研判、褒贬——治史、读史、写史本身就意味着评判，而是如何进行评判，亦即按照什么尺度、坚持什么原则、采取什么态度加以评判的问题。

三是在读人、通心过程中，不仅仅限定在作为客体对象的历史人物身上，同时也应对于作史者进行体察，注意研索其作史的心迹，探其隐衷，察其原委。对此，清初文学家金圣叹有十分剀切而深刻的体会。他说：“人凡读书，先要晓得作书之人是何心胸。如《史记》须是太史公一肚皮宿怨发挥出来，所以，他于《游侠》《货殖传》特地着精神，乃至其余诸纪传中，凡遇挥金、杀人之事，他便啧啧赏叹不置。一部《史记》只是‘缓急人所时有’六个字，是他一生著书旨意。”

文学评论家夏济安在《一则故事，两种写法》这篇文章中谈到，在《今古奇观》与《隋唐演义》这两部书中，使用的是同样的题材，前者名为“李太白醉草吓蛮书”，后者题作“李谪仙应诏答蛮书”。《今古奇观》里说，玄宗接到渤海国“蛮书”后，唐朝君臣慌张得很。这样写，显然和当时的实际情况不相符合。故事作者似乎根本忘了那时唐朝国势的强盛。按当时情形说，唐朝君臣应该是瞧不起这种“小邦”以及它的使臣的，绝不至于因一封番书而着急担忧。之所以这样写，原因是《三言二拍》成书于明季，明朝国势积弱，边疆多故，那时说书的人也许很能了解这种番邦来书的可怕，于是就把自己的情绪渲染进去。而《隋唐演义》作者褚人获是在康熙年间写成此书的，他的心态大不一样（这里当然也有学识丰俭、技巧高下之分），君臣上下要从容得多。可见，读书过程中“晓得作书之人是何心胸”确是十分必要的。

读史过程中，我也经常着眼于隐蔽在书页后面的潜台词、画外音。研究《周易》有“变爻”“变卦”之说，我于历史也往往注意其演进过程中的“变爻”“变卦”，从而做出旁解、他说，所谓别有会心。

3

读史，我总是采用苏东坡提出的“八面受敌法”，尝试着变换不同的视角，寻找不同的切入点，采用不同的方法，“每次作一意求之”，层层递进，渐次深入。有时是正读，有时是反读；有时是深读，有时是浅读；有时找出多种史籍，就着不同流派、不同观点比较、对照着读，有时带着悬疑、预设一些问题有目的地读。或者重视必然，或者关注偶然；或自其变者而观之，或自其不变者而观之；或者“述远者考之于近”，强调今人的本位，或者侧重理性的审视与客观的评判；或者以宏观视野勾勒出历史之经纬、研讨广阔的社会转型，或者把注意力集中在更生动、更具体、更富有个性的微观历史景象上。

以我个人体验，培根说的“读史使人明智”，确是千古不易的真理。通过历史文化，使头脑开窍，在实现知识积累、继承文明传统的同时，获取了无限丰富的政治智慧、人生智慧。我在阅览史书的过程中，总是随读随记，一切有关人物品鉴、人才理论、人生遭际、命运抉择、人性发掘、生命价值、功过得失、事物规律等诸多心得体会，即便是吉光片羽、点滴感悟，无不认真记下；然后，进行分析、排比、归纳、综合，包括对于史实的重新把握；在此基础上，通过古今联想，中外比较，历史哲学的思考，人生智慧的升华，以及对于人物、事件及其演进变迁的认识与感悟，加以联结与组合，最后按照一个个专题用文字整理出来。

这里关键的环节，是不断地提出问题、设问置疑。“提出问题是所有史学研究的开端和终结，没有问题便没有史学。”（法国史学家费弗尔语）问题从哪里来？来自于“春灯走马”般的人物和万花筒样的史境。整个读解、叙述的过程，有如涉足平生未曾寓目的奇途异境，是充满着趣味与快感的。历史总是在矛盾中前进，历史进程中充满了种种悖论与偶然性。有时候，你看它向东逸去，结果却现影于西方；有时候，种下了龙种，收获的却是跳蚤；有时候，来势汹汹，过程奇诡，而兰因絮果却比较寻常。应然而实未然，既在意中又出乎意外，这在历史发展进程中也并非罕见。

我在一本书的自序中曾经谈到，我常常透过大量的细节、无奇不有的色相，以及非理性、不确定性因素，复活历史传统中耐人寻味的东西，以期唤醒读者的记忆。发掘那些带有荒谬性、悲剧性、不确定性的异常历史现象，关注个体心灵世界，重视瞬间、感性、边缘及其意义的开掘。既穿行于枝叶扶疏的史实丛林，又能随时随地抽身而出，借助生命体验与人性反思去沟通幽渺的时空；通过生命的体悟去默默地同一个个飞逝的灵魂作跨越时空的对话，进行人的命运的思考、人性与生命价值的考量。就是说，我的读史与写史，有别于一般史家的或为搜集或为著录或为考订或为诠释的治学方式，致力于一环扣着一环的史料联结；而是以文学形式载记个人的有史有论、史论参契的读书心得。而所论也不限于理性的结论，更多的是会心的体悟、情怀的期待。

4

看得出来，同是读史，写作者与一般人的立足点不尽相同。就是说，面对历史资源，除了着眼于资治、垂范、借鉴、参考等社会功能之外，作家还有一个以历史为题材写成作品，以观照世界、解悟人生的考量，此其一；其二，“文学是人学”，作家最为钟情、着意的是历史人物，这个人物可大可小，可轻可重，关键是要具备典型性；其三，由于作品属于文学体裁，还需借鉴象征、隐喻、通感、联想、意象组合、虚实相间、时空切换等艺术表现手法。

以历史文化传统为题材写作散文，最遭人诟病的是缺乏主体意识，通篇罗列事实，满足于史海徜徉而忘记了文学本性，出现所谓“历史挤压艺术”的偏向。我很认同哈佛大学教授斯蒂芬·格林布拉特的说法：“不参与的、不作判断的，不将过去与现在联系起来的写作，是无任何价值的。”当然，强调主体意识，决不是说可以异想天开，胡编乱造。我写的人物、事件，都有准确的史实依据，只是在个别细节上，加进了合理的想象。由于合乎人物的身份特征和性格特点，看不出什么破绽。反正是我不能证实，别人也无法证伪。

第一章

祖先:人生命脉

中华民族素有尊宗法祖的观念。上下五千年，祖先的足迹凝聚了中国人的人生命脉，彰显着永恒的生命力，已成为中华民族生生不息的一种力量、一种象征。

第二篇

始祖

I

幼读《诗经·甘棠》三章，深为人们怀念召伯的真情所感动。召伯虎为申伯筑城盖房，划分方田，规定租税，劳绩颇著，申伯的子孙和当地一些群众很感激他。为了寄托对召伯虎的深情怀念，他们加意保护召伯虎宅前的一棵甘棠树，并吟唱道："蔽芾甘棠，勿翦勿伐，召伯所茇(居住)。"然而，如果以之比于陕西黄陵人民热爱中华始祖黄帝而及于黄帝陵的柏树，那还是"小巫见大巫"了。

出铜川北行数百里，弥望尽是赤裸裸的荒山秃岭，唯独黄陵的桥山长满了葱葱郁郁的翠柏，宛如黄褐色的地毯上镶嵌了一块绿宝石。名闻中外的黄帝陵就坐落在这里。1937 年，谢觉哉代表边区人民政府谒陵时写了一首词，上阕是："远望郁苍连，抱岭环川。成林古柏势参天。万里荒原青一点，愈见森然。"可说是确切的写照。

作为中华民族的始祖，轩辕黄帝数千年来一直受到人民的敬仰。人们在近四平方公里的陵区栽植了约十万多株翠柏。而且，世代相传，互相诫谕，不得砍伐黄陵林木，甚至连枝条也不能随意剪伐。这种情感的形成，是有其深厚的社会、历史渊源的。

同葱葱郁郁、气壮河山、实实在在的黄陵古柏相对应，有关黄帝的历史却像天上过往的烟云那样，显得过于飘忽而玄渺，甚至只能到上古神话传说中去求证。

大约在距今五千年前，当中华民族还处在向蒙昧状态告别的时节，轩辕黄帝便率领他的部落在陕西北部高原一带开基创业。以后，又沿洛水南下，东渡黄河，定居于涿鹿之野。

古代传说中我国境内从西到东，自南而北，散居着许多不同的氏族与部落。他们各自平静地生活在所处的空间地域，互不干扰，也很少往来。后来，随着社会生产力的发展，各氏族、部落间在财产方面出现了差别，部族间的共同利益与矛盾冲突也逐渐形成。《史记·五帝本纪》载："轩辕之时，神农氏世衰，诸侯相侵伐，暴虐百姓，而神农氏弗能征。于是轩辕乃习用干戈，以征不享，诸侯咸来宾从。"这表明华夏族的部落联盟，原是以炎帝神农氏为首的。伴随着黄河流域的历史进入崇尚武力的时代，各部落之间相互侵陵攻伐，百姓遭难，而炎帝对此无能为力。于是，"草昧英雄起"，黄帝教民习用干戈，以征伐那些肆行暴虐而残害百姓的人。这样，各个部落便转而前来朝拜并归服于黄帝。黄帝"修德振兵，治五气，艺五种，抚万民，度四方"，在涿鹿之野，率领许多过去曾以熊、罴、狼、豹、貙、虎为图腾而现在仍以它们做名号的氏族部落，挥舞着用雕、鸢、鹰、鹖的羽毛制作的旗帜，历经几番苦战，打败了炎帝部落。从此，华夏集团强大起来，为后来赢得对东夷、苗蛮的战争积蓄了实力。

《逸周书》《太平御览》《山海经》等中国古代典籍还记载了另外一种传说：先是炎帝部族同东夷蚩尤部族发生了激烈冲突，但战争失利，丢失了固有的疆土，便向黄帝部族求救。于是，炎、黄两部族联合起来同蚩尤作战。当双方鏖战方酣、胜负未分之际，具有神性的蚩尤，突然张开巨口，喷出滚滚烟雾，使黄帝部族的队伍迷失了方向。为此，黄帝制作了一台机械，车上有铁制仙人，伸臂指路，无论车子如何转动，它都指向南方，人们呼之为"指南车"。靠着它的帮助，黄帝军队冲出了重围。蚩尤又在风神雨伯的帮助下，瞬时刮起卷地狂风，暴雨从天而降，地面顿成泽国。黄帝也施展神威，唤来女神旱魃助阵。旱魃体内贮满超量的炎热，她一来到战场，风神雨伯连同狂风暴雨便消逝得杳无踪影。黄帝乘胜反攻，蚩尤战死，余部向南逃窜。通过这场激战，充分展示了黄帝部落所向无敌的实力，从而奠定了他在各个部族中的领袖地位。

>>> 作为中华民族的人文始祖，轩辕黄帝数千年来一直受到人们的敬仰。他在位一百多年的时间里，群黎安居乐业，敦睦礼让，风调雨顺，岁时丰稔，开创了一个人世间的乐园。

古书中，黄帝也写做“皇帝”，其含义为“皇天上帝”。传说在神话王国中，其他诸神分管东、西、南、北各方和春、夏、秋、冬四季，而他则雄踞中央，成为地位最高的天帝。各部落间遇有争执事端，一律向他提出诉讼，由他以领袖身份裁断是非，协商解决。古籍记载，黄帝在位一百年，其间群黎安居乐业，敦睦礼让，风调雨顺，岁时丰稔，开创了一个人世间的乐园。

战胜攻取之后，他与臣民一起，主要致力于创造各种凝结着聪明才智的大量物质和精神财富：首创井田制度，划分地块为“井”字，四围八家为私田，中间一块为公家财产；建立雏形的政治体制，划野分疆，析全国为九州；设官司职，提出以德治国、修德振兵、以德施天下的主张。从前部落间作战，只是投掷石块，通过发明弓箭，提高了战斗能力；并演习阵法，布成队列，指挥兵员有序进退。教人以泥土木石建造耐用的房屋，剥下兽皮，用以制作衣裳；制造舟车，将粗大的树木从中刳空，放入水中载渡过往行人；同时，把直木插进两个圆轮中间，使之运转并带动平板前行，逐渐发展成后来的车辆；烧制陶器，捕鱼狩猎，播种五谷，饲养六畜，创医学，造文字，制乐器，调音律，全面开创了中华文明。孙中山先生有诗赞曰：“中华开国五千年，神州轩辕自古传。创造指南车，平定蚩尤乱，世界文明，唯有我先。”

实际上，产生于文化史源头的神话所记录的历史，并非超人或英雄的个人行迹，而是诗化了的整个民族生活的折光映现。作为一个时代的文明交会点，它总是把大范围的时空信息压缩到一个时段或一个人物身上。上述那些发明创造，无疑是历经很长时间并由多人共同完成的；但在没有“上帝观念”的族群，黄帝作为远古史上“英雄时代”深受群众爱戴，而且尚未脱离生产实际的英雄祖先，这些旷世殊勋便自然地统统归结到他这个综合体上。

2

中华民族素有尊宗法祖的传统。历史学家周一良说过:“商周都尊重祖先,当作神看待。儒家思想信仰及其指导下的社会体制中,祖先崇拜是核心。”对于首次统一中华民族、开创中华文明,功昭日月的轩辕黄帝,后世子孙对其景仰、热爱之情自可想见。

有一个历史传说,颇具典型性——

黄帝到了一百一十八岁高龄,仍然乘车到各地巡视。这一年他来到了现今的河南,提议采用附近的铜在山下铸一个高一丈三尺的巨鼎,其实,也就是一口硕大的铜锅。目的在于举办一次盛大的庆功宴会,来招待各个部落的酋长。就在巨鼎铸成之时,突然晴天一声霹雳,一条巨大的黄龙垂挂着长须,自天降下。原来是玉皇大帝垂念黄帝的丰功伟业,特意派出黄龙来接他返驾升天。黄帝深情留恋着他所开创的事业和长期同甘共苦的子民,但天命难违,只好唯唯从命,跨上龙背,冉冉归去。

当黄龙飞越陕西桥山时,黎民百姓闻讯从四面八方赶来,一个个频频挥手,痛哭流涕。黄帝深受感动,遂驾龙徐徐下降,殷情告别。人们哪里肯放他去升天,都执意挽留,牵衣顿足,围拢不放。巨龙见势不妙,乘人们低首垂泪之机,驮着黄帝腾空而起。民众赶忙拉拽,结果扯下了黄帝的一块衣襟、一只靴子和随身佩带的宝剑,而黄帝本人则跨龙飞走了。当地民众便把这些衣物封葬于桥山之巅,起冢为陵,封土植树,这就成了今天的黄帝衣冠冢;而其所在地也被命名为黄陵。

《史记・封禅书》中也有类似记载。究竟是太史公采用了神话传说,还是民间传说演绎了《史记》中的记述呢?这就不得而知了。

从春秋战国时代开始,黄帝陵就接受祭奠,这从孔子、孟子的谈话中,可以得到证实。秦汉以降,已经形成了制度。汉初于桥山西麓建起了轩辕庙。唐代宗大历五年(770),正式把这种活动列入国家祀典。北宋开宝二年(969),因沮河水泛滥侵蚀,桥山西麓发生崖塌土崩,威胁庙院安全,地方官员上奏朝廷,由太祖赵匡胤亲降御旨,将轩辕庙迁至东麓,就是现今的所在。据文献记载,历朝帝王亲自祭扫黄帝陵共达七十六次,其中明朝十次、清朝二十六次。

千秋万代,黄帝活在人们心中,已经形成凝聚中华民族的一种力量、一种象征。每个中国人都自认是黄帝的子孙,视黄帝为中华民族共同的祖先,并以此而自豪。与此相联系,甚至黄的颜色以及相关事物都有了荣光。我们被称为典型的黄种人;我们的文化发源于地质史上的黄土期,我们的老祖宗生活繁衍于黄河沿岸、黄海之滨、黄土高原;地位最尊者黄袍加身,黄鹄比喻贤才高士,黄钟大吕用来形容庄严正大的音乐或者辞章;皇帝的公告叫黄榜,太守衙中正堂叫黄堂,好日子称为黄道吉日,死后的去处则称作黄泉;政治经济文化的繁荣时代叫黄金时代,美好完善的境域叫黄金世界,广播电视一天中收听、收视率最高的时间称为黄金时段。

这里有一个黄帝的神格与人格的定位问题。显然,黄帝不是西方的宙斯神那样由自然神发展来的、无任何历史依据的纯然神话人物。长期以来,他以一个实实在在的部落酋长,而且是华夏民族的先祖的身份,作为一位真实的历史人物而存在。无论他同蚩尤的战争还是与炎帝的战争,都是先民部落之间,或为争夺空间、或为争夺财物的正常的生存手段。当然,他又不是一个普通的历史人物,他已经成为一种综合体、一个文化符号,因此,在他身上也必然存在着基于祖先崇拜与民间信仰而高度神化的因素。

在我国,祖先崇拜与神祇信仰,也就是敬祖与祭神的传统,是并肩存在、相辅相成却又迥然各异的。这两种崇拜形式源于不同文化系统的碰撞与融合。祖灵是父祖的远古延伸,尊宗法祖更具有源远流长的中华一统的民族特色。一般地说,奉祀神灵,须借助于中间媒介;而生人与先祖之间,则可以自然亲合,无需仰仗其他媒介的参与。尽管轩辕黄帝在中华民族心目中至高无上,是中国古代传说中的头号人物、顶尖级的文化英雄,甚或具有古籍中记载的“黄帝四面”的神怪形象,但后世子孙却宁愿让他成为具有

“亲缘”关系的可亲可敬的共同祖先，而不想把他推上巍峨高耸的神坛，送进玄之又玄的神仙王国中去，像弥尔顿所咏叹的“一个深不可测的海洋，无边无际，苍苍茫茫，在这里，长度、宽度、高度和时间、空间，都消逝不见”。

1935年，正当祸深寇急，国脉艰危，中华民族面临着存亡绝续的严重时刻，全国各地各界爱国人士发起祭扫黄帝陵的活动，以号召民众，戮力同心，共赴国难，团结御侮，并规定每年清明节为中华民族扫墓的节日。新中国成立后，对黄帝陵、庙整修一新，并把它列入第一批全国重点文物保护单位，编为“古墓葬第一号”。

我们看到的黄帝陵，高三米六，周长四十八米，墓碑上刻有明嘉靖年间唐锜书写的“桥山龙驭”四个大字，祭亭中央碑上的“黄帝陵”三字为郭沫若手书。在古轩辕庙的人文初祖大殿，塑有威仪万方、气宇轩昂的黄帝像。院内，古柏参天，浓荫翳日，十五株树龄超过两千年的古柏分列两侧，像甲胄森严的卫士一样肃然挺立，迎候着前来瞻拜始祖的炎黄子孙和远涉重洋的国际友人。其中一株古柏已有五千年历史，传说是“黄帝手植柏”。树高二十米，树干周长达十一米，七人尚不能合抱，故有“七搂八拃半，疙里疙瘩还不算”之说，被国际林业专家誉为“世界柏树之父”。乾隆年间一位署名“长白世臣”的诗人赞美道：

古柏森森不记春，陵宫犹自享明禋。
轩辕制起功常在，永使余波惠子民。

数千年风刀霜剑，没有能摧折这些黄陵古柏，它们年复一年，长得益发苍劲挺拔，表现了极强的生命力。它们象征着中华民族坚不可摧的勃勃生机，也显示出炎黄子孙超强的凝聚力、向心力。

第三篇

道家智者

I

如果以初级算术来设喻，那么，在中国历史上大致可以找到三种类型的人物：一类人专门做加法；一类人善用减法；还有一类人，加法、减法混合用，有的前半生做的是加法，后来跌了跟头、吃了苦头，红尘觉悟，改用减法。当然，这只是比喻，而“一切比喻都是蹩脚的”，也就是都有缺陷，这是列宁经常引用的一句德国谚语。这种加减法的比喻，同样也有缺陷，不过是表达一种看法而已。

现在先说使用加法的。一般认为，崇儒者居多，信奉墨家的也不少，并且举出儒家的祖师爷孔夫子和墨家创始人墨子为证——孔子周游列国，“席不暇暖”，整日奔波，“知其不可而为之”，“不知老之将至云尔”；墨子为了推行他的主张，也是“摩顶放踵”“突不得黔”。这些都是事实。可是，若贴上儒、墨的标签，那么，上古时代治水的大禹，十三年如一日，奔波于山川、田野之间，“三过家门而不入”，他又是什么家？还有后世的诸葛亮，“鞠躬尽瘁，死而后已”，一般地说他是法家。

其实，与其用什么“家”来分，我觉得，倒不如从人性上，从理想信念、精神追求上判断，可能更切合实际一些。大别之有两类。一种人欲望无穷，贪得无厌，总要夺取一切、征服一切、占有一切，那就一辈子做加法，个人欲望特强，从来不会知止知足，直到生命的最后一刻，也不肯把双手松开、贪心放下。最典型的是两个封建帝王：“千古一帝”秦始皇，“一代天骄”成吉思汗。如果觉得单调，还可以再配上一个洋皇帝，那个放言要征服全世界的法国的拿破仑。他们都是雄心勃勃，也是野心无限膨胀的。——雄心、野心，汉语中这两个含义不同的概念，在英语中却是同一个词。还有一种人，为了实现崇高的理想、宏伟的目标，怀抱着人生使命、社会责任，同样是“生命不息，奋斗不止”，体现出可贵的进取意志与牺牲精神。前面说的孔夫子、大禹王都是令人肃然起敬的，足资彪炳千秋、垂范万世。用唯物史观来看，欲望也好，进取也好，确是推动社会前进的动力，不可一概否定；关键是看出发点，是为了满足一己的需要，还是为了社会进步、历史发展。

至于先用加法，后来改用减法的，情况比较复杂。有的是少年得志、红紫纷呈，中年以后主动退隐的，像清代的袁枚，后来以《随园诗话》名世；有的是踌躇满志、欲望蒸腾之际，突遭剧变，被迫下马的，像明代的状元杨升庵；有的是心存“烹狗藏弓”之惧，功成身退的，像春秋时的范蠡、汉代的张良、明代的刘伯温等，晚清的曾国藩也可勉强算作一个。当然，也有人痴迷终生，至死不悔。比如，东汉的大将马援。苏东坡诗，有“不须更待飞鸢堕，方念平生马少游”两句，说的就是马援兄弟。伏波将军马援出征交趾归来，被封为新息侯，食邑三千户。在庆功会上，他对下属说：“吾的从弟少游说过：‘人活一世，只要衣食丰足，乘短毂车，骑缓步马，为郡掾吏，乡里称善人，也就可以了。何必贪求无度，徒招自苦！’我在出征交趾时，下潦上雾，毒气重蒸，仰视飞鸟纷纷坠落水中，想起少游所说的，又怎能做得到呢！”说明他对功名之累有所认识，心情是矛盾、复杂的。但时隔不久，湘西南“五溪蛮暴动”，年已六十有二的马援又主动请缨前往讨伐，结果遭遇酷暑，士兵多患疾疫，马援也染病身死。最后却遭到诬陷，妻儿惊恐万状，连棺材都不敢归葬祖茔，成为历史上有名的一大冤案。设想如果他能知足知止，见好就收，何至于此！坡公说，等到“飞鸢堕”才想到从弟的劝告，为时已晚；而马援却是“飞鸢堕”后，再次自投“网罗”，实为一个典型的悲剧人物。

那么，有没有终生都在应用减法，善“忘”且又出于高度自觉的人呢？在中国历史上，有许多隐士就是如此，但最典型的还是道家的庄子。

庄子的用减法是全方位的，始终如一，毫不犹疑。在政治上，他的著名主张是“不做牺牛”。在那个“诸侯争养士”，特别重视智慧、才能的群雄竞斗、列国纷争的时代，庄子如果有意飞黄腾达、高踞统治上层，原是不难如愿以偿的。可是，他却避之唯恐不“远”。他摒弃世间种种浮华虚誉，尤其拒绝参与政治活动，不同达官显宦交往，即便偶涉官场，也要尽早抽身，辞官却聘。《庄子》书中记载：他正在濮水岸边钓鱼，楚威王派遣两位大夫见他，说：“我们国王希望将国家大事托付给先生。”庄子手持钓竿，头也没有回，说道：“我听说楚国有一只神龟，已经死了三千年。楚王特地用竹箱装着，手巾盖着，把它供奉在庙堂之上。你们说，这只龟，是甘心死了，留下骸骨，受到尊贵待遇呢？还是宁愿活着，拖着尾巴在泥地里爬行呢？”两位大夫答道：“它当然愿意活下去，拖着尾巴在泥地里爬行了。”庄子说：“那么，你们就请回吧！我还是希望拖着尾巴在泥地里爬行了。”

《庄子本传》记为：楚威王闻知庄子的贤名，专门派出特使，带着厚重的礼金前往迎聘，许诺要请他出任卿相。庄子说：“千金，这是重利；而卿相，就更是尊贵的高位。可是，你看没看见过祭祀用的牺牛啊？精心饲养了几年之后，就被主人披上五彩绣衣，牵到了太庙里，宰杀献祭。到那时候，莫说是做牛，它即使想要做一头孤弱的猪崽，能够做得到吗？我将终生不仕，以快心适志。”

做如是选择，自然是取决于庄子的人生追求、价值取向。屈身做吏，觍颜事人，是他所鄙弃不屑的，他也完全没有飞黄腾达、荣宗耀祖、立功立德的打算。应该说，这种生存方式，是一种无奈的选择。就其较低层次来说，确是出于自我保护意识，明哲保身，全生免害；而其至高层次，则是追求生命的自觉，自由自在，逍遥游世，保持人生的个性本色。作为生于乱世的弱者的一种生存智慧，与一般意义上的利己主义、悲观厌世迥然不同；它往往能够提供一种绝处逢生的新路径，使你在遭遇挫折、濒临困境时，能够从中悟解出超越现实、解困身心、振作精神的道理。这就不难理解，历代那些失意、失败、失路之人，何以会那么倾心庄子、选择庄子，且多有相识恨晚之憾了。

庄子用减法表现在生活上，是自甘清苦，甚至忍饥挨饿。他与那些

"先加后减",即早年跻身社会、后来急流勇退者不同。那些人或有祖上的庇荫,或有余禄、余威足以自恃,即便退隐田园,仍然衣食丰足,可以优游度日;而庄子最直接的困厄,便是衣食无着,饥寒交迫,面临着生命难以存续的严重威胁。他住在偏僻、狭窄的里巷中,靠着编织麻鞋、钓鱼、捕鸟谋生。这里有个如何认识苦乐、对待苦乐的问题。庄子的苦乐观,有其超越的视角和独特的标准,他着眼于精神世界,把精神解放、心灵自由看作是人生之至乐。

表现在心态上,庄子善于化苦为乐,客观地对待无可奈何的现实,从一己的小天地中超拔出来,也就是自觉地解除困苦与焦虑,从而达到心境旷达、心态宁静、心情愉悦。

在思想上,他崇尚自由,摆脱各种羁绊、浮云富贵、秕糠功名,表现为高度自觉、充满理性的逍遥。就是说,他用减法纯粹是一种主动的选择。

在世界历史上,像庄子这样终生奉行减法的哲人也数不在少。比庄子出生整整早了一百年的古希腊哲学家苏格拉底,长年光脚赤足,穿着一件破烂不堪的长袍,在雅典街头演说。经过市场时,看到商品琳琅满目,布满街头,他感慨地说:"这里竟有那么多的东西,是我根本用不着的!"他长得很丑陋,像个胼手胝足的脚夫,却被雅典美少年崇拜为神祇。他说:"是的,一无所需最像神。"

还有一位识机在先的东方智者,当建立了横跨欧非亚的马其顿王国的亚历山大大帝,进行浩荡东征,经中亚进入印度的恒河流域时,他在路边不停地在原地跺脚。亚历山大不解其意,便派人前去问个究竟。这位智者的答复,竟是冷冷的一句话:"即使你征服了整个世界,最后得到的也不过是脚下这一点点。"

《庄子》中也讲过:"尧让天下于许由。许由曰:'鹪鹩巢于深林,不过一枝;偃鼠饮河,不过满腹。归休乎,君!予无所用天下为!'""广厦千间,夜眠七尺"这句俗语恰好是"鹪鹩巢林,不过一枝;偃鼠饮河,不过满腹"的注脚;而那位东方智者告诫亚历山大大帝的格言,与此更有异曲同工之妙。

伟大的科学家爱因斯坦，当年任教于美国普林斯顿大学，年薪为一万六千美元，他主动要求减至三千美元，人们大惑不解。他解释说："每件多余的财产，都是人生的绊脚石；唯有简单的生活，才能给我以创造的原动力！""简单的生活，无论对身体还是精神，都大有裨益。"他在弥留之际，立下遗嘱：不发讣告，不搞葬礼，不建坟墓，不立纪念碑。这样，什么墓地呀，故居呀，纪念碑、纪念馆呀，统统都与他无缘。可是，又有谁不承认他的盖世勋劳、伟大精神、永恒价值呢！

听说，伦敦的著名医院汤普森急救中心的接待大厅里，镌刻着这样一句话："你的身躯很庞大，但你的生命需要的仅仅是一颗心。"说这句话的是美国好莱坞影星利奥·罗斯顿。1936 年，他在英国演出时，因过于肥胖导致心力衰竭，被送进了这所医院。尽管医生竭尽全力，但这位影星的生命还是没能挽救过来。临终前，他留下了这句遗言。

后来，这家医院又为美国石油大亨默尔治疗心力衰竭，取得了成功。出院后，默尔将价值几十亿的公司卖掉，所得全部捐献给社会慈善及卫生事业，自己则到苏格兰一处乡间别墅，颐养天年。在回答记者"这是出于何种考虑"的问题时，他说："是利奥·罗斯顿那句话提醒了我。"原来，他从中领悟到，巨额财富跟肥胖的躯体没有什么两样，都是获得超过自己需要的一种东西。对多余财富的追逐，只会增加生命的负担。人要想活得健康，活得自在，就必须舍弃多余之物。

看得出来，所谓用减法，也就是佛禅所说的"放下"：舍弃多余之物；凡事放得开，不计较。"放下"不是放弃，任何东西都不要，而是要有所选择，放弃多余之物，卸掉背上沉重的负担。"放下"，既是一种解脱的心态、豁达的修为，更是一种人生的智慧。

其实，即便不是多余之物，而纯属需要的东西，如果处置不当，也同样会产生庄子所说的"累人之害"。苏东坡在《宝绘堂记》中有一段话讲得很好："君子可以寓意于物，而不可以留意于物。寓意于物，虽微物足以为乐，虽尤物不足以为病。留意于物，虽微物足以为病，虽尤物不足以为乐。"所谓“寓意”，就是借客观事物以寄托自己的思想感情，在这种情况下，再微小之物，也可以产生审美愉悦；再珍奇之物，也不致带来得失的痛苦。而“留意”，亦即出于自身利害关系而产生的占有欲，则有别于审美欣赏的“寓意”，无论其为尤物还是微物，都足以为病。——“物之所以累人者，以吾有之也。”

这使我想到法国女作家加尼哀的一篇小说。一个生活穷困、默默无闻的年轻画家，那天他和妻子散步，发现林中有一栋小房子，充满了唯美、浪漫情调；可是，房价太贵：一万法郎！这对于他们来说，简直是天价。本来，应该是“事到无成意转平”，可是，他们却真正“留意”了，醒里梦里放置不下：想象着买下之后，该如何装修它、美化它，甚至连小屋的名字都起出来了，在不着边际的期盼中，贪享着占有的乐趣。夏去秋来，收获的季节到了，画家的画作也有了买主，这样，一万法郎便到了囊中。欢快之余，他们便筹画着这笔钱如何使用。妻子说，我们买那栋房子。于是，他们便再次前往林中探看。可是，不看则已，看了竟大失所望，入眼的景色完全变了样，干枯的黄叶散布在周围，夏日明亮的阳光不见了，代之以阴暗、潮湿与沉闷。原来，当初小夫妻是以审美的心情来观赏房屋，此刻，则是以买主（占有者）的身份来看的，幻梦、憧憬统统被蒸发掉了。他们默默地踏上了归路。料想不到的是，两人爱情的热度竟也随之而骤减，似乎一切都发生了变化。

2

作为对社会、人生的智慧反思与选择，作为现实社会与精神结构的反映，庄子用减法，是出于怎样的考虑，又有些什么理性的依据？下面从十个方面加以剖析——

第一，当时社会政治环境极端恶劣，庄子不想往火炕里跳。战国中后期堪称典型的乱世，由于伴随着经济社会、思想文化全面的转型与裂变，因而呈现出社会整体的动荡不安，险象环生，政治动乱，社会混乱，人心紊乱，思想淆乱。说是“天崩地坼”，不为过也。庄子所在的宋国，“十年十一战，民不堪命”，以致被处死的人骸骨堆积，戴镣铐的人相推相拥，遭刑戮的人随处可见。个体生命处于无常状态，危机四伏，命运残酷，人心惶惶，到处都是陷阱与罗网；再加上，水、火、虫、风、疾疫等自然灾害频仍，内忧外患绵延不绝，生民陷入水深火热的痛苦深渊。

《庄子》书中记载这样一个寓言故事：那天，他路过一个坟场，在草丛中发现一个死人的头骨，遂顺手操起短棍在头骨上敲了敲，然后发问：“哎，你是怎么致死的呢？是因为贪生悖理，遭到刑戮，而落到这种地步的吗？还是由于国家败亡，受到刀兵斧钺的砍杀，而死于战乱的呢？抑或是做了见不得人的错事、丑事、坏事，给父母妻子丢了脸，而愧怍自尽的呢？还是遭遇饥寒冻馁，而置自身于死地呢？还是衰颓老迈，疾病缠身，年寿已尽，导致自然死亡的呢？”头骨回答说：“你所说的那些，都是活在世上的人的拖累和负担；人死了以后，哪还有这些说道呢？……人死了，上面没有君主，下面没有臣仆，不管你是做什么的，一切都处于平等状态了。也没有四季的冷热寒暑，更卸除了春种、夏锄、秋收、冬藏的劳苦。可以自在从容地与天地共长久。即便是南面称王的皇帝，也没有这样快乐呀！”庄子说：“我想请掌管生命的神灵，给你恢复形体，补还给你骨肉、肌肤，再把你送回到父母妻子、故乡朋友那里，你愿意这样吗？”髑髅听了，显露忧愁之状，说：“我怎能抛弃国王般的快乐，而回到人间再去遭苦受罪呢？”在这则寓言里，庄子借助死人之口，揭露了人世间的种种牵累与祸患，映衬出封建专制下普通民众遭受剥削、压迫的悲惨境遇。

第二，君王残暴，伴君如伴虎，庄子不想当那个“牺牛”，更不愿为虎作伥。宋君偃是历史上有名的暴君，他公开声言：“寡人所悦者勇有力也，不悦为仁义者。”他骄纵无道，肆意辱骂劝谏的老臣，掊击驼背人的背脊，砍断清早过河人的腿骨，“所杀戮者众矣”；“又多取妇人为淫乐，一夜御数十女”。为此，众诸侯都称他为“桀宋”，最后终于导致“国家残亡，身为刑戮”。

庄子生活在这个暴君肆虐的政治环境中将近半个世纪，耳濡目染，所获得的都是最为真切的实际感受。

第三，人性异化，精神痛苦，对于这个时代，庄子感到失望甚至绝望。比起社会动乱、环境险恶来说，更使庄子精神极度痛苦的，是人心险恶、道德沦丧、世风日下，整个社会普遍存在着追逐财富与权力的精神沉沦。就是说，伴随着社会分化、职业分工、货财积累、贫富悬殊，造成了人的等级分化，机心、机巧愈演愈烈，世风、人性每况愈下，生态危机日益加剧。面对这种种"异化"现象，庄子慨然兴叹："世丧道矣，道丧世矣，世与道交相丧也。"倍感情怀抑郁，沮丧悲观，焕发不出丝毫积极进取的精神。

第四，从保护自身考虑，韬光养晦，藏锋不露，凡事保持低调。庄子讲过一个"骄猴中箭"的故事：吴王渡过长江，登上一座猴山。群猴看见人来，都惊慌地跑开，逃到荆棘丛林中。只有一个猴子，从容地攀着树枝跳跃，在吴王面前卖弄灵巧的身手。吴王用箭射它，它能够敏捷地一一接住。吴王便命令身旁的射手一起放箭。结果，骄猴中箭身亡。吴王说："这只猴子自以为灵巧，倚仗身躯敏捷来傲视我，才落得这样的下场。要引以为戒呀！"

其实，许多野生动物是非常明智的，在人类的疯狂捕猎面前，它们会机敏地保护自身。《左传》记载，"雄鸡自断其尾"，预先做出防备，免得因为美丽的尾羽而遭人捕杀；西域产牦牛，尾长而劲，当有人射猎时，它便忍痛自断其尾；蚺蛇被人取过胆后，幸而未死者，见人便显示它的创处，以示无胆可采。生而为人，作为"万物之灵"，就更应该警醒了。

第五，认识人生的有限性，这构成了知足、知止的内在根据。人从本质上讲，是有限的存在，必然要受到空间、时间的拘缚和种种社会环境、传统观念的约束。庄子有言："无知无能者，固人之所不免也"；"计人之所知，不若其所不知"。——任何人都不可能全知全能，任何人的作用都是有限度的，没有理由无限度地期求、无限度地追逐、无限度地攀比。懂得了这一点，可以使人们在现实生活中多用减法，少做加法，除掉嫉妒、猜疑、贪婪、骄纵、恨怨、攀比等心灵上的毒瘤，给心灵减去种种愁烦、般般痛苦。一个人的追求应该是有限度的，必须适可而止；不属于自己的东西，不能贪得无厌，紧追不舍。否则，让名缰利锁盘踞在心头，遮蔽了双眼，那就会陷入迷途，导致身败名裂的悲剧下场。

第六，与主动的自觉性的知足、知止相对应，是被动的带有强制性的戒贪、戒得、戒奢、戒欲。欲望不可放纵，否则必遭制裁。道理在于，贪，逆天悖理，定会触犯刑法；得就是失，定须付出代价；欲，将蚀损本性，纵不身败名裂，也会堕志损真——现实的声色货利，正在吞噬着人的本性与良知。所以，老子有"祸莫大于不知足，咎莫大于欲得"的警告。庄子在《盗跖》篇中，也曾借助知和之口，告诫世人："平为福，有余为害者，物莫不然，而财其甚者也。"庄子提出，要警惕名累、势累、情累、物累，保持身心自由，防止"人为物役""心为形役"，特别要摆脱名缰利锁的诱惑与折磨。为了身外之物，"求之不得，寤寐思服"，到头来，烦恼丛生，心力交瘁；即便是侥幸到手了，也难免劳形苦心，身为形役，所谓"既患得之，又患失之"，仍然是苦不堪言。庄子那些警世恒言，有助于人们看清世事，厌弃浮华，变得清醒一些、聪明一些，从而自觉地做些减法，少往身上套几条枷锁。

第七，核心问题在于坚守做人的基本准则，不失自我本色。庄子特别强调本分、本色，强调"顺人而不失己"。他通过一个普通劳动者的故事，来寄寓其价值取向、人生准则。

楚国有个名字叫"说"的隐士，以屠羊为业。当时，伍子胥为了报杀父之仇，帮助吴国攻打楚国，楚国一败涂地，昭王弃国奔逃，到了随国。屠羊说便也跟随楚昭王出走，并在逃亡途中帮助昭王解决一些实际困难。待到楚昭王复国论功行赏时，想到了这个屠羊说。于是，派大臣去问他希望做个什么官。屠羊说却说："皇上丧失了国土，我失去了屠羊的活计；皇上回国复位了，我也跟着回来，继续干我屠羊的活。我的爵位利禄已经收回来了，还有什么可奖赏的！"昭王还是坚持要给他以报答。屠羊说坚持不接受，说："皇上失去国家，不是我的罪过，所以我不必承受惩罚；皇上回国复位，也并非我的功劳，所以我也不能接受奖赏。"昭王听了汇报，便要亲自接见他。屠羊说仍是予以拒绝，说："楚国的法令规定，一定要是受过重赏、立过大功的人，才能受到皇上接见。现在，我的智力不足以保存国家，勇敢不足以消灭敌人；当时吴国军队攻入郢都，我害怕危险而逃避敌人，并不是有心追随皇上、护卫皇上的。现在，皇上却要废法毁约来接见我，这可不是我所愿意传闻天下的事。"闻听此言，昭王认为，屠羊说不贪功、不邀赏，而且，虽然身处卑贱却能陈述高明的道理，越发觉得人才难得，便让大臣司马子綦亲自出面奉劝，一定要他接受三公之位。屠羊说坚决推辞，说："三公的职位，我知道它比屠羊的铺子尊贵得多；万钟的俸禄，我知道它比屠羊的收入豪富得多。但是，我怎么可以贪图爵位利禄，而让国君背上滥行封赏的恶名呢！我不敢接受，只希望回到自己屠羊的铺子。"最后，他还是没有接受。

第八，庄子主张无待、无恃的绝对自由；认为人应该过绝对逍遥的生活，达到"虚静恬淡，寂寞无为"的人生境界。在他看来，人之所以不自由，是因为人为物役，心为形役；要达到自由，就要不为世俗事务特别是政治事务所拖累，所谓"至人无己，神人无功，圣人无名"。一个人只有弃绝名缰利锁的束缚，不顾别人对自己的毁誉，精神上才能感到是自由的。

庄子认为，社会昏暗，使人丧失了"真宰"，迷失了自我，导致了人性的普遍异化。天下人"莫不以物易其性"，失却了"至正"的"性命之情"，"今世俗之君子，多危身弃生以殉物，岂不悲哉"！世俗之人盲目地被外物所牵引，甚至不惜牺牲生命达到逐物的目的："小人则以身殉利，士则以身殉名，大夫则以身殉家，圣人则以身殉天下。"这些人，尽管"殉"的目的各不相同，价值追求也不一样，但其重物轻生的取向都是一样的。

第九，从崇尚自然、顺应自然的角度，认识用减法的必要性。庄子哲学的一个核心理念，就是顺应自然。这个"自然"是广义的，既指本真的自然界，也涵盖自然境界，并具有本性、本然的内蕴。我们日常所接触的，大量属于人化的自然。庄子反复论证人化、人为的危害，指出人的干预活动，诸如络马首、削其蹄、剪其毛、绊其足，把它拴绑起来，圈进槽枥，整个破坏了自然形态，因而主张“无以人灭天”。

为了使环境更适合于生存、发展，不断满足自身的需要，人类自始就极尽其重塑自然、改造自然之能事。而人类的行为决不是无影灯，光亮的背后总伴有一片黑暗。这样，在获致社会巨大进步的同时，由于过度的开发、攫取，也带来了无穷的祸患。结果，在“人化”自然的过程中，也“物化”了自己。面对“以人害天”、放纵无度地干预自然的严酷现实，庄子大声疾呼：“无以人灭天，无以故（智巧）灭命！”呼吁要摆脱狭小的视界，突破以人的标准为中心的框限，站在天地宇宙、自然万物的高度，来看待事物的发展变化。对此，法国作家、诺贝尔文学奖获得者罗曼·罗兰予以高度评价：“庄子是历史上第一个自觉而深刻地揭示人与自然关系的美学家。”

第十，从道家学说的本源来讲，就是要善用减法。如果说，孔孟之道是“修、齐、治、平”；那么，老庄之道就是“为道日损”，崇尚无为。老、庄都讲：“为道者日损，损之又损之，以至于无为。无为而无不为也。”就是说，悟道就要不断减去心灵的重负，才可以看清宇宙人生的真相。老子说：“我无为而民自化，我好静而民自正，我无事而民自富，我无欲而民自朴。”庄子也说：“古之畜天下者，无欲而天下足，无为而万物化，渊静而百姓定。”为政者应该尽量减少施行命令，不要实行使下属负担过重的政策，对下属的各种活动尽量避免介入或干预。“故君子不得已而临莅天下，莫若无为。无为也，而后安其性命之情。”

不过，老、庄虽然都讲“无为”，但其侧重点各有不同。老子说，“圣人弗行而知，弗见而名，弗为而成”；“夫唯不争，故天下莫能与之争”；“圣人终不为大，故能成其大”，后来形成“无为而治”的政治理论，在本质上是致用的，亦即用以治世。而庄子的“无为”，着眼于“安时而处顺”，主张逍遥处世。庄子的“无为”，作为自然的本体，人生的归宿，是面对浊世的一种隐退和自守，“无为”往往是出于无奈。不仅此也，徐复观还做过进一步地引申：“老子的人生态度，实在由其祸福计较而来的计议之心太多，故尔后的流弊，演变成为阴柔权变之术；而庄子则正是要超越这种计较、谋算之心，以归于

‘游’的艺术性的生活。所以，后世山林隐逸之士，必多少含有庄学的血液。”

3

前面谈了两个问题：一是，庄子善用减法；二是，庄子用减法的理性依据；下面接着谈第三个问题：庄子用减法的基本路径与成功经验。

首先，从精神境界上入手。也就是以超拔的眼光、豁达的心胸、高远的境界来净化心灵，观察万物。人们常说，既要拿得起，又要放得下。用减法的宗旨、本源或者说核心，就是要“放得下”。庄子的哲学思想，为“放得下”提供一种开阔、多元、超拔的认知视角。

多用减法，少做加法，道理般般俱足，说来比较容易；但要真的付诸实践，却是难乎其难。要用减法，要放得下，就必须破除贪婪，做到知止知足，恪守本分。西方哲学家尼采感时伤世，曾经沉痛地说：“人类是病得很深的动物。”这个“病”，主要表现在精神层面上——“人心不足蛇吞象”，贪得无厌，欲壑难填。林语堂讲过一个笑话：一个人要从幽冥降生到人间，他对阎王爷说：“如果要我回到人间，你须答应我的条件。”“什么条件？”阎王爷问。那人说：“我要做宰相的儿子，状元的父亲；我的住室四周要有一万亩地，有鱼池，有各种花果；我要有一个美丽的太太和一些姣艳的婢妾，她们都要待我很好；我要满屋珠宝，满仓五谷，满箱金银；而我自己要做公卿，一生荣华富贵，活到一百岁。”阎王爷说：“如果人间有这样的人可做，我自己也要去投生，就不让你去了！”

清代有一部《解人颐》的读物，里面的一首俚诗，把人的贪得无厌描绘得惟妙惟肖：

> 终日奔波只为饥，方才一饱便思衣。
> 衣食两般皆具足，又想娇容美貌妻。

娶得美妻生下子，恨无田地少根基。
买到田园多广阔，出入无船少马骑。
槽头拴了骡和马，叹无官职被人欺。
县丞主簿还嫌小，又要朝中挂紫衣。
作了皇帝求仙术，更想登天跨鹤飞。
若要世人心里足，除是南柯一梦西。

看到世人贪得无厌，至死不悟，唐代文学家、思想家柳宗元曾写过一篇警世寓言《蝜蝂传》：蝜蝂是一种善于背负东西的小虫子，爬行时一遇到东西就取过来，抬起头把东西背上去。背上的东西越来越重，虽然弄得非常疲劳，还是不肯罢休。它的背很粗涩，积聚的东西不易散落。这样背下去，终于跌倒地上无法起来。人们可怜它，替它拿掉背负的东西；但它只要能爬行了，又依然攫取如故。它还喜欢爬高，哪怕用尽了力气也不肯停下，一直到摔在地上跌死为止。现在社会上贪取的人，虽然他的形体比蝜蝂高大，名称也叫做"人"，但他的智慧却跟小虫一样。这也够可悲的了。

说到多用减法，从前那些真正的隐逸之士，算是够典型的了。他们为了逃避世俗的纷扰，总要匿迹于远离市廛的江湖草野，或者栖隐在山林岩穴之中，过着一种主动摒弃社会文明的原始化、贫困化的物质生活，像庄子所说的，"就薮泽，处闲旷，钓鱼闲处，无为而已矣。此江海之士，避世之人，闲暇者之所好也"。对于他们来说，最大的艰难困苦，恐怕不仅仅是物质条件的匮乏与贫贱生活的折磨，更加难以应对的还是精神层面上的苦境，所谓"隐身容易隐心难"。隐士幽居与孀妇守节有些相似，与其说要过物质上的难关，毋宁说，主要还是战胜心灵上的熬煎。就是说，找一个远离尘嚣、摆脱纷扰的林泉幽境，把身子安顿下来，比较容易做到；可是，要真正实现心神宁寂，波澜不兴，使灵魂有个安顿的处所，却需破除许多人为的障碍，经过一番痛苦的磨炼功夫。这一关许多人是难以闯过的。

其次，从人生观、价值观上解决问题。若要做到在生活上多用减法，

就需树立一种超出凡俗的苦乐观。庄子的苦乐观,有其超越的视角和独特的标准:

一是迥异于浮世常情。在《至乐》篇,庄子曾发出疑问:

> 天下有没有至极的欢乐呢?有没有足以养活身家性命的方法呢?如果有,应当做些什么,依据什么;回避什么,留意什么;从就什么,舍去什么;喜欢什么,嫌恶什么?现在,人们所尊重的,无过于富足、显贵、长寿、善名;所乐者,无过于安逸、美味、华服、艳色、雅音;所厌弃的,是贫穷、卑贱、夭折、恶名;所苦恼的,是得不到安逸享受,吃不得美味佳肴,穿不上华丽衣服,见不到娇姿艳色,听不到悦耳音声——失去这些感官享受,就大为忧惧。以此为标准,来满足形体需要,岂不是太愚昧了吗?

庄子说明,常人以为苦的,他并不看作是苦;而世俗以为快乐、幸福的,诸如物质的充盈、欲望的满足、官能的享受等等,他却视之为身外的负担,人生的重累,性命的桎梏,只会导致人性的异化、本根的丧失。

二是"至乐无乐,至誉无誉";如果说"天下真有至乐",那就是无为,无为才能无惧无虑。可是,"吾以无为诚乐矣,又俗之所大苦也"。

三是在庄子看来,苦乐都不是在物质层面上;苦也好,乐也好,都来源于精神。一个人只有精神解放、心灵自由、意态放达、了无拘牵,才谈得上快活、适意;反之,心灵的拘禁、精神的闭锁、身心的扭曲、人性的"异化",都是最大的苦恼。

四是以超然态度看待苦乐,做到"苦乐不入于心"。他从人类的有限性出发,客观地对待无可奈何的现实,从一己的小天地中超拔出来,转换心态,化苦为乐;做到自觉地解除困苦与焦虑,从而达到心胸旷达,心态宁静,心情愉悦,心境悠然。比如,领会"削迹捐势,不为功名","物物而不物于物,则胡可得而累邪"的深刻蕴涵,则有助于警惕名累、势累、情累、物累,保持身心自由，防止“人为物役”“心为形役”。

这些都是超拔于智能、认知层面的，表现为一种人生境界、心性修养。以此来观照客观事物，处置人生课题，就会摆脱种种烦恼，除掉无谓纠缠，免去般般计较。

第三，从哲学层面上确立根基。庄子的用减法，绝不仅仅是着眼于是否需要问题，根本出发点是“虚而待物”，悟道存真，关键体现在一个“忘”字上。学者牟宗三有言：“道家智慧是‘忘’的智慧。”这里的“忘”，兼有解脱、化解、消减、摒弃的多重含义。《大宗师》篇有一句名言，“鱼相忘乎江湖，人相忘乎道术”；又说，“不如两忘而化其道”。“涸辙之鲋”，彼此靠着吞吐口水，相濡相嘘，根本不可能做到相忘；只有置身于江河湖海的广阔天地，鱼才能达到相忘境界。同样，人优游于浩瀚无涯的大道之中，就能相互忘记，逍遥自适；而当遭遇道术沦丧时，情况就不同了，人人自危，难于相处，必然斤斤计较，磕磕碰碰，麻烦不断。

忘，不仅在己，而且在人。日常生活中，备受关注，是人所普遍向往的；可是，吊诡的是，人恰恰是在那种无微不至的关注中，丧失了自我，丧失了自由，丧失了主动。试看那些“名人”“名家”，哪个不是这样？反之，处于“天放”状态，处在畅怀适意、悠哉游哉、浑然相忘的状态下，倒是可以得遂性命之情，感受到自由放任、天趣盎然。

在悟道过程中，人的心灵就更容易获得一些天启，解识某种天机。所以，庄子说：“其耆（嗜）欲深者，其天机浅。”嗜好和欲望太深太重的人，他的心智必然被堵塞得严严实实，那样，天然的人生领悟力就必然很浅了。民间有“火要空心，人要虚心”的格言：升火时，不能把炉膛里的柴禾填得过满，否则，火就烧不旺了；做人也是如此。《人间世》篇有“虚室生白，吉祥止止”的说法：心灵不能堵塞得太满，必须扫除一空，才能透亮、发光。只有清空虚静的心（室），净除任何尘滓杂念，才能悟出大道（白），生出智慧，进入清澈澄明的境界。

关于“忘”的功夫，庄子强调，要通过“三外（忘掉、遗弃）”的路径，达致

“三无”的境界。在《大宗师》篇，他借得道者女偊之口，讲述了学道、体道的过程。前三步都是“外”：“三日而后能外天下（遗忘世故，放弃对外界的关注）”，“七日而后能外物（忘掉万物，包括功名利禄，卸掉各种包袱，做到‘不为物役’）”，“九日而后能外生（把生死置之度外，心境澄明洞澈）”，这与《知北游》篇所讲的“吾身非吾有也”，遥相呼应，高度一致。这样，就可望成为“至人、神人、圣人”，达致“无己、无功、无名”的境界。它的标志，是去除自我中心，摒弃为名缰利锁所束缚的小我，让自己的精神穿透形骸，实现与天地精神往来。

庄子《达生》篇还讲了梓庆“削木为鐻”的故事：

> 梓庆做成了一个野兽形状的钟架，人们见了都惊为鬼斧神工。
>
> 鲁侯问他：“你是靠什么秘诀做成的？”
>
> 梓庆说：“我是一个工匠，哪里有什么秘诀？虽然这样，我还是有一点可以说道的。我在准备做钟架之前，向来不敢耗损气力，一定要靠斋戒来平定内心。斋戒三天，不敢存想奖赏爵禄；斋戒五天，不敢存想毁誉巧拙；斋戒七天，往往忘记自己还有身体四肢。这个时候，不再想到是为朝廷做事，只专注于技巧，而让外来的顾虑消失；然后，深入山林，察看树木的自然本性，遇到形态躯干适当的，好像看到现成的钟架，这才动手加工；没有这样的机会，就什么都不做。”

这里的准备工作，分忘利、忘名、忘身三个阶段；然后再以虚静之心，观察树木的天性；进而看出哪种树木即是未来的钟架。这样，再动工制作，就巧夺天工了。

禅宗有两首著名的佛偈：

> 身是菩提树，心如明镜台。
>
> 时时勤拂拭，勿使染尘埃。

>>> 道家智慧是“忘”的智慧，“忘”兼有解脱、化解、消减、摒弃等多重含义。人悠游于浩渺无涯的大道之中，就能互相忘记，逍遥自在，它不仅在己，而且在人。关于“忘”的功夫，庄子通过“三外”的路径，达致“三无”的境界。

神秀和尚的偈子，将身心比作菩提树、明镜台，看来，仍然有所执著，没有达到开悟的境界；而六祖惠能的偈子，则是“四大皆空”，通篇突出一个“忘”字：

> 菩提本非树，明镜亦非台。
> 本来无一物，何处染尘埃！

之所以要“忘”，为的是减少心理负担，免除外物干扰，去掉计较的心理。在《达生》篇中，庄子借用孔子的话来阐明这个道理：善于游泳的人，忘水；精于潜水的人，视深渊如山陵，同样无视于水。这样，他们到任何地方都会轻松自在。

这里的核心问题，是要“忘己”。何为“忘己”？在《天地》篇中，庄子曾借用老子的话加以解释：人的动静、生死、穷达，都不是自己主宰得了的；一个人所能做的，是忘掉外物，忘掉自然，忘掉欲望之我，世俗之我，这就叫做忘己。既然自己都忘掉了，还愁不能用减法吗？

其实，这减法正是道家“忘”的智慧，庄子也正是深于此道的智者。

第四篇

士君子

I

宋代政治家、改革家、文学家王安石写过一首题为“孟子”的怀古诗，对他赞赏有加：

> 沉魄浮魂不可招，遗编一读想风标。
>
> 何妨举世嫌迂阔，故有斯人慰寂寥。

孟子（公元前372—前289），名轲，邹人，战国时期的政治家、思想家、教育家，被尊为“亚圣”。他是鲁国贵族孟孙氏的后裔；幼年家境贫困，父亲早丧，强毅而有卓识的母亲，“三迁择邻”“断织劝学”，煞费苦心，将他抚养成人。孟子私淑孔子，为孔子之孙子思的再传弟子。《史记》本传称，他游说齐王，未能见用，转赴梁国，惠王认为他的主张“迂远而阔于事情”（远离现实社会，没有实际功用）。“当是之时，秦用商君，富国强兵；楚、魏用吴起，战胜弱敌；齐威王、宣王用孙子、田忌之徒，而诸侯东面朝齐。天下方务于合从（纵）连横，以攻伐为贤，而孟轲乃述唐、虞、三代之德，是以所如者不合。退而与万章之徒，序《诗》《书》，述仲尼之意，作《孟子》七篇。”

对于孟子，王安石是拳拳服膺、衷心景仰的。只是，“往事越千年”，斯人早已成了“沉魄浮魂”，无法“复其精神，延其年寿”（《楚辞·招魂》句），只能想望其风标（品格、风致）于《孟子》遗编了。“何妨”一句，道尽了孟子，也包括诗人自己雄豪自信、卓尔不群的气概与无所畏惧，“虽千万人，吾往矣”的坚定意志。诗人引孟子为知音与同道，最后以沉郁之语作结：毕竟还有这位前贤往哲足堪慰我寂寥！

说到孟子的风标，最鲜明的是其政治抱负远大，高自期许，非常自负。他以孔子的继承人自任，指出：从尧、舜至于孔子以来，具有一条圣人、王者绵延相承的根脉；“五百年必有王者兴”，尧、舜至商汤，商汤至周文王，周文王至孔子，都是五百余年，“由周以来，七百有余岁矣，以其数，则过矣，以其时考之，则可矣”。接下来，他直白地挑明：上天若是不想让天下治平，那就罢了；“如欲平治天下，当今之世，舍我其谁也”？

一次，门人公孙丑将他与管仲、晏婴相比。因为两人都是齐国著名的政治家，并辅佐君主，富国强兵。孟子却大不以为然，说，你真是一个齐国人，只知道这个管、晏！当年曾子的孙子曾西，鉴于管仲得到齐桓公那么专一的信任，执政那么长久，功业却如此卑微，因而很不高兴同他相比。连曾西都不肯，你以为我就能愿意吗？在另外场合，孟子曾说，齐王如果用我，何止是齐国人民可以安享太平，“天下之民举安”。时人景春认为魏国的纵横家公孙衍、张仪是真正的大丈夫：“一怒而诸侯惧，安居而天下熄（兵戈止息）。”孟子不予认可，并斥之为“以顺为正（以顺从为正宗）者，妾妇之道也”。

孟子雄强善辩，傲岸不群，在君王、权贵面前，尤其注重自己的身份，不肯屈身俯就。一天，齐国的大夫景丑同他交谈，说：“内则父子，外则君臣”，这是重大的伦常关系。“父子主恩，君臣主敬”，可是，我只看见齐王对你很敬重，却没看见你怎么尊敬他。孟子说：在齐国人中，没有谁以仁义之道向齐王进言；他们并非认为仁义不好，而是觉得其王不足以谈仁义。这才是最大的不敬！我呢，不是尧舜之道不敢进言，所以，要说尊敬君王，没有谁能赶上我。景丑说：我指的不是这个。《礼》云，臣子听到君主召唤，应该立即动身，不能等待驾好车子再走。你本来准备上朝，一听说齐王召唤，反而不去了，这于礼不合吧？孟子引证曾子的话作答：晋、楚之富，不可及也。不过，他们凭的是富，我行的是仁；他们倚仗的是爵位，我抱持的则是仁义。我为何会觉得欠缺什么？随之，孟子阐明：天下尊贵者有三——爵位、年齿、德行。在朝廷上，先论爵位；在乡里中，先论年齿；至于辅佐君王，当以德行为上。大有作为的君主，一定有他不能召唤的大臣，遇有要事请教，应该亲自前去，以彰显其尊德敬贤之诚。

孟子清高自持，刚正不阿。齐国大夫公行子家里办丧事，右师（齐之贵臣，六卿之长）王驩往吊。一进门，就有人趋前与之交谈，入座后，还有人跑到他的旁边献殷勤。孟子当时也在场，他们原本相识，却“独不与驩言”。右师不悦，怪他有意简慢。孟子听了，说：《礼》云，“朝廷不历（跨）位而相与言，不逾（越）阶而相揖也”，我是依礼而行。

也是在齐国，齐王馈赠百镒上好的黄金，孟子拒绝接受。弟子陈臻诘问。答曰：这笔钱送得没有理由。没有理由送钱，等于用贿赂收买我。哪里有君子可以拿钱收买的呢？

2

孟子这样做，不只是维护一己的身份与尊严，而是代表了士这一阶层的群体自觉，体现着士的主体性。当代学者牟钟鉴认为，孟子最大的贡献，是确立士人的独立品格，提升了他们的社会地位，也升华了士人的精神境界，为中国知识分子立身处世确立了一种较高的标准。在知识分子的操守、气节方面，孟子的影响似乎比先师孔子更大一些。

春秋战国时期，群雄竞起，列国纷争，为实现富强、完成霸业，不仅凭恃武力，还迫切需求智力的支撑，所谓“三寸之舌，强于百万之师；一人之辩，重于九鼎之宝”。这样，诸侯之间便竞相“养士”，为士的活跃与发展提供了强大推动力，也形成了剧烈的竞争态势，许多士人都趋之若鹜。士，作为道义的承担者、文化的传承者，以才智用世；但是，本身却并不具备施政的权势，若要推行一己的主张，就必须解褐入仕，并取得君王的信任和倚重。而这种获得，却是以思想独立性、心灵自由度的丧失为其代价的。许多士人为致身富贵不惜出卖自己的人格，“无礼义而唯权势之嗜”（荀子语）。与此相对应，孟子适时而有针对性地倡导并坚守了一种以仁义为旨归的士君子文化。所谓士君子，也就是士阶层中那类重节操、讲道义、有风骨的优秀分子。

孟子像先师孔子一样，十分厌恶“乡原”，对这类八面玲珑、四方讨好、不讲是非与原则的欺世盗名之辈，斥之为“阉然媚于世也者”。他要求士人，“穷不失义，达不离道”；当生命与道义不可兼得时，要“舍生而取义”。“志士不忘在沟壑(不怕惨遭杀戮，弃尸山沟)，勇士不忘丧其元(不怕丢掉脑袋)”，以成就其完美人格。在中国几千年的文明史上，为了社会进步、民族振兴而“成仁取义”的志士仁人，灿若群星，他们的思想都不同程度地接受了孟子的影响。

论及士人的独立品格，在封建时代，首要的是如何看待与处理君臣之间的关系。孟子强调“道尊于势”“德重于位”，明君应“贵德而尊士”。他不留情面地公开批评列国君主。他曾直面指斥梁惠王：“今夫天下之人牧(意指国君)，未有不嗜杀人者也。”“庖有肥肉，厩有肥马；民有饥色，野有饿莩(死尸)。此率兽而食人也。”还有一次，他对弟子公孙丑说：“不仁哉，梁惠王也!”——为了争夺土地，驱使老百姓打仗，结果，尸横郊野，骨肉糜烂。尽管在齐出任客卿，但他对于齐宣王也毫不客气，不仅当面揭露其“恩足以及禽兽，而功不至于百姓”的虚假仁慈；而且逼问，“四境之内不治”，该追究谁的责任？弄得宣王无言以对，尴尬地“顾左右而言他”。

在孟子看来，商汤流放夏桀、武王讨伐殷纣，都是合乎正义的。“君有大过则谏；反复之而不听，则易位(废弃他，改立别人)。”当齐宣王问：“臣弑其君，可乎?”他断然回答：“贼仁者谓之贼，贼义者谓之残；残贼之人谓之一夫(独夫)，闻诛一夫纣矣，未闻弑君也。”他提倡“君臣有义”，反对“愚忠”，认为忠君是有条件的，要看值不值得为他尽忠，看他怎样对待臣下。孟子明确地说：“君之视臣如手足，则臣视君如腹心；君之视臣如犬马，则臣视君如国人；君之视臣如土芥，则臣视君如寇仇。”

他还说过：游说诸侯，要敢于藐视他，不要把他那一时的煊赫看得怎么了不起！他们的殿堂阶基几丈高，屋檐几尺宽；菜肴满桌；姬妾数百；饮酒作乐；驰驱田猎，跟随的车子上千辆。我如果得志，决不会这么做。他们所有的那些腐化享乐的事，都是我所不为的；我所做的，都符合古代的规制。我为什么要畏惧他们呢？

孟子的这些肆无忌惮的言论、主张，招致历代封建卫道者的口诛笔伐，刺孟、非孟、疑孟迭出，有的竟列出十七条罪状。宋朝政治家司马光批评孟子，首要一项便是“不知君臣大义”。而最厉害的还是明朝开国皇帝朱元璋，他说，“此老”（孟轲）要是活在今天，难免会遭受酷刑。他认为，孟子的不少言论“非臣子所宜言”，遂删节《孟子》原文八十五条；并明令将孟子逐出文庙，罢其配享。

孟子由坚守士人独立品格，进而发展为“民本”思想，为儒学理论树起了一面鲜明的旗帜——“政在得民”。他说：“得天下有道，得斯民斯得天下矣；得其民有道，得其心斯得民矣；得其心有道，（民之）所欲，与之聚之，（民之）所恶，勿施尔也”；“乐民之乐者，民亦乐其乐；忧民之忧者，民亦忧其忧。乐以天下，忧以天下，然而不王者，未之有也”！

当代学者牟钟鉴《从孔子到孟子》一文中指出，在早期儒家代表人物中，没有哪一位比孟子更重视民众的社会作用和历史地位。孟子提出了一个超越同时代人的口号：“民为贵，社稷次之，君为轻。”这个口号一经提出，便使社会震动，响彻了两千多年，成为批判君主专制的有力武器。“民贵君轻”之说，在先秦诸子中是极为罕见的，它肯定了民众是国家的主体，对于君权至上的制度具有很大的冲击力。按照孟子这一思想来设立政治体制，至少能发展出开明君主立宪制。这是孙中山提出民权主义的思想源头之一。

3

孟子十分重视心性修养、价值守护与精神砥砺，体现了士这一群体的主体自觉。

一是“养气”。宋代理学家程颐说过：“孟子有功于圣门，不可胜言”，“仲尼只说一个‘志’，孟子便说许多‘养气’出来。只此二字，其功甚多”。“我善养吾浩然之气。”孟子指出，“其为气也，至大至刚，以直养而无害（用正义去培养而不加损害），则（充）塞于天地之间。其为气也，配义与道，无是，馁也（就疲软了）。”这种“气”是由正义的经常积累而产生的，不能靠突击的正义行为来取得，更不能揠苗助长。

浩然之气就是人间正气，表现为优秀的心性修养、道德情操和高尚的人格理想、精神境界。南宋民族英雄文天祥的《正气歌》，把爱国主义精神发扬到极致，彰显了作者坚贞的民族气节和生死不渝的崇高信念，可说是对孟子浩然之气的最佳诠释。诗中列举了十二位古人气贯山河、名垂竹帛的壮烈行为，激情洋溢地歌颂了历史上为真理和正义而斗争的志士仁人，显现浩然正气所发挥的维系天柱、地维、人伦的巨大威力——“是气所磅礴，凛烈万古存。当其贯日月，生死安足论！”

在日常生活中，浩然之气同样散发着“正能量”。当代学者傅佩荣讲过一则故事：20世纪50年代，台湾大学经济拮据，办学条件艰难，师生生活十分贫困。傅斯年校长向学生推荐了两本书，其中第一本就是《孟子》。时值寒冬，又冷又饿，于是，大家就念《孟子》的“我善养吾浩然之气”。诵读着，议论着，就不感到冷了，肚子也忘记饿了。后来从这里走出很多知名专家、学者，他们身在域外，还经常忆起大学时代读“浩然之气”的情景。

二是“尚志”（使自己志行高尚）。孟子反复强调“从其大体”——“养其小者为小人，养其大者为大人”；“无以小害大，无以贱害贵”；“先立乎其大者，则其小者弗能夺也”。又说：“养心莫善于寡欲。”按照朱熹“集注”的解释：“贱而小者，口腹也；贵而大者，心志也。”可以引申为：大体，指道德修养、高尚人格，亦即居仁由义；小体，指声色货利、物质欲望。他把“慕仁向义”还是“逞欲逐利”看作区分君子、小人的标志。当年子贡在谈到老师孔子的学问时，曾有“贤者识其大者，不贤者识其小者”之说，当与此同义。

宋代理学家陆九渊，总是教人“先立乎其大”。结果有人讥讽他，除了

“先立乎其大”一句，全无其他伎俩（本事）。他听了不以为忤，反而说，这个人真了解我。

三是“反求诸己”（反躬自责）。孟子传承、发展了孔门关于“自省”的圣训，进而强调，出了问题，要从自身查找原因。他说：“行有不得者，反求诸己”；“仁者如射，射者正己而后发；发而不中，不怨胜己者，反求诸己而已矣”。又说：“反身而诚（反躬自问，一切都是诚实无欺的），乐莫大焉。”

四是历经艰苦磨炼。孟子指出：“故天将降大任于斯人也，必先苦其心志，劳其筋骨，饿其体肤，空乏其身，行拂乱其所为（每一行为总是不能如意），所以动心忍性，曾（同增）益其所不能。”他特别强调忧患意识与危机感，“生于忧患而死于安乐”，是他的名言。他还说过，人的德行、聪明、道术、才智，往往来自危险的处境，亦即种种灾患。只有那些孤立之臣、庶孽之子，“其操心也危，其虑患也深”，方能通晓事理，练达人情。

五是升华人生境界。孟子有言：“可欲之谓善，有诸己之谓信，充实之谓美，充实而有光辉之谓大，大而化之之谓圣，圣而不可知之之谓神。”这段话意蕴丰富，不太好懂，其实说的是人生的六种境界：第一层是善——值得喜欢，使人觉得可爱，这就是善（也就是好）；第二层是信——好处实实在在，令人信服、信任；第三层是美——那些好处充满于他本身，当然美；第四层是大——不止充实，而且辉耀四方，发扬光大；第五层是圣——大而能化，融会贯通，是为化境；第六层是神——圣德到了神妙不可测量的高度，此乃至上境界。

4

孟子很看重士君子的社会责任，说，士人出来任职做官，为社会服务，就好像农夫从事耕作一样，这是他的职业。士之出仕，“天下有道，以道殉身（政治清明，道为己所运用）；天下无道，以身殉道（政治黑暗，不惜为道献身）”；士君子应该“居天下之广居（仁），立天下之正位（礼），行天下之大道

(义);得志,与民由之(偕同百姓循着大道前行),不得志,独行其道。富贵不能淫,贫贱不能移,威武不能屈,此之谓大丈夫”。

与列国争霸、以攻伐为能事形成尖锐的对立,孟子坚持仁政学说、德治思想,把伦理与政治、仁学与民生结合起来,走以德服人之路。倡导“亲亲而仁民”,省刑罚,薄税敛,使民以时,取民有制;以“老吾老以及人之老,幼吾幼以及人之幼”的推恩办法治民施政,这样才能得民心,无敌于天下。呼吁君王“贵德尊士”,“尊贤使能,俊杰在位,则天下之士皆悦,而愿立于其朝矣”。强调重教育,“觉斯民”,“善政不如善教之得民也。善政,民畏之;善教,民爱之。善政得民财,善教得民心”;他把“得天下英才而教育之”,奉为人生至乐。

为了推行自己的政见、建立理想型社会,孟子终其一生,宣扬教化,尚志笃行。学成之后,先是在邹国授徒设教;过了四十岁,开始其政治生涯,出邹、游齐、过宋、适梁、访滕、入薛、至鲁,为卿于齐,最后归邹。其间,他曾会见过齐威王、宋王偃、滕文公、邹穆公、鲁平公、梁惠王、梁襄王、齐宣王等多位君主。每至一国,都曾积极建言、热情论辩、肆意批评,但其政见、主张终未得以实施,不免到处碰壁;最后,只好黯然归隐,二十多年致力于教育与著述。这一经历,与先师孔子相似,但二者相较,还是孔子的际遇差强一些,毕竟出任过中都宰、司空、大司寇,还曾代理过相职;而孟子只当过短期的客卿,空有壮志宏图,未曾得偿于百一。在致力于帮助各国诸侯结束战乱、实现统一、实施仁政,亦即推行其王道主义的理想政治方面,他无疑是彻底失败了。

当然,若从长远和根本上看,他同孔子一样,立德立言,垂范后世,功在千秋,又确实是伟大的成功者。哲学家金岳霖说过:“一位杰出的儒家哲人,即便不在生前,至少在他死后,是无冕之王,或者是一位无任所大臣,因为是他陶铸了时代精神,使社会生活在不同程度上得到维系。”在讲学、著述中,孟子总结前代与当世治乱兴亡的规律,在如何对待人民这一根本性问题上,提出了“民贵君轻”“保民而王”、以仁政与民本为核心的富有民主性精华的思想，首倡心性之学，确立士人独立品格，发展了孔子的思想、学说，为后世留下了宝贵的精神财富。

关于孟子思想的当代价值，哲学家陈来指出，在孟子那里，仁爱不仅仅是个人的道德，也是社会的价值。他把原来孔子重点放在个人道德、修身这方面的"仁"，扩大到整个社会。在社会的层次上来讲仁爱，这个就是仁政，就变成了治国理政的一个根本法则，变成一个社会的价值。习近平总书记谈到，中华优秀文化的基本价值有六条，其中的第一条、第二条：讲仁爱、重民本，都跟孟子有特别直接的关系。就是说，孟子思想对于我们涵养社会主义核心价值，能够提供一个最直接、最重要的源泉与基础。

第五篇

秦始皇之道

I

西哲有言，人在根本上看，不过是活脱脱的一团欲望和需要的凝聚体。还说，人类现有的文明，是建立在人类自身进取的本性和欲望的扩张之上的。就是说，生而有欲，原是人之本性；这种本性的升华——欲望的扩张，促进了人类文明的发展、社会的进步。看来，不加分析地、一概地否定欲望与需求，既不符合人性自身的实际，更有悖于几千年来人类文明发展的规律。不过，任何事物，都有一个限度。度，规定了事物的本质，也决定着发展的方向。欲求，自然也不例外。

人的生命有涯而欲求无涯，以有涯追逐无涯，岂不危乎殆哉？遗憾的是，这个道理世人皆知，并且无不认同；然而，举世却少有自觉抑制欲求而知止足者。这就叫矛盾，就叫悖论。

鲁迅先生说过：

> 中国人有一种矛盾思想，即是：要子孙生存，而自己也想活得很长久，永远不死；及至知道没法可想，非死不可了，却希望自己的尸身永远不腐烂。

我以为，号称“千古一帝”的秦王嬴政，就是这种“中国人”的一个典型代表。

秦始皇的欲望真是多极了、大极了：既要征服天下、富有四海，又要千秋万世把嬴秦氏的“家天下”传承下去；既要一辈子安富尊荣，尽享人间的快乐，又要长生不老，永远不同死神打交道；即便是死，也要尸身不朽，威灵永在，在阴曹地府继续施行着他的统治。难为他，想象力竟然如此发达，制造出了一个举世无与伦比的欲望的梦想。

宋代诗人陆游有一句非常形象而又意味深长的诗："利欲驱人万火牛。"说是在欲望的驱使下，人就像有万条"火牛"在屁股后面顶撞着，疯狂地奔逐，拼命地追赶，什么饥寒劳累，崎岖险阻，哪怕是破头流血，甚至于拼上一条命，也全不在乎。

"火牛"是古代的一种军事进攻方法。战国时期，齐将田单曾用"火牛阵"大破燕军。当时，他集中了一千多头牛，每个牛角上缚以利刃，又把灌上膏油的麻、苇等易燃物紧束于牛尾。日落黄昏之时，田单聚集五千壮卒，以五色涂面，各执利器跟随牛后。然后，将牛群驱向燕军营中，点燃起牛尾上浸油的扫把。尾部被火烧痛，牛群激烈奔逐，角刃所触，非死即伤，燕军自相践踏，惨遭败绩。

用陆老诗翁说的这种情境来状写秦王狂妄无度、无极无止的欲望，可说是切中肯綮。

秦王嬴政首要的欲望是征服四海、统一天下。这盘棋下得很漂亮。从公元前 230 年扑灭韩国，到公元前 221 年吞并强齐，十年时间，采用"远交近攻"的战略，把割据称雄的六国群雄一个个吃掉，最后，建立起中国历史上第一个大一统的封建王朝。他自认已经德侔"三皇"、功迈"五帝"，遂设想将这两种称号兼备于一身，而称为"皇帝"，并在前面冠上一个"始"字。"始"者，开山鼻祖之谓也。一则，说他是中国皇帝之首创；二则，意味着嬴秦氏的"家天下"，万世鸿猷肇基于此。于是，颁布命令说："朕为始皇帝，后世以计数，二世、三世至于万世，传之无穷。"

要实现这一至高无上的终极目标，就必须彻底消灭一切可能危及其专制统治的政治势力。为此，对外连年频繁用兵，调遣数十万大军，三次征伐岭南，占领包括现今两广地区及越南北部的"百越之地"，无限度地扩张疆土。如同西汉文章大家贾谊在《过秦论》中所形容的："振长策而御宇内，吞二周而亡诸侯,履至尊而制六合,执捶拊以鞭笞天下,威振四海。”

他听信了装神弄鬼的方士关于“亡秦者,胡也”的进言,以为防备匈奴的侵扰是当务之急,遂派遣大将蒙恬率领三十万军队,北出朔漠,追击匈奴七百余里,收复被占领的一切失地;并把昔日秦、赵、燕各国所筑长城加以修缮,连接成西起甘肃临洮、东至辽东边陲的万里长城。建立起一个疆域空前广阔的东到东海以及朝鲜,西至临洮、羌中,南到日南郡北户,北方据守黄河以为关塞、依傍着阴山、一直到辽东的以汉族为主体的多民族的封建大帝国。

为了加强中央集权,秦始皇否定了丞相王绾提出的恢复分封制的主张,实行郡县制,分天下为三十六郡。郡置郡守,县置县令,中央设立“三公九卿”,协助皇帝处理政治、军事、经济等事务。这一政治体制,加强了皇帝对政权的有效控制,开创了帝权独揽的封建专制主义的先河。

与此同时,为了防止敌对势力的滋生,他还下令堕毁各地的城池;屠戮天下豪杰之士;收缴全国各地的兵器,把它们聚集在咸阳,统一销毁,熔铸成乐器和十二座铜人,借以消除各种潜在的反抗力量。为了便于朝廷控制,还把关东六国的贵族、豪富十二万户,统一迁徙到秦都咸阳附近,随时监视他们的动静。还以咸阳为中心,修筑了两条驰道:一条东通海边,一条南入吴楚。以便哪个地方一旦发现叛乱动向与苗头,即能迅速调动军队前去弹压。

他采纳了丞相李斯的主张,下令除医药、卜筮、种植之书和秦国史书外,其他书籍一律烧毁。对于相聚讨论诗书者,在市上处死;推崇古代、诽谤当世的,诛杀全族;知情而不检举者,以同罪论。一年过后,由于发生了议论皇帝“天性刚戾、以刑杀为威”的方士相率叛逃的事件,始皇帝遂迁怒于儒生,以“或为妖言以乱黔首”的罪名,活埋了四百六十多人,制造了历史上首例“焚书坑儒”事件。

这样,就更加激起了人们的反抗。谤议丛生,谶言风起。有人在流星陨石上写下了“始皇帝死而地分”的话。他遂派遣御史逐户审问、搜查,弄不清楚来由，便把住在陨石附近的所有居民，统统抓起来杀掉。紧接着，又有使者报称，有人散布“今年祖龙死”的言论，这进一步加剧了他求生畏死、希冀长生的欲望。

2

其实，期望也好，欲求也好，终归只是一厢情愿，能否付诸实现，并不是个人的主观意志所能主宰的。况且，从根本上说，欲望即是痛苦。纵使某种欲望有幸得以达成，也会迅即进入一种饱和状态，随之惬意的快感也就失去。因为占有的结果，即意味着它的刺激能量的消逝。于是，欲望、需求之火，便会以新的形态重新燃起，否则，寂寞、空虚、无聊，就会迎面袭来。燃烧，熄灭，失落，再燃烧，一辈子陷在这种循环圈里不能自拔。像德国哲学家叔本华所说的，“举凡人生，皆消耗殆尽于欲望和达到欲望这两者之间”。

秦始皇就正是这样。

他既平六国，“凡平生志欲无不遂，唯不可必得志者，寿耳”（清人丘琼山《纲鉴合编》）。于是，“生在地上想上天，做了皇帝想成仙”，便成了秦始皇的终极追求。他不相信“死生有命，富贵在天”的宿命论，决意冲破人生百岁的寿命大限，实现长生不老，纵令做不到“王母桃花千遍开”（三千年开一次），起码也要像传说中的彭祖那样，活上个千八百岁。

一些方士遂投其所好，编织神仙下凡的神话，声称海上有仙人仙药，结缘仙人、服食仙药，便可永远健康，长生不死。为此，始皇帝便四出巡行，访药求仙。

他先是仿效黄帝，出巡陇西、北地，登上了鸡头山。向往着周穆王，要像他那样，驾八骏之车，访求神仙，会西王母于瑶池之上。以后又率领大队人马前往东方的渤海巡游。他站在芝罘岛上，纵目观览，但见云海迷茫中，隐现着山川人物、殿阁楼台，不禁心驰神往。方士们为了迎合其渴望长生的心理，将这种海市蜃楼景象说成是人间仙境。齐地的方士徐福更是趁便上书，侈谈海上有蓬莱、方丈、瀛洲三座仙山，上面住着神仙，有长生不老之术，请求皇帝准许他斋戒沐浴之后，带领童男童女入海求仙。秦始皇全部信以为真，迅速组织大批童男、童女，跟随徐福乘船出海，觅求长生不老之术。

不久，徐福回来诉说，海神已经见到，但嫌礼数不周，品物单薄，拒绝赐予仙药。对于这种明眼人一听就能识破的谎言，欲令智昏的始皇帝却深信不疑，赶忙增派童男童女三千人，以及大量工匠、技师，还带上了各种谷物的种子，统统交给徐福，让他再度率船出海。为着尽早听到"福音"，始皇帝便在东海之滨静候了三个月，最后也不见徐福的踪影，才怅然返驾回銮。

紧接着，又开始了第三次出巡，首途辽西，沿渤海湾前行，抵达碣石山。他指派燕地的方士卢生，去寻访羡门、高誓这两个据说成仙得道、长生不老的仙人，还派遣韩终、侯公、石生等人，继续蹈海穿波，寻求长生不老之药，自然最终都一无所获。后来，卢生终于传来信息：寻找灵芝奇药和神仙、法术，之所以总是不能奏效，是由于途中有"异类"作祟，妄图伤害皇帝和求仙者。为此，他们建议，需要改变以往的做法。皇帝应该秘密进出，行踪与驻地不能让任何人知道，以躲避恶鬼的袭击。这样，那些沉水不会濡湿、入火不会烫伤，驾着云气在天空里游行，寿命和天地一样长久的"真人"，才会悄然降临。于是，始皇帝下令在咸阳广建宫观楼阁，并以天桥、复道相连，以便皇帝秘密巡行其中，住所、行踪绝对保密，有不慎泄漏者立即处死。

第五次出巡，再次来到山东琅邪。始皇帝一直惦记着徐福入海求仙的事情，刚一到达，便传唤他前来复命。徐福担心会因为一无所获而招致重谴，遂"死马当作活马医"，大胆地编造出更为离奇的事由："蓬莱仙岛的神药是可以拿到的，只是航行中常常受到大鲨鱼的袭击，因此，普通船只无法到达。希望皇帝能够派些技术高强的弓箭手，和求仙者一同前往，发现了大鲨鱼，就用强弓劲弩把它射死。"

始皇帝求仙心切，当即吩咐有关人员带上捕杀鲨鱼的武器，他自己也准备了强弓劲弩，一路上监视着鲨鱼的动静。海船由琅邪北面起程，一直航行到荣成山，也没有见到鲨鱼的踪影，后来船到芝罘，大鲨鱼终于露面了，在万弩齐发之下，流血气绝。始皇帝很高兴，认为此后尽可以安心求仙采药了，无须再费周折，便又命令徐福率船出行。只是，他自己已经等不及了，不久就命断沙丘（在今河北平乡境内）。徐福则乐得自在逍遥，连同载着数千名童男童女的楼船，向着烟水苍茫处飘然而去，不知所终了。

面对冀求长生、逃避死亡这一永远无法解决的课题，人类耗尽了精神、气力，历经无数艰难曲折，甚至付出了不知几许的生命代价，最后，所有的努力全部告吹。秦始皇死后一百余年，汉武帝紧步他的后尘，为实现长生不老，同样做了大量的"无效功"；唐代自太宗起，宪宗、穆宗、武宗、宣宗，五代君王接力赛一般，竞相寻求长生之术，均以失败告终。最可悲的却是"一代天骄成吉思汗"，他西征归来曾踌躇满志地说，"直到如今，我还没有遇到一个不能击败的敌手。我现在，只希望征服死亡"。但是，这话出口不久，他便在清水县行营一命呜呼了。

始皇死后，丞相李斯为防止出现变故，遂秘不发丧，将棺材放入辒涼车中，派亲信的宦者驾车，每到一处照常送饭，接受朝臣奏章。当时恰值炎热天气，车上发出了尸臭，只好将鲍鱼装上去，以乱人嗅觉。唐代诗人李贺讽刺妄冀长生的诗句："刘彻茂陵多滞骨，嬴政梓棺费鲍鱼。"正是抓住了这一点。

3

始皇帝笃信"君权神授"和"万物有灵"的观念，认为天地神灵的喜怒哀乐，能够决定人世间的兴衰成败、祸福休咎，因此，不惜耗费巨大的人力财力，率领浩浩荡荡的巡行队伍，举行封禅泰山、祭告天地等活动。客观上的效应，是借此勒碑刻铭，歌功颂德，传之久远，又可以振武宣威，慑服天下。

史书上说，当日始皇帝御驾出巡，正在咸阳从事徭役的泗水亭长刘邦，目睹了皇家盛大的车马仪仗队，精锐的步骑警卫军，遥遥地仰望着始皇帝渐去渐远的身影，仿佛瞻仰着金光灿烂的太阳，含光受彩之余，身心受到了强烈的震撼，当即色迷迷地说："呜呼，大丈夫当如是也！"艳羡之情溢于言表。而"力拔山兮气盖世"的豪强项羽，竟脱口而出："彼可取而代之也。"反正在强权、威势面前，他们谁也不是无动于衷。这从侧面验证了始皇帝耀武宣威、显扬功业的成效。

同炫耀、显示、骄狂一样，穷极奢侈、尽情享乐也是一种人生欲望。据《淮南子·人间训》记载：为了获取越地的犀牛角、象牙和翡翠、珠玑，始皇帝派遣将军尉屠睢调发五十万士卒，分成五路大军，分别扼守镡城山岭、九嶷要塞、番禺城中、南野境内、余干水边。各路人马，三年之中没有解甲弛弓。斑白羸弱的百姓都得在大道上拉车服役，运送给养；官吏们则拿上畚箕在路口搜刮民财。致使各地男子不能在田里耕种，妇女不能在家中纺线织麻，病人得不到医治，死人得不到掩埋。

始皇帝以为咸阳人多，而先王的宫廷狭小，便在渭河南岸的上林苑中营造朝宫，经营壮丽的宫殿。其中前殿阿房，东西五百步，南北五十丈，殿中可以容纳万人，殿下能够竖立五丈之旗。从雍门向东一直到泾水、渭水交汇之处，八百里范围内，离宫别馆林立。又架木为桥，搭成立交桥式的"复道"，四围楼阁宫观彼此相连，把从各诸侯国掳来的美女、钟鼓填置其间。

现如今，宫殿早已化为尘土，但唐人杜牧的名篇《阿房宫赋》还在，千载之后读来，还觉宛然如见：

> 明星荧荧，开妆镜也；绿云扰扰，梳晓鬟也；渭流涨腻，弃脂水也；烟斜雾横，焚椒兰也；雷霆乍惊，宫车过也；辘辘远听，杳不知其所之也。一肌一容，尽态极妍，缦立远视，而望幸焉；有不得见者三十六年！

虽然出于文人丰富的想象力，就中难免有虚饰夸张之处，但作为一个纵欲主义者，秦始皇的穷奢极欲，恣意享乐的情形，却表现得淋漓尽致。

刘向在《说苑·反质》中记载，秦始皇"又兴骊山之役，锢三泉之底，关中离宫三百所，关外四百所，皆有钟盘帷帐，妇女倡优"，共达"数巨万人，钟鼓之乐，流漫无穷"。未兼并天下前，始皇帝的周围已经有不少郑、卫的声色和"随俗雅化、佳冶窈窕"的赵女；灭六国后，更是大量罗致各国诸侯的美人。他死后，后宫许多美女"非有子者"，"皆令从死，死者甚众"。

这种骄奢淫佚、纵欲无度的直接后果，是加速了他"向死"的进程，与冀求长生恰成相反的对照；当然，同时也撒播了众多的种子，经学者考证，始皇帝的子女达三十三人，二世胡亥为第十八子。

始皇帝的欲望在无限度地扩张，又在一重重地幻灭。

先是期待着煌煌帝业千秋万世绵延不绝，因而，下力打造一个固若金汤的千年王国。后来觉得，既然自己是德配"三皇"、功侔"五帝"的不世出的伟人，那就应该像神仙那样，摆脱"生命有期"的限制，于是，求仙拜神，乞求长生不老之药。待到觉察这一欲望轻易难以实现时，便大做死后的文章，奉行中国自古以来"侍死如侍生"的礼制，坚信死后还会有一个幽冥的世界，可以把生前的一切统统带到地下，这样，在阴世间的生活，就会同活着时一样。于是，动用了七十多万民夫，为自己精心营造陵墓——一个规模庞大、形制繁复的地下王国。

始皇陵占地五十多平方公里，周长六千多米，高达一百二十米。经过两千多年的人为破坏与风雨剥蚀，至今仍有六十五米高。墓内构思奇特，极具匠心，设计完全仿照都城咸阳模式。内外两重城垣，呈南北狭长的"回"字形。咸阳皇宫所在的小城，位于大城之西；供他死后灵魂起居的寝宫，也建在小城内，同样处于陵墓西部。墓中修建了各种宫殿，厘定百官的位次，并贮藏无数珍稀贵重的宝物。里面砌筑"纹石"，堵塞了地下泉水，四周厚涂丹漆，以防止潮湿。还用水银做成百川四渎，环绕其间，以机械转动，川流不息。

民间广泛流传，秦陵地宫内有水银所制的五湖四海，始皇帝躺在纯金打就的棺材里，游荡在水银液汇成的江河之上，如同生前四出巡幸一般。穹顶上，有日月星辰，状如天体，下面做成山川地理形状，取人鱼脂肪做成蜡烛，经久燃烧不熄。为了防止日后被人盗发，陵寝中遍置能够自动发射的弩机暗箭。

近些年，还在地宫中发现了百戏俑坑，无疑为冥间的娱乐场所；而内城、外城之间的珍禽异兽坑，就好比上林苑囿，为“死皇帝”射猎、奔逐的所在。真是应有尽有，匪夷所思。

在墓葬配房中，配置了成组的车马，其中一驾铜马车，由驷马安车和驷马高车两乘銮舆组成。驭手和驾车的骏马，形象生动逼真，栩栩如生。在另一处陪葬坑中，还摆满了数以万计的石质盔甲，这是地下军团的后勤装备库。而最引人注目的，是皇陵六华里外，东门大道北侧的三个陶制兵马俑坑，上万名步、骑、车兵武士，环卫其中，再现了秦帝国当年威武强大的军容。

这支始皇帝的警卫部队、阴间皇城的守护者，代表了人间欲望的巅峰，也标志着两千多年前世界塑造史上的极致。兵员全部面向东方，做随时准备出击状。在始皇帝的想象中，如果六国贵族在阴间发动叛乱，“连横”反抗秦国，这些军队将全部调动起来，进行殊死决战。可见，即便到了阴曹地府，他也要一统冥界，成为名副其实的地下霸主。

4

说到秦始皇的欲望重重，有人认为，这和他出生于赵国的都城邯郸有关——不是有一句“邯郸道上，欲望无穷”的谚语吗？不过，“邯郸梦”导源于唐人的《枕中记》，却是始皇帝身后千年的作品，可见，其间并没有什么瓜葛。

倒可能是遗传因子起了作用。始皇帝的生身父亲、阳翟大贾吕不韦，不满足于贩贱卖贵，家累千金，却要苦心孤诣，在政治上干起“奇货可居”的投机生意，终于成功地实现了谋嫡夺国的如意算盘。

《战国策》载：

> （吕不韦）谓父曰：“耕田之利几倍？”
>
> （父）曰：“十倍。”
>
> （吕问：）“珠玉之赢几倍？”
>
> （父）曰：“百倍。”
>
> （吕问：）“立国家之主赢利几倍？”
>
> （父）曰：“无数。”
>
> （吕）曰：“今力田疾作，不得暖衣余食，而建国立君，泽可以遗世，愿往事之。”

一种欲望实现后，竟然无法计利，甚至“泽可以遗世”，岂不“猗欤盛哉”！

贾谊用“怀贪鄙之心，行自奋之智”十个字，概括秦始皇的人生轨迹。这种人一朝得志，便会忘乎所以，无限扩张。而这，也正是体现了所有那些雄心勃勃的封建君王所共有的贪得无厌的社会性。像后世的汉武帝刘彻、元太祖成吉思汗、明太祖朱元璋，都属于这种类型。

当然，始皇帝的残暴与贪婪，又并非一般的“统治阶级本性”足以囊括的，这就关涉到他的个性、品格问题。欲望，是人生的一种真实而自然的存在，又是人的本质的实际展现。由于人的个性的差别，每一个人欲望的指向与欲望的强弱都判然有别。秦始皇这个“千古一帝”，个性是非常鲜明的，一曰贪婪无度，二曰冷酷无情。他是典型的唯我主义者，具有物质追求与权力攫取的强烈意志。他习惯于把自我摆在同社会对立的位置上，在他的视野中，没有“他人”，没有“社会”，只有自我。

方士侯生和卢生认为，始皇帝的为人，天生脾气刚强暴戾，自以为是，从诸侯出身到兼并天下，凡事称心如意，任意而为，因此，自以为从古到今没有人能超过自己。与嬴政有过广泛接触的谋士尉缭，曾私下里议论说，始皇帝鼻如黄蜂、胸同鸷鸟、声似豺狼，这种人刻薄寡恩，以虎狼为心，困难的时候可以对人谦卑，得志的时候便会轻易地吞噬他人。如果真的让他得志于天下，天下人便都会成了他的俘虏。

在遗传基因、阶级本性、个人品格这些重要因素之外，始皇帝还有其特殊的一层，就是他所由成长的环境——秦人的文化基因、价值取向，也大大助长了他的贪婪、残暴及好大喜功。

从文化学的角度看，一个民族的文化包括很多层次，物质的、制度的、风俗习惯的，等等，而根植于最深层的则是价值观念。历史学家林剑鸣指出，在秦人的价值评断中，并没有给道德伦理留下位置，而完全是以世俗的功利为标准，人们关心的是生产、作战等与日常生活密切相关的利害所在。正因为如此，追求“大”和“多”就成为秦人的时尚、审美观的重要标准，也成为秦文化的重要特征。

就目前已发现的秦人遗迹、遗物看，抛开其内容不论，单从形式上就很容易看出，它具有“大”而“多”的普遍特征。这种唯“大”尚“多”的价值观，反映在政治上，就是统治者对权力和国土的不断增长的追求欲望。

秦统一之前，整个战国时代四百余年，中国社会出现了法家化的过程，其中又以秦为最甚。权力中心主义、军事至上、强者政治、经济垄断、信赏必罚，这些为法家所崇尚的内容，在秦国都有相当深广的影响。“商鞅变法”之后，秦国历史的主要内容，就是向外扩张领土，一直到公元前 221 年最后统一中国。秦的统一，实际上是法家的成功。统一之后的秦王朝统治者，并没有停止对外开拓，继续北伐匈奴，南戍五岭，又派人至海外去寻觅“仙山”，这都反映了秦人权力至上、欲望无穷的价值观。在这些方面，始皇帝既是影响的接受者，更是直接的参与者、推进者。

5

应该说，秦始皇的一生，是飞扬跋扈的一生、自我膨胀的一生，也是奔波、困苦、忧思、烦恼的一生。是充满希望的一生，壮丽、饱满的一生，也是遍布着人生缺憾，步步逼近失望以至绝望的一生。他的“人生角斗场”，犹如一片光怪陆离的海洋，金光四溅，浪花朵朵，到处都是奇观，都是诱惑，却又暗礁密布，怒涛翻滚；看似不断地网取“胜利”，实际上，却在一步步地向着船毁人亡、葬身海底的结局逼近。“活无常”在身后不时地吐着舌头，准备伺机把他领走。

按说，号称“千古一帝”的秦王嬴政，原本是一位了不起的历史人物。他以雄才大略，奋扫六合，统一天下，结束了西周末年以来诸侯长期纷争的局面，建立了中国历史上第一个统一的中央集权的封建国家。“百代都行秦政制”，其非凡的功绩，在中国历代帝王中，都是数得着的。可是，无尽的欲望、狂妄的野心，竟弄得他云山雾罩，颠倒迷离，欲望的神话把他折磨得昏头涨脑，结果干下了许许多多堪笑又堪怜的蠢事，成为饱受后世讥评的可悲角色。

历史老人很会同雄心勃勃的始皇帝开玩笑：你不是期望万世一系吗？偏偏让你二世而亡；你不是幻想长生不老吗？最后只拨给你四十九年寿算，连半个世纪还不到。北筑长城万里，防备强胡入侵，结果是中原大地上两个耕夫揭竿而起；焚书坑儒，防备读书人造反，而亡秦者却是不读书的刘、项。一切都事与愿违，大谬而不然。

他的一生是悲剧性的。在整个生命途程中，每一步，他都试图着挑战无限，冲破无限，超越无限，却又无时无刻不在向着有限回归，向着有限缴械投降，最后恨恨地辞别人世。“但见三泉下，金棺葬寒灰。”（李白诗句）这是历史的无情，也是人生的无奈。

不仅此也。人常说：“一死无大难”，“死者已矣”。他却是，死犹有难，死而未已。盖棺之后两千多年，他从来也没有安静过、消停过。“非秦”与“颂秦”竟然成了一对“欢喜冤家”，时不时就露头一次；而他，只不过是用来说事的由头，经常以政治需要为转移。当然，完全坐实到他身上的，也所在多有——他的一生中几乎所有的重大行为，都没有逃过史家的讥评和文人的骂笔。

——讥刺他不恤民力，修筑长城者，占了很大篇幅。

唐代诗人陈陶就其导致田园荒芜、民不堪命的恶果，进行直接的控诉：

秦家无庙略，遮虏续长城。
万姓陇头死，中原荆棘生。

还有人从心劳日拙、枉费心机方面加以讥刺。唐人胡曾指出：

祖舜宗尧自太平，秦皇何事苦苍生。
不知祸起萧墙内，虚筑防胡万里城。

宋人张孝祥在诗中说，北筑长城也好，南修象郡坚城也好，都丝毫不起作用，这些精心设防的地方，偏偏烟尘未起，平静得很；而完全没有料到、始未及防的中原大泽乡里，却有两个耕夫(陈胜、吴广)揭竿而起。

堑山堙谷北防胡，南筑坚城更远图。
桂海冰天尘不动，那知垅上两耕夫！

——“焚书坑儒”遭到了历代诗人的无情鞭挞。

晚唐的章碣路过骊山附近的焚书坑时，写诗指出，秦始皇以为烧掉了诗书就可以消灾去祸，从此天下太平，结果适得其反，很快秦王朝就陷入了风雨飘摇之中。

竹帛烟销帝业虚，关河空锁祖龙居。
坑灰未冷山东乱，刘项原来不读书。

清人陆士云的诗：

儒冠儒服委丘墟，文采风流化土苴。
尚有陆生坑不尽，留他马上说诗书。

清人王文濡评论这首诗说，秦始皇焚书，却还有黄石公传授张良的兵书；销毁兵器，却留下博浪沙袭击秦皇之铁椎；坑儒生，则尚有“马上说诗书”的陆贾——针对刘邦轻视文化的偏见，陆贾曾提出“马上得天下，不可以马上治之”的高超见解。秦始皇实行文化专制主义，结果事与愿违，文化与学者均未绝种。其愚蠢之处，一经拈出，真觉可笑。

——在各类讽刺诗中，最多的是嘲笑始皇帝求仙不成，终归难免一死。

唐人罗隐诗云：

长策东鞭及海隅，鼋鼍奔走鬼神趋。
怜君未到沙丘日，肯信人间有死无？

先说他叱咤风云，不可一世；然后，笔锋陡然一转，冷冷地设问：“在你病死沙丘之前，大概不会相信人总有一死吧？”

晚清诗人黄道让则从另外一个角度加以讥刺。指出，从始皇帝开始，就已经不是嬴秦氏的天下了，更不必说万世。可悲的是，费尽心机寻找长生不老之药，到头来什么也没有留下，还赶不上那伙在桃花源中“避秦时乱”的村民了。（事见陶潜《桃花源记》）

世上原无二世秦，况复万世在其身！
可怜觅尽蓬莱药，输与桃源逃难人。

而再早一些的清人朱瑄的诗，更是别开生面：

徐市楼船竟不还，祖龙旋已葬骊山。
琼田倘致长生草，眼见诸侯尽入关。

说徐福不回来也好，否则，求得仙方，始皇帝真的长生了，眼见刘、项大军纷纷入关，心里该是多么难受呀！

——对秦始皇煞费苦心，经营死后的天地，诗人也同样没有放过。

明代诗人齐之鸾写了一首题为“始皇墓”的七绝：

金泉已涸鲍鱼枯，四海骊山夜送徒。
牧火燎原机械尽，祖龙空作万年图。

传之万世的打算告吹了，长生不死的欲望落空了，包括想象中的“地下王国”也已化为尘土。那么，还剩下了什么？无非是留下“秦始皇帝”这样一个文字符号，作为千秋万世言说不尽的话题，永远弥漫在历史时空里。

第六篇

和亲者

I

一觉醒来，见窗外一片皎然，以为天已破晓。披衣起坐，极目云山，不料竟是一天朗月，看了一下表针，刚到凌晨 3 点。在淡青色的天幕上，这里那里，闪烁着几点疏星，冰轮般的满月挂在西南方的鞍形山脊之上，幽辉粼粼，照得群山峡谷分外凝重、分外庄严、分外神秘。西藏高原上的苍茫大地，正熟睡在沉酣、甜美的梦境之中，一切都显得静谧、苍凉、浩渺。

睡魔已经遁去，脑子里浮现出老杜的"四更山吐月，残夜水明楼"的名句。索性步出门外，在万籁俱寂之中，好好地受用一番雪域高原的夏令月色。水，也是有的，雅隆河就静卧在我们的身边。如果是在江南，风花五月，正是红映帘栊、绿到天边的芳菲时节，大概无论如何也不能同"雪域"联系在一起；可在这里，冰峰雪岭就在人们的目力所及之处，仿佛举足能上、挥手可扪。山舞银蛇，月映金川，空明、澄澈中总透着几分萧瑟，几许寒凉。这里地势高耸，海拔三千六七百米，大气层透明度高，没有污染，月光格外明亮。我一边在庭前漫步，一边随意地翻开手掌，端详着十指上细细的螺纹，竟然箕斗分明，纤毫毕现，更不要说看报上的文字了。

在广袤无垠的神州大地上，西藏高原最具特殊的魅力。它神奇的自然环境和特异的高原风光，它特色鲜明的社会历史、民族风情，它独树一帜的雪域文明，对于外部世界有着永久的诱惑力。特别是传奇的史事、特殊的风习，以及浓烈而神秘的宗教文化氛围，随时随地都能引发人们雄奇的想象和缥缈的情思，自觉不自觉地沉酣在形上思维和梦幻意识里。

有人说，藏民族具有高超的形象思维能力。一点不假。你随便接触到一座峰峦、一脉河川、一泓湖泊，都会感受到人化自然的鲜明印迹。在它们身上，世世代代的藏族人民倾注了生命的汁液，构思了无数优美动人的故事。一踏上这片土地，就会感到仿佛置身于超现实的世界，游弋在神话传说的海洋里。海拔的高差，稀薄的大气，群山的阻隔，特殊的人文环境，不利于这个民族同外边世界的广泛接触和交融互会，在一定程度上影响了它的发展进程；但另一方面，却也使它避开了外间人为的袭扰，较多地保持了自己完整的生命文化形态。

对于一个旅行家、探险家或者历史学家、民俗学家来说，如果他还未曾到过中国的西藏，那不管怎么说也是一桩憾事、一堂重大的缺课。而若考察西藏，自然要去那些摩天雪岭、峡谷冰川，要去看看神山、圣湖，去跳一场“果谐”与“锅庄”；但是，无论如何不能忽略了雅隆河流域这雪域文明的摇篮，否则就无从认知西藏的文明史和吐蕃王朝的兴亡史。

天色已经大明，天边的皓月悄悄地减了光色，遁身山后，而悠悠北去的雅隆河却亮出它那清丽的倩影。微风起处，河面上浮动起细细的涟漪。我蹲下身去，双手捧起清波，咕嘟嘟地猛劲儿喝上两口，顿觉遍体生凉，沁入心脾。藏族佛典上说，秋天的雅隆河水有八种神效：甘甜、凉爽、绵软、轻盈、清冽、不腐败、不损喉、不伤腹。也许是因为我没有赶上秋天，也许是因为我一时仓促，没有来得及细细品味，这么多种神功奇效并没有一一感受出来。但是，清冽、净洁却是千真万确的。如同许多民族的发生、发展都同一条或大或小的河流相关联一样，藏民族的起源也同这条河有着密不可分的联系。正是雅隆河以其乳汁一般的一线清流，孕育了藏民族的祖先，润滋了古代吐蕃王朝的兴王故地；正是在雅隆河畔，整个西藏的文明史掀开了辉煌的首页。

用过了富有民族风味的藏式早餐，我们驱车来到地处雅鲁藏布江南岸、雅隆河口的山南地区首府泽当镇。当地的藏族同胞，勤劳勇敢，朴实纯真，能歌善舞，热情好客。他们把世世代代生活在民族历史文化的源头引为荣幸，听说我们是来“采风”的，便主动地导引我们参拜了西藏四大神山之一的贡布山。他们说，听先辈人讲古，这座山之所以“神”，因为它是由四位神灵抬着的——东面马王，西面神像，北面孔雀，南面灵龟，它们用神力把贡布山托在半空，所以，这座山不同凡响，站在山上，能够同时看到仙境和人间。

仙境总是虚无缥缈的。我们没有灵根夙慧，既看不到神山四灵，也感受不到它同其他普通的山峦有什么差异，只是看到山腰间有三个仙洞。可惜，由于高山缺氧，一个洞也爬不上去，只能在气喘吁吁之下望山兴叹了。藏文史籍记载，这里为西藏古代人类的发祥地，是人类始祖居住的地方。神话传说，三座仙洞里分别住着公猴王、神魔女和普贤菩萨，当年由菩萨做媒，猴王与神女结婚，从此繁衍了后代。而山前的平坝子，便是孩子们玩耍的地方。泽当，藏语意为游戏的平坝。据说，住着猴王的山洞，方圆有三米左右，岩洞深处的壁上雕有猴子像，形态活泼，亲切可爱。至今保存完好，一年四季香火不绝。

藏族朋友介绍说，据远古传闻，在天的中心之上，住着天神之子弃端已，他的儿子聂赤下界到人间，降临于雪山高耸的中央、清水奔流的源头、净洁无尘的雅隆河谷，在六牦牛部为王，做了传说中的吐蕃第一代赞普。神话传说是一种流行于上古时代的民间故事，所叙述的虽然是超乎人类能力以上的神迹，但其中往往含杂着史实，是原始人生活、思想有趣的反映，可以从中窥察人类生活史的第一页。看来，聂赤从天上下凡到人间，当了“王”，实际上，也许就标志着从原始社会进入出现阶级萌芽的社会形态。

这第一代赞普的“宫殿”，就在雅隆河东岸的一个山头上。这是一座名叫雍布拉岗的碉楼式的石体建筑，上窄下宽，好似一顶大帐篷罩在那里。藏语意为母子宫。相传建于公元前 1 世纪聂赤赞普时代，是西藏第一座殿堂建筑。至今，残壁犹存，只是屋顶早已崩塌了。“宫殿”旁面还有一座方形塔楼，当是后人修筑的。里面保存许多壁画，描绘了出现第一代赞普、修建第一座“宫殿”、开垦第一块耕地的故事，形象生动，十分逼真。站在山头上，雅隆河谷的秀美风光一览无余。在藏族同胞的指点下，我们俯眺了传说中藏族的第一个村落和第一块农田。他们还自豪地介绍说,也是在雅隆河一带,诞生了藏族文字的创始人,产生过藏族第一部诗集、第一部藏戏,建筑了西藏第一座寺庙。

雅隆河流域气候温和,土地肥沃,物产丰饶,号称西藏的粮仓,畜牧业也十分发达;这里的民族手工业有悠久的历史,氆氇、围裙、木碗、石锅、竹器、藏被、地毯等传统手工艺品,以造型奇特、富有民族特色,驰誉中外。氆氇,系藏语音译,是一种手工生产的羊毛织品,结实耐用,可制作服装、鞋帽,也可做床毯、铺垫用。明代戏剧家汤显祖的《邯郸记》中有"氆氇登台,绣帽狮蛮带,与中华斗将材"之句,是讲少数民族武将身穿氆氇做的战袍、头戴飘着蛮带的绣帽的穿着打扮。

2

车出泽当镇,沿雅隆河谷西南行,我们来到了穷结县城。一千三百多年前,这里在唐代汉文文献中称跋布川,是吐蕃王朝的都城。从第六代到第九代赞普,在半山腰上,先后兴建了六座宫殿,俗称"青瓦六王宫",是古代藏王的第二大宫堡。宫殿遗址仍清晰可见,最引人注目的还是木惹山上的藏王墓—— 7 世纪至 9 世纪历代吐蕃赞普的墓葬群。在方圆三公里的山坡上分布着九座坟墓,有的如山如阜,高达几十米。除了风雨剥蚀,方形平顶已经渐渐变为圆形之外,内部基本保存完好,据说未经发掘过。雅隆河流经山下,在斜阳的照射下,闪着金色光波的河水悠悠地流淌着,似乎在向游人安详地诉说着千古兴亡的往事。

我们怀着崇敬的心情,参观了吐蕃王国的创建者、藏民族的杰出代表人物松赞干布和他妻子文成公主的陵墓。墓顶平台上建有祠庙,正殿中供奉着墓主的画像。7 世纪上半叶,同中原的大唐王朝相辉映,强盛的吐蕃王朝在祖国西南边陲鹊然兴起。如同唐王朝的繁荣总是和唐太宗李世民的名字联系在一起一样,吐蕃王朝的兴盛,也是同它的开创者松赞干布和他妻子文成公主分不开的。他们都是中华民族历史上的杰出人物，而且生活在同一时期。唐太宗年长松赞干布十八岁，松赞干布年长文成公主六岁。

隋义宁元年(617)，松赞干布诞生于雅鲁藏布江南岸泽当城西雍布拉岗堡中一个吐蕃贵族家中。这一年，李世民正随同他的父亲、太原留守李渊起兵反隋；次年三月隋亡，五月建立了大唐王朝。松赞干布的父亲论赞弄囊，是一位很有作为的将领。他曾率领万名精兵渡过雅鲁藏布江北征苏毗，兼并了吉曲河(今拉萨河)流域和苏毗王国的其他许多地方，从而被各家贵族尊奉为如天之高、如山之坚的赞普，从部分贵族的首领一跃而为雪域高原各部的共主。

正是在这样的环境里，松赞干布从小就在知识、智慧、谋略、武艺诸方面受到良好的训练，养成雄豪果决、勇于进取的性格。在他十三岁这年，父亲被叛臣进毒谋害，诸臣和母后家族纷纷举兵反叛，敌国苏毗的旧贵族也趁机从外部呼应。在这内忧外患的危急关头，松赞干布在叔父论科耳和宰相尚囊等亲信大臣的拥戴下登基继位，成为第三十三代赞普。他首先以迅雷不及掩耳之势，扑灭了宫廷内部的反叛势力，从而稳定了王朝的根据地山南地区。然后以惊人的胆识，果断地决定迁都逻些(现拉萨)。当时宣称，先祖是普贤菩萨的化身，早年曾在逻些的红山建功立业，后来隐居修行，所以，吐蕃历代子孙都尊崇此地为祈福降祥之圣地。现迁都到这里，正是顺天意而庇祖荫。

当然，松赞干布还有更深层的考虑。他深知，吐蕃旧贵族势力长期盘踞在那里，盘根错结，尾大不掉；这些人曾对他的父亲下过毒手，因此，对他们不能不存有戒心。从战略意义看，逻些地处全藏中心，北依念青唐古拉山，南临吉曲河，可以视为两道天然屏障，位置十分重要。而且，经济文化发达，地域开阔，较之山南地区有更大的发展余地。他迁都后，即着手内部政治改革；然后，松赞干布率兵西征，实现了西藏高原的统一，建立了强大的吐蕃王国。

松赞干布认为，当务之急是实现与大唐王朝的结好，凭借大国之威伏制四方，以进一步提高吐蕃在列国中的政治地位。尤其是后来听说突厥与吐谷浑的可汗都迎娶了唐朝公主，就更强化了他与大唐王朝和亲的愿望。然而，事情进展得并不顺利，从提出请求到最终实现，前后迁延近七年之久。中间还发生了一场声势浩大的对唐战争，出现了类似后来戏曲中“穆桂英大破天门阵”、以武力逼婚的戏剧性情节。

事态发展的经过是这样的：先是唐王朝主动派人前往吐蕃持书通好，松赞干布予以热情接待，并派出使者带着大量金帛入唐回访，上表求婚。当时，唐太宗以为吐蕃僻处西陲，一向接触很少，又兼缔交伊始，情况不明，想要观察一段时日再作考虑。可是，这倒难为了吐蕃的使者，他们觉得回去后不好交代，如果实话实说，会大大伤害了年少气盛的赞普的自尊心。正在计无所出之时，恰好新继位的吐谷浑可汗也到长安来朝见，吐蕃使臣便把他抓住了，说是由于受到了他的挑拨，大唐王朝才没有允婚。松赞干布一怒之下，便发兵讨伐吐谷浑；大获全胜之后，又挥师东进，陈兵于唐属松州的西境。声言，如果唐朝不嫁公主，便要提兵深入，大战一场。战事就这样发动起来，结果吐蕃方面惨遭失败，不得不引兵退还。

败绩与挫折，使松赞干布头脑变得清醒，也更加认识到大唐王朝的雄厚实力。于是，遣使入长安谢罪，并再次诚恳地向唐请婚。唐太宗不愧是豁达大度的英主，当即答应他们的请求。松赞干布闻讯，喜不自胜，立即备下五千两黄金和数百件宝物珍玩，作为丰厚的聘礼，由宰相禄东赞率领使团，于贞观十四年(640)十月，赴长安纳聘迎娶。

宰相禄东赞在拜见唐太宗时，首先代表松赞干布当面谢罪。说，我们的赞普年少气盛，眼见突厥、吐谷浑均蒙陛下恩准结亲，唯独吐蕃遭拒，心中难免不平；又加上误信使臣谎言，以为大唐小视我们，一时冲动，才铸成大错。松州一役之后，他已痛悔失策，立即罢兵回朝，并派出使臣登阶请罪。其中种种曲折，想陛下当能谅解。一番话，说得唐太宗龙颜大悦，当即应允派遣宗室女文成公主赴吐蕃和亲。唐代画家阎立本在其作品《步辇图》中对这一场景做过生动的描绘。至今，这幅名画还珍藏在中国国家博物馆中。

为了等候公主起程，禄东赞在长安住了三个多月。唐太宗非常重视这门婚事，曾多次召见他。一次，故意严肃地对禄东赞说，按照大唐的规矩，凡来迎娶者都必须回答一系列难题。如果有一个题答不上，也休想把公主带走。接着，他就说出了五件难办的事：

第一，要把一根绵软的丝线从九曲明珠的细孔中穿过来；

第二，要把一百匹母马和一百匹马驹的母子关系分别辨认出来；

第三，要在一天之内喝完一百坛酒，吃完一百只羊，并鞣好一百张羊皮；

第四，迎亲者夜晚出入宫室不得迷路；

第五，把将去和亲的公主混杂在两千五百名美女中，要一眼就把她认出来。

列出五件事之后，唐王问他能否一一解决。禄东赞答道，为了能成功地迎娶公主，纵有千难万苦，臣下也在所不辞。

唐太宗马上让宫女取来九曲明珠，交给禄东赞去穿线。他接过宝珠，仔细端详一番，立刻有了主意。他叫手下人取来一条马尾鬃和一点点蜂蜜，又蹲下身去抓了一只蚂蚁。然后，在宝珠细孔的一端外面抹上一点点蜂蜜，并小心翼翼地将马尾鬃拴在蚂蚁的腰部，再把它从宝珠细孔的另一端放进去。只见蚂蚁闻到蜂蜜的甜味之后，便沿着弯弯曲曲的孔道一路向前寻找下去，不一会儿就从宝珠的另一端爬了出来。禄东赞松了一口气，忙把绵软的丝线接在作为引线的马尾鬃上，用手轻轻地一拉马尾鬃，丝线便顺利地穿过了九曲明珠。唐太宗高兴地称赞说，真聪明！

接着，禄东赞又着手解决第二道难题。对于这个在草原上长大的智者来说，这也许算不上是太难的事。他叫手下人先把两百匹小马驹和母马分开来圈养，并且断绝了马驹的草料和饮水供应。一天之后，再把母马和马驹同时放出，一个个又饥又渴的小马驹各自飞快地跑到母马的腹下找奶吃，母马也用嘴巴亲吻着小马驹的尾脊。这时，一百匹母马和一百匹马驹的母子关系已一目了然。

就这样，一般人绞尽脑汁也想不出来解决办法的五道难题，在禄东赞面前一一有了理想的答案。唐太宗惜才如命，赞赏不止，当即宣布一道圣旨：文成公主择日成行。

3

文成公主生长在皇家，自幼受过良好的教育，熟读经史，多才多艺，而且胸怀远大的抱负，具有坚强的毅力。订婚之后，唐太宗曾经几次召见她，希望她以汉朝的王昭君为榜样，从唐蕃友好的大局出发，在吐蕃干一番事业。公主尽管对即将远离父母和家园感到情怀难舍，但她并没有整天沉浸在忧伤之中。通过与禄东赞详细交谈，她了解到许多情况，事先准备了吐蕃所缺少的日用物资和粮谷、蔬菜种子，以及佛教、儒学方面的经典，农艺、医药、历法、工技等书籍，带上了一大批精于纺织、刺绣、农事、建筑等各类技艺的熟练工匠。

贞观十五年(641)一月，文成公主启程上路，唐太宗命族弟江夏王李道宗持节护送，并亲自赐宴，为吐蕃使臣和文成公主饯行。在吐蕃那面，松赞干布也按照约定的日期，亲率禁卫军在柏海(今青海扎陵湖、鄂陵湖)迎候。到达逻些时，文成公主受到了空前热烈的欢迎，万人空巷，群情振奋。松赞干布与大唐公主的婚礼，成为吐蕃人民最盛大的节日。

当日的逻些，虽然已经作为都城，但建筑物不多，仍然给人以荒凉、萧疏的感觉。那里的发展与建设，多是在文成公主抵达以后展开的。为了迎娶大唐公主，松赞干布提出要专门修建一座城堡。据说，最早的布达拉宫就是为文成公主修建的，后来毁于雷火与兵燹，但当日结婚时的洞房遗址和他们的塑像至今还保存着，松赞干布神采奕奕、英姿焕发，文成公主则端庄沉静、健美丰腴。

松赞干布对文成公主一往情深，十分尊重。公主笃信佛教，她跋山涉水，万里迢迢，把一尊释迦牟尼的佛像带进西藏。为了供奉这尊佛像，松赞干布授意，由文成公主组织随行的工匠，完全依照唐朝的式样修建了一座寺庙，这就是著名的小昭寺。松赞干布极力拥护文成公主弘扬佛法的主张，觉得佛教的教义有利于巩固王权，维护统治。

雪域高原自然灾害很多，当时生产力低下，人们对于战胜这些灾害缺乏信心。过去人们信奉的苯教，宣传自然界有宁神、龙神、地神三大神魔，人类如果触犯了他们，就会招致疫疠、病苦和各种自然灾害的报复，除了禳祓、趋避，没有其他办法。松赞干布对于现实的敌人，包括那些暗杀他父亲的内奸和境外入侵的强敌，他无所畏惧，也有办法对付；可对于这些给人类带来各种灾害的魔神，却感到无能为力。现寄希望于佛教，期望能提供一种制伏灾祸的超自然力量。

当地传说，文成公主入藏伊始，便显示了她超人的智慧。就在小昭寺开光典礼上，一名歹徒为了破坏唐蕃友好关系，企图刺杀文成公主。由于发现及时，未能得逞，但凶手却被杀掉，显然是为了灭口。松赞干布明知凶手的幕后必有在场的内奸指挥，但却苦于无法察出。当下，文成公主向赞普进言："我自大唐带来一口金钟，能够辨识忠奸邪正。方法十分简单，只要把它挂在一间暗室里，在场的每个人都去触摸一下，便知分晓：若是正直贤臣，抚摸之后，金钟寂无声响；如果有奸邪作乱者，手一碰到金钟，就会响震不停。在长安时，帝王曾多次试验过，灵验无比。我们也不妨一试。"

松赞干布点头称善。当即叫公主取来金钟，布置暗室。不大工夫，一切就序。于是，全体王臣依次进入暗室摸钟。但自始至终，金钟也没有响过。难道奸人根本就不存在，或者没有在场？还是确有奸邪，却因金钟失效，没有识别出来？人们正在狐疑之中，公主突然下令"点灯照明"，并让每人都伸出双手给赞普查看。只见绝大多数人都是手染烟黑，唯有两人手上干干净净。公主厉声叫人把他们拿下，经过审问，二人对谋划行刺的罪行一一供认不讳。原来公主事先布置，在钟上涂以厚厚的松烟，她料定奸人由于心中有鬼，必然不敢抚摸金钟，这样就会把自己暴露出来。经过公主一番解释，赞普和满朝文武，人人都叹服她的智慧。

松赞干布在与文成公主朝夕相处、耳濡目染中，对中原的先进文化和技术工艺，始而感到新奇，继则极度倾慕与向往，萌发了学习大唐文化，改变吐蕃某些落后习俗的强烈愿望。他率先换上了唐太宗赐予的华贵袍服，在他的带动下，有些大臣也都脱掉了笨重的毡裘，穿上了丝绸做成的中原服装。过去藏族上层贵族与普通民众，都是“以毡帐而居，无城郭屋舍”，汉族工匠便向他们传授了建筑房屋的技术。吐蕃旧俗，人们常以赭色土粉涂面，公主看了觉得不太文明，松赞干布便发出号令改变这种习惯。一时间，唐风所被，濡染了整个逻些。晚唐诗人陈陶在《陇西行》中有句云：“自从贵主和亲后，一半胡风似汉家。”

文成公主十分喜欢雅隆河谷的景色，认为这里地势平坦，气候温润，花木繁茂，水碧山青，与长安有些相似，遂定居于泽当的昌珠寺。松赞干布万机之暇，也经常到这里来居住。寺内至今还珍存着据说公主用过的酒壶、陶盆、炊灶和亲手刺绣的珍品；昌珠寺周围的柳林，传说也是松赞干布和文成公主留下来的。

公主在逻些和山南地区，亲自教授藏族妇女纺线、织布和挑花、刺绣。还发动来自内地的工匠，向当地民众传授平整土地、开挖沟畦、加筑田塍等耕作方法，以及安装水磨、制造农具、酿酒、制陶等多种技术。松赞干布非常赞赏中原工匠的工作，下令免除他们的差役。

为了扩大汉藏两族人民的亲密合作和经济文化交流，唐蕃双方大力整修道路，增设驿站，实施保护商旅的政策，内地各种货物源源输入雪域高原，尤以锦缯制品特别为藏族人民所喜爱；西藏的麝香、犛牛尾等土特产以及一些手工艺品，也畅销于中原各地。《红楼梦》第一百零五回中，锦衣军从宁国府查抄的物品里，有三十卷氆氇。有学者考证，它就是来自雪域高原的贡品。

据统计，从贞观八年（634）松赞干布第一次派遣使臣赴长安请婚开始，到会昌六年(846)吐蕃王朝崩溃的二百一十三年间,唐蕃双方使臣往来多达一百九十一次,形成了"金玉绮绣,问遗往来,道路相望,欢好不绝"的良好氛围。

继松赞干布之后,他的五世孙赤德祖赞又迎娶了大唐的金城公主,进一步加强了唐蕃之间的亲密联系。在以后的一百多年间,双方先后会盟八次。最后一次是在唐穆宗长庆年间进行的,称为"长庆会盟",盟文以汉藏两种文字刻在石碑上。作为汉藏人民友好的象征和历史见证,这块无比珍贵的唐蕃会盟碑,一千多年来一直矗立在拉萨的大昭寺前。

"和亲"一词,早在先秦的文献中就已出现。但那时是指一般的邻国修好活动,并没有姻亲关系。严格意义上的和亲,是指中原王朝与少数民族政权之间高层次的婚姻关系。这种名实相符的和亲,始于西汉初年,中经隋、唐两代更趋盛行,后来一直延续到清代,粗略统计,至少在一百五十次以上。和亲公主的身份,从皇妹、皇女、亲王女,到宗室女、宗室甥女,到功臣女、家人子,直到一般宫女、媵女,多种多样。目的也不完全相同,但总的都是服从于封建王朝的政治需要。

如果说,"对于骑士或男爵,以及对于王公本身,结婚是一种政治的行为,是一种借新的联姻来扩大自己势力的机会;起决定作用的是家世的利益,而决不是个人的意愿"(恩格斯语),那么,历史上中原王朝与少数民族政权之间的和亲,就更是一种道地的政治行为。而7世纪中叶松赞干布与文成公主的雪域奇缘,则是在政治行为之外,加上了一层发自真情的爱恋。不能不说,这是一种特殊现象。

可以说,他们共同创造了一个在中外政治史上,特别是上层社会里震古烁今的人间奇迹。他们自幼生活在迥然不同的社会环境里,民族各异,信仰不同,语言、年龄、生活习惯方面存在着诸多差异。可是,当他们从数千里外走到一起之后,却能破除种种看似难以跨越的障碍,十年如一日,政治上志同道合,思想上相互信任,事业上全力支持,从而为雪域高原的繁荣发展、汉藏民族的友谊合作、经济文化交流,创建了丰功伟绩;而且,在爱情生活方面，赤诚相与，互敬互爱，亲密无间，称得上是“天赐良缘”、完美无瑕的千秋懿范。

松赞干布迎娶文成公主后，对唐王朝一直以子婿自居，保持着极为友好的关系。唐太宗征高丽回朝，他即派宰相禄东赞奉表致贺。表文中说，圣天子平定四方，日月所照之地皆为臣妾。作为子婿，自然比其他臣民更加高兴。因此，他特制金鹅一只奉献皇上。鹅高七尺，黄金铸成，里面可盛酒三斛。后来，唐朝使臣王玄策出使印度，归国途中，带回的名贵财物被人劫掠一空，从骑五十人全部战死，玄策只身逃往吐蕃西境，驰檄求救。松赞干布立即派出精锐部队接应。

贞观二十三年(649)五月，唐太宗病逝，高宗继位。授予松赞干布驸马都尉，封为西海郡王。松赞干布欣然接受，同时奉献金银珠宝十五种，请求祭奠于太宗灵座之前，表示他的深切哀悼与怀念之情。高宗非常赞赏他的忠诚友好态度，加封为宾王，并为他刊刻石像，列于昭陵(唐太宗陵墓)玄阙之下。这是当时朝廷的一种特殊礼遇。只有为唐王朝建立过丰功伟业的勋臣和吐谷浑、和田诸王才能享受到这种恩宠。

“世间美物不坚牢，彩云易散琉璃碎。”一年过后，藏族历史上的杰出政治家松赞干布病逝于逻些，年仅三十四岁。文成公主悲痛逾常，忆及夫妻将近十年时间政治上的精诚合作、生活上的亲密无间，日日潸然垂泣。但她决心继续留在雪域高原，要将余生全部奉献给佛祖，奉献给吐蕃人民。赞普英年早逝的消息传到长安，唐高宗震惊之余，痛悼不已。朝廷下令为之举哀，并派遣特使带着皇帝诏书前来参加祭吊仪式，给予松赞干布以异乎寻常的身后哀荣。

又过去了三十个年头，永隆元年(680)，文成公主也辞别了人世，享年五十五岁。斯人虽去，风范长存，世世代代活在雪域高原广大藏族民众的心里。

4

一千三百多年来，藏族同胞一直深情地怀念着文成公主，每年有两个纪念节日：藏历十月十五日文成公主的诞辰和藏历四月十五日文成公主到达逻些的日子。

原来，藏历与汉族的夏历大致相同，这次到西藏采风，我们正好在雅隆河谷赶上了藏历四月十五日这个值得永远纪念的节日。大家早早地赶到了昌珠寺，见到许多老年藏族妇女备上果供，陆陆续续赶来祝祷；有些藏族老伯口中诵念祷祠，手里转动着嘛呢经轮；女孩子们则身穿节日盛装，头戴纸帽，载歌载舞。我得知寺内陈列的陶盆、瓦灶为当年文成公主旧物，就是在这里听一位藏族老妈妈讲的。这一天，又是释迦牟尼诞辰及圆寂的日子，称为沙噶达瓦节。当地民众说，文成公主也是神佛，所以和佛祖一样，向她烧香进贡。

告别了西藏的古都，踏上唐蕃古道，要实地感受一番那里的特异风采。古道东起西安，西到拉萨，经过陕西、甘肃、青海、西藏四省区，全程约三千公里，多数地段都在三千多米高程以上，难怪人们称它为天路。它像一条金色的哈达，把广大藏区同祖国的西北部地区紧紧地连结在一起。

文成公主入藏，唐蕃使节往来，商旅、驿路传输，走的都是这一条道路。我们这次属于"逆向行驶"，只走西线一段，取道拉萨、那曲，沿青藏公路南段东北行，然后穿越唐古拉山口，再循青康公路北上，直抵西宁。尽管今天已经铺设了柏油公路，而且有汽车代步，但山高路险、地形复杂、气候恶劣，大部分都是穿越人烟稀少的牧区，环境之困苦、行迈之艰难，仍然是其他任何地带所无法比拟的。实在难以想象，一千三百多年前，担负着发展唐蕃友好关系、增进汉藏民族友谊的重任而穿行其间的文成公主一行，该是付出何等代价，历经多少艰辛啊！

这里是青海玉树藏族自治州的首府结古镇。我们稍事休息，便随着一位藏族牧民打扮的导游，溯巴塘河南行，经过白边草滩，进入了奇峰对峙、林木葱茏的白纳沟。大家的眼睛唰地一亮，原来，一座清幽古雅、褐色斑驳的庙宇，像一幅镶嵌在山崖峭壁上的精美浮雕，赫然出现在眼前。这就是闻名遐迩的文成公主庙。庙门旁边立着一块不大的石碑，导游告诉我们，上面刻的是古藏文，简略地记述了建庙经过。寺庙为独立的藏式平顶建筑，内塑文成公主坐像一尊，头戴朝冠，耳佩金环，身着唐代盛装，双目正视，显得意态娴静、法相庄严。两侧各有立像四尊，分列上下两层，都是在石壁上雕凿成形，后施彩绘的，均系唐代艺术风格。

相传文成公主进藏时，曾在此地停留，向藏族群众传授耕作、纺织技术，群众深情怀念她，便在石壁上图形造像，后又建筑庙宇，永志不忘。每年都有许多藏传佛教信徒和中外游客，来此瞻仰朝拜。

当地群众传说，由于文成公主的造化、功德，白纳沟所有的岩石峭壁都神奇地出现了佛祖的如意化身和各种佛像、经文，但肉眼凡胎却看不见，以至附近居民谁也不敢随意动用这里的石头。有一年，从拉萨来了几位传经布道的高僧，路过白纳沟，想要支锅做饭，便到下面去寻找石块，结果发现每块石头上面都有佛像、经文，只好作罢。我们接触的几位老人，都说文成公主是天上下凡的菩萨，下界生民都把她当作神佛来奉祀。

第二天，我们继续驱车北上，来到了玛多县的黄河沿，这是黄河源头的第一个城镇。“玛多”就是黄河源头的意思。黄河沿，在历史上名气很大，许多古书上都有记载，因为它是唐蕃古道上的重要口岸。过去，这里却连一顶固定的帐篷都没有；如今，已经发展为一座五业较为繁兴的城镇。黄河在这里奔腾东下，河身上架起一座钢筋水泥大桥，有“万里黄河第一桥”之誉。此行的目的地，是去访察三十多公里外的黄河上游两个最大的湖泊——扎陵湖和鄂陵湖，也就是古时的柏海。松赞干布曾在附近扎营设帐，迎候文成公主的到来。

此间气候凉爽，地域辽阔，水草丰美，是理想的夏令旅游观光胜地。我们来到的这一天，正值四月下旬，晴空一碧，苍穹若洗，朵朵如絮如绵的白云飘荡在湛蓝的天幕上，映衬着波光潋滟的明湖和连绵起伏的青山，令人心旷神怡。遥想公主当年，在这般诗情画意的环境里，会见心仪已久的年轻、英俊的藏王，一定也是神痴心醉、意兴盎然的。

出行之前，翻检文献史料，得知文成公主赴藏途中曾经翻越日月山。原以为一定是一座齐云摩天、横空出世的高峰，中间还会有一道“一夫当关，万夫莫开”的隘口。日月山，顾名思义，不就是高接日月的山峦吗？当我们站在它的面前，实在感到有些名实不符，甚至不敢相信自己的眼睛。不要说，在万山如簇的青藏高原，即使放到内地去，它也显示不出半点儿雄姿胜概。

唯一引人注目之处，是山上色彩斑斓，土呈红色，雨后尤为鲜艳，所以又称做交马赤岭。古时，中原王朝和吐蕃使者往来，都要在这里互相换乘坐骑，方准入境。这里还是农区与牧区的界岭，是倒淌河的发源地。东面万木葱茏，村落密集，粮谷繁茂；西面则荒草离离，人烟稀少，山峦绵亘，形成了鲜明对比。

当地民间传说，日月山因文成公主摔碎的宝镜而得名。宝镜有二，一曰日镜，一曰月镜，乃唐太宗所赐。当时，唐王告诉她，镜中贮尽了中原胜景，每逢思家之时，只要把它打开照上一照，离愁便会划然消解。这一天，文成公主路经此处，立马山前，见到“马后桃花马前雪”，两边光景迥不同，思亲怀土之情不禁油然而生。于是，她把宝镜找出来照了一会儿，一时悲从中来，失声痛哭，竟然泪水成河，滔滔西去，她随口吟出：“天下万川皆东去，唯独此水向西流。”这就成了今天看到的倒淌河。但是，她很快就清醒过来，察觉到这种情感不对头，不应眷恋私情而忘怀肩上担承的和亲重任。想到这里，随手便将两方镜子抛了出去，结果甩在东面的日镜变成了日山，甩在西面的月镜变成了月山。美丽的传说，完整地塑造出了一个儿女情肠和英雄肝胆相统一的女杰形象。

从西藏到青海，走遍藏区，随处都能听到对文成公主的颂赞。作为未曾出过都门一步的少女，以其宏伟的抱负、非凡的胆识和千古卓绝的献身精神，毅然离开温柔富贵之乡，放弃安乐尊荣的生活，踏上冰封雪裹、岭峻山高的天涯险境，来到荒凉僻塞、言语阻隔、风习迥异的雪域高原，充当促进汉藏经济文化交流的伟大使者，实在是旷古罕闻、难能可贵的。

5

在一个多民族国家的历史中，两个兄弟民族的和解，不能说不是一件具有重大意义的历史事件。和亲政策，在今天看来，已经是一种陈旧过时的民族政策，但在古代封建社会里，却不失为维护民族友好关系的一种最佳的选择。就这方面的贡献来说，和亲匈奴的王昭君与和亲吐蕃的文成公主，可称为光照千秋的“汉唐双璧”。离开长安时，唐太宗就曾以昭君为榜样来勖勉文成公主。实践证明，她没有辜负君父的重托与期待，而且在许多方面做得更为出色。

但是，一个令人奇怪的现象是，历代以昭君事迹为题材的诗歌，数量之多是惊人的，仅我所接触到的就不下七八百首；而唐宋以降的诗人中，咏赞文成公主的作品却寥寥无几。既然，功业不殊，经历相似，为什么会出现如此巨大的反差呢？我想，这只能有一种解释，就是与西藏高原的路途阻隔、人迹罕至有直接关系。当然，由于史臣的偏见，造成史籍失载，恐怕也是一个重要因素。一部《二十四史》不知为几多帝王将相作了家谱，哪管是笨伯、白痴，酒囊、饭袋，淫棍、暴徒，也一无遗漏，大书特书。可是，这样一位对历史有过重大贡献，简直可以惊天地而泣鬼神的旷代女杰，竟然在新、旧唐书上没有留下几行传记，甚至连她的名字都没有记载下来。实在是太不公平了！

然而，令人欣慰的却是，文成公主那不可磨灭的形象却镌刻在藏汉两族普通民众的心上。那口耳相传，多如山积的关于文成公主的民间传说、神话故事，以及遍布唐蕃古道和拉萨、山南地区的旧址遗迹、壁画石刻，就是最好的证明。新中国成立之后，随着党的民族政策的深入人心，随着内地与西藏交往的增多，广大作家、艺术家纷纷拿起笔来热情歌颂这位雪域高原的拓荒者、中原文化在西藏的播种人，诗歌、散文、音乐、美术作品层出不穷，戏剧界更是红火，仅在20世纪60年代初，我就先后看到过天津市越剧团、中国青年艺术剧院和北方昆曲剧院分别以越剧、话剧、昆曲形式演出的《文成公主》，从心底里感到莫大的欣慰。这次，在拉萨还有幸观摩了“八大藏戏”之一的《文成公主》，留下的印象尤为深刻。

当然，民间传说也有失真之处，而且存在着把文成公主拥上神坛的倾向，对于松赞干布也有类似的情况。这同素有“小西天”“小天竺”之称的雪域高原的浓烈的宗教文化氛围有直接关系。在这里，冷峻的自然物都被赋予了跳荡的生命，涂上神秘的色彩，现实的物质世界与超现实的精神世界奇异地结合在一起。

再加上，藏民族又是具有高超的形象思维能力和梦幻意识的民族，当他们发现沿袭了千百年的帐篷一变而为宫室房屋，粗重的毡裘为轻美的华服所代替，万古不毛之地长出了上百样的庄稼、蔬菜……一句话，当暂时还比较落后的雪域高原腾起高度发达的大唐文明的浪花的时候，那里的信教群众怎能不把为他们带来奇迹的年轻的赞普和大唐公主奉为天神呢！

哲人费尔巴哈说：“如果太阳老是待在天上不动，它就不会在人心中燃起宗教热情的火焰。只有当太阳从人眼中消失，把黑夜的恐惧加到人们头上，然后又再度在天上出现，人这才向它跪下……”神堂，正是在这种情况下高高筑起的。

第七篇

千古文人心

1

在中国古代诗人中，李白确实是一个不朽的存在。他的不朽，不仅由于他是一位享有世界声誉的潇洒绝尘的诗仙——那些雄奇、奔放、瑰丽、飘逸的千秋绝唱产生着超越时空的深远魅力；而且，还因为他是一个体现着人类生命的庄严性、充满悲剧色彩的强者。他一生被登龙入仕、经国济民的渴望纠缠着，却困踬穷途，始终不能如愿，因而陷于强烈的内心矛盾和深沉的抑郁与熬煎之中。而蚌病成珠，这种郁结与忧煎恰恰成为那些天崩地坼、裂肺摧肝的杰作的不竭源泉。

一方面是现实存在的李白，一方面是诗意存在的李白，二者构成了一个整体的不朽存在。它们之间的巨大反差，形成了强烈的内在冲突，表现为试图超越却又无法超越，顽强地选择命运却又终归为命运所选择的无奈，展示着深刻的悲剧精神和人自身的有限性。

解读李白的典型意义，在于他的心路历程及其穷通际遇所带来的苦乐酸甜，在很大程度上反映了几千年来中国文人的心态。

2

我曾有一次皖南之行，半月时间，足迹遍于当涂、宣城、秋浦（今属贵池）、泾县一带。这里恰好是李白晚年活动的中心。此行为我深入探究这位大诗人的奥蕴提供了一个开阔的视野、理想的角度。

李白祖籍陇西成纪，其先祖于隋朝末年被流放到西域，李白出生在中亚的碎叶城(唐时在安西都护府辖区内),五岁前后随父亲内迁至绵州彰明县青莲乡(今属四川江油)。这种丰富的阅历,为他形成创造性思维奠定了有利的基础,而盛唐时期繁荣、安定的社会环境,又使他有条件接受良好的传统文化教育。

李白学习的范围十分广泛,“十岁观百家”,“十五观奇书”,从小便树立了建功立业、济苍生、安社稷的政治理想。他常常自比于历史上著名的政治家管仲、乐毅、张良、诸葛亮、谢安,志在“申管晏之谈,谋帝王之术”,“使寰区大定,海县清一”。他二十五岁那年,怀抱“四方之志”,出蜀远游,开启了后来三十几年的漂泊生涯。曾先后寓居湖广的安陆、山东的任城,漫游了祖国中东部的许多地方,结交各方面人士,向一些地方官员锐身自荐。然后又移家皖南,并终老于此,前后住了六年时间。

天宝元年(742)春天,李白从东鲁南下来到皖南的南陵,秋天离开这里奉诏赴京。这是首次入皖。天宝六年(747),也就是在长安遭受挫折、被迫出京三年之后,又经由扬州、金陵溯江而上,畅游皖南的当涂。又过了六年,李白第三次前来,在近三年的时间里,足迹遍及皖南各县。李白第四次流寓皖南,是在生命的最后两年,夜郎流放遇赦之后,他再次来到宣城、泾县,最后投靠族叔李阳冰,定居于当涂,并选择“谢家青山”作为埋骨之地。

皖南一带绮丽的风光、朴厚的民情,润滋与抚慰了他充满动荡、溢满忧愤、布满坎坷的失意生涯。诗人同这里的山山水水结下了深厚的情缘,而原本就雄奇秀丽的皖南山水,一经诗人大笔淋漓地点染,更突显了它壮美无俦的神采,成为神州大地最具人文价值的区域之一。

3

那些天,我一直沉酣在一种幻觉里:山程水驿,雨夜霜晨,每时每地,都仿佛感到诗人李白伴随于前后左右,而且不时地发出动人的歌吟。当我站在宣城陵阳山谢公楼的遗址上,面对着晚秋的江城画色,“两水夹明镜,双桥落彩虹”的谪仙名句，油然浮荡在耳际。而当驻足采石矶头，沉浸在横江雪浪的壮观里，“惊波一起三山动”，“涛似连山喷雪来”的隽永，又使我同诗人一样跃动着猛撞心扉的惊喜，获得一种甘美无比的艺术享受。

碧山，坐落在皖南黟县的西北面，它北连盂山，南对霭峰，风景十分幽美。《徽州府志》记载，此地有十里桃花，春时与绿树交映，秀色宜人。虽然我来时已是黄叶飘飞，秋光照眼，但从李白《山中问答》诗中仍能领略它的浓春逸趣。

> 问余何事栖碧山？笑而不答心自闲。
> 桃花流水窅然去，别有天地非人间。

诗人眼中的碧山，充满了清幽、纯净之美，是名利场、是非窝的“人间”所无可比拟的。短短的二十八个字，寓沉重于闲适，寄托了诗人愤世嫉俗的万千感慨。明代诗人李东阳说它“淡而愈浓，近而愈远”，其旨趣“可与知者道，难与俗人言”。

在这里，我也效仿诗仙以恬淡、虚空的心境，对碧山作一番美的观照，沉浸在美学家所说的“静照”境界里：“空诸一切，心无挂碍，和世务暂时绝缘。这时一点觉心，静观万象，万象如在镜中，呈现着它们各自充实的、内在的、自由的生命。”“在静默里吐露光辉。”（宗白华《美学散步》）

我忘情地踏着晚秋的黄叶，徜徉于五松山下、天柱峰前，漫步在桃潭、秋浦之间，寻几分天籁，握一把苍凉，在疑幻疑真的朦胧意象里，借助那一泓澄碧和万壑松吟来濯心、洗耳。一时间，仿佛冲破了时空的限界，纵身千载之上，同诗人一道亲炙那“扫石待归月”“倚树听流泉”的幽情雅趣。

也是在采石矶头，也是那样一个“秋月照白壁，皓如山阴雪”的夜晚，我站在拔江而起，危矶如削的峭壁上，望着涛惊浪涌的滚滚江流，眼前仿佛浮现出一幅《谪仙泛舟赏月图》——诗人和他的好友、“饮中八仙”之一的崔宗之，一舟容与，溯流而上，“进帆天门山，回首牛渚没”，“月随碧山转，水合青天流”。像现代诗人汪静之笔下所描绘的，他穿“一件极美丽的五云裘，颜色好像夏天的朝云、春天的彩虹，像碧海衬着远山、红霞映着绿草”，端坐在船的正中。金樽邀月，诗酒唱和，岸旁观者如堵，而诗仙则顾盼神飞，谈笑自若。

《侯鲭录》载：唐开元年间，诗仙进谒宰相，擎着书有“海上钓鳌客李白”的手版。

> 宰相问道：“先生临沧海，钓巨鳌，以何物为钩线？”
>
> 答曰：“以风浪逸其情，乾坤纵其志，以虹霓为丝，明月为钩。”
>
> 又问：“以何物为饵？”
>
> 答曰：“以天下无义丈夫为饵。”

宰相听后感到悚然。

几句简单的答问，生动地展现了这位诗仙的神韵，真实地刻画出他高蹈、超拔、狂肆的精神世界。

4

李白的精神风貌及其诗文内涵，是中国文化精神哺育的结晶。清代诗人龚自珍认为，他是并庄、屈以为心，合儒、仙、侠以为气的。太白飘逸绝尘、驱遣万象的诗风，显然导源于《庄子》和《离骚》。单就人生观与价值取向来看，屈原的热爱祖国，憎恨黑暗腐朽势力，积极要求参与政治活动、报效国家的政治抱负；庄周的浮云富贵、藐视权豪，摆脱传统束缚、张扬主体意识的精神追求，对李白的影响也是极为深远的。除了儒家、道家这两种主导因素，在李白身上，游侠、神仙、佛禅的影子也同时存在。

本来，唐代以前，儒家、道家、佛禅以及神仙、游侠等方面的文化，均已陆续出现，并且逐渐臻于成熟；但很少有哪一位诗人能够将它们交融互会于个人的实际生活。只有李白——这位一生主要活动于文化空气异常活跃的唐代开元、天宝年间的伟大诗人，将它们集于一身，完成了多元文化的综合、会聚。

当然，这里也映现了盛唐文明涵融万会、兼容并蓄的博大气魄和时代精神。正如嵇康、阮籍等人的精神风貌反映了“魏晋风度”一样，李白的精神风貌也折射出盛唐社会特别是盛唐士子所特有的丰神气度，这是盛唐气象在精神生活方面的一个重要组成部分。

5

早在春秋时期，就有“三不朽”的说法：“太上有立德，其次有立功，其次有立言，虽久不废，此之谓不朽。”

我们固然不能因为李白有过“吟诗作赋北窗里，万言不值一杯水”的诗句，就简单地断定他并不看重立言；但比较起来，在“三不朽”中，他所奉为人生至上的、兢兢以求的，确确实实还是立功与立德。既然如此，那他为了实现经邦济世、治国安民、创制垂法、惠泽无穷的宏伟抱负，就要为其创造必要的条件，首要的是必须拥有一定的社会地位与政治权势。

因此，他热切地期待着“长风破浪会有时，直挂云帆济沧海”，时刻渴望着登龙门、摄魏阙、据高位。但这个愿望，对他来说，不过是甜蜜蜜的梦想，始终未曾付诸实践。他的整个一生历尽了坎坷，充满着矛盾，交织着生命的冲撞、挣扎和成败翻覆的焦灼、痛苦。从这个角度看，他又是一个道道地地的悲剧人物。

他自视极高，尝以搏击云天、气凌穹宇的大鹏自况：“大鹏一日同风起，抟摇直上九万里。假令风歇时下来，犹能簸却沧溟水。”认为自己是凤凰：“耻将鸡并食，长与凤为群。一击九千仞，相期凌紫氛。”与这种以其长才异质极度自负的傲气形成鲜明的对照，他对历史上那些建不世之功、创回天伟业，充分实现其自我价值的杰出人物，则拳拳服膺，倾心仰慕，特别是对他们崛起于草泽之间，风虎云龙，君臣合契，终于奇才大展的际遇，更是由衷歆羡。

他确信，只要能够幸遇明主，身居枢要，大柄在手，则治国平天下易如反掌。在他看来，这一切作为和制作诗文并无本质的差异，同样能够“日试万言，倚马可待”。显而易见，他的这些宏誓大愿，多半是基于情感的蒸腾，无非是诗性情怀，意气用事，而缺乏设身处地、切合实际的构想；并且，对于政治斗争所要担承的风险和可能遇到的颠折，也缺乏透彻的认识，当然更谈不上有足够的思想准备。

6

李白有过两次从政的经历：天宝元年(742)秋天，唐玄宗接受玉真公主和道士吴筠的举荐，下诏征召李白入京。这年他四十二岁。当时住在南陵的一个山村里，接到喜讯后，他即烹鸡置酒，高歌取醉，乐不可支。告别儿女时，写有“仰天大笑出门去，我辈岂是蓬蒿人”的诗句，可谓意气扬扬，踌躇满志。他原以为，此去定可酬其为帝王师、画经纶策的夙愿，不料，现实无情地粉碎了他的幻想。进京陛见后，只被安排一个翰林院供奉的闲差，并没有像他想象的那样，接之以师礼，委之以重任。

原来，这时的玄宗已经在位三十年，腐朽昏庸，纵情声色，信用奸佞，久疏朝政。看到这些，李白自然感到万分失望。以他的宏伟抱负和傲岸性格，怎么会接受“以俳优蓄之”的待遇，甘当一个跟在帝王、贵妃身后，赋诗纪盛、歌咏升平的“文学弄臣”角色呢？但就是这样，也还是“君王虽爱蛾眉好，无奈宫中妒杀人”，“谤言忽生，众口攒毁”。最后的下场是上疏请归，一走了事。在朝仅仅一年又八个月，此后，再没有登过朝堂。

天宝十四载冬天，李白正在江南漫游。是时，安禄山起兵反唐，次年攻陷潼关，玄宗逃往四川。途中下诏，以第十六子李璘为四道节度使、江陵郡大都督。野心勃勃的永王李璘，招募将士数万人，以准备抗敌、平定“安史之乱”为号召，率师东下，实际是要乘机扩张自己的势力。对于国家颠危破败、人民流离失所的现状，李白早已感到痛苦和殷忧。恰在此时，永王李璘兵过九江，征李白为幕佐。诗人认为建功立业、报效国家的机会已到，又一次激扬志气，充满了“欲仰以立事”的信心，在永王身上寄托着重大期望：“诸侯不救河南地，更喜贤王远道来。”以为靖难杀敌、重整金瓯，非永王莫属。

哪里料到，报国丹心换来的竟是一场灭顶之灾，稀里糊涂地卷入了最高统治层争夺皇权的斗争，结果是玄宗第三子、太子李亨即位，李璘兵败被杀，追随他的党羽多遭刑戮，李白也以附逆罪被窜逐夜郎，险些送了性命。这是李白第二次从政，为时不足三个月。

尽管政治上两遭惨败，但李白是既不认输也不死心的，总想找个机会重抵政坛，锋芒再试。六十一岁这年，他投靠族叔、当涂县令李阳冰，定居于采石矶。虽然已经处于生命的尾声，但当他听到太尉李光弼为讨伐叛将史朝义，带甲百万出征东南的消息，一时按捺不住心潮的狂涌，便又投书军中，表示“懦夫请缨，冀申一割之用”，无奈中途病还，未偿所愿。

7

表面上看，两番政治上的蹉跌，都是由于客观因素，颇带偶然性质；实际上，李白的性格、气质、识见，决定了他在仕途上的失败命运和悲剧角色。他是地地道道的诗人气质，情绪冲动，耽于幻想，天真幼稚，放纵不羁，习惯于按照理想化的方案来构建现实，凭借直觉的观察去把握客观世界，因而在分析形势、知人论世、运筹决策方面，常常流于一厢情愿，脱离实际。

关于李白第一次从政的挫折，论者有两种看法：一种认为，玄宗召李白入京，最初很有几分看重，但很快就发现他并非“廊庙之材”，便只对他的文学才能加以赏识。所以后来李白要求离开，玄宗也并不着意挽留。这是说，李白并不是摆弄政治的材料。第二种意见是，李白看错了人。本来，唐玄宗已不再是一个励精图治的开明君主了，而李白却仍然对他寄予厚望，希望当然要落空了。这又说明李白缺乏政治的眼光。可以认为，两种意见，殊途而同归。

关于李白“从璘”的教训，论者一致认为，他对“安史之乱”中的全国政局，缺乏准确的分析，就是说，他把局势的动乱看得过于严重。他在诗中写道“颇似楚汉时，翻覆无定止”；“三川北虏乱如麻，四海南奔似永嘉”，显然是违反实际的。由于对形势做出了错误的判断，行动上必然举措失当。在他看来，当时朝廷应急之策，是退保东南半壁江山，苟延残喘；而永王正好陈兵长江下游，自然可以稳操胜券，收拾残局。这是他毅然“从璘”的真正原因所在。显然，在李璘身上，他把“宝”押错了，结果又一次犯下了知人不明的错误——他既未发觉其拥兵自重、意在割据的野心，更没有认识到这是一个刚愎自用，见识短浅，不足以成大事的庸才，把立功报国的希望寄托于这种角色，未免太孟浪了。

看来，一个人的政治抱负同他的政治才能、政治识见并不都是统一的。归根到底，李白并不是一个出色的政治家，大概连合格也谈不上。他只是一个诗人，当然是一个伟大的诗人。虽然他常常以政治家傲然自诩，但他并不具备政治家应有的才能、经验与素质，不善于审时度势，疏于政治斗争的策略与艺术。其后果如何，不问可知。对此，宋人王安石、苏辙、陆游、罗大经等，都曾有所论列。这种主观与客观严重背离、实践与愿望相互脱节的悲剧现象，在中国历代文人中并不鲜见，值得我们深长思之。

8

这种现象的出现，自然应该归咎于文人的高自期许，自不量力的性格弱点；但若寻根溯源，又和儒家积极入世的人生态度和“修齐治平”价值取向的影响有直接关系。儒家的祖师爷孔子，终生为求仕行道而四处奔波，席不暇暖，“惶惶如丧家之犬”，在旁人看来本是无法实现的事，他也要“知其不可而为之”。这种人格精神对于后世的封建士子特别是文人的影响，是至为深远的。

比起李白来，杜甫更要典型一些。这位大诗人受他的十三世祖杜预的影响很深，他对这位精通战略、博学多才、功勋卓著，有“杜武库”之称的西晋名将备极景仰。在他三十岁的时候，自齐鲁至洛阳，曾在首阳山下的杜预墓旁筑舍居留，表示不忘这位先祖的勋绩和要在政治上建功立业、光宗耀祖的雄心。然后，便来到京城长安，开始了十年困守的生涯，无非是为了“立登要路津”，“欲陈济世策”。他曾分别向朝中的许多权贵投诗干谒，请求汲引，但如同李白一样，都以失望而告终。

总共算起来，杜甫真正为官的时间也只有两三年，而且官卑职小。即使如此，他也总是刻板、认真，恪尽职守，决不荒怠王事。在任谏官左拾遗这个从八品官时，他曾频频上疏，痛陈时弊，以致上任不到半个月，就因抗疏营救房琯而触怒了肃宗皇帝。房琯为玄宗朝旧臣，原在伺机清洗之列。而杜甫却不明白个中底细，不懂得“一朝天子一朝臣”的事体，硬是坚持任人以贤、唯才是用的标准，书生气十足地和皇帝辩论什么“罪细不宜免大臣”的道理，最后险致杀身之祸，由于宰相大力援救，才遭贬了事。这大概又是一个文人当不了官的实例。

可是，四百年后的陆游却为之大鸣不平：

看渠胸次隘宇宙，惜哉千万不一施。
空回英概入笔墨，生民清庙非唐诗。
向令天开太宗业，马周遇合非公谁？
后世但作诗人看，使我抚几空嗟咨。

由于政坛失意，只能寄情于翰墨，弄得“后世但作诗人看”，这对杜甫、对许许多多诗人来说，究竟是幸还是不幸呢？

9

客观地看，李白的官运蹭蹬，也并非完全种因于政治才识的欠缺。即以唐代诗人而论，这方面的水准远在李白之下的，稳登仕进者也数不在少。要之，在封建社会里，一般士子都把个人纳入社会组合之中，并逐渐养成对社会政治权势的深深依附和对习惯势力的无奈屈从。如果李白能够认同这一点，甘心泯灭自己的个性，肯于降志辱身，随俗俯仰，与世浮沉，其实是完全能够做个富于文誉的高官的。

可他是一个自我意识十分突出的人，时刻把自己作为一个自由独立的个体，把人格的独立视为自我价值的最高体现。他重视生命个体的外向膨胀，建立了一种志在牢笼万有的主体意识，总要做能够自由选择自己前途命运的人。

他反对儒家的等级观念和虚伪道德，高扬“不屈己、不干人”的旗帜。由于渴求为世所用，进取之心至为热切，自然也要常常进表上书，锐身自荐，但大前提是不失去自由，不丧失人格，不降志辱身、出卖灵魂。如果用世、进取要以自我的丧失、人格的扭曲、情感的矫饰为代价，那他就会毅然决绝，毫不顾惜。

他轻世肆志，荡检逾闲，总要按照自己的意志去塑造自我，从骨子里就没有对圣帝贤王诚惶诚恐的敬畏心情，更不把那些政治伦理、道德规范、社会习惯放在眼里，一直闹到这种地步，“长安市上酒家眠，天子呼来不上船，自称臣是酒家仙”（杜甫诗），痛饮狂歌，飞扬无忌。这要寄身官场，进而出将入相，飞黄腾达，岂不是南其辕而北其辙吗？

10

不仅此也。正由于李白以不与群鸡争食的凤凰、抟扶摇而上九万里的大鹏自居，他不屑于按部就班地参加科考，走唐代士人一般的晋身之路；

他也不满足于做个普通僚属，而要“为帝王师”，以一介布衣而位至卿相，做吕尚、管仲、诸葛亮一流人物。他想在得到足够尊崇与信任的前提下，实现与当朝政治势力的合作，还要保持一种不即不离的关系，“合则留，不合则去”，有相当大的自由度。

他在辞京还山时，吟出：

严陵不从万乘游，归卧空山钓碧流。
自是客星辞帝座，原非太白醉扬州。

从这里可以看出，他把自己与皇帝视为东汉隐士严光与汉光武帝刘秀的朋友关系，而不是君臣上下的严格的隶属关系，是可以来去自由的，是彼此平等的。这类诗章，没被人罗织成“乌台诗案”之类的文网，说明盛唐时期的文化环境还是十分宽松的。如果李白生在北宋时期，那他的“辫子”可比苏东坡的粗多了。

这种想在新的历史条件下重新争得“士”的真正社会地位，在较高层次上维护知识阶层的基本价值和独立性的期望，不过是严重脱离现实的一厢情愿的幻想。李白忽略了一个基本的现实：他处身于大一统的盛唐之世，而不是王纲解纽、诸侯割据、群雄并起的春秋战国时期，同两汉之交农民起义军推翻王莽政权，未能建立起新的朝廷，南阳豪强集团首领刘秀利用农民军的成果，恢复汉朝统治的形势，也大不一样。

春秋战国，“士”属于特殊阶层，具有特殊地位，那种诸侯争养士、君主竞揽贤的局面，在盛唐时期已不复存在，也没有可能再度出现。当此之时，天下承平，宇内一统，上层建筑高度完备，特别是开科取士已使“天下英雄尽入彀中”（唐太宗语），大多数士子的人格与个性愈来愈为晋身仕阶和臣服于皇权的大势所雌化，“帝王师”反成了“天子门生”，“游士”阶层已彻底丧失其存在条件。

李白既暗不知人，又未能明于知己，更不能审时度势，偏要“生今之世，返古之道”，自然是“大道如青天，我独不得出”，自然就免不了到处碰壁了。归根结底，李白还是脱不开他的名士派头与浪漫主义的诗人气质。

II

壮志难酬，怀才不遇，使李白陷入无边的苦闷与激愤的感情漩涡里。尽管庄子的超越意识和恬淡忘我、虚静无为的处世哲学，使李白在长安放回之后，寄情于皖南的锦山绣水，耗壮心，遣余年，徜徉其间，流连忘返，尽管他从貌似静止的世界中看出无穷的变态，把漫长的历史压缩成瞬间的过程，能够用审美的眼光和豁达的态度来看待政治上的失意，达到一种顺乎自然、宠辱皆忘的超然境界，使其内心的煎熬有所缓解；但他毕竟是一个豪情似火的诗人，只要遇到一种触媒，悲慨之情就会沛然倾泻。

史载，晋代袁宏少时孤贫，以运租为业。镇西将军谢尚镇守牛渚，秋夜趁月泛江，听到袁宏在运租船上咏诗述怀，大加赞赏，于是把他邀请过来细论诗文，直到天明。由于得到谢将军的赞誉，从此袁宏声名大著。李白十分羡慕袁宏以诗才受知于谢尚的幸运，联想到自己怀才不遇的遭际，因而在夜泊牛渚时，触景伤情，慷慨悲吟：

牛渚西江夜，青天无片云。
登舟望秋月，空忆谢将军。
余亦能高咏，斯人不可闻。
明朝挂帆去，枫叶落纷纷。

由于诗是有感而发，就显得格外凄婉动人。

他的心境是万分凄苦的，漫游秋浦，悲吟“白发三千丈，缘愁似个长”；登谢朓楼，慨叹“抽刀断水水更流，举杯消愁愁更愁”；眺望横江，惊呼“白浪如山那可渡，狂风愁杀峭帆人”。

>>> 壮志难酬，怀才不遇，李白的心境陷入无边的苦闷与激愤的感情漩涡中。他远离长安，寄情于锦山秀水，耗壮心，遗余年，交文友，抒心怀，达到一种顺乎自然，宠辱皆忘的超然境界。

缘情状物，感慨随地触发，全都紧密结合着自己的境遇。

他通常只跟自己的内心情感对话，这种收视反听的心理活动，使他与社会现实日益隔绝起来；加上他喜好大言高调，经常发表悖俗违时的见解，难免招致一些人的白眼与非议，正如他自己所言："时人见我恒殊调，闻余大言皆冷笑。"这更加剧了他对社会的反感和对人际关系的失望，使他感到无边的怅惘与孤独。《独坐敬亭山》只有二十个字，却把他在宣城时的孤凄心境绝妙地刻画出来：

众鸟高飞尽，孤云独去闲。
相看两不厌，只有敬亭山！

大约同时期的作品《月下独酌》，对这种寂寞的情怀反映得尤为深刻，堪称描写孤独心境的千秋绝唱：

花间一壶酒，独酌无相亲。
举杯邀明月，对影成三人。
月既不解饮，影徒随我身。
暂伴月将影，行乐须及春。
我歌月徘徊，我舞影凌乱。
醒时同交欢，醉后各分散。
永结无情游，相期邈云汉。

"茕茕孑立，形影相吊。"孤独到了邀约月亮和影子来共饮，其程度之深自可想见。他甚至认为，在以后的悠悠岁月中，也难于找到同怀共饮之人，以致只能与月光、身影鼎足而三，永结无情之游，并相期在那邈远的云空重见。这在孤独之上又平添了几许孤独。结末两句，写尽了诗人侧身天地、踽踽凉凉之感。

12

"三百六十日，日日醉如泥"；"处世若大梦，胡为劳其生？所以终日醉，颓然卧前楹"。这类"夫子自道"式的描形拟态、述志达情，显示出诗人对现实强烈的愤慨与深深的绝望。他要彻底地遗落世事，离开现实，回到醉梦的沉酣中忘却痛苦，求得解脱。晚清诗人丘逢甲在《题太白醉酒图》中，对这种心境作了如是解释：

天宝年间万事非，禄山在外内杨妃。
先生沉醉宁无意？愁看胡尘入帝畿。

不管怎么说，佯狂痛饮总是一种排遣，一种宣泄，一种不是出路的出路，一种痛苦的选择。他要通过醉饮，来解决悠悠无尽的时空与短暂的人生、局促的活动天地之间的巨大矛盾。在他看来，醉饮就是重视生命本身，摆脱外在对于生命的羁绊；就是拥抱生命，热爱生命，充分享受生命，是生命个体意识的彻底解放与真正觉醒。

当然，作为诗仙，李白解脱苦闷、排遣压抑、宣泄情感、释放潜能，表现欲求、实现自我的最根本的渠道，还是吟诗咏怀。正如清初著名文人金圣叹所说："诗者，诗人心中之轰然一声雷也。"诗是最具个性特征的文学形式。李白的诗歌往往是主观情思支配客观景物，一切都围绕着"我"的情感转。"当其得意，斗酒百篇"；"但用胸口，一喷即是"。有人统计，在他的千余首诗歌中，出现我、吾、予、余或"李白""太白"字样的竟达半数以上，这在中国文学史上是仅见的。

诗、酒、名山大川，使他的情感能量得到成功的转移，一定程度上缓解了精神上的重压。但际遇的颠折和灵魂的煎熬，却又是最终成就伟大诗人的必要条件。以自我为时空中心的心态，主体意识的张扬，超越现实的价值观同残酷现实的剧烈冲突，构成了他诗歌创造力的心理基础与内在动因，给他带来了超越时代的持久的生命力和极高的视点、广阔的襟怀、悠远的境界、空前的张力。

就这个意义来说，既是时代造就了伟大的诗人，也是李白自己的性格、自己的个性造就了自己。当然，反过来也可以说，他的悲剧，既是时代悲剧、社会悲剧，也是性格悲剧。

历史很会开玩笑，生生把一个完整的李白劈成了两半：一半是，志不在于为诗为文，最后竟以诗仙、文豪名垂万古，攀上荣誉的巅峰；而另一半是，醒里梦里，时时想着登龙入仕，却坎坷一世，落拓穷途，不断地跌入谷底。

具有讽刺意味的是，李白一生中最高的官职是翰林待诏，原本没有什么值得夸耀于世的，可是，在官本位的封建社会，连他的好友魏万也不能免俗，在为他编辑诗文时仍要标上《李翰林集》。好在墓碑上没有挂上这个不足挂齿的官衔，而是直书“唐名贤李太白之墓”，据说出自诗圣杜甫之手，终竟不愧为他的知音。

13

当代诗人羊春秋度曲《折桂令》，这首词为我们塑造了诗仙李白的高大形象：

> 谪仙更复酒仙。笔扫千军，鲸吸百川。力士脱靴，贵妃捧砚，至尊开宴。为寒儒添了颜面，给权贵打了气焰。屈贾哀怨，陶谢酸寒，磊落如公，谁堪比肩？

诗人傲睨一世，目无余子，而对于普通民众，倒显得比较可亲可近。特别是晚年，他在皖南一带结识了许多普通劳动者，像碧山的山民胡晖、五松山的田妇荀媪、宣城的酿酒工纪叟、桃花潭的隐士汪伦，不仅交情甚笃，而且都有诗相赠。通过他的生花妙笔，农夫田媪、牧竖樵苏、行役征人、孤孀弃妇、撑船汉、捕鱼郎、采菱女、冶铜工，都留下了鲜明的美好形象。同下层民众的接近，使他达观旷朗的性格得以恣意的张扬，怀才不遇的苦闷和由仕途险恶所造成的心理负担，在一定程度上得到了缓解。

就此，我想到了谪居海南的苏轼。他初入儋州时，面对被目为蛮荒瘴疠之地的恶劣自然环境，做了“必死南荒，葬身异域”的准备，情绪极为消沉。可是，在谪居地生活了一段时间之后，他就逐渐地适应了环境，交上了许多真诚的下层朋友，最后竟得出“风土极善，人情不恶”的结论。他和那些善良的民众在一起，再也用不着临深履薄般地谨言慎行，可以完全放浪形骸，抒怀达志，自由自在地以诗人气质、名士本色示人。已经年过花甲的苏轼，在三年的海南放逐中，之所以能够战胜恶劣环境，克服重重困难，最后得以生还中土，重要因素之一是他从善良质朴的当地民众的热诚关怀、实际救助、衷心敬慕中，获得了生趣，看到了希望，汲取了力量。

14

李白豪气冲霄、汪洋恣肆的诗才，他的“天子不能臣，诸侯不能制，王公大人不能凌辱”的伟岸形象和独立人格，历来为人民大众所喜爱。仅在元、明、清三代上演的戏曲中，就有乔梦符的《李太白匹配金钱记》、屠隆的《彩毫记》、尤侗的《清平调》、李岳的《采石矶》、无名氏的《沉香亭》《李白捉月》等许多种。

有关他的传说与遗迹，更是遍布他足迹所至的每个地方。我在皖南一带，接触到历代许多根据李白诗意创设的人文景观。像黟县的问余亭，歙县的碎月滩，宿松的对酌亭、饯客岭，泾县的云锦堂、凌风台、绿竹亭、踏歌岸阁，采石矶的十咏亭、横江馆、醉月斋、怀谢亭等等，数不胜数。至于太白楼、太白书堂更是随处可见。

因为同情李白落拓终生的际遇和景慕他的人格、才华、风采，大约从唐代开始，在人民大众中就流传开了关于他跳江捉月、骑鲸归天的神话传说，并在采石江边堆起了他的衣冠冢。有些诗人更是踵事增华，坐实其事。唐人殷文圭即有“诗中日月酒中仙，平地雄飞上九天”之句。明代诗人李东阳概括得更好：“人间未有升腾地，老去骑鲸却上天。”

不仅诗仙本人，就连与他有过交往的普通民众，人们“爱屋及乌”，推爱以及其身，也都尽心竭力地保存其遗迹。我在泾县水东乡龙潭村就曾看到了汪伦的墓地。汪伦是个隐士，在桃花潭东岸建有别墅，由于深慕李白的高风逸韵，特意修书相邀：“先生好游乎？此地有十里桃花；先生好饮乎？此地有万家酒店。”李白见信欣然前往。汪伦解释说，“十里桃花”是指十里外的桃花渡，“万家酒店”指的是桃花潭西有个姓万的人家开设的酒店。李白听了拊掌大笑。在这里，诗人受到主人的热情款待，正如他在诗中所记述的：“池馆清且幽”，“捶包列珍羞”，“酒酣益爽气，为乐不知秋”。临别时，汪伦与村民踏歌相送，依依不舍。诗仙留下传诵千古的名篇：

李白乘舟将欲行，忽闻岸上踏歌声。
桃花潭水深千尺，不及汪伦送我情。

在这里，我还听到一个有趣的真实故事：桃花潭东岸有个翟村，西岸有个万村，两村共用一个渡口，都争着要以本村的村名来为渡口命名，相持多日不下。后来，万村人以李白诗句“桃花潭水深千尺”为据，说千尺就是万寸，“万寸”与“万村”谐音，所以还是应该叫做“万村渡”。翟村人一听说李太白有话了，只好心服首肯。

15

当然，众多古迹中最令人低回无尽的还是当涂的青山。这里距县城二十华里，山势盘陀，林壑幽深，溪水潺潺，风光秀美。李白“一生低首”、衷心敬服的南齐诗人谢朓在任宣城太守时曾结宅于此。青山左带丹阳湖，右面和重九登高的胜地——龙山隔河相对，李白曾两度登临龙山，愤抒其逐臣与黄花共苦之情。李白死后，原曾葬在龙山东麓。过了五十余年，他的生前好友范伦之子范传正任职当地，按照诗仙“悦谢家青山”的遗愿，迁墓至青山西麓。

我曾沐着淡淡的秋阳，专程来到青山，满怀凭吊真正的艺术生命的无比虔诚，久久地在李白墓前肃立。风摇柳线，宿草颠头，仿佛踊身千载之上，亲承诗仙謦欬，同他进行着一场跨越时空的无声对话。

“莫向斜阳嗟往事，人生不朽是文章。”（许梦熊《过南陵太白酒坊》）我想，亏得李白政坛失意、所如不偶，以致远离魏阙、浪迹江湖，否则，沉香亭畔、温泉宫前，将不时地闪现着他那潇洒出尘的隽影，而千秋诗苑的青空，则会因为失去这颗朗照寰宇的明星，而变得无边暗淡与寥落。这该是何等遗憾、多么巨大的损失啊！

当然，诗仙自己并不做如是想。他临终时的“大鹏飞兮振八裔，中天摧兮力不济”的哀吟，最鲜明不过地表现出那种双目至死难瞑的深悲巨痛，闻之令人心酸气噎。一千二百多年过去了，三尺孤坟里面，就这样埋下了一具凄怆愤懑，郁结难平，永恒飞扬、躁动的不灭的诗魂！

第八篇

达人境界

I

真个是“江山也要伟人扶”！儋州，古称“南荒徼外不毛之地”，只因九百多年前大文豪苏东坡曾在这里谪居三年，便声闻四海，成了历代骚人迁客、显宦名流觞咏流连、抒怀寄兴的所在。有大量游人远出岭表，万里间关，前来亲炙这位全能大师的遗泽，领略其逆境中闪射出的人格异彩。

儋州地处海南岛的西北部，宋代称为昌化军，治所在靠近北部湾的中和镇。此间现存很多东坡遗迹，最著名的要算有“天南名胜”之誉的东坡书院了。当年只是一所厅堂，为坡翁讲学会友、诗酒谈欢之地，后人为了纪念他，就地建起了亭、堂、殿、馆一应俱全的书院。所存楹联特多，粗粗算了一下，不少于四十副。这在苏、杭、汴、洛的名城胜邑也是不多见的，何况是僻处天南海陬，遐方殊域。洵可谓洋洋大观！书院主体建筑载酒堂，系由坡翁亲自命名，取《汉书·扬雄传》中“好事者载酒肴从游学”之意。建堂时日，史籍失载，从东坡离儋五十年后，南宋名臣李光贬谪昌化军时曾会友赋诗于载酒堂，并有“荒园草木深”之句来看，可以推知此堂当建于东坡在儋之日。堂前现有载酒亭一座，为双层亭檐结构；堂庑两侧莲花池中游鱼可数，岸边有挺拔的椰树和清幽的翠竹，环境颇为隽雅。

20 世纪 80 年代，儋州政府于书院西园雕塑了《东坡笠屐》的铜质全身塑像，再现了先生“劲气直节，豪宕不羁”的风采。村民们望着蔼然可亲的东坡雕像，深情无限地说，先生说“我本儋耳民”，“海南万里真吾乡”，可是，一走就是近千年，头也不回呀！现在总算归来定居，再也不走了。他们满意于先生那副头戴竹笠、身穿布袍、脚拖木屐的田夫野老打扮，认为雕塑艺术家充分地体现了民意。后殿里还有一座《东坡讲学》的组塑。你看他，手把书卷，正襟危坐，目光炯炯，慰诲循循，真是形神毕肖。先生在幼子苏过陪侍下，正与“贫而好学”的当地友生黎子云细论诗文，显现出文人之雅、直臣之鲠、智士之慧的综合气质。

东坡书院的一副楹联，恰当地概括了上述的场景：

图成石壁奇观，戴雨笠，披烟蓑，在当年缓步田间，只行吾素；

塑出庐山真面，偕佳儿，对良友，至今日端拱座上，弥系人思。

联语中“图成石壁奇观”云云，是指镶嵌在载酒堂石壁上的《东坡笠屐图》。据《儋县志》记述：一天，东坡过访黎子云，归来途中遇雨，便从路旁一农夫家借了一顶竹笠戴在头上，又按照农夫的指点，脱下布鞋，换上一双当地的木屐。由于不太习惯，又兼泥泞路滑，走起来晃晃摇摇，趺趺撞撞。路旁的妇女、儿童看见老先生的这副装扮，纷纷围观嬉笑，篱笆里的群犬也凑热闹，汪汪地吠叫不止。而东坡先生并不在意，一边走，一边自言自语地说：“人所笑也，犬所吠也，笑亦怪也。”南宋周紫芝最先把这一生动自然、潇洒出尘的形象绘成图画，取名《东坡笠屐图》。明代的宋濂和唐伯虎也都分别以“东坡笠屐”为题材题词、作画，使之得以广泛流传，风行古今。

在中和镇，坡翁结交了许多黎族朋友，切实做到了他诗中所表述的“华夷两樽合，醉笑一杯同”，入乡随俗，完全与诸黎百姓打成一片。他常常戴上一顶黎家的藤织裹头白帽，穿上佩戴花缨衣饰的民族服装，带上那条海南种的大狗“乌嘴”，打着赤脚，信步闲游；或者头戴椰子冠，手拄桄榔杖，脚蹬木屐，口嚼槟榔，背上一壶自酿的天门冬酒，一副地地道道的黎家老人形象。走在路上，他不时地同一些文朋诗友打招呼；或者径入田间、野甸，和锄地的农夫、拦羊的牧竖嬉笑倾谈。找一棵枝分叶布的大树，就着浓荫席地而坐，天南海北地唠起来没完。他平素好开玩笑，有时难免语重伤人，在朝时，家人、师友经常提醒他出言谨慎，多加检点。现在，和这些乡间的读书人、庄稼汉在一起，尽可自由谈吐，不再设防，完全以本色示人。

有时谈着谈着，不觉日已西沉，朋友们知道他回去也没有备饭，便拉他到家里去共进晚餐，自然又要喝上几杯老酒，结果弄得醉意朦胧，连自家的桄榔庵也找不到了。正像他在诗中所写的：

半醒半醉问诸黎，竹刺藤梢步步迷。
但寻牛矢觅归路，家在牛栏西复西。

他常常踏遍田塍野径，寻访黎族友人，若是一时没有找到，就拄起拐杖，疾步趋行，闹得鸡飞狗跳，活像着疯中魔一般。这也有诗可证：

野径行行遇小童，黎音笑语说坡翁。
东行策杖寻黎老，打狗惊鸡似病风。

东坡《海外集》中收有一些与黎族人民纯情交往的诗篇。有一首诗是这样陈述的：在集市上，他遇见一位卖柴的黎族同胞，形容枯槁，精神却很饱满；平生未闻诗书，但能超越荣辱名利的牵累，具有高洁的内心世界。由于言语不通，他们只好通过手势来传输情感、沟通思想。卖柴人很喜欢这个平易近人的汉族老先生，嫌他这身儒冠儒服不太适用，便慷慨地奉赠了一块自家织出来的吉贝布料，让他做成黎家式样的服装，以御风寒。

据曾在儋州一带工作过的朱玉书考证，吉贝是一种高仅数尺的植物，秋后生花吐絮，洁白似雪，纺织出来曰“吉贝布”。早在战国时代，黎族先民就把它作为贡品，深为当时最高统治者所赏识。

生活还很困苦的黎族同胞，能够把这样珍贵的物品慨然相赠，说明他们对诗人饱含着敬慕与爱戴的深情；而具有易感的心灵、长期遭受倾陷迫害的老诗人，则把普通民众这种暖人肺腑的真情，同封建时代官场上的尔虞我诈、互相倾轧，甚至凭空构陷、落井下石的龌龊恶行加以比较，感到确实悬同霄壤，天差地别。他通过现实生活中的实际体验，悟出了人生真谛："情义之厚，有加以平日。以此知，道德高风，果在世外。"

东坡先生于北宋绍圣四年(1097)七月抵达中和镇，开始其谪居生活，到元符三年(1100)六月奉命渡海北归，在这里只住了三年。但他留给当地黎汉两族人民的美好印象，却如刀刻斧削一般，千古不磨，久而弥深。人们缅怀先生的遗泽，传颂着许许多多生动感人的轶闻佳话。

为了纪念他，此间不仅有东坡村、东坡田、东坡路、东坡桥，甚至还把当地说的一种官话称为"东坡话"，戴的斗笠叫做"东坡笠"，吃的蚕豆名为"东坡豆"。村里有一口"东坡井"，父老们口耳相传，先生当日舍舟登陆后，发现村民饮用的竟是潦洼积水，污浊不堪，以致经常患病，便带领群众踏勘地脉，就地挖井汲泉。数百年来，井泉源源不竭，水质甘甜，饮用至今。20世纪60年代初，诗人郭沫若前来视察，还舀上一勺，亲口尝过。

无独有偶，镇西十五公里处，紧靠海边的地方，也有一口古井，名为"白马井"。传说东汉初年，伏波将军马援南征交趾归来，三军在此登岸，正值盛夏炎阳似火，一个个口渴难挨，将军的坐骑白马掠地长嘶，"踏沙得泉"，解除了将士干渴之苦。为纪念这位伏波将军，感戴这番神奇恩赐，后人便在泉眼上面筑围成井，并在井上盖起伏波庙，世世代代，香火不绝。

耐人寻味的是，同是掘井得泉，伏波将军的行迹却被后人神化，千秋筑庙奉祀，凌驾于万民之上，人们自然敬而远之；而诗翁东坡则截然相反，他置身于群众之中，力求做一个货真价实的"黎母之民"，老百姓便也把他看成是自家人。

九百多年间，世事纷纭，沧桑变易，外边世界走马灯般地变幻无常，乱哄哄"你方唱罢我登场"，"大江东去，浪淘尽千古风流人物"；而坡翁以风烛残年的一介流人，却能世世代代活在黎汉两族人民的心里，未随时间的洪流荡然汩没。这一方面说明了公道自在人心，历史是公正无私的；另一方面，也反映出他感人至深的人格魅力和精神力量。

2

东坡先生入儋之初，尽管朝廷有“不得签书公事”的旨令，但毕竟还挂有一个“琼州别驾”的虚衔，州府官员依例把他安置在城南的州衙里暂住。从诗人吟咏的“如今破茅屋，一夕或三迁，风雨睡不知，黄叶落枕前”看得出，州衙的房舍原是十分破陋的。经过修葺，总算可以安居。不料被下来巡访的官员所察知，立即出面干预，东坡先生只好从官舍中搬出，到城南污水池旁的桄榔林丛中买下一块地方，在邻里和友生的热情帮助下，“运甓畚土”，“结茅数椽”。先生名之为“桄榔庵”，并率性吟咏：

朝阳入北林，竹树散疏影。
短篱寻丈间，寄我无穷境。

其实，房舍十分鄙陋，周围环境也十分恶劣：“海氛瘴雾，吞吐吸呼。蝮蛇魑魅，出怒入娱。”至于清代画家的《桄榔庵图》，已经脱离了当时的原貌，那上面画的是一带连山之下，林木掩映之中，现出一座由高大院墙环绕的三进砖石结构的典丽厅堂。其间显然带有文人想象的“诗化”成分，并不符合当时当地的艰窘实况。

现在，桄榔庵已经片瓦无存，遗址周围还有一些耸天直立、羽状复叶丛生于茎端的桄榔树，临风摇曳，楚楚生姿，令人蓦然兴起思古怀人之情，仿佛依稀可见先生当日林间负手行吟的情态。而村民们尽管明明知道，这些林木都是后来长起的，并非东坡先生手植；但因为它们长在先生住过的庵舍四旁，便也爱屋及乌，像《诗经・甘棠》篇所讲述的：“蔽芾甘棠，勿剪勿伐，召伯所茇。”在这里，村民们同样以悉心爱树的深情，寄托着对坡翁的思念。旧志载，东坡旧宅桄榔庵中曾有一副对联：

烟景迷离，无搅梦钟声，尽许先生美睡；

风流跌荡，有恋头笠影，且招多士酣游。

下联是实情，上联却未必尽然。东坡先生毕竟是放逐荒郊的待罪谪臣，那些居心险恶的政敌，是不会任他那样“优哉游哉，聊以卒岁”的。

殷鉴在兹，前车不远。东坡谪居惠州期间，相依为命的爱妾朝云，由于不服当地水土，染病故去，诗人衰年丧侣，晚境凄凉。一天，万分孤寂、侘傺无聊之中，写下了一首题为“纵笔”的七绝：

白头萧散满霜风，小阁藤床寄病容。

报道先生春睡美，道人轻打五更钟。

哪里料到，这样一首抒怀小诗竟惹出一场新的祸端。宰相章惇以为东坡贬谪之后处境安稳，便奸笑着说：“苏子瞻尚尔快活！”于是，又矫诏把他再贬为琼州别驾，昌化军（儋州）安置。此时的心态，坡翁自己讲得很清楚：“怛然悸寤心不舒，起坐有如挂钩鱼。”在惊魂惴惴之中，纵然“无搅梦钟声”，也还是“心似惊蚕未易眠”。所谓“尽许先生美睡”，不过是人们的一种想象与推测，其实只是善良愿望而已。

这一年，诗人已六十二岁，以其羸弱多病之身，不要说发配到这素有“鬼门关”之称的“风涛瘴疠”“非人所居”的南荒郊外，即使再在惠州住上三年两载，恐怕也得“子孙舁骸骨以还”了。实际上，执政诸人就是蓄意让他葬身海外，否则，怎会做这样的安排呢？这一点，先生本人也了然于心。因此，出发前即已做好了不能生还的准备，两个儿子陪送他很长一段路程，到广州后与长子苏迈诀别，然后带上幼子苏过，乘船溯西江而上，在藤州与弟弟子由相遇。因为知道这次是生离死别，分手前夕，兄弟二人及家人在船上愁坐了一整夜，自有苦不堪言的痛楚。

他给友人王敏仲写了这样的告别信。大意是，我于衰迈之年，投置蛮荒之地，根本没有生还的希望了。因此，已经和长子江边诀别，处置好一切后事。到了海南之后，我首先要预备下棺材，然后再挖下墓圹，留下手疏给儿子，告诉他们：我死后就葬身海外，不必扶柩内迁。这也是东坡的固有家风啊！到了贬谪地之后，他照例给朝廷写了一道《谢表》，里面也有“并鬼门而东骛，浮瘴海以南迁。生无还期，死有余责”的话。

到了儋州，面对的果然是极端困苦的生活，“食无肉，病无药，居无室，出无友，冬无炭，夏无寒泉”，而且毒雾弥漫，瘴疠交攻。东坡曾记下过这样一段文字：“岭南天气卑湿，地气蒸溽，而海南为甚。夏秋之交，物无不腐坏者。人非金石，其何能久？”另一位贬儋诗友对此作了更贴切的概括：“万里来偿债，三年入瘴乡”，这是他所面临的外部环境。

而他的内心，尤其苦闷至极。坡翁乃深于情者，一向笃于夫妇之爱。昔日贬谪黄州，有苦难同当的妻子王闰之偕行，“身耕妻蚕，聊以卒岁”，尚可时时获得感情上的抚慰；后来到了惠州，虽然妻子已死，但仍有“如夫人”朝云这个红颜知己，体贴备至，成为暮年遭贬时的生命支柱。可赴儋之前，朝云即已葬身惠州，现在已是形单影只，茕茕孑立，自然无限感伤，倍觉孤独。这对一个枯木朽株般的垂暮老人来说，无异于“孤树加双斧”，等待他的，难道还会有其他出路吗？

谁料，结果竟出人意料。坡翁在这里不仅逐渐安居下来，还长达三年之久，最后得以生还；而且，他对这蛮荒艰苦的地方产生了深厚感情，直到遇赦北归后，还朗吟“九死南荒吾不恨，兹游奇绝冠平生”。回到内地，友人问及海南贬居情况时，先生颇带感情地回答：“风土极善，人情不恶。”

之所以如此，学者徐中玉在《苏东坡在海南》一书的序言中深刻地指出，就是因为诗人自己觉得已有了个“今我”。这种历经艰苦、世变之后的憬悟，是他所觉察到的与“故我”不同的对生命价值、人生意义的新认识的表现。这也正是坡翁在逆境中安时处顺、取得精神解脱的症结所在。

入儋伊始，他还深陷于“垂老投荒，无复生还之望”的感伤中，他说，我刚刚来到海岛时，环顾四围，水天无际，当时心情非常苦闷，想的是“我可什么时候能够走出此岛呢”？但过了一阵子又觉得，天地本身就围在水中，九州圈在茫茫的大瀛海里，中国就在少海里。从这个意义上，可以说，所有的生命无一不在海岛之中。认识到这一层，他也就跳出了蚂蚁般的身小视短的狭隘视界，获得了一种超越意识，最后得出“俯仰间有方轨八达之路”的积极结论。“此心安处是吾乡。”条件的优劣，境况的顺逆，于他已不具备实质性的差异了。

除了这种“憬然自悟”，坡翁在儋州还曾得到过高人的指教，从中意外地获得一场活生生的人生顿悟。

据《侯鲭录》《儋县志》等记载，北宋元符二年（1099）三月的一天，东坡负着大瓢，口中吟唱着《哨遍》词，漫游在中和镇的田间，遇到一位家住城东、正往田头送饭的七十多岁的老媪，两人就地闲唠起来。

东坡问道：“老人家，你看于今世事怎么样啊？”

老媪不假思索地回答说：“世事不过像一场春梦罢了。”

东坡又问：“怎见得是这样呢？”

老媪直截了当地讲：“先生当年身在朝廷，官至翰林学士，也可以说是历尽了荣华富贵；今天回过头看，不就像一场春梦吗？”

东坡听了，点头称“是”，若有所悟，于是，自言自语道：“这就是‘春梦婆’呀！”

儋州自汉代设置郡县以来，历朝都有流人谪徙，可以考知名姓的第一位流人乃是隋代的宗室杨纶。他先被流徙广西，后来逃往儋州避难。至于唐代、五代十国和宋初，贬谪儋州的达官仕宦，更是接踵而至。“谁知把锄人，昔日东陵侯！”依我看来，这个“春梦婆”，当是某一显贵流人的亲属或者后代。否则，不会对于世事沧桑有如此深邃的感悟。总之，不管是怎样情况下出现的，反正对于东坡先生来说，这番警钟式的箴言，不啻醍醐灌顶，以至一场当头棒喝。

在同普通民众融洽无间的接触中，东坡的悟世思想不仅未被消解，反而益发强化起来。与黎族人民结下的深情厚谊，那种完全脱开功利目的的纯情交往，使他在思想感情上发生了深刻变化，获得了精神上的鼓舞、心灵上的慰藉，以及战胜生活困苦、摆脱精神压力的生命源泉；挣脱了世俗的桎梏，实现了随遇而安、无往而不自如的超越境界。

如同一切伟大的诗人、作家一样，苏东坡的思想也是异常丰富、复杂的。早在出仕之前，他就已经熔铸儒、释、道三家的思想精华于一身，初步构成了他那复杂而独特的思想体系。在尔后的起伏颠折中，有时候，儒家的弘扬内在精神，实现自我，积极用世，在他的思想中占上风；有时候，道家的绝对自由、超越时空的淡泊无为，又在心灵中居于主宰地位。屡遭贬谪之后，他曾盛赞《庄子》实获吾心，把庄子思想当作自己的既存见解，从而进一步消解了仕途经济的理想抱负。

“下视官爵如泥淤，嗟我何为久踟蹰。”在对腐败的官场、世俗的荣华及尔虞我诈的人事纠葛表示厌恶、轻蔑与怀疑的同时，表现出一种豪纵放逸、浑朴天真、雍容旷达的精神境界，对生命价值的认识有了新的觉醒。正如一位当代学者所说，东坡在生存的诸多灾难中，找寻到失落的个体生命的价值，超越了时空限制，获得了最大精神自由，从而能够站在比同时代人更高的层次上俯瞰社会人生，获得一种自我完善感和灵魂归宿感。

说到东坡的思想变化，我想起了他晚年的一首七绝。渡海北归之后，坡翁在当涂遇到了诗人郭功甫，想起几年前贬谪惠州时这位老朋友曾经有诗相赠，当时未及作答，这次他欣然命笔，依韵作和。诗共两首，其一云：

早知臭腐即神奇，海北天南总是归。
九万里风安税驾，云鹏今悔不卑飞。

首句隐括了当时善恶颠倒、是非混淆的腐败朝纲；次句是对友人赠诗中“今在穷荒岂易归”的回答，显现出一种百折不挠的豪迈感；第三句是说，他这只“抟扶摇而上者九万里”的大鹏，想要凭借风力安然降落，为最后一句张本；第四句是全诗主旨，说他悔于从前高翔远翥，以致活得太累太苦，决心要“收敛平生心”，追求“我适物自闲”“乐事满余龄”的精神境界，在淡泊宁静中，过上一种平平常常、自然本色的日子。

写这首诗的时候，诗人并没有料到，三个月后他就一病不起，撒手尘寰了，这种并非奢求的享受一番平常生活的渴望，终于未得实现。

3

东坡书院中有这样一副对联：

> 北宋负孤忠，春梦一场，忘却翰林真富贵；
> 南荒留雅化，清风百世，辟开瘴海大文章。

寥寥三十二字，对于坡翁在超越自我、战胜逆境的同时，以其“清风雅化”，为开启海南文明做出的巨大贡献，做了有力的概括。

坡翁在多年放谪生活中，逐步实现了价值观念的两个转换，或者说是疏通了两条心灵的渠道。

一方面的转换，是心智由入世归向自然，归向诗性人生。在孔门圣教熏陶下，他自幼即“奋励有当世志”，立定了修身、齐家、治国、平天下的宏图伟愿和“尊主泽民”的理想抱负。针对国库空虚、官冗兵弱等弊政，他曾写过大量策论，想要通过改革，“涤荡振刷，而卓然有所立”。但是，现实并不赋予他这种机会，“戴盆难以望天”，刀斧之余，一贬再贬，仕进之途已经重重阻塞。作为乐天知命的达人，他欣赏陶渊明“纵浪大化中，不喜亦不惧”的委任自然的人生态度，适时地疏通了情感的渠道，把心智转向自然，寄兴山水，放情吟咏，找到了一个与污浊、鄙俗、荒诞的现实世界迥然不同的诗意世界，痛苦的灵魂得到了艺术的慰藉。

他刚一踏上海岛，就被这里的奇异风光吸引了。海南山间的急雨奔雷，开阔了他的胸襟，触发了他的诗兴：“急雨岂无意，催诗走群龙；梦云忽变色，笑电亦改容。”他热情地赞美岛上特有的飓风来临时的绮丽景色：“垂天雌霓云端下，快意雄风海上来。”这同诗翁豪纵不羁的情怀恰相映照。难怪弟弟子由读后，激赏其“不见老人衰惫之气”。天空海阔的浩瀚气势，使他冷静地思考人生，达观地对待人生，既引发出宇宙无穷而生命有尽的感慨，又产生了将有限生命统一于无穷宇宙的顿悟。南国生机盎然的迷人春色更令他怡然心醉，升华了他的乐观情趣和诗性人生，这有词为证：

春牛春杖，无限春光来海上。便丐春工，染得桃花似肉红。

春幡春胜，一阵春风吹酒醒。不似天涯，卷起杨花似雪花。

在这方面，坡翁与晚年的谪仙李白有些相似。李白流寓皖南，通过同下层民众的广泛接触和沉酣于壮美无俦的自然山水之中，在一定程度上，缓解了长才未展、壮志难酬的苦闷，平复了由仕途险恶所造成的心灵损伤，激发了澎湃的诗情，三四年间写诗一百三十多首。东坡在贬谪期间，也同样取得了诗文的巨大收获，居儋三年共写诗一百七十四首，各体文章一百五十六篇。两人晚期的诗文，作为解脱苦闷、宣泄情感、释放潜能、实现自我的一条根本途径，作用是一致的；但是，其中也有明显的差异。除了时代的烙痕，比如唐诗重性情，以形象、韵味见长，而宋诗重说理，以议论、理趣取胜，李、苏两家自不例外。单就风格来讲，虽然同是豪纵奔放，挥洒自如，都具备广阔的襟怀、悠远的境界、空前的张力，但太白一些诗作，愤激、清狂，反映出内心的苦痛与压抑之沉重；相形之下，东坡为诗则显得从容、逸宕一些，而且时杂风趣。他说：“吾侪老矣，不宜久郁。”可见，内心同样也有深重的忧伤，只不过善于消解罢了。

坡翁另一方面的转换，是他立足于贬谪的现实，把实现“淑世惠民”理想的舞台，由“庙堂之高”转移到“江湖之远”；从关心民瘼、敷扬文教、化育人才的实践中拓开实现自我、积极用世的渠道。

他劝说黎胞开垦荒地，多植稻谷；推广中原先进耕作方法，移植优良品种。针对当地以巫为医、杀牛祭鬼的陋习，大力向村民宣传卫生知识，介绍医方药物。同时，抱着对黎胞的深厚感情，劝学施教。坡翁有一首《迁居之夕，闻邻舍儿诵书，欣然而作》的诗：

幽居乱蛙黾，生理半人禽。
跫然已可喜，况闻弦诵音。
儿声自圆美，谁家两青衿？

对于南荒郊外的儿童奋勉向学，诗人由衷地感到喜悦和欣慰。

当时，前来东坡书院负笈就学的，不仅有本地的贫寒士子，如黎子云、符林、王霄等；有些远在千里、百里之外的友生，也纷纷上门听讲，形成了浓厚的文化氛围。一时"书声琅琅，弦歌四起"，"学者彬彬，不殊闽浙"。

自唐代开科取士以来，四五百年间，儋州未曾有一人登第。对此，坡翁深以为念。遇赦北归时，他将自己所用的一方端砚送给弟子姜唐佐，并题句曰："沧海何曾断地脉，白袍端合破天荒。"意思是，海南与中原地区虽为沧海隔开，但地脉未曾断裂，文脉也应该是相连的。士子要发愤图强，勇破天荒，改变当地文坛落寞的现状。诗句中对于海岛人才的成长，寄寓了殷切期待。坡翁的这一厚望并没落空，离儋不久，这里便陆续有一些人擢第登科，并出现了海南历史上第一个进士。《琼台记事录》载："宋苏文忠公之谪居儋耳，讲学明道，教化日兴，琼州人文之盛，实自公启之。"

东坡先生无分境况的穷通，一贯关心民生疾苦，热心为百姓兴利除弊，这是他发自内心的生命本色的体现，表现了封建时代作为一员开明士大夫的优秀品格。如果说，过去在太守任上，这样做是出自"为官一任，造福一方"的使命感，还带有某种"恩赐"因素和"临民"恣态；现在身在海南，则完全与黎民百姓融为一体，甘愿"化为黎母民"，既不是居高临下，也不做生活的旁观者，而是像他自己所说的"我本儋耳民，流落西蜀间"，索性以本地群众一员的身份出现。

说到诗翁谪居海南期间教民化俗的泱泱德政，人们自然会想到东坡书院的另一副联语：

> 公来三载居儋，辟开海外文明，从此秋鸿留有爪；
>
> 我拜千年遗像，仿佛翰林富贵，何曾春梦了无痕？

这里隐括了东坡的两首诗。在《和子由渑池怀旧》中，提到了："人生到处知何似，应似飞鸿踏雪泥。泥上偶然留指爪，鸿飞那复计东西。""春梦"云云，两典并用，一是上引的"春梦婆"谈及的"昔日翰林富贵一场春梦耳"；二是东坡谪居黄州时曾写过一首七律，内有"人似秋鸿来有信，事如春梦了无痕"之句。这里用"秋鸿有爪""春梦留痕"来状写东坡先生居儋三年的名山事业、道德文章，极为贴切。

纵观两宋以还的千年史迹，在久居边郊的流人中，就其化育多士、敷扬文教的善行来说，真正能够和坡翁比并的人，原不是很多的。有明一代，远谪云南的杨升庵算是一个。据《蒙化府志》记载：当地士人，无论认识与否，都载酒从升庵先生游。一时，就学问道者塞满山麓，肩摩踵接。从杨升庵在滇的诗文著述之繁富在明代首推第一来看，也与东坡有其相似之处。

其不同之处在于，杨升庵在传道授业、著书立说之外，还纵情声色，流连歌妓，放浪形骸，有时竟达到颓废的程度。明人王世贞《艺苑卮言》中说：升庵贬谪滇中，有东山携妓之癖。当地一些部落的首领，为了得到他的诗文翰墨，常常遣使一些歌妓身裹白绫，当筵侑酒，就便乞书，杨即欣然命笔，醉墨淋漓裙袖。升庵在泸州，醉中以胡粉扑面，做双丫髻插花，由门生抬着，诸妓捧觞侍侧，游行城中，了无愧怍之感。这简直就是胡闹了。坡翁是绝不为此的。

当然，杨升庵这样佯狂放诞，有愤世嫉俗、玩世不恭的一面，是对其终生流谪郊外这种过苛的处罚的消极反抗；同时，也是他全身远祸、养晦韬光的一种方式。因为嘉靖皇帝对于杨氏父子在"议大礼"中的表现，尤其对升庵挑动群臣哭谏闹事一举，一直切齿怀恨，时时欲置之于死地。从这一点看，升庵的“故自贬损，以污其迹”，实在也有其迫不得已的苦衷。可是，在坡翁来说，似乎全然不顾危机四伏的处境，也不理会这种韬晦全身的策略，否则，他也许不去浪吟什么“报道先生春睡美，道人轻打五更钟”了。

一提起这两句诗，我又不由得记起了那位专和东坡作对的奸相章惇。算是皇天有眼，这个太平宰相居然也成了谪臣，偏偏贬逐在离海南很近的雷州(海康)，而且，东坡就在遇赦北归途中听到了这个消息。当时坡翁的心境如何，是快心惬意呢，还是报之以轻蔑的沉默？按说是都有可能的，而且都在情理之中；然而，却全然不是。他实在是一位宽厚的长者，听到这个消息之后，他立即写信给章惇的女婿，备极恤慰，及于家人。信中说：“子厚(章惇字)得雷，为之惊叹弥日。海康地虽远，无甚瘴。舍弟(指子由)居之一年，甚安稳。望以此开辟太夫人也。”

整人人整，磨墨墨磨，章惇作法自毙，原属罪有应得。《宋史》把他列入“奸臣”一流，千秋万世钉在耻辱柱上，更是天公地道。据其本传记载，子由贬谪雷州，不许居住官舍，便花钱租赁民房。章惇闻知后，即以“强夺民居”罪名，下令追究处治。后因发现租券上分明记载着已经偿付了租金，只好作罢。这次，章惇谪居雷州，恰巧又到这家来“问舍”求住，户主说：“算了吧，前次苏次公来住，为了那个章丞相找茬儿，我们几乎倾家破产。今后再也不往外租房了。”

天地间，竟有这样的巧合，真令人击掌叫绝。可惜我不会饮酒，不然，一定要开樽拍案，浮一大白。

第九篇

才人真绝代

I

西方有一句格言，说“人生最奢侈的事，就是做你想做的事”。难道“做你想做的事”，竟是那么难能可贵，那么不易实现吗？

宋徽宗赵佶本来是个非常出色的书法家、绘画大师和诗词作手，又是一位十分称职的宫廷画院院长，可是，命运老人在关键时刻搬了个道岔儿，结果，让他阴错阳差地当上了宋朝的第八代皇帝。

你道这皇帝可是好干的？当日在宋哲宗赵煦龙驭宾天之后，皇太后就有意让赵佶接班，可是，执掌铨衡、善于识人的宰相却说他“轻佻，不可以君天下”。当然，“胳膊总拧不过大腿”，最后还是老太后一锤定音。这样，赵佶就被拥上了龙椅，开始了中国历史上出名的无道昏君的浪荡生涯，而他自己也就走上了充满悲剧色彩的人生道路。

赵佶继位之后，他的心思仍然是专注于书画的创作与欣赏，便将治国理政的一应大事，全都交付给了权奸蔡京和宦官童贯等一干人。而这，正是这班野心勃勃、权欲熏心的人所求之不得的。且听听蔡京父子是怎样劝说徽宗的：“人主当以四海为家，太平为娱，岁月能几何？岂可徒自劳苦。”既然要以“太平为娱”，那就需要大把大把的银子做支撑啊，于是他们就告诉徽宗：“今泉币所积赢五千万，和足以广乐，富足以备礼。”进而倡导“丰、亨、豫、大”之说，蛊惑徽宗纵情挥霍民脂民膏，尽情尽兴于声色犬马，大兴土木，恣意享乐。这对徽宗来说，可说是“仰体圣衷，正中宸怀”，乐得过着花天酒地的放荡生活，整天吃喝玩乐，尽享荣华富贵。

徽宗末年，发生了这样一件事：说起来也很蹊跷，你说徽宗皇帝不问政、不作为吧，偏偏又贸然决定，联金灭辽，以图收复燕云十六州。原来，这个主意是大阉童贯帮他出的。燕云十六州经后晋的“儿皇帝”石敬瑭之手奉献给契丹人，已经过去了一百八十年，现在要把它收回来，应该说，是一件名垂竹帛的千秋伟业。可惜，这在当时只是一场虚幻的梦想，根本不具备实现的条件。对此，许多朝臣都是一清二楚的。当听到朝廷将“兴燕云之役”，引金人夹攻契丹时，中书舍人宇文虚中立即上疏进谏：

> 用兵之策，必先计强弱，策虚实，知彼知己，当图万全。今边圉无应敌之具，府库无数月之储，安危存亡，系兹一举，岂可轻议？且中国与契丹讲和，今逾百年，自遭女真侵削以来，向慕本朝，一切恭顺。今舍恭顺之契丹，不羁縻封殖，为我藩篱，而远逾海外，引强悍之女真以为邻域。女真借百胜之势，虚喝骄矜，不可以礼义服，不可以言说诱，持卞庄“两斗”之计，引兵逾境，以百年骄惰之兵，当新锐难抗之敌；以寡谋安逸之将，角逐于血肉之林。臣恐中国之祸未有宁息之期也。

在这篇奏章中，通过精辟的论辩，揭示徽宗决策致命的弱点——犯了用兵的大忌：既不知己，更不知彼。以当时的国力、兵力，北宋根本不具备出兵条件，实际上，已经到了“泥菩萨过河——自身难保”的尴尬地步。而徽宗却头脑发热，竟要轻启边衅，引狼入室。说明他不会分析形势，更不懂得如何因应时变，判断敌友。当此之际，辽朝已是强弩之末，而金人正处于“百胜”的强势，早有吞辽蚀宋之志，与它订盟，不啻与虎谋皮；而设想像古代勇士卞庄那样，让两虎相斗，然后坐收渔利，尤其是不现实的。到头来，必然是开门揖盗，祸在不测。

后来的实践完全验证了这一判断的正确性。出人意料的是，奉献高明、警策见解的宇文虚中，不但未能得到表彰与重用，反而遭到奸臣的倾陷，被降职处分。说到家，就是徽宗根本不具备政治运作的资质和条件，依靠他来运筹帷幄、决策千里，无异于“盲人骑瞎马，夜半临深池”，后果不问可知。何况，身旁还有那班成事不足、败事有余的阉宦大佬，就更是必然跌入覆亡深渊的。

这么说来，宋徽宗赵佶简直是一无是处了。你看他，在位二十六年，政治上信任奸臣，昏庸无道，边防废弛，民变于内，兵败于外；生活上，穷奢极侈，纵情挥霍，花天酒地，荒淫无度。要说经邦济世，治国泽民，他真正是个低能儿，在“靖康之变”的历史耻辱柱上，刻下了千秋万世永难湔雪的破国亡家之痛。不过，换个角度去看，他又是一位少有的艺术天才。作为多才多艺的书画家和诗人，他曾以其独具特殊审美意义的艺术才华，占据了中国以至世界文化艺术史上的一页辉煌。

赵佶原本就以“天纵才智”见称，有着超群的艺术天分和感悟能力，又兼自幼便与许多知名的大家交往，获得高人指点，更使他的艺术才能得以充分地施展。宋人蔡絛《铁围山丛谈》记载，未当皇帝之前，他就与驸马王晋卿、宗室赵大年往来。这两个人都“善文辞，妙图画”，又富于收藏。他还同内知客吴元瑜一起学画，这个吴元瑜本是著名花鸟画家崔白的弟子。赵佶年轻时经常与这些书画名家往来，耳濡目染，从中获取许多教益，锤炼了坚实的艺术功力，以后，勤奋耕耘，数十年不辍，更加精益求精。

北宋艺学的风气十分昌盛，内府收藏名人书画甚众。《宣和画谱》记载，仅徽宗一朝收藏的花鸟画，即有两千七百八十六件，占全部藏品的百分之四十四。这使他大大地开阔了眼界，具有得天独厚的机会。面对如此珍贵的艺术遗产，通过朝夕展玩，并一一亲手临摹，转益多师，从而使他的创作水平日渐提高。加之，他在汴京的宫苑中，罗致了一切能够到手的各种珍禽异兽、名花美卉，这又为他提供了绝好的描形写生的条件。

绘画史名著、南宋邓椿的《画继》一书，对于宋徽宗的画作评价极高，说他“笔墨天成，妙体众形，兼备六法，艺极于神”。其艺术成就以花鸟画为最高。赵佶艺术的独创性和对后代的影响力，也主要体现在花鸟画中。他的花鸟画构图，匠心独运。如《鸲图》轴，画幅下面靠左边以水墨写鸲两只，奋翅相争，纠缠错结，一反一正，羽毛狼藉。上者处于优势，以利爪抓住对方的胸腹，张嘴怒视；而下者也不示弱，奋力挣扎，予以反击，回头猛啄对手的右足。描形拟态，惟妙惟肖，鸽的心理感情，也表现得细致入微。他画的《雪江归棹图》，形体谨严，风度凝重，气韵苍古，满幅充溢着一股荒寒之气，被誉为“直闯王右丞（王维）堂奥”。他画禽鸟，创造了“点睛多用黑漆，隐然豆许，高出缣素，几欲活动”的全新技法。

在历代擅长书法的帝王中，赵佶是最具创造性的。他初习黄庭坚，后又学褚遂良和薛稷、薛曜兄弟，并杂糅各家，既取众家所长，又能独出己意，最终创造出别具一格的“瘦金书”体。宋代书法以韵趣见长，赵佶的“瘦金书”即体现出这种时代审美趣味，所谓“天骨遒美，逸趣霭然”；又具有强烈的个性色彩，即“如屈铁断金”。其书结体严谨，骨格纤瘦，笔画细挺，顿挫有节，外露锋芒，风流飘洒，在刚劲中透出秀丽的丰姿，堪称书苑奇葩。这在前人的书法作品中，还未曾出现过。他的草书，信笔挥洒，一气呵成，狂放酣畅，可以看出张旭和怀素（特别是怀素）的门径。对于前辈和当代书家，他总是师其神髓而变其法度，达到自出新意，自成一家。

他即位以后，经常召见著名书画家、鉴赏家米芾，相与探讨书法艺术。《钱氏私志》云：

> 徽皇闻米芾有字学，一日于瑶林殿张绢图方广二丈许，设玛瑙砚、李廷珪墨、牙管笔、金砚匣、玉镇纸、水滴，召米书之。上映帘观赏，令梁守道相伴，赐酒果。米反系袍袖，跳跃便捷，落笔如云，龙蛇飞动，闻上在帘下，回顾抗声曰：“奇绝陛下！”上大喜，即以御筵笔砚之属赐之，寻除书学博士。

由于北宋时期文学艺术昌盛的优良环境熏陶，前代留存下来的丰富艺术遗产的借鉴，加之赵佶本人对艺术的倾心揣摩、勇敢探索，使他终于成为一位诗、词、书、画并精，山水、人物、花鸟、杂画兼善，具有全面艺术修养的“皇帝艺术家”。

赵佶的诗词现存几十首，总体上看，质量是比较高的，尤其是后期作品，产生于变乱、屈辱的环境中，凄绝哀婉，感情深沉而真挚，颇有特色。他有一首《燕山亭·北行见杏花》词，一向被推为千古杰作：

> 裁剪冰绡，轻叠数重，淡著胭脂匀注。新样靓妆，艳溢香融，羞杀蕊珠宫女。易得凋零，更多少无情风雨。愁苦！问院落凄凉，几番春暮？　　凭寄离恨重重，这双燕何曾，会人言语。天遥地远，万水千山，知他故宫何处？怎不思量，除梦里有时曾去。无据，和梦也新来不做。

赵佶在被金兵掳往东北苦寒之地的途中，忽然见到了盛开的杏花，一时百感交集，写下了这首刻画困顿生涯与凄苦心灵的泣血之作。开头描写凌寒怒放的杏花，运笔非常细腻，好似一幅淡淡的工笔画。接着，陡作变徵之音，从杏花的极盛写到“易得凋零”，难禁风雨，急转直下，仿佛一落千丈的凄惨人生。所有的文字都是痛感、悲情的释放。情绪低沉，音调哀伤，体现了“亡国之音哀以思”的特点。李后主词：“梦里不知身是客，一晌贪欢。”至赵佶则曰：连梦也不做了，其情岂不更惨！

2

赵佶在文学艺术方面的贡献，不仅表现于自己具有卓绝的艺术天才，创作出大量传世的诗书画杰作；而且，由于他非常重视文艺事业的传承与发展，凭借其特殊地位和卓越才能，成功地改善、强化了画院制度，积极培养艺术人才，为繁荣北宋末年以至后世的艺术事业做出了突出贡献。历代都有一些帝王喜爱鉴藏书画，有的还参与创作，但像宋徽宗那样，以全副身心投入到书画事业中去，并能把个人的爱好广泛而深入地推广到全社会的文化生活中去，使之成为一种社会文化现象，却是独一无二的。

赵佶在文学艺术方面具有杰出贡献，他以自己卓绝的艺术天才，创作出大量传世的诗书画杰作，他以全副身心投入到艺术事业中，并能把自己的爱好广泛而深入地推广到全社会的文化生活中去，使之成为一种社会文化现象。

这方面的建树，突出表现在他对宫廷画院的改革与建设上。有宋一代，继承前代西蜀和南唐的传统，在宫廷中建立了翰林书画院，组织画家进行艺术创作，并培养大批书画方面的人才，直接为宫廷服务。作为画院的直接组织领导者，宋徽宗按照自己的艺术旨趣和鉴赏标准，实施了一系列颇具创造性的革新措施，为它订立了一套完整的制度，在画学、考试、课程设置和教学过程中，进行了大胆的探索与改革。

宋徽宗改画院征召体制为考试录取，正式列入科举考试之中，像遴选高级官员一样，开科取士。这是一项根本性的改革。前朝帝王仅仅是将画院看作一种服役机构，而徽宗则从长远建设出发，从人才培养、艺术发展的高度去建设画院。他采取了"旧人旧办法，新人新办法"区别对待的方针，除前代留下的已在院内供职的知名画家外，其余全部通过考试录取。由于徽宗本人深谙绘画艺术，他所招纳的人才自然也是高标准的。在国子监增设画学，共设有佛道、人物、山水、鸟兽、花竹、屋木六科。又设博士衔，作为监考官。以"不仿前人，而物之情态形色俱若自然，笔韵高简"为评画标准。据说，当时四方考生源源而来，盛况不下于今天的美术院校联考，有幸中选者为百里挑一。

考试时，摘取古人诗句为题，令考生作画，用以测试学生对于诗画结合、诗情画意的理解能力。要求作画者能够先读懂直至深悟诗句的境界，然后再把它化为可视的画面。考题如"嫩绿枝头红一点，动人春色不须多""深山藏古寺""竹锁桥边卖酒家"等。在试绘"踏花归去马蹄香"诗意时，许多人只是着意于描写归马、落花，就题作画。有一位聪明的画家，却只画几只蝴蝶，在马蹄后面飞逐，便巧妙地暗示出抽象的花香。对于"野水无人渡，孤舟尽日横"的考题，许多人都是画一个空船，或者船头立着一只水鸟，以表示船上无人。但取得第一名的，却画了一个舟子在船尾酣然睡去，身边放置一根笛子，说明并非无人，只是"无人渡"而已。这样，就更加切题，而且意境深远。再如，画"深山藏古寺"一题，立意原在"藏"字上，不需颇费气力地去写丛林、古刹，只要画一个小和尚在溪边担水，就足以突显画题了。要做好这种富有意境和情趣的试题,应试者必须具有高度的想象力和表现力,富于独创精神,否则难以夺魁、入选。正如《萤窗丛谈》所说的:“夫以画学取人,取其意思超拔者为上。”所谓“超拔”,就是创意新颖,不蹈袭前人,观察能力、思想感情、技巧修养都需有过人之处。赵佶把它作为取舍的标准,颇具识见。

因为赵佶本人诗书画兼擅,有深厚的文学功底,所以,在教学中也并非单纯地传授艺术技法,而是全面讲授文化基础知识,课程中包括对《说文》《尔雅》《释名》等的学术研究。赵佶特别重视对于青年画家的培养。他看到画院学生王希孟很有天才,便亲自教授他笔法,使之迅速成长,终于创作出了《千里江山图》这样优秀的鸿篇巨制。他对学生的要求非常严格,经常亲自检查、指导。要求师法自然,把握对象的“情态形色”,符合物理,不倚傍前人。

龙德宫建成后,赵佶亲自前往验收壁画,看到有一支月季花,画出了春天中午的形态,他表示满意,立即赐予作画的青年画家“服绯”。他告诉大家,月季开花“四时朝暮,花、蕊、叶皆不同”,对于“动植之物”,必须细致观察,以求“曲尽其性”。还有一次,他让一位画家画孔雀升屏,画了几次他都不满意,原因是孔雀开屏升高时一定先要举左脚,而画家却都画成抬右脚了。赵佶不仅重视写生,还讲究物理法度。他曾画过鹤的二十种不同姿态。在这些方面,影响了当时画院以至整个时代的绘画风格。

书画院中的学生身份各有等差,一般分为外舍、内舍、上舍三级。对学品兼优者依次晋升。画家被录取之后,根据其文化修养和出身的不同,分为“士流”(士大夫出身的)与“杂流”(从民间工匠选入的),“别其斋以居之”。“士流”可以转为其他的行政官员,而“杂流”不行。同时,按照成绩的高下,对每个学员分别授以不同的职称,其名目有画学生、供奉、祗侯、待诏、艺学、画学正等。经过每月的“私试”和每年的“公试”,随时进行遴选、拔升。

从前,宫廷画家的地位、待遇都是非常低的,即使是后来办了画院,情况有所改善,较之其他文化部门仍然差很大一截。这和前代帝王把那些画家只看成服务工具,“俳优蓄之”,有直接关系。到了宋徽宗手下,他们被作为艺术人才、创作力量来看待,这就有天壤之别了。政和、宣和年间,赵佶取消旧制,特意恩准书画两院的人员和其他文官一样,不但可以服绯紫,而且能够佩带鱼袋(一种代表身份、等级的金质或银质的鱼形装饰);有的画家还被授予官衔。在朝廷序班上,画院为首,书院次之,尔后才是琴院、棋院、百工等。领取薪俸,画、书两院称为“俸直”,其他诸院叫做“食钱”。画院诸生习学,凡系籍者,每有过犯,止许罚值;其罪重者,亦听奏裁。由于待遇优厚,一般画家都把能够进入画院引为荣幸。

在皇帝的亲切关怀和不懈努力下,当时画院与画学在培养人才方面,已经具备一套比较系统完整的体制,对于以后的艺术人才培养和艺术教学、画艺研究产生了重要影响。说是画院,其实,与后世常见的那种单一的、松散的画家组合不同,而是一所由皇帝亲自领导、亲自执教,完全按照其旨意办学的名副其实的高等艺术学校。其办学成就是巨大的。

首先,培养了大批优秀画家,如张希颜、费道宁、戴琬、王道亨、韩若拙、赵宣、富燮、刘益、黄宗道、田逸民、赵廉、和成忠、马贲、孟应之、宣亨、卢章、张戬、刘坚、李希成等人,都是宣和画院的名家。即如南渡后的代表性画家李唐、刘宗古、李端、李迪、苏汉臣、朱锐等,也都是宣和年间的画院待诏。

其次,由于画院采用了考试制度,不少来自民间的优秀画家,被录入画院,故而很多具有民间风格的作品,也在画院中出现,使民间风格在画院中占有相当地位。

其三,由于画院教学中重视学生的诗、书方面修养,从而开拓了绘画的新境地,使文人画日益繁荣,画院体制更加完备。

其四,在推进书画鉴藏和金石学研究方面,也取得了优异成绩。赵佶对于艺术珍品酷爱到极点,即位不久,即派心腹宦官去全国各地搜罗古器物和书画名品。《画继》记载:

宣和殿御阁有展子虔《四载图》，最为高品，上每爱玩，或终日不舍，但恨止有三图，其水行一图，待补遗耳。一日中使至洛，忽闻洛中故家有之，亟告留守求观，既见，则愕曰："御阁正欠此一图。"登时进入。

在徽宗皇帝的刻意搜求下，秘府收藏之富百倍于先朝。同时，他还组织画院画家临摹了许多内府收藏的名迹，为保存与赓续中国文化的优良传统做出了颇多贡献。流传至今的传统绘画作品中，有相当一部分是依靠宋代的摹作才为后世所知闻的。尤其值得大书特书的，是《宣和博古图》《宣和书谱》《宣和画谱》的编著。这些具有画史与画学理论研究丰富内涵的著作，对于后世美术事业的发展，其作用是不可低估的。

上有所好，下必甚焉。北宋末年亲王、宗室、贵族、官宦学画之风蔚然兴起，并出现了赵伯驹、赵伯骕那样的皇族名家。加之，徽宗朝经常举办观赏御府所藏图画及临摹古画活动，使朝臣、贵胄眼界大开，逐渐提高了艺术修养，在一定程度上促进了两宋之交文化艺术的繁荣。

3

说到宋徽宗赵佶的文采风流，人们会联想到南唐后主李煜。他们许多方面是相像的：

他们都是文学艺术领域的佼佼者，是创造诗书画"三绝"的多面手。像徽宗一样，李后主艺术天分也非常高，从小就废寝忘食地浸淫于诗词、书法、绘画、音乐的广阔天地。书法初学柳公权，后来博采众长，匠心独运，创制出具有独特风格的"金错刀"体；他也善画，举凡人物山水、花木翎毛，无不涉猎，尤精墨竹；同时精于鉴赏，酷爱收藏。至于诗词，更是独步千古。因为有了李煜，词体完成了从应歌侑酒的"歌辞"向抒写个人情志的新型抒情诗词的转变，特别是在描写人生缺憾和表现哀婉之情方面，达到了文学史上新的巅峰。

他们同样都是悲剧的角色，人不能尽其才，才不能尽其用，硬是“赶鸭子上架”，不情愿地被按在龙墩之上，以致消极怠工，荒废政事，纵情声色，误国误民。

他们同样整天沉溺于宗教的虚幻世界而不能自拔：徽宗执著地崇信道教；后主则一意佞佛，取号“莲峰居士”，头戴僧伽帽，身穿袈裟，礼佛诵经，跪拜稽首。最后，都同样导致了亡国。

他们同样信任奸佞，陷害忠良。对于李后主的荒政、乱政，当时许多朝臣都曾冒死进谏，言词最激烈的是内史舍人潘佑，连上八道奏章，并当面批评说：

> 陛下蔽奸邪，曲容谄伪，遂使家国愔愔，如日将暮。古有桀、纣、孙皓者，破国亡家，自己而作，尚为千古所笑；今陛下纵容奸佞，败乱国家，不及桀、纣、孙皓远矣！

后主冥顽不灵，根本听不进去，潘佑反而因此被逼致死。

他们都是亡国之君，结局同样悲惨。巧还巧在，他们败降之后，又分别遇到了宋太宗和金太宗两个同样凶狠、毒辣、残忍的对手。当宋太宗用牵机药毒死李煜的时候，他绝对不会料到，一百五十七年之后，他的五世嫡孙赵佶竟瘐毙在金太宗设置的穷边绝塞的囚牢之中。

也许因为他们两个人的相似之处太多了，有人就传说宋徽宗是南唐李后主托生的。据说，徽宗出世前，他的父亲宋哲宗赵煦曾经去秘书省观看李煜的画像，对这位风流才子的儒雅风标颇为心仪。随后，赵佶就降生了。有人写诗为赞：

> 闻说重光有后身，道君耽艺岂无根？
> 谁知百五余年后，也作降王拜女真。

李煜字重光;赵佶笃信道教,称“教主道君皇帝”。李煜死后一百五十二年,赵佶父子也做了金人的俘虏。有人说,这是宋太宗赵光义残酷虐杀李后主的因果报应。

这当然属于无稽之谈,但宋徽宗与李后主由于才非所用,最后导致灭国亡身的悲惨命运,却是千真万确的。关于这位南唐国主,宋太祖赵匡胤有个十分恰当的评价:“李煜好个翰林学士,可惜无才作人主耳!”又说:“李煜若以作诗工夫治国事,岂能为我虏乎?”清代诗人郭频伽也咏叹他:“作个才人真绝代,可怜薄命作君王!”本来不是君王的材料,却偏偏被拥上“九五之尊”,结果既逃脱不了亡国罪责,留下千秋的愧憾,又要终日以泪水洗面,断送残生,而且祸殃妻孥,真是所为何来?这实在是一场历史的误会。

历史不容假设,但我也曾偶发痴想,假如李后主、宋徽宗,当初没有当上皇帝,而是从其所欲,专心致志于所擅长的专业,那又会怎样呢?

清代文人程羽文听到朋友聊天说,古今多少才子佳人,由于父母一手包办,或者从中作梗,不能和意中人畅怀适意地缔结鸳盟,以致郁郁终生,每番想起这些前人的憾事,都意气难平,看来,卓文君与司马相如那样私奔、偷情,真是上上策了。为这番话所打动,程羽文回去后,便作了一篇《鸳鸯牒》,充分发挥想象力,打通古今,漫游时空,让那些先辈的古人自择婚配,如愿以偿。

程羽文总共为三十六位才子佳人(包括文学人物)另择佳偶。比如朱淑真,旷世一怨女也,虽才气纵横却难免嫁做商人妇,“困此驽庸”,程羽文拉出宋代的苏子瞻、秦少游、晁无咎、陈季常、黄山谷、王晋卿、晏同叔、苏子美、柳耆卿等多位风流才俊,让她从中任选其一。再如,他把“灵心慧齿,辱迹穹庐”的蔡文姬配给祢正平,二人琴瑟相和,“以胡笳十八拍,佐渔阳三挝鼓,宫商迭奏,悲壮互陈”。他还想让“英华鲜颢,诏可催花”的武则天,“借配魏武帝,锁之铜雀台上”;或者“正配海陵王,两雄旗鼓,颇足相当”。让继承其兄余业、补作《汉书》的才女班昭,去匹配注《十三经》的郑玄。用程羽文的话说,这一家子是“六经为庖厨,百家为异馔”,堪称人间佳偶。

我想，如果我们顺着这种“如愿以偿”的思路做下去，分配赵佶去当宣和书画院的院长，李煜出任金陵的诗词学会会长；或者把权力再扩大一些，让他们分别担任北宋和南唐的文联主席或者文化部长，充分用其所长，那么，就不仅能够确保其个人才智充分发挥，为泱泱华夏以至整个人类留下更多的精神财富；而且，可以在更大的时空中扩展他们的积极影响，润育当时，泽流后世。而这两个朝代，也会因为少了一个无道昏君，生灵免遭一些涂炭。

历史上类似的事例还有很多。南怀瑾老先生曾引述过他的塾师所作的一首七绝：

> 隋炀不幸为天子，安石可怜做相公。
> 若使二人穷到老，一为名士一文雄。

意思是说，隋炀帝运气不好，当了皇帝；而王安石很可怜，做了宰相。如果这两个人终生不得志，一贫到老死，那么，王安石将成为雄视古今的文豪，要比他现有的声誉高得多、重得多；而隋炀帝，若是作为一个名士、一个才子，也就不致留下千古骂名了。

还有唐朝的几个皇帝，比如那个具有卓绝的音乐、戏剧天才，创办过“梨园”戏校的唐玄宗；那个酷嗜象棋、而且棋艺甚高的唐肃宗；那个马球技艺娴熟、自称如果“应考球进士，一定能考得头名状元”的唐僖宗，如果都能让他们从其所愿，能够在艺术、体育方面做出应有的贡献，那该多么理想啊？

至于另外一类同样富有文誉、才华横溢、风流倜傥的帝王，比如金代的海陵王完颜亮，则不应归入此列。因为他怀有强烈的权势欲、占有欲和磅礴的政治野心，其本色与初衷，原非献身于艺术，更不甘心只做一个诗人或者学者，而是要开创一番惊天伟业，成为秦始皇那样名垂青史的有作为的君主。这样的人，还是该做什么就让他去做什么，远离文艺圣殿为好。

而李煜、赵佶等人则异于此。你看，赵佶对于画院竟然那么全身心地投入；李煜更是诗人第一、帝位第二，直到最后，也还表示无意于皇权的占有，他曾上表给宋太祖，说微臣乃先君的一个普通皇子，为人庸碌无能，自幼虽热心向学，但视功名利禄如浮云。原想恬淡逍遥，像巢父、许由、伯夷、叔齐那样归隐山林，只是形格势禁，身不由己，真是万般无奈的事。

“自是人生长恨水长东。”应该说，悲剧的意味也正在于此。德国悲观主义哲学家叔本华说过，“人生是在痛苦与无聊之中像钟摆一样来回摆动”，而且“一个人的智力愈高，认识愈明确，就愈痛苦，具有天才的人则最痛苦”。单就赵佶与李煜说来，整个一生都处在想要做的与己无缘，而不想做的却又无力摆脱的“囚徒状态”，就必然会感受到加倍的痛苦与悲哀，这就使他们真正成为“可怜虫”了。

当然，也不妨做如是想：如果他们能够从心所欲，不是沦为阶下囚，不是“此中日夕，只以眼泪洗面”，跌进任人宰割的苦难深渊；而是在安富尊荣中尽享文园艺海之乐，那么，他们还能成为“以血书者”，写出令人心碎、传诵千古的《燕山亭》《虞美人》词吗？苦难造就了诗人。“欢愉之言难工，愁苦之言易好”（韩愈语），“国家不幸诗家幸，赋到沧桑句便工”（赵翼诗），如此而已，岂有他哉！

王国维在《人间词话》里写道：“词至李后主而眼界始大，感慨遂深。”而李煜最有名的作品，当数他的绝命词《虞美人》，即使是千年后的我们读起来，仍为作者心中无边的愁云和悔恨所笼罩：忧愁是那样的深，那样的广，那样的无穷无尽。除了赞赏他的旷世奇才，我们又不能不充满憾恨地说上一句：“南唐才子真无福，不做词臣做帝王！”

第十篇

女杰

I

闲翻旧籍，见到清代闺秀诗人谢香堂的一首七绝：

> 倾城直欲作干城，忠孝由来出至情。
> 异代有人还继武，桃花马上请长缨。

这里彰扬了两位中国古代的女英雄，一位是北魏时的替父从军的花木兰，一位是明代末年驰驱南北、战功卓著的秦良玉。诗从木兰说起——倾城美色的佳人，出于忠孝至情，成为“国之干城”、赳赳武夫。“继武”，跟着前人的脚步继续前进。“武”，是步伐。“请长缨”，用《汉书·终军传》典故，意为立志报国，上马杀敌。这里说的“继武”与“请长缨”，指的都是秦良玉。

看到这里，我记起了身边接触到的两桩见闻：

头一桩见闻是，20世纪到北京出差，下榻在宣武门外骡马市大街一个不太大的宾馆里。闲逛中，见到一条名叫“四川营”的胡同。经请教一位长者，得知名字的由来，是因为四川女将军秦良玉当年北上勤王时曾屯兵于此。后来，四川人士为了纪念这位巾帼英雄，在这里建立了四川会馆。馆额上书：“蜀女界伟人秦良玉驻兵遗址”。胡同旁边还有棉花头条至棉花九条，名字来源于秦良玉驻军时，女兵们曾在此间为置办军服纺绩棉花。

另一桩见闻，是沈阳曾组织重修地方志时，征询我的意见。我建议要把明清之际的“浑河血战”写进去，发掘一下民族英雄秦良玉及其兄弟邦屏、民屏的英勇事迹。据《清太祖实录》、朝鲜《李朝实录》《明史记事本末》等史籍记载，明天启元年(1621)三月，努尔哈赤率兵数万直逼沈阳，在城外浑河边上，意外遭遇秦良玉麾下的数千石砫(后改为柱)土司兵，双方发生了一场激战。土司兵由秦邦屏、秦民屏指挥，他们骁勇强悍，身披坚甲，手持少数民族特有的刀剑长矛，连番击退八旗兵的步兵猛攻，后续的八旗骑兵上来，也纷纷落马。这时，已投降后金的原明朝将领李永芳利用沈阳城中的大墩台，架上大炮，重金买通一些明军中的炮手，居高临下，猛轰川兵，并派出骑兵从两翼围杀，秦邦屏和明将周敦吉等以下数千人殉难，其中石砫兵死伤过半。秦民屏身负重伤，突围脱险。与此同时，秦良玉在榆关(山海关)与后金兵展开了同样的激战。其子马祥麟眼睛中箭，犹“拔矢逐贼，斩获如故，敌惊退，军中誉之为赵子龙”。后金兵在南北两线，损伤都极为惨重。

兵部尚书张鹤鸣为此上书奏报朝廷：“浑河血战，首功数千，实石砫、酉阳二土司功。邦屏既没，良玉即遣使入都，制冬衣一千五百，分给残卒，而身督精兵三千抵榆关。上急公家难，下复私门仇，气甚壮。”(《明史·秦良玉传》)清人魏源也在文章中记述：“是役，明以万余人当我数万众，虽力屈而覆，为辽左用兵以来第一血战。”

宋代散文家欧阳修在谈到太祖赵匡胤当年用兵，生擒南唐将领皇甫晖、姚凤于滁州东门外时，曾慨乎其言地说：“修尝考其山川，按其图记，升高以望清流之关，欲求晖、凤就擒之所，而故老皆无在者，盖天下之平久矣。”我那篇建议发出之后，也曾经按照有关史料的记述，漫游浑北、城南，踏勘“浑河血战”的现场，所见除了高楼林立，绿树葱茏，同样是任何遗迹也没有看到。其实，欧阳修所谓“久矣”，为时不过百年；而浑河之战，算来已经过去将近四百载了。

秦良玉，字贞素，明万历二年(1574)出生于四川忠州。其父秦葵贡生出身，良玉自幼得以接受正规的儒学教育。二十二岁那年，嫁给了四川石砫(今石柱)土司马千乘为妻。后来，千乘遭到太监邱乘云的诬陷，冤死于云阳狱中。朝廷考虑到其妻良玉屡建功勋，战绩卓著，遂批准由她袭任其职。土司属地方官职，元朝始置，用于封授西北、西南地区少数民族部族首领。土司有宣慰使、宣抚使、安抚使三种武官职务，马千乘即为宣抚使。

万历二十七年(1599)，朝廷下令，让播州(今贵州遵义)土司杨应龙出兵抗击倭寇，但他不仅抗命不从，还乘机发动叛乱。长期以来，他实行地方割据，横行乡里，鱼肉百姓；这次，朝廷决心予以惩治，遂集结重兵围剿。马千乘率兵三千随从官军出征，秦良玉又统领精悍士卒五百名，自备军粮马匹，前往贵州配合作战。她所率领的石砫兵，一律手持顶端呈钩状、矛尾有圆环的特制长矛，以利于攀援山地险峻地形时前后搭接。兵员一般比较矮小，而矛杆甚长，均以白杆制作，时人称之为“白杆兵”。正月初二这天，军营置酒欢度春节。良玉预料到叛军有可能发动夜袭，提醒千乘加以戒备。深夜时分，杨应龙果然率部前来袭营。官军猝不及备，惊慌失措；唯独千乘夫妇领兵奋勇迎战，迅速将其击败，并追入叛军老巢，连破金筑等七寨，直取桑木关，“为南川路战功第一”。

天启元年(1621)九月，四川永宁土司奢崇明叛乱。适逢秦良玉返回四川征兵，奢崇明想要与她结援，派遣使者带上金帛前来联络。良玉斩其来使，率领胞弟民屏及兄子翼明、拱明，溯江西上，急趋重庆南坪关，阻断叛军归路。经过三年奋战，终于扫平叛乱，安定全川。

为维护国家统一，扑灭地方分裂势力，秦良玉多次做出卓越的贡献。

2

作为一位具有传奇色彩的女英雄，秦良玉在中国历史上创造了多个“唯一”：

第一个“唯一”。她是中国历史上唯一凭战功封侯、唯一由国家正式颁饷的女将军，也是《二十四史》中，皇帝后妃传、列女传之外，唯一单独载入正史、单独列传的女性英才。

当年花木兰女扮男装，替父从军，“万里赴戎机，关山度若飞。朔气传金柝，寒光照铁衣”。皇帝因她战功卓著，想要委以重任，但她力辞不就，终于回家孝敬父母。传说中的穆桂英，作为“杨门女将”中的杰出人物，出征保国，屡建战功；还有南宋时期的梁红玉，与丈夫韩世忠一起抗击金兵，力尽伤重，落马而死。但是，她们都未获正式封侯。

胡适早在1908年就曾评论说：“中国历史有个定鼎开基的黄帝，有个驱除胡虏的明太祖，有个孔子，有个岳飞，有个班超，有个玄奘，文学有李白、杜甫，女界有秦良玉、花木兰，这都是我们国民天天所应该纪念着的。”把秦良玉和这些光耀千秋的伟人排列在一起，评价不可谓不高。

作为女性军事统帅、民族英雄、军事家，秦良玉戎马生涯四十余载，足迹遍及长城内外、大江南北。《明史》本传中说她“为人饶胆智，勇骑射，兼通词翰，仪度娴雅，而驭下严峻，每行军发令，戎伍肃然”，俨然有大将风度。她一生中，先后参与、领导了扫平播州之乱、出兵援辽、平定奢氏叛乱、勤王抗清、讨伐张献忠等诸多重大战役。直到晚年，仍然坚持高举抗清义帜，七十三岁高龄，还准备前往福建抗清，后以郑芝龙叛变，此行未果。两年后，病死于石砫大都督府。墓碑题文为：

明上柱国光禄大夫镇守四川等处地方提督汉土官兵总兵官持镇东将军印中军都督府左都督太子太保忠贞侯贞素秦太君墓

墓碑题文长达五十三个字，官衔多达八个，这在中国历史上，包括男性在内也是仅见的。

第二个“唯一”。她是历史上唯一获得皇帝赐诗旌表的女将军。

良玉曾三次从四川出发，驰驱数千里，奔赴北方抗清前线，参加战斗。第一次，在“浑河血战”、榆关大战中，良玉一家两代四口，洒血沙场，“负弩前驱”，长兄邦屏壮烈捐躯。第二次是崇祯二年(1629)，皇太极率后金兵攻到北京城下，其时，袁崇焕因被反间逮捕入狱，京城危于累卵。秦良玉再次奉命进京勤王，到达北京后，驻兵于今宣武区四川营胡同，俨然“国之干城”，成为清军难以逾越的障碍。第三次是崇祯三年(1630)，清兵直逼北京城下，永平、滦州、迁安告急，朝廷诏令天下勤王。可是，各方将领拥兵自保，畏葸不前，唯独秦良玉踊跃响应，率领侄子翼明捐出家财济饷，昼夜兼程，再次驰援京师。

京师围解之后，崇祯皇帝在皇宫平台召见了这位战功煊赫的女将军，优诏褒奖。当即赋诗四首，并亲手书写以赠，旌表其功。

学就西川八阵图，鸳鸯袖里握兵符。
由来巾帼甘心受，何必将军是丈夫。

蜀锦征袍手剪成，桃花马上请长缨。
世间多少奇男子，谁肯沙场万里行！

露宿风餐誓不辞，饮将鲜血代胭脂。
凯歌马上清平曲，不是昭君出塞时。

凭将箕帚作蝥弧，一派欢声动地呼。
试看他年麟阁上，丹青先画美人图。

首先，说她娴熟兵法，掌管兵符，发号施令。巾帼可以成为战场上的英雄，领兵打仗的不一定都是男子汉、大丈夫。“八阵图”，三国时诸葛亮创设的一种阵法，布石阵，开八门，变化万端，据说可挡十万精兵。诗中以秦良玉与王昭君做比。昭君为争取汉家和平、安宁和兴旺，请求出塞和亲；而良玉是领兵出征，“倾城直欲作干城”。“箕帚”是扫除工具，指妇女操持家务。“蝥弧”指帅旗。用在女性身上，说她放下箕帚，举起帅旗慷慨出征。“作蝥弧”三字，原为“扫虏胡”。良玉的玄孙马宗大，在乾隆时为了免遭“文字祸”，把原文三个字挖下、换掉。诗作原件，现藏于秦良玉大都督府内玉音楼。

清代忠州白鹿书院院长陈攀凤，曾就此写诗颂赞：

堂堂白杆播威名，艳说夫人善用兵；
召对平台天子喜，亲挥宸翰表忠贞。

第三个“唯一”，是秦、马两家，满门忠烈。这在中国边疆民族史上，也是独一无二的。

据《明史》《石砫厅志》《马氏家乘》《秦氏家乘》等史籍记载，除了秦良玉，她的丈夫马千乘忠于国家、忠于朝廷，被陷害冤死云阳狱中；她的哥哥秦邦屏、秦邦翰战死于辽东前线；其弟秦民屏、儿子马祥麟身受重伤；在平定土司奢崇明的叛乱中，秦民屏又捐躯沙场，其子佐明、祚明皆重伤；在地方平暴中，良玉之子马祥麟、媳张凤仪相继殉难。因此，后人有“报朝廷，甘向沙场死，一门内，忠贞矢”的词句。陈攀凤诗云：

兄为名将弟元戎，子效丹忱妇效忠；
试问古来麟阁上，谁家似此尽英雄。

“麟阁”，即麒麟阁，汉朝供奉功臣的所在。

3

秦良玉还创造了一个“第一”。作为女性，纯粹以个人功业，而非由于美貌绝伦或者悲惨遭遇，引发后代诗人关注，竞相以文学作品赞美的，数量之多，份量之重，秦良玉也成了中国历史之最。

歌颂、赞美秦良玉的文学作品，连篇累牍。为数可观的说部、戏曲、影视作品之外，据不完全统计，仅诗歌就有一百四十余首。其中明代的四十二首，清代的三十一首，民国年间的二十九首，当代著名文学家的三十四首。另有忠州秦良玉祠庙、墓园、四川会馆、秦少保屯兵遗址、北京四川营遗址、万寿山门、巴县双忠祠等多处对联，达几十余副。

诗词内容丰富，有借助歌颂秦良玉的辉煌功业、传奇人生而书写一己宏图壮志的。如革命志士、“鉴湖女侠”秋瑾的《满江红》：

> 肮脏尘寰，问几个男儿英哲！算只有蛾眉队里，时闻豪杰。良玉勋名襟上泪，云英事业心头血。醉摩挲长剑作龙吟，声悲咽。　自由香，常思爇；家国恨，何时雪。劝吾侪今日，各宜努力。振拔须思安种类，繁华莫但夸衣玦。算弓鞋三寸太无为，宜改革。

这首词大约写于秋瑾加入同盟会后、牺牲前的1906年，中心是为争取女权与民族解放而大声疾呼。词中上片开头四句，讲娥眉压倒须眉，领起全篇。接着，正面引出秦良玉的功业、勋名和理想、抱负。这里提到了明朝末年的女将沈云英。她文武全才，有胆有识，青年随父征战，父亲战死后，继承遗志，组织父亲旧部解危纾难。“云英事业心头血”，指此。下片讲对自由爇香顶礼，衷心向往；对国恨家仇，刻刻不忘。奉劝姐妹们应该提振精神，关心种族复兴大业，改革陋习积弊，不要只沾沾于衣着打扮。

秋瑾还为以秦、沈为题材的清人杂剧《芝龛记》写下了八首七绝，现摘录其中四首：

> 搘撑乾坤女土司，将军才调绝尘姿。
> 花刀帕首桃花马，不愧名称娘子师。
>
> 莫重男儿薄女儿，平台诗句赐蛾眉。
> 吾侪得此添生色，始信英雄亦有雌。

谪来尘世耻为男，翠鬓荷戈上将坛。
忠孝而今归女子，千秋羞说左宁南。

肉食朝臣尽素餐，精忠报国赖红颜。
状哉奇女谈军事，鼎足当年花木兰。

第一首说，女英雄能够独当一面。“搘撑”意为支撑。第二首说，女姓中也有英豪。“平台诗句”指崇祯皇帝赐诗。第三首说，秦良玉是贬谪到尘世的仙人，但她却耻于为男子。至于与她重名的明末将领左良玉，就更不值得一提了。“左宁南”，左良玉曾被封为宁南伯，故以此代。由于他拥兵自重，骄横跋扈，部队烧杀劫掠，被称为“勇于虐民、怯于斗敌的大军阀”，声名很坏，甚至千年以后，人们都会耻于说起他来。第四首说，满朝文武尸位素餐，真正救国尽忠的却是这两位女将。她们与花木兰一起，鼎足而三。“肉食”，指享有厚禄的官员，他们以食肉为常。典出《左传》：“肉食者鄙，未能远谋。”

乾隆年间进士、四川丰都知县、石杜厅直隶同知王萦绪也在赞诗中写道：

桃花战马锦征裙，召对平台策大勳。
多少登坛飞将在，须眉都愧女将军。

卸却金钗排虎符，提兵十万上皇都。
西南嫠妇援东土，愧煞中原少丈夫。

“嫠妇”，孤居的妇女，这里特指秦良玉。

乾隆年间进士、黔江知县翁若梅，拜谒秦夫人墓时，曾写过一首七律：

一腔热血长松楸，忠爱堂前目未收。
明季衣冠臣半妾，边陲节钺妇通侯。
合门尽足垂终古，末路犹能正首丘。
石柱勋名铜柱上，回龙何日拜山头。

首联“长松楸”，扣紧墓地。颔联上句“明季衣冠臣半妾”，讽刺明朝末年很多大臣寡廉鲜耻，没有骨气，奴颜婢膝，半数都成了“妾妇”；下句以秦良玉进行对照：一个女子，身在边陲，却能仗节挥钺出征，封侯掌印。颈联，说她满门忠烈，自己最后死在乡关，取“狐死首丘”之义。尾联“铜柱”，用东汉将军马援典故。当年马援征服交趾，在边界上竖立铜柱，以记边功。

清代诗人吴世贤，写过一首《秦夫人赞》：

万里烽烟落日惊，蚕丛愁听乱蛙鸣。
绣襦甲帐桃花马，知是夫人白杆兵。

“蚕丛”，蜀人的祖先，这里借指蜀地四川。

当代文豪、秦良玉的异代同乡郭沫若，写了四首七绝，热情予以颂扬。其一、二云：

石柱擎天一女豪，提兵绝域事征辽。
同名愧杀当时左，只解屠民意气骄。

兼长翰墨世俱钦，一袭征袍万里心。
艳说胭脂鲜血代，谁知草檄有金音。

第十一篇

平常心

I

纳兰性德的挚友曹寅写过这样两句诗:“家家争唱《饮水词》,纳兰心事几曾知。”

性德是满洲正黄旗人,出身名门贵族,其父明珠是权倾朝野的宰相,官阶从一品,位列文官之首;其人更是一路春风得意,十八岁中举,二十二岁成了二甲进士,后来被授为皇帝的一等侍卫,出入扈从,显赫无比,直到三十一岁去世,一直被康熙帝青睐和倚重。他天资早慧,英才艳发,是清代成就卓异的词人,曾被王国维誉为“北宋以来,一人而已”。纳兰词在他生前就有刻本问世,产生过“家家争唱”,“传写遍于村校邮壁”的轰动效应。

纳兰公子是一个长于思索,心事很重的人。他的师友回忆说,年少时,由于未经世事的磨炼,他闲谈天下事常常是无所避忌的;及长,阅历增多,沧海惯经,就逐渐地成熟、老练了,“料事屡中,不肯轻为人谋”,“或问其世事,则不答,间杂以他语。人谓其慎密,不知其襟怀雅旷固如是也”。他酷爱诗词,日常行止交游,每有所感,总要通过吟诗填词来抒怀寄兴,习惯于运用文学形式以尽倾积愫,吐露衷曲。这应是《饮水词》的一大特点。但是,正如曹寅所慨叹的,恐怕没有多少人能够透过那些清词丽句来洞见作者的深心,深刻悟解其背后的底蕴。

当然,他的一些知心朋友、莫逆之交,对此还是早有洞察的。纳兰的挚友、长他三十二岁的严绳孙说,公子辞世前一个多月,为他返回江南无锡饯行,座上并无他人,相与议论生平之聚散,人事之终始,备极悬悫;语有所及,往往怆然伤怀。两人执手握别之际,看当时纳兰的神情,似乎有所不能释然于怀者，却又没有径情直述，梗塞着一种难言之隐。他还谈到，在日常生活中，纳兰公子总是惴惴然，存在着临深履薄般的忧惧。

其实，这种心曲，只要认真研索他的诗词作品，不难看得一清二楚。有人统计，在他现存的三百多首词中，“愁”字用了近百次，“泪”字、“恨”字也都出现过几十次；此外像“断肠”“无奈”“伤心”“怆怀”“无意绪”“可怜生”“冰霜摧折”“芳菲寂寥”等，几乎是开卷可见，字里行间渗透着深挚而哀怨的情思，宛若杜鹃啼血，声声凄切；即便是一些情辞慷慨、奋袖激昂之作，也间杂着变徵之音，流露出沉痛的人生空幻之感。

我是人间惆怅客，知君何事泪纵横，断肠声里忆平生。

强把心情付浊醪，读《离骚》，愁似湘江日夜潮。

自然肠欲断，何必更西风！

长飘泊，多愁多病心情恶。心情恶，模糊一片，强分哀乐。

一般地说，这种悲观厌世、空虚苦闷的心理状态，应该属于那种孤臣羁旅、迁客流人。没有经历过坎坷崎岖的颠折，危身灭门、破国亡家的奇祸的，很难获得这种生命和心灵体验。而性德，当然是与此毫不沾边的。

他的祖辈跨着野性难驯的征骑，冲出丛林莽原，驰驱南北；他的躯体里流淌着一个勇武剽悍、劲健雄强的游猎民族的血液；

他出身于钟鸣鼎食、裘马轻肥的天潢贵胄之家，自幼生长在温柔富贵乡、烟柳繁华地，熏沐在绮靡金粉的环境里，到处都是花团锦簇、紫舞红翻；

他是八旗子弟中的凤毛麟角，中华大地上新一代的佼佼者，在飞黄腾达的锦路鹏程上，受到时人的敬重、父母的珍爱、天子的赏识；

他在世人眼中是典型的幸运儿，可以说是要风得风，要雨得雨。功名冠冕，安富尊荣，举凡常人所向往、所企盼、所追求的，他几乎全部都拥有了。

而就是这样一个人，竟然富有戏剧性地产生颓唐的心态，发出哀婉凄切的心灵悲歌，词作以长愁伤感闻名，声泪俱随，令人不能卒读。这种奇异的生命现象，实在是令人诧异，难于索解。

清代学人杨芳灿在《纳兰词序》中分析：

> 先生貂珥朱轮，生长华，其词则哀怨骚屑，类憔悴失职者之所为。盖其三生慧业，不耐浮尘，寄思无端，抑郁不释，韵淡疑仙，思幽近鬼。年之不永，即兆于斯。

词人艺川对此也曾发出过疑问，并试图加以诠释：

> 为何麟阁佳儿，虎门贵客，遁入愁城里？此事不关穷达也，生就肝肠尔尔。

其然，岂其然乎？

2

西人有所谓“性格决定命运”的说法。如果把“生就肝肠尔尔”理解为性格特征的话，可以说，正是纳兰性德所处的特殊社会历史环境，他独特的个性及其内在思想冲突这内外两方面，造就了他凄惋的悲剧品格。

纳兰公子是吸吮汉文化的乳汁长大的，自幼深受儒家学说的浸染，抱定了立德立功、显亲扬名的宏图远志。他同中国历代的读书士子一样，沉酣在“学而优则仕”的迷梦里，在“闲庭照白日，一室罗古今。偶然此楼栖，抱膝悠然吟”的环境和心态下，俨然以孔明自居，留心当世之务，不屑以文字名世，只待知音举荐、圣主赏识，然后一展鸿才，“竟须将、银河亲挽，普天一洗。麟阁才教留粉本，大笑拂衣归矣”。他想干一番经天纬地的事业，然后功成不居，解佩出朝，退居林下，至成一个政治家的人生之旅。

为了使夙愿得偿，他刻苦向上，虽身处贵盛之家，而闲斋萧索，庭院寂然，户外没有登门进谒的趋奉之勤，内廷没有裙妓、丝管、呼卢、秉烛之游。每当夙夜寒暑、晨昏定省之余，他总要抓住片刻闲暇，游心于翰墨，寄情于艺林，并能撷其英华，匠心独至，表现出高雅的襟怀和强烈的使命感，也充分揭示了处于上升阶段的阶级成员所特有的勤奋精神和进取心态。

但是，实际上却是事与愿违，他所面对的现实，完全是另外一种状态。如同他最知心的朋友顾贞观所说：“所欲施之才百不一展，所欲建之业百不一副，所欲遂之意百不一酬，所欲言之情百不一吐。”纳兰自己在诗词中也是这样说的：

> 我今落拓何所止，一事无成已如此。
> 平生纵有英雄血，无由一溅荆江水！

> 马齿加长矣，枉碌碌乾坤，问汝何事，浮名总如水，判樽前杯酒，一生长醉。

那么，这种状态又是怎么造成的呢？

原来，康熙皇帝出于对纳兰公子的赏识，以其出身勋戚之家，又有超人的姿质，一照面便对他倍垂青盼，把他留在自己身旁，视作心腹，擢为侍卫。而且，一任就是十年，直至公子病逝。对一般人来说，有幸成为天子宠臣，目睹龙颜之近，时亲天语之温，真是无比荣耀，无尚尊贵，求之不得；可是，纳兰却大不以为然。他十分清楚这种职务的实质：努尔哈赤崛起之初，大汗的侍卫由其家丁或奴仆充任，担负保安、警卫事务；后来虽然改由宗室、勋戚子弟担任，但其性质仍是司隶般的听差，在皇帝左右随时听候调遣，直接供皇帝驱使，具体负责宫廷宿卫，随驾扈从。

在纳兰心目中，当侍卫，入禁廷，实无异于囚禁雕笼，陷身网罟。他在《咏笼莺》的五言律诗中，借咏物以抒怀，可谓凄怆怅惋，寄慨遥深。

何处金衣客，栖栖翠幕中。
有心惊晓梦，无计啭春风。
漫逐梁间燕，谁巢井上桐。
空将云路翼，缄恨在雕笼。

黄莺别号“金衣公子”。享用着锦衣玉食，却戴着金枷银锁的纳兰公子，引“笼莺”以自况，真是最恰当不过了。你看这个莺儿，遍身绮羽，食以香谷，罩以雕笼，整天蹦蹦跳跳，被人玩弄于股掌之上，既无冻馁之虞，又不愁惨遭弹丸的袭击，表面上看去，真是富贵安逸，令人艳羡。它什么都有了，唯一缺少的是身心自由——它不能任意地飞翔，自在地鸣啭。

因此，它的内心是十分苦闷的，“栖栖”二字，透出了端倪，可见那种蹦跳不停的举动，并非由于心情振奋，而是恓恓惶惶、焦躁不安的表现。“何处”一词，是说它原本不在这里，并非笼中固有之物。颔联中的“有心”“无计”，写黄莺恓惶、焦躁的缘由，表明矛盾的所在，里面透露着一种蓄势、一种期望、一种新的觉醒：要冲破梦幻，面对现实；要勇于抗衡，争取自由。颈联写黄莺心灵的跃动，写它想望、向往着“翠幕”外的广阔天地，歆慕初春时节上下翩飞、呢喃细语于梁间的紫燕，艳羡筑巢、饮露于高梧之上的桐花凤。而这一切，在它都成了难以实现的幻想。尾联以冷语作结：空有同样的羽翼，空对浩渺的苍冥，最后只能在雕笼中默默地吞声饮恨，郁郁以终。

如果说，这还只是情辞微婉的拟托，那他的《拟古诗》则是愤懑直陈：

我本落拓人，无为自拘束。
偶傥寄天地，樊笼非所欲。
嗟哉华亭鹤，荣名反以辱！

一开板就毫不隐讳地申明：我本是散淡、落拓的人，寄倜傥于天地，不想受到任何形式的拘束，因此，对于樊笼厌恶极了。可是，时乖命蹇，造化欺人，最后还是变成了“华亭鹤”，反因荣名羁绊而受尽拘辱。古人有“人生在世间，贵乎得所图。问渠华亭鹤，何似松江鲈”的诗句，“华亭鹤”与“松江鲈”，都出在上海的松江，这里面各有一个典故：晋代陆机为奸人所谗，临刑前叹曰：再想听听华亭鹤的叫声，做不到了！而同时代的张翰则知机在先，他以想念故乡的鲈鱼味美为由，毅然挂冠，归隐吴中，从而避开残酷政治的风险，得全性命于乱世。从纳兰所引据的故典中，不难窥见其悔涉仕路、误陷牢笼的隐衷。

悔也罢，误也罢，其实都是无能为力、无可奈何的。像不能拔着自己的头发离开地球一样，纳兰所面对的同样是无法扭转的命运，在皇帝的长拳利爪之下，他的人生道路是不属于自己的。

再联系到远处穷荒绝塞的吴兆骞和身边的顾贞观、陈其年、严绳孙、姜宸英等一时佳隽的凄苦处境，更令他感到失望与伤感。他对现实中英才不被赏识而庸才却能飞黄腾达，且又“一人得道，鸡犬升天”的极端悖理世象，感到由衷的愤慨。写给顾贞观的《虞美人》，发泄了他的强烈不满：

凭君料理花间课，莫负当初我。眼看鸡犬上天梯，黄九自招秦七共泥犁。　瘦狂那似痴肥好，判任痴肥笑，笑他多病与长贫，不及诸公衮衮向风尘。

“黄九”“秦七”即宋代词人黄庭坚和秦少游，这里代指作者与顾贞观。眼看着一群鸡犬飞升天界，而他与顾贞观这样的旷代奇才却自甘坠入地狱

(泥犁)。“瘦狂”与“痴肥”,比喻仕途上失意与得意。“诸公衮衮向风尘”,意谓那些得志者登高位,握重权。杜甫有“诸公衮衮登台省,广文先生官独冷”之句。这里对“黄钟毁弃,瓦釜雷鸣”的不合理现象进行了嘲笑与抨击,对那般禄蠹官迷则投以极端轻蔑的目光。

由于他的现实处境与心灵追求存在着不可调和的矛盾,致使身心两造经受着双重的压力:一方面是现实与理想的背离,他有理想,有憧憬,有追求,无时无刻不在试图对人生道路做出自己的选择,却又百不偿一,一切都不能尽如人意,好像命运专门与他作对,最后因难堪命运的残酷摆布而灰心绝望;另一方面,就是所谓“生就肝肠”亦即人性、个性同所处的社会环境的冲突,他天性萧疏散淡,渴望过着无拘无束的生活,个性十分鲜明,结果却是不但活动的范围和时间的支配受到严格的限制,而且,必须极力掩饰自己的七情六欲、至情至性,一言一行都要唯皇帝之旨意是从,不允许有半点含糊、半点疏漏,否则后果就不堪设想。这种苦况,在他写给知心朋友张纯修的信函里做了露骨的披露:

> 鄙性爱闲,近苦鹿鹿。东华软红尘,只应埋没慧男子锦心绣肠。仆本疏庸,那能堪此!

在写给“忘年交”严绳孙的书简里,谈得更加充分:

> 兹于廿八日又扈东封之驾,锦帆南下,尚未知到天涯何处,如何言归期耶!汉兄(指吴汉槎)病甚笃,未知尚得一见否?言之涕下。弟比来从事鞍马间,益觉疲顿,发已种种,而执殳如昔,从前壮志,都已灰尽。昔人言,身后名不如生前一杯酒,此言大是。

把这些发自肺腑的倾吐内心衷曲的私人信函,同他那些或婉转其辞、或直抒胸臆的诗词作品结合起来读,纳兰心事就不难窥见了。

3

李后主早就说过了："往事只堪哀，对景难排。"身为皇帝的侍从，纳兰在随辇出巡、宦游南北中，少不了要旧迹寻踪，追怀往古，这同样为他带来了诸多的感慨。

康熙二十一年(1682)，纳兰性德随驾抵达吉林，来到了松花江(旧称混同江)畔，当年这里原是一片古战场。入关之前，女真族在统一过程中，建州、海西、野人诸部互相残杀，彼此并吞，拼命争夺，给后世留下了无尽的心灵创伤。诗人触景伤情，一时百感丛生，写下了一首《满庭芳》词：

> 堠雪翻鸦，河冰跃马，惊风吹度龙堆。阴磷夜泣，此景总堪悲。待向中宵起舞，无人处、那有村鸡。只应是，金笳暗拍，一样泪沾衣。
>
> 须知今古事，棋枰胜负，翻覆如斯。叹纷纷蛮触，回首成非。剩得几行青史，斜阳下、断碣残碑。年华共，混同江水，流去几时回。

词的上片开头五句写景，把象征性的古战场——龙堆展现在读者眼前：鸦飞雪上，马跃冰河，惊风掠地，亡灵夜泣，"一将功成万骨枯"，极写其萧索、肃杀之惨象。"堠"指战争中留下来的瞭望敌情的土堡或古代记里程的土堆。"龙堆"原在西域，这里泛指边地的古战场。磷火俗称鬼火，"阴磷"喻战死的鬼魂，唐诗中有"战鬼聚阴磷"的诗句。诗人接着抒发感慨：本要效法东晋的祖逖，中夜闻鸡起舞；可是，这里悄无人迹，根本就听不到荒鸡乱鸣。言下之意是纵有一片报国情怀，也无由实现，徒增感喟。只好暗暗吹起金笳，同样令人悲不自胜，涕泪沾衣。

下片全是议论，从兴亡的梦幻中体现人生之悲慨。语调低沉抑郁，寄怀深远。诗人喟叹古今兴亡，有如棋枰翻覆、蛮触争雄，无论为胜为负，都是转眼成空，体现了历史的虚无，人生的空幻。"蛮触"，蜗角中的两个小国，为争地而兴战，语出《庄子》。意谓双方所争者小，原无实际意义。留下来的不过是断碑残碣上几行记载，掩映于斜阳之下，而悠悠岁月已经随着混同江水流逝，再也不能复回了。

这次出塞巡行，曾经到过松花江畔的大小兀喇，在返回的路上，还凭吊了辽宁开原的战略要冲龙潭口。这两处距离纳兰的祖居地都不太远。他的先世为海西女真叶赫部。后来，海西各部陆续被努尔哈赤统率的建州女真所剿灭。纳兰的曾祖父金台什是叶赫部的首领，老城陷落后拒绝投降，纵火自焚未果，努尔哈赤下令将他绞死。六十多年过去了，现在，金台什的当侍卫的曾孙，正扈从努尔哈赤的当了皇帝的曾孙来到当年海西女真故地，为兴为废，为主为奴，心中自然不胜沧桑变幻之感。且看他的《浣溪沙・小兀喇》和《忆秦娥・龙潭口》：

桦屋鱼衣柳作城，蛟龙鳞动浪花腥，飞扬应逐海东青。　　犹记当年军垒迹，不知何处梵钟声，莫将兴废话分明。

山重叠，悬崖一线天疑裂。天疑裂，断碑题字，古苔横啮。　　风声雷动鸣金铁，阴森潭底蛟龙窟。蛟龙窟，兴亡满眼，旧时明月。

词中寄寓了无边的感慨。山下追奔，城头喋血，最后胜利究竟属于谁呢？还是“莫将兴废话分明”吧。“兴亡满眼，旧时明月”，绝非泛泛之言，它使人想到刘禹锡的“淮水东边旧时月”照临的“故国”“空城”。早年恩怨，记忆犹新，其间自有一番心折骨惊的沉痛。只是为妨触忌，未便直言，不得不寄幽思于隐掩之间。

看得越多，也就会想得越多，不能不令纳兰公子感悟人生的多故、世事的无常。退一步说，纵使往昔部族间的兴亡之恨已经淡漠，那伴着刀光剑影，充满血腥气味，为争权夺位相互惨杀的残酷的家族史，总该深深地留存在纳兰的记忆里，像团团乌云一样，遮蔽着他的心扉，令他不寒而栗。

他永远也不会忘记外祖家的朝荣夕悴，盛衰相循。外祖父英亲王阿济格，是努尔哈赤的第十二子，从十五岁开始即随父出征，出生入死，屡建勋劳，战功卓著，成为后金统治集团中权位极高的主旗贝勒之一，拥有显赫的地位。但是，由于他缺乏政治谋略，一味恃功自傲，暴戾蛮横，后来，被顺治皇帝敕令自尽，子孙夺去爵位，削除宗籍。一番腥风血雨，刮得月暗星沉，转眼间，富贵就成了梦幻。如同孔尚任在《桃花扇》里所写的：

> 俺曾见金陵玉殿莺啼晓，秦淮水榭花开早。谁知道容易冰消。眼看他起朱楼，眼看他宴宾客，眼看他楼塌了。

如果说，这些都是陈年旧账了，"老皇历翻不得"，那么，眼前的又怎样呢？更是令他心惊肉跳。他时刻为其父的险恶处境而忧心忡忡。纳兰性德最清楚不过了，康熙皇帝驾驭权臣的一贯策略，是当某一派系势力过于强大时，就立刻蓄意扶植与之对立的派系，以保持朝廷权力的均衡，便于自己操纵控制。权臣鳌拜炙手可热，飞扬跋扈，他就扶植索额图；待到索额图恃功自傲，尾大不掉，他又转而扶持明珠；而当明珠权势陡增，朝臣竞相趋附时，他又去扶植台下的僚属予以牵制。明珠的最盛时期，是在平定"三藩之乱"过程中，当时被康熙皇帝倚为股肱重臣；但随着变乱平息，他的辅佐作用已经逐渐弱化，特别是因他位高权重，日渐为天子与群臣所嫉，眼睁睁地看着已经陷进"烹狗藏弓"的魔圈里。而明珠自己，却欲令智昏，全然不知收敛，依然货贿山积，宾客盈门，结果激起政敌不停地攻讦，有的甚至奏请皇帝，立刻将他处斩。

"荣华及三春，常恐秋节至。"这使得纳兰公子忧心如捣，夜不成寐。果然，公子殁后不出三年，他的父亲就在激烈党争中塌了台。

4

纳兰性德绝顶聪明，而且极度敏感、清醒，这使他时刻处在生命的煎熬中，心境没有片刻的宁帖。他惶悚惕惧，谨言慎行，每根神经都绷得紧紧的。俗话说，伴君如伴虎，说不定什么时候就会招致灭顶之灾。

对于中国古籍《韩非子》，他了如指掌。大政治家、思想家韩非，根据切身体察和总结他人的经验，得出了君王最难相处的结论。在《说难》中他列举了七种足以造成“身危”——杀身之祸的情况：

> 事情总是由于保密而成功，因为语言的泄露而失败。未必是说者自己泄露了什么，只是说者无意中道破了君王隐秘的心事；
>
> 君王表面上做出了一件事，实际上是利用它做幌子来达成另一个目的，说者不仅知道他表面上做的事，还洞悉他这样做的真实目的；
>
> 说者成功地替君王筹划了一件异常的事情，而另外一个人并未参与其事，却私下里猜测到了，致使事情泄露了底细，君王一定认为是说者自己有意泄露的；
>
> 君王对说者的亲密程度、信用程度还没有那么深厚，而说者讲出极知心的话语，即使有幸得以实行，取得了功效，也会因为并非其亲信而被忘记，如果因未得施行而遭致失败，君王则疑心说者是有意坑陷他；
>
> 君王有了过错，说者明言礼义以责其失德；
>
> 在君王正扬扬得意而自以为功的时候，你给点明了，似乎预知其计；
>
> 勉强劝说君王做他所做不到或者不肯做的事，强力制止君王不肯罢手的事。

紧接着，韩非又列出面对君王无法处置的八个难题：

你和君王议论他的大臣，他就会认为你是在离间他们的君臣关系；

你和君王议论某某小臣有才可用，他便认为你企图窃取、盗用属于他的权力；

你和他谈论他嬖爱的人，他会以为你要倚君王之所爱做靠山；

你和他谈论其所憎之人，他会认为你在试探君心；

你在君王面前，说辞直捷简易，他以为你不明事体，愚钝不堪；

你若是辞辩广博，口若悬河，又会嫌你繁复琐碎而加以弃置；

你如果简略地陈述己见，会说你怯懦而不敢尽言；

你若是把考虑到的问题广泛而尽情地和盘兜出，又会说你草野而侮傲。

真是“反贴门神左右难”——怎么做也不得好。

康熙皇帝虽然号称英主，但赋性雄鸷，足智多谋，喜怒无常，恩威莫测。对于这一点，作为身边的侍从，纳兰公子从里到外看得透亮。在这样一个老谋深算的主子面前，即使是老成练达的“官油子”，也会感到捉襟见肘，穷于应付；更何况纳兰这样的性情中人，一介书生。真是苦了他也。

在这种情态下，每次出巡扈驾，纵使面对莺飞草长、杂花生树的三春丽景，快绿怡红、芰荷十里的九夏清光，也难以引发出他的游观兴趣，必然是怅触无端，了无意绪。他在一首《蝶恋花》词中写道：

又到绿杨曾折处，不语垂鞭，踏遍清秋路。衰草连天无意绪，雁声远向萧关去。　　不恨天涯行役苦，只恨西风吹梦成今古。明日客程还几许，沾衣况是新寒雨。

如果说，“不语垂鞭”“无意绪”，是直写心境的消沉；那么，水驿山程，客途迢递，新寒雁唳，风雨泥途，则为暗喻“天涯行役”之苦。说是“不恨”，其实，字里行间已经充分透露了个中原委。那么，恨的又是什么？西风吹老英雄梦，等闲白了少年头。一种牢骚、怨望的情怀跃然纸上。

在那种鸟笼般的侍卫生活环境中，回到朝中，日子恐怕更为难挨。这从纳兰的《踏莎行》词中可以看出：“金殿寒鸦，玉阶春草，就中冷暖和谁道？小楼明月镇长闲，人生何事缁尘老。”宫殿里的生活，充满了难言的痛苦，无奈的悲凉，这种孤寂无聊、空耗岁月的侍卫生活，使他感到空虚，感到厌倦。可是，“就中冷暖”却又没处去说，“如鱼饮水”，只能自伤、自叹。从这里也可以悟解纳兰以“饮水”二字命名词集的用意所在。

他深悔自己出生在富贵之家，借着咏雪，他高吟“冷处偏佳，别有根芽，不是人间富贵花”；他酷爱身心自由，渴望摆脱宦海的羁绊，避开险恶的现实，去过清静的生活，身在高门广厦，常有山泽鱼鸟之思。他在庭园中特意修建了一座茅屋，并填写一首《满江红》词，借以抒怀述志：

问我何心，却构此，三楹茅屋。可学得，海鸥无事，闲飞闲宿。百感都随流水去，一身还被浮名束。误东风、迟日杏花天，红牙曲。

尘土梦，蕉中鹿。翻覆手，看棋局。且耽闲殢酒，消他薄福。雪后谁遮檐角翠，雨余好种墙阴绿。有些些，欲说向寒宵，西窗烛。

词人说，我修筑茅屋的目的，是为了要过闲适自在、无拘无管、无忧无虑的海鸥般的生活。过去，浮名束身，实在耽误得太多了。其实，那些如烟如梦、覆雨翻云般的仕宦生涯，看穿了也真是没有什么意思。真不如西窗剪烛，纵酒闲吟，雪后观松，雨余种绿，过一番平常人的日子。

当然，就连这“些些”想望，对他来说，也是甜蜜蜜的妄想，不可能兑现。在康熙这位手握王权、口衔天宪的尊神面前，是进既乏术，退亦无方。唯一能够获得解脱的，只有死之一途，那样就苦啊、忧啊、痛啊、闷啊，“百感都随流水去”了。

第十二篇

性情生活家

I

这个“性情生活家”是谁？他就是清代的著名诗人和散文家袁枚也。他字子才，号简斋，“随园老人”是他晚年自己起的号。

他出生于康熙五十五年（1716），在嘉庆二年（1797）辞世，身历康、雍、乾、嘉四朝，活了八十二岁。他这一辈子活得十分滋润——从心所好，诗酒风流，放浪不羁，畅怀适意。为此，他更以“古之达人哉”自命。

清代诗人、与袁枚齐名的性灵派主将赵翼《读随园诗题辞》有句云：

其人与笔两风流，红粉青山伴白头。
作宦不曾逾十载，及身早自定千秋。

好友商宝意作诗颂赞他：

过江不愧真名士，退院其如未老僧；
领取十年卿相后，幅巾野服始相应。

2

说起袁枚的“做宦”生涯来，是蛮有趣的。他在十二岁这年，即和私塾的老师一起中了秀才，二十三岁中举，次年就成了进士。金榜高中，那种惊喜之情，他都写进了诗里："道逢报捷者，惊喜如雷颠。疑误复疑梦，此意堪悲怜。"他对未来的仕宦生涯、锦绣前程，充满了渴望与信心。这在他的诗句中表露得十足的充分：

宴罢琼林有所思，曲江风里立多时。
杏花一色春如海，他日凌霄哪几枝？

中了进士，他又回乡完婚，娶了幼时娉定的王氏。"洞房花烛夜，金榜题名时"，真是喜上添喜。旧时代把中进士叫"大登科"，把娶媳妇叫"小登科"。袁枚此刻正是"大登科后小登科"，得意达于极点。

按照当时规矩，中进士后，年轻而又才华出众者，可以入翰林院任庶吉士，这叫"选馆"。一般为期三年，其间由翰林中的教习授以各种知识，然后进行考核，称为"散馆"。成绩优异的正式成为翰林，叫做"留馆"。也是物极必反吧，袁枚般般如意，偏偏在翰林院庶吉士三年期满考试中砸了锅。他不是砸在诗文上，而是考满文翻译时，由于没兴趣，在"龙筋标万字，鸟篆斗千行"的满文面前，考了个最下等。这样，他就只有"外放"了——到地方去担任知县一级的地方官吏。前后在江苏的溧水、江浦、沭阳、江宁，当了七年多的县令。

原来一路春风得意，于今美梦成灰，由"一日姓名京兆举"，"今朝身到蕊珠宫"，到"花总一般千样落"，"玉颜如此竟泥土"，落差如此之大，自是心中郁塞，万分沮丧。一些朋友也为之惋惜。在他南下履新、就职时，赋诗送行者有之，劝慰鼓励者亦有之。袁枚赋诗四首作为奉答，有句云："三年春梦玉堂空，珂马萧萧落叶中。生本粗才甘外吏，去犹忍泪为诸公。""三生弱水缘何浅，一宿空桑恋有余。手折芙蓉下人世，不知人世竟何如。"

"生本粗才"云云，看似自谦，实则是发牢骚，但又不敢深说、点透；"弱水缘浅"是说无缘玉堂金马、留任翰林；"一宿空桑"，这里有个典故，佛家说，头陀不三宿空桑——修行的人在同一棵桑树下驻留，不能超过三宿，否则就会产生留恋之情。“人世何如”，是说从朝廷外放到县里，等于从天上贬到人间，而“人间世”是矛盾复杂、水深莫测的。

赴任溧水途中，赶上一场弥天大雾，他吟出“前程原是梦，何必太分明”的诗句，充分反映出他的失落情绪，已埋下了日后辞官归隐的伏笔。

这次的挫折，对于他影响至深。尽管七载知县生涯，也还是做了许多实事，留下了善政美名，但终究心有不甘。特别是做江宁知县时，吏部尚书尹继善，曾举荐他为江苏高邮太守，但由于他曾遭到恩师史贻直“未免风流”的批评，结果被吏部驳回未准。袁枚心中十分不快。这时，碰巧遇上其母患病，他便递上辞呈，解职回家奉亲去了。这年他三十三岁。

关于辞官的真实心理，他在一封私人通信中有所披露，说是：如果真是为民劳苦，自己心甘情愿；可是，现在奔波趋走，不过是拉关系、走后门，送往迎来，为大官做奴才，实在是没意思。他还写过一首名为《俗吏篇》的诗，把俗吏参谒高官、应对宾客、簿书烦琐、公事俏张的场景，刻画得淋漓尽致；而天性爱好读书的他，面对这种情况，简直是一天也受不了。他说，自从当官，整天忙于公务，“每过书肆，如渴骥思泉，身未往而心已赴”。

不过，由于家境的紧迫，特别是师友劝驾、各方催促，四年后他再度出山，到陕西一个县里担任知县。可是，不久就传来父亲病逝的噩耗，他丁忧回到南京。从此下定决心，再不出仕。尽管师友多次催促、劝驾，但他归隐之意已决。他特地将这种心情说给知心朋友、洪洞县令陶西圃：

> 仆已挈家入山，随园构草屋数间，畜五母之鸡、二母之彘，采山钓水，息影蓬庐。从此，永赋遂初，虽韩白按剑于前，苏张巧说于后，必不出雷池半步矣。

可见其辞意的坚决。

文中，“畜五母之鸡，二母之彘（猪）”，说的是在家养母鸡、母猪，典出

《孟子》。“永赋遂初”，古时做官的人弃官回家，称作“遂初”，意为遂了他当初不愿出仕的心愿。“韩白按剑”，这是说对他动武——汉朝的韩信、战国时的白起都是武将。“苏张巧说”，是说对他巧言相劝——战国时的苏秦、张仪都是有口才的辩士。“雷池”，水名，在安徽望江。古人说，不走出这个地方，叫做“不越雷池半步”。

这样，仕途到此，便告终止。他对比去官前后的心情：“枥马负千钧，长鞭挟以走。一旦放华山，此身为我有。”无官一身轻，“仰视天地间，飞鸟亦徐徐”，心中十分畅快。而当回想起昔日的仕宦生涯，犹心有余悸：“山人一自山居后，梦里为官醒尚惊。”

以后，他便过上了四十五年的隐居生活。

3

他的隐居生涯，更是内容丰富，极饶情趣。

他自拟了这样一副对联：

> 不作高官，非无福命只缘懒；
> 难成仙佛，爱读诗书又恋花。

不能够“兼济天下”，那他就“独善其身”。仕宦这条路，他不想走了；隐居之后，他的人生目的，可以用“享受人生”四字概括。具体内容，排成顺序，无非是：读书写作、饮食男女、恣情山水、营造园林。现从后往前说。

三十三岁那年，他用三百两银子，买下了康熙年间织造隋赫德的私家园林，易“隋”为“随”，名之曰随园。他看重这里的文化底蕴，有诗为证：

> 人好土亦好，一墩属谢公。
> 青莲悦其景，慨然思送终。

舒王争其台，欲住愁雷同。

我领石城尹，颇有晋人风。

但是，到手之日，园倾且颓，百卉芜谢，破败不堪。袁枚下了很大功夫，对它加以整修、改造。在他自撰的《随园记》中，有如下记载：

随其高，为之江楼；随其下，为置溪亭；随其夹涧，为之桥；随其湍流，为之舟；随其地之隆中而欹侧也，为缀峰岫；随其蓊郁而旷也，为设宧窔。或扶而起之，或挤而止之，皆随其丰杀繁瘠，就势取景，而莫之夭阏者，故仍名曰"随园"，同其音，异其义。

这里有两个词语需要解释一下："为设宧窔"——在房屋的东北角与东南角，分设厨房与厕所；"莫之夭阏"——没有改变固有的山势。

这之后，又做过三次改造。因怀念故乡杭州西湖，故"每治园，戏仿其意，为堤为井，为里、外湖，为花港，为六桥，为南峰、北峰"，从而居家中如居西湖，居他乡如在故乡。园内景观由最初的二十四景，踵事增华，逐步扩展，增到四十六景。园的四周没有筑墙，游人可以自由参观。每逢秋日，各地应试的举子和商贾云集园中，游客多达万数。可惜的是，这样美好的景观，未能保存下来，在他去世后五十五年，太平军攻陷南京，随园被毁于战火。老人临终前，曾作诗留别随园，也可说是一语成谶：

转眼楼台将诀别，满山花鸟尚缠绵。

他年丁令还乡日，再过随园定惘然。

"丁令"，指汉时的丁令威。传说，他曾在千年后化鹤归来。

修造园林，给随园老人造成巨大的负担，但也带来无穷之乐趣。园成之日，他即将老母亲从杭州接来南京，住进园内，尽其孝亲迎养之责。这样，一直到他六十三岁那年老母去世为止。

随园老人还是一位著名的美食家。由于他视饮食之道为学问、为艺术，对饮食文化富有研究，凡与友人聚会，尽“以枚为饮食之人，引为上座”。而他也特别留心饮食技术，只要在哪里吃到了美食，事后一定派遣厨师，执弟子之礼，前往学习、就教。他把这些经验、技术，一一收集、整理出来，编纂成《随园食单》，系统地讲述了烹饪技术和南北菜点的制作，全书分须知单、戒单、海鲜单、杂素菜单、点心单、饭粥单、茶酒单等十四个方面。里面既阐述一些烹调理论，更多的还是方法、技术的介绍，非常实用。他对烹饪学有很深的研究。王英志在《袁枚评传》中，将它归纳为烹饪思想及饮食五戒与厨师三戒。

袁枚的烹饪思想有四：一曰求精，主要反映在选物与配料上。他认为，“厨者之作料，如妇人之衣服首饰也。虽有天姿，虽善涂抹，而敝衣蓝缕，西子亦难以为容”。二曰食物的独立品性，以显示其独特风味。他批评“俗厨动以鸡、鸭、猪、鹅一汤同滚，遂令千手雷同，味同嚼蜡”。三曰重搭配，体现烹饪艺术的辩证关系。“要使清者配清，浓者配浓，柔者配柔，刚者配刚，方有和合之妙。”他还提出美食须与美器搭配的观点，一席佳肴，“唯是宜碗者碗，宜盘者盘，宜大者大，宜小者小，参差其间，方觉生色”。四是对烹饪成品菜肴的要求，讲究鲜嫩、清淡、细腻等。

4

“红粉青山伴白头”，这是对随园老人晚年享受生活的极好概括。

他有一种强烈的烟霞痼癖，即所谓“采山钓水”，壮游天涯。当然，这需要具备三项基本条件：一是有钱。先生多年来，以地主、文人、出版商、教师等多重身份，取得多种收益，积攒了不少资财。二是有闲。应该说，这是随园老人辞官之后最足以骄人耀世的一种优势。三是有健康的体魄。直到八十岁，老人仍然拥有充沛的体力、脚力和精力。

他的出游分长短两途。中年时节，是短途旅行，主要以南京为中心，往返于杭州、苏州、扬州之间。除了领略江南旖旎风光，如邓尉探梅、太湖泛舟、扬州揽胜、西湖观景之外，主要是人文方面的诗友聚会、觞咏酬答。足迹所至，都留下了大量的诗文。

而名山大川，更是随园老人的至爱。这样，十三年间，就有了几次长途的旅游，遍游安徽、江西、广东、广西、湖南、福建等地。对此，王英志在《红粉青山伴歌吟》一书中，做了翔实的记载——

> 随园老人第一次出游，到了天台山、雁荡山、四明山、雪窦山，范围主要在浙东一带。先到杭州，然后沿着"唐诗之路"，乘船沿钱塘江、曹娥江、剡溪南行；再舍舟登陆，经李白梦游的天姥山，再登天台山、赤城山，登上一千多米高的主峰华顶峰，游了石梁飞瀑。在建于隋唐的国清寺遇见寂明上人，口吟："逢僧我必揖，见佛我不拜。拜佛佛无知，揖僧僧现在。"然后又继续前行，游了温州地区的雁荡山、处州的黄龙山、缙云的仙都峰。一路上，主要景点无一遗漏。这一年先生六十七岁，整整出游了四个月。

第二年，又作黄山之游，登了主峰之一的一千八百多米的光明顶。在登始信峰时，临风立于接引崖峭壁，下视深不见底之溪壑，说是"坠下亦无妨。因为无底，飘飘然，尽可求片刻飞仙般的快活"。

接着，又去了九华山，前后耗时两个月。

第三次出游是去广东端州，时年六十九岁，行期近一年。行前有诗：

> 三年游屐未曾停，又作珠江万里行。
> 老骥不知筋力减，闲云只觉往来轻。

先是溯长江而上，登小姑山、庐山、五老峰，转到陆路后，过梅岭、韶州，登丹霞山，未见石碑遗迹。老人发表了精确的见解：

> 雁荡山自南宋才开发，故无唐人题名；黄山自明代开辟，故无宋人题名；丹霞山国初开发，故连明碑亦无。自大禹治水遍行九州，至今已四千余年，但名山大川还颇多未开发者。这使人联想到，山川尚且如此，那么，圣人经义更无津涯，其未阐发者亦多。如果因为前贤曾作疏解，就阻挡后人不许再添新说，那实在是浅陋无知，不足为训。

以后，又游了七星岩、合掌峰、罗浮山；然后由端江乘船，经阳朔，到桂林。这里是他五十年前的旧游之地，般般重睹，恍如隔世。

七十岁后，先生又有几次出门远行。先是游览了武夷山，七十七岁、七十九岁，曾再游天台、三游天台；直到八十岁，还出游杭州、苏州。

他颇以此自豪，有诗云：

> 自觉山人胆足夸，行年七十走天涯。
> 公然一万三千里，听水听风笑到家。

对于袁枚来说，造园、美食、壮游之外，第四大生活享受，便是风流好色了。正如他在《自嘲》一诗中所说的："有官不仕偏寻乐，无子为名又买春。"

先生虽然生在清代中期，所受教育、思想熏陶、家庭与社会影响，都是封建礼教那一套，但他偏偏能够跳出藩篱，冲破禁锢。当时，称作通脱，今天看，也就是比较开放，特别是在男女之爱上。他还有一套高论：

> 怜香惜玉而不动心者，圣也；惜玉怜香而动心者，人也；不知玉不知香者，禽兽也。人非圣人，安有见色而不动心者？其所以怜香惜玉者，人异于禽兽也。世之讲理学者，动以好色为戒；则讲理学者，岂即能为圣人也？伪饰而作欺人语，殆自媲（比）于禽兽耳。世无柳下惠，

谁是坐怀不乱？然柳下惠但曰不乱也，非曰不好也。男女相悦，大欲所存。天地生物之心，本来如此。卢杞家无姬妾，卒为小人；谢安挟妓东山，终为君子。好色不管人品，何必故自违言哉！

卢杞，唐朝大臣，为人阴险狡诈，居相位期间，害能忌贤，先后陷害颜真卿等人。谢安，东晋名士，当过宰相。声名甚高，被推崇为江左“风流第一”，世人皆称“安石不肯出，将如苍生何？”

为了满足其好色贪欢之欲，他以没有子息接续香火为名，在结发妻子之外，从四十岁到七十四岁，先后娶了六个小妾；年轻时，更是冶游放荡，显然，“求子”云云，很可能是一种借口。这也是他遭人诟病、饱受讥弹的一个主要方面。

和这种放浪不同，出于对才女的爱惜与欣赏，他从出任江南县令到辞世之前，一直坚持招收、教诲、培养女弟子，直到临终那一年，他还接纳了五名受教者。总数在五十名以上。女弟子中，大量是江南名士或者官吏的妻妾、女儿，还有来自云南、福建、东北等地的女性才人。作为中国诗坛上少见的女性创作群体，她们擅诗文，爱书画，其实力之强、成就之高，广受世人关注，成为清代文坛上的一桩盛事，诗歌史上的一段佳话。

5

随园老人风采特异，才华出众，自成一派，不拘泥于礼教，一生喜欢园林、讲究美食、性耽山水、酷爱佳丽，说“其人风流”是确当、中肯的。那么，赵翼说“其笔风流”，又何所指呢？恐怕主要是因为他在自道其诗时，强调“专主性灵”，“诗之为道，标举性灵，发舒怀抱”，提出了“性灵诗说”，开创了“性灵诗派”。而所谓“性灵”，就是既本乎性情，又注重灵机、灵悟、灵思，即灵敏的审美感觉、灵巧的想象、构思，以及由感觉得来的独到见解。

体现在诗歌写作与欣赏上，他把“情”摆在首位，以情为经纬，与情相终始，视情感为诗的原动力。他说："诗，性情也"，"性情以外本无诗"，"诗，由情生者也。有必不可解之情，而后有必不可朽之诗"。他主张诗应依情感的浓淡、厚薄来定其品位，"诗情愈痴愈妙"。他要求"情，如雷如云，弥天塞地，迫不可遏"，要滂沛充盈、激切、饱满。

他认为，诗之有情如花木之有根，无本之花木，顷刻凋谢，了无生趣。他有一个比喻："作诗如交友也，倘朋友相见，终日一味寒暄通套语，而不能听一句肺腑之谈，此等泛交，如何可耐？"

他特别强调"情真"，认为诗歌是内心的声音，是性情的真实流露，应该坦露思想，直抒胸臆。他有一首七绝《儿须》，实际是写老母亲的：

手制羹汤强我餐，略听风响怪衣单。
分明儿须白如许，阿母还当襁褓看。

耄耋之年的老母亲，对待须发已白的儿子，还像他在襁褓中那样，亲手做汤给他喝，稍微听到一点风响，立刻埋怨儿子穿得单薄，要他快加衣服。描情拟态，真真切切，异常感人。

其次，凡主真情，一定都强调个性，强调情感的"唯我性"。袁枚正是如此。他认为，"作诗不可以无我"，"有人无我，是傀儡也"。反对无病呻吟，反对模拟、应付、堆砌。他特别看重那些表现个人生活遭际中的真实感受、情趣和识见。王英志在《袁枚评传》中，引述《随园诗话》中的一段话，并有精彩分析：

凡作诗者，各有身份，亦各有心胸。毕秋帆中丞家漪香夫人有《青门柳枝词》云："留得六宫眉黛好，高楼付与晓妆人。"是闺阁语。中丞和云："莫向离亭争折取，浓云留复往来人。"是大臣语。严冬友侍读和云："五里东风三里雪，一齐排立等离人。"是词客语。

同一题材的诗，不同的人写，反映出各自的身份、个性、胸襟。夫人的“闺阁语”，显示其妩媚爱俏的个性；中丞的“大臣语”，显示其仁厚大度的个性；学者的“词客语”显示其多愁善感、情感丰富的个性。个性化与独创性是相通的。

正如德国哲学家黑格尔所说：“独创性是从对象的特征来的，而对象的特征又是由创造者的主体性来的。”主体性表现为诗人独自具有的思想、阅历、情感、生活的积累，有自己独特的审美感受，并有其独出心裁的艺术构思、表现手法。袁枚有一句名言：“诗宜自出机杼，不可寄人篱下。譬做大官之家奴，不如做小邑之簿尉。”

其三，与个性化相联系，性灵诗说主张诗人必须有独创性，要有独特的审美感受与认识，要提倡艺术表现的独创性。“取前人所没有说过而说之”，“出奇以制胜”。袁枚晚年游雁荡山，题《卓笔峰》七绝，可视为其诗论主张的具象化。

孤峰卓立久离尘，四面风云自有神。
绝地通天一支笔，请看依傍是何人！

他还有一首《谒岳王墓》的七绝：

不依古法但横行，自有云雷绕膝生。
我论文章公论战，千秋一样斗心兵。

岳飞用兵如神，论战有言，“兵家之要，在于出奇，不可测识，始能取胜”，“兵法之常，运用之妙，存乎一心”。袁枚论诗文创作，同样主张“运用之妙，存乎一心”。因此说，“千秋一样斗心兵”。

其四，要有情趣、风趣、生趣。这也是性灵派诗歌的一个突出特点。翻开袁枚的《小仓山房诗集》，充满情趣的诗随处可见，引人不断发出会心的微笑。他写老态：

> 作字灯前点画粗，登楼渐渐要人扶。
>
> 残牙好似聊城将，独守空城队已无。

“聊城将”是个典故，齐将田单势如破竹，一直打到聊城城下。燕国大将负隅顽抗，攻城久不能下，鲁仲连透彻了解燕将的性格、心理，写信进行攻心，燕将羞愧自杀，聊城成了空城。

议论、评判、思辨之类的诗，很不容易写得形象、生动，且看随园老人题为《遣兴》的论诗诗：

> 爱好由来下笔难，一诗千改始心安。
>
> 阿婆还是初笄女，头未梳成不许看。

阿婆，诗人自称。笄即簪子，初笄，俗称“上头”，为汉民族传统女孩的成人礼，一般在十五岁举行。题材内容是论述诗文的写作与修改，却以少女梳头、“初笄”的形象出之，十分生动有趣。

袁枚的“性灵说”和《随园诗话》，声闻超绝，名满天下。时至今日，仍有其积极进步的意义和较高的认识价值。尽管“诗话”与诗作均不无可议之处，但瑕不掩瑜，作为一代诗坛盟主，袁枚应该说是一位有功于中国诗坛乃至整个学术文化的真才子、大诗人。

第十三篇

苦味人生

I

曾几何时,曾国藩也被"炒"得不亦乐乎。只是我总觉得,这位曾公似乎并不像某些人说得那样可亲,倒是十足的可怜。他的生命乐章太不浏亮,在那显赫的身影后面,除了一具畏缩的躯壳之外,看不到多少生命的活力、灵魂的光彩。——人们不禁要问:活得那么苦、那么累,值得吗?

关于苦,佛禅讲得最多,有所谓"人生八苦"的说法:生、老、病、死,生与俱来,可说是尽人皆有的,只是程度不同而已;而求不得、厌憎聚、爱别离、五蕴盛,则是由欲而生,就因人而异了。古人说,人之有苦,为其有欲,如其无欲,苦从何来?曾国藩的苦,主要是来自过多、过强、过盛、过高的欲望,结果就心为形役,苦不堪言,最后不免活活地累死。

说到欲望,曾国藩原也无异于常人。经书上说:"饮食男女,人之大欲存焉。"他出生在农村,少年时代也是生性活泼、情感丰富的。十多岁出外就读,浪漫不羁,倜傥风流。相传他曾狎妓,妓名春燕,于春末三月三十日病殁,他遂集句书联以悼之:"未免有情,忆酒绿灯红,此日竟随春去了;似曾相识,怅梁空泥落,几时重见燕归来?"一时传为佳构。至于桎梏性灵,压抑情感,则是系统地接受了儒家思想,特别是程朱理学之后。其间自有一段改造、清洗的过程。

他原名子城,字伯涵,二十一岁肄业于湘乡书院,改号涤生,六年后中进士,更名国藩。"涤生",取涤除旧污,以期进德修业之意;"国藩",为国屏藩,显然是以"国之干城"相期许。合在一起,完整地勾画出儒家"修、齐、治、平"的成才之路,也恰切地表明了他立德、立功、立言这"三不朽"的终极追求。目标既定，剩下来的就是如何践履的问题了。他在这条漫漫人生之路上，做出了明确的战略选择：一方面要超越平凡，通过登龙入仕，建立赫赫事功，达到出人头地；一方面要超越“此在”，通过内省功夫，跻身圣贤之域，“不忝于父母之所生，不愧为天地之完人”，达到名垂万世。

这种人生鹄的，无疑是至高、至上的。许多人拼搏终生，青灯皓发，碧血黄沙，直至赔上了那把老骨头，也终归不能望其项背。某些硕儒名流，德足为百世师，言可为天下法，却缺乏煌煌之业、赫赫之功；而一些建不世功、封万里侯的勋臣宿将，其道德文章又未足以副之，最后都只能在徒唤奈何中咽下那死不甘心的一口气。求之于历代名臣，曾国藩可说是一个少见的例外。他居京十载，中进士，授翰林，拔擢内阁学士，遍兼礼部、兵部、刑部、工部、吏部侍郎，外放之后，办湘军，创洋务，兼署数省总督，权倾朝野，位列三公，成为清朝立国以来汉族大臣中功勋最大、权势最重、地位最高之人，应该说是超越了平凡；作为封建时代最后一位理学家，在思想、学术上造诣精深，当世及后人称之为“道德文章冠冕一代”，甚至被目为“今古完人”，也算得上是超越了“此在”吧？可是，人们是否晓得，为了实现这“两个超越”，他竟耗费了多少心血，历经何等艰辛啊？只要翻开那部《曾文正公全集》浏览一遍，你就不难得出结论，他是一个地地道道、不折不扣的悲剧人物，是一个终生置身炼狱、心灵备受熬煎、历经无边苦痛的可怜虫。

“功名两个字，用破一生心。”他自从背负上从儒家那里承袭下来的立功扬名的沉重包袱后，便坠入了一张密密实实、巨细无遗的罗网，任凭你有孙悟空那样的冲天本领，也难以挣破网眼，逃逸出去；何况，他自己还要主动地参与结网，刻意去做那“缀网劳蛛”呢！随着读书渐多，理路渐明，那一套“三不朽”的终极追求，便定海神针般把他牢牢锁在无形的炼狱里。

歌德老人说，性格决定命运。那么，性格又是由什么决定的呢？这恐怕不是一个“遗传基因”所能了得，主要的还应从环境和教养方面查找原因。雄厚而沉重的历史文化积淀，已经为他做好了精巧的设计，给出了一切人生的答案，不可能再做别样的选择。他在读解历史、认知时代的过程中，一天天地被塑造、被结构了，最终成为历史和时代的制成品。他本人也就像历史和时代那样复杂，那样诡谲，那样充满了悖论。这样一来，他也就作为父、祖辈道德观念的“人质”，作为封建祭坛上的牺牲，彻底地告别了自由，失去了自身固有的活力，再也无法摆脱其悲剧性的人生命运。

2

这种无形的炼狱，是由他自己一手铸成的。其中的奥蕴无穷，但一经勘破，却也十分简单：要实现“两个超越”，就必须跨越一系列的障碍，面对种种难以克服的矛盾，这也就是他进退维谷，跋前踬后，终生抑塞难舒，身后还要饱遭世人訾议的根本原因。

封建王朝一切建立奇功伟业者，都免不了要遭遇忠而见疑、功成身殒的危机，曾国藩自然也不例外，而且，由于他的汉员大臣身份，在种族界隔至为分明的清朝主子面前，这种危机更像一柄“达摩克利斯之剑”时时悬在头上。这是一种无法摆脱的两难选择：如果你能够甘于寂寞，终老林泉，倒可以避开一切风险，像庄子说的，山木“以不材得终其天年”，这一点是他所不取的——圣人早就教诲“君子疾没世而名不称焉”。而要立功名世，就会遭谗受忌，就要日夕思考如何保身、保位这个严峻的问题。明乎此，就不难理解曾国藩何以怀有那么强烈的危机感，几乎是惶惶不可终日。

曾国藩一生的主要功业在镇压太平军方面。但他率兵伊始，初出茅庐第一回，就在“靖港之役”中遭致灭顶的惨败，眼看着积年的心血、升腾的指望毁于一旦，一时痛不欲生，他两番纵身投江，都被左右救起。回到省城之后，又备受官绅、同僚奚落与攻击。愤懑之下，他声称要自杀以谢湘人，并写下了遗嘱，还让人购置了棺材。心中惨苦万状，却又“哑子吃黄连”，只好“打掉门牙肚里吞”。正如他所自述的：“余庚戌、辛亥间，为京师权贵所唾骂，癸丑、甲寅为长沙所唾骂，乙卯、丙辰为江西所唾骂，以及滨州之败、靖港之败、湖口之败，盖打脱牙之时多矣，无一次不和血吞之。”

那么,获取胜利之后又怎样呢?扑灭太平天国,兵克金陵,是曾氏梦寐以求的胜业,也是他一生成就的辉煌顶点,一时间,声望、权位如日中天,达于极盛。按说,这时候应该一释愁怀,快然于心了。可是,他反而“郁郁不自得,愁肠九回”,城破之日,竟然终夜无眠。原来,他在花团锦簇的后面看到了重重的陷阱、不测的深渊。同是一种苦痛,却有不同层次:过去为求胜而不得,自是困心恒虑,但那种焦苦之情常常消融于不断追求之中,里面总还透露着希望的曙光;而现在的苦痛,是在历经千难万险终于实现了胜利目标之后,却发现等待着自己的竟是一场灾祸,而并非预期的福祉,这实在是最可悲,也最令人伤心绝望的。

到现在,情况已经非常清楚了,尽管他竭忠尽智,立下了汗马功劳,但因其用兵过久,兵权太重,地盘太大,朝廷从长远利益考虑,不能不视之为致命威胁。过去所以委之以重任,乃因东南半壁江山危如累卵,对付太平军非他莫属。而今,席卷江南、飙飞电举的太平军已经灰飞烟灭,代之而起的、随时都能问鼎京师的,是以湘军为核心的精强剽悍的汉族地主政治、军事力量。在历史老人的拨弄下,他和洪秀全翻了一个烧饼,湘军和太平军调换了一个位置,成为最高统治者的心腹大患。

其实,早在天京陷落之前,清廷即已从中央与地方、集权与分权的总体战略出发,采取多种防范措施,一面调兵遣将,把守关津,防止湘军异动;一面蓄意扶植淮军,从内部进行瓦解,限制其势力的膨胀。破城后,清廷立即密令亲信以查阅旗营为名,探察湘军动静。当日咸丰帝曾有“克复金陵者王”的遗命,可是,庆功之日,曾氏兄弟仅分别获封一等侯、伯。尤其使他心寒胆战的是,湘军入城伊始,即有许多官员弹劾其纪律废弛,虏获无数,残民以逞。清廷下诏,令其从速呈报历年军费开支账目。打了十几年烂仗,军饷一毫不拨,七拼八凑,勉强维持到今日。现在,征袍上血渍未干,却拉下脸子来查账,实无异于颁下了十二道金牌。闻讯后,曾国藩忧愤填膺,痛心如捣。“狡兔死走狗烹,飞鸟尽良弓藏,敌国破谋臣亡”的血腥史影,立刻在眼前浮现。此时心迹,他已披露在日记中:“古之得虚名而值时艰者,往往不克保其终。思此不胜大惧。”

对于清廷的转眼无恩，总有一天会“卸磨杀驴”，湘军众将领早已料得一清二楚，彷徨、困惑中，不免萌生“拥立”之念。据说，曾氏至为倚重的中兴名将胡林翼，几年前就曾专函探试：“东南半壁无主，我公其有意乎？”曾国藩看后惶恐骇汗，悄悄地撕个粉碎。湘军集团第二号人物左宗棠也曾撰写一联，故意向他请教：“神所凭依，将在德矣；鼎之轻重，似可问焉。”曾阅后，将下联的“似”改为“未”，原封送还。曾的幕僚王闿运在一次闲谈中向他表明了“取彼虏而代之”的意思，他竟吓得不敢开腔，只是手蘸茶汁，在几案上有所点画。曾起立更衣，王偷着看了一眼，乃是一连串的“妄”字。

其实，曾国藩对他的主子也未必就那么死心塌地的愚忠，只是审时度势，不敢贸然孤掷，以免断了那条得天地正气、做今古完人的圣路。为了保全功名，免遭疑忌，继续取得清廷的信任，他毅然采取“断臂全身”的策略，在翦除太平军之后，主动奏请将自己一手创办并赖以起家的湘军五万名主力裁撤过半，并劝说其弟国荃奏请朝廷因病开缺，回籍调养，以避开因功遭忌的锋芒。他说：“处大位大权而震享大名，自古有几人能善其末路者？总须设法将权位二字推让少许，灭去几成，则晚节渐可以收场耳。”这两项举措，正都是清廷亟欲施行却又有些碍口的，见他主动提出，当即予以批准。还赏赐其弟六两人参，却无一言相慰，使曾氏兄弟伤心至极。

3

曾国藩的人生追求，是“内圣外王”，既建非凡的功业，又做天地间之完人，从内外两界实现全面超越。那么，他的痛苦也就同样来源于内外两界：一方面是朝廷上下的威胁，用他自己的话说，“处兹乱世，凡高位、大名、重权三者皆在忧危之中”，因而“畏祸之心刻刻不忘”；一方面是内在的心理压力，时时处处，一言一行，为树立高大而完美的形象，同样是如临深渊、如履薄冰般的惕惧。

去世前两年，曾国藩曾自撰一副对联："战战兢兢，即生时不忘地狱；坦坦荡荡，虽逆境亦畅天怀。"上联揭示内心的衷曲，还算写实；下联则仅仅是一种愿望而已，哪里有什么"坦坦荡荡"，恰恰相反，倒是"凄凄、惨惨、戚戚"，庶几近之。他完全明白，居官愈久，其阙失势必暴露得愈充分，被天下世人耻笑的把柄势必越积越多；而且，人都是有七情六欲的，种种视、听、言、动，未必都合乎圣训，中规中矩。在这么多的"心中的魔鬼"面前，他还能活得真实而自在吗？

曾国藩对自己的一切翰墨都看得很重，不要说函札之类本来就是写给他人看的，即使每天的日记，他也绝不马虎。他知道，日记既为内心的独白，就有揭示灵魂、敞开自我的作用，生前殁后，必然为亲友、僚属所知闻，甚至会广泛流布于世间，因此，下笔至为审慎，举凡对朝廷的看法，对他人的评骘，绝少涉及，为的是不致遭惹麻烦，甚至有辱清名。相反，里面倒是记载了个人的一些过苛过细的自责。比如，当他与人谈话时，自己表示了太多的意见；或者看人下棋，从旁指点了几招，他都要痛自悔责，在日记上骂自己"好表现，简直不是人"。甚至在私房里与太太开开玩笑，过后也要自讼"房闱不敬"，觉得与自己的身份不合，有失体统。他在日记里写道："近来焦虑过多，无一日游于坦荡之天，总由于名心太切，俗见太重二端。""今欲去此二病，须在一'淡'字上着意。""凡人我之际，须看得平；功名之际，须看得淡。"脉把得很准，治疗也是对症的，应该承认，他的头脑非常清醒。只是，坐而言不能起而行，无异于放了一阵空枪，最后，依旧是找不到自我。他最欣赏苏东坡的一首诗："治生不求富，读书不求官。譬如饮不醉，陶然有余欢。"可是，也就是止于欣赏而已。假如真的照着苏东坡说的做，真的能在一个"淡"字上着意，那也就没有后来的曾国藩了，自然，也就再无苦恼之可言了。由于他整天忧惧不已，遂导致长期失眠。一位友人深知他的病根所在，为他开了一个药方，他打开一看，竟是十二个字："歧黄可医身病，黄老可医心病。"他一笑置之。他何尝不懂得黄老之学可疗心疾，可是，在那“三不朽”的人生目标的驱策下，他又要建不世之功，又要做万世师表，怎么可能淡泊无为呢？

世间的苦是多种多样的。曾国藩的苦，有别于古代诗人为了“一语惊人”，冥心孤诣、刳肚搜肠之苦。比如唐朝的李贺，他的母亲就曾说：“是儿要呕出心乃已耳！”但这种苦吟中，常常涵蕴着无穷的乐趣；曾国藩的苦，和那些终日持斋受戒、面壁枯坐的“苦行僧”也不同。“苦行僧”的宗教虔诚发自一种真正的信仰，由于确信来生幸福的光芒照临着前路，因而苦亦不觉其苦，反而甘之如饴。而“中堂大人”则不然，他的灵魂是破碎的，心理是矛盾的，他的忍辱包羞、屈心抑志，俯首甘为荒淫君主、阴险太后的忠顺奴才，并非源于什么衷心的信仰，也不是寄希望于来生，而是为了实现人生中的一种欲望。这是一种人性的扭曲，绝无丝毫乐趣可言。从一定意义来说，他的这种痛深创巨的苦难经验，倒与旧时的贞妇守节有些相似。贞妇为了挣得一座旌表节烈的牌坊，甘心忍受人间最沉重的痛苦；而曾国藩同样也是为着那块意念中的“功德碑”而万苦不辞。

曾国藩节欲、戒烟、制怒，限制饮食，起居有常，保真养气，日食青菜若干、行数千步，夜晚不出房门，防止精神耗损，可说是最为重视养生的。但是，他却疾病缠身，体质日见衰弱，终致心力交瘁，中风不语，勉强活了六十二岁。死，对于他来说，其实倒是一种彻底的解脱。什么“超越”，什么“不朽”，统统地由它去吧！当然，那种无边的痛苦，并没有随着他的溘然长逝而扫地以尽，而是通过那些家训呀，书札呀、文集呀、言行录呀，转到了亲属、后人身上，这是一种名副其实的痛苦的传承。

我曾看到一本“语录体”文字，它从曾国藩的诗文、家书、函札、日记中摘录出有关治生、用世、立身、修业等内容的大量论述，名之曰《人生苦语》。一个“苦”字将曾公的全部行藏、心迹活灵活现地概括出来，堪称点睛之笔。

4

曾国藩以匡时济世为人生的旨归，以修身进德为立身之本，采取积极进取的人生态度，这无疑是承传了孔孟之道的传统；但同时，他也有意识地吸收了老庄哲学的营养。他是由儒、道两种不同的传统生命智慧锻冶而成，因而能够站在更高的层次之上，可以说，他是中国历史上兼收孔老、杂糅儒道最为纯熟、最见功力的一人。

由于他机敏过人，巧于应付，一生仕途基本上顺遂，加之，立功求名之心极为热切，简直就是一个有进无退的“过河卒子”，因而未曾真正地退藏过。但是，出于明哲保身的机智和韬光养晦的策略上的需要，他也还是把“盛时常作衰时想，上场当念下场时”奉为终生的座右铭，把黄老之学看作是一个精神的逋逃薮、一种适生价值与自卫方式，准备随时蜷缩到这个乌龟壳里，一面咀嚼着那些“高下相生，死生相因”的哲理，以求得心灵上的抚慰；一面从“尺蠖之屈，以求伸也”的权谋中，把握其再生的策略。

同是道家，在他的眼里，老子与庄周的分量并不一样。别看他选定奉为效法榜样的三十二位中国古代圣哲中，只有庄周而无老子，其实，这是一种“兴发于此而义归于彼”的障眼法。庄周力主发现自我，强调独立的人格，不仅无求于世，而且，还要遗身于世虑江山之外，不为世人所求。这一套浮云富贵、粪土王侯、旷达恣肆、彻悟人生的生命方式，对曾国藩来说，无异于南辕北辙；倒是作为权谋家、策略家、彻底的功利主义者的老子，更切近他的需要，符合他的胃口。儒家是很推崇知进退、识时务，见机而作的，孟子就说过嘛：“孔子，圣之时者也。”

他平生笃信《淮南子》关于“功可强成，名可强立”的说法。“强”也者，勉强磨炼之谓也，就是在猎取功名上，要下一番“知其不可而为之”的强勉工夫。但他又有别于那种蛮干、硬拼的武勇之徒。他的胞弟曾国荃刚愎自用、好勇斗狠，有时不免意气用事，曾国藩怕他因倨傲招来祸患，总是费尽唇舌，劝诫他要“慎修以远罪”。听说其弟要弹劾一位大臣，当即力加劝止，他说，这种官司即使侥幸获胜，众人也会对你虎视眈眈，侧目相看，遭贬的本人也许无力报复，但其他人一定会蜂拥而起，寻隙启衅。须知，楼高易倒，树高易折，我们兄弟时时处身险境，不能不考虑后果。他告诫其弟：从此以后，只从波平浪静处安身，莫向掀天揭地处着想。这并不是萎靡不振，而是因为位高名重，不如此，那就处处都是危途。

清代道、咸以降，世风柔靡、泄沓，盛行一种政治相对主义和圆融、浑沌的处世方式。最典型的是道光朝的宰相曹振镛，晚年恩遇日隆，身名俱泰。门人向他请教，答曰：“无他，但多磕头少说话耳。”有人赋《一剪梅》词，其中有“莫谈时事逞英雄，一味圆融，一味谦恭”；“万般人事要朦胧，驳也无庸，议也无庸”之句。曾国藩由于深受儒学濡染，志在立功扬名，垂范万世，肩负着深重的责任感，尽管老于世故，明于趋避，但同这类“官混子”却是判然有别的。我们也许不以他的功业为然，也许鄙薄他的为人处世，但是，对于他困知敏学、勤谨敬业、勇于用事的精神，还应该予以肯定。

曾国藩是一个极为复杂的生命个体。他的清醒、成熟、机敏之处实在令人心折，确是通体布满了灵窍、积淀着丰厚的传统文化精神、到处闪烁着智者的辉芒。当然，这是从文化学、社会学、心理学的角度来研究；如果就人性批评意义上说，却又觉得多无足取。在他的身上，智谋呀、经验呀、修养呀，可说应有尽有，唯一缺乏的是本色。其实，一个人只要丧失了本我，也便失去了生命的出发点，迷失了存在的本原，充其量，只是一个头脑发达而灵魂猥琐、智性充盈而人性泯灭的有知觉的机器人。

5

对于阅世极深的曾国藩来说，我想，他不会看不出封建官僚政治下的人生不过是一场闹剧，而扮演角色的无非是一具具被人牵线的玩偶，原是无需那么较真的。他自己就曾说过，大凡人中君子，率常终生暗然退藏。

难道是他们有什么特异的天性？不过是因为真正看到了大的方面，而悟解一般人所追逐的是不值得计较的。秦汉以来至于今日，达官贵人何可胜数？当其高踞权要之时，自以为才智高人万万，简直是不可一世；可等到他们死去以后再看，跟那些“营营而生，草草而死”的厮役贱卒，原没有什么区别。那些处高位而猎取浮名者，竟不晓得自己和那些贱夫杂役一样都要同归于汩没，到头来并没什么差异，难道这还不值得悲哀吗？

在曾国藩身上存在一种异常现象，即所谓“分裂性格”。比如，上面那番话说得是多么动听啊，可做起来却恰恰相反，言论和行动形成巨大的反差。加之，他以不同凡俗的“超人”自命，事事求全责备，处处追求圆满，般般都要“毫发无遗憾”，其结果自是加倍的苦累，而且必然产生矫情与伪饰，以致不时露出破绽，被人识破其伪君子的真面目。明人有言：“名心盛者必作伪。”对此，清廷已早有察觉，曾降谕于他，直白地加以指斥，总因“过于好名所致，甚至饰辞巧辩。好名之过尚小，违旨之罪甚大”。他身旁的人，那就更是洞若观火了。幕僚王闿运在《湘军志》中，对他多有微辞，主要是觉得他做人太坚忍、太矫情；而与他有“道义之交”的经学家邵懿辰则毫不客气，竟当面责之虚伪，说他“对人能作几副面孔”；左宗棠更是专标一个“伪”字来戳穿他，逢人便说“曾国藩一切都是虚伪的”。

作为一位正统的理学家，曾国藩的“高明”之处在于，他在接受程朱理学巧伪、矫饰的同时，却能不为其迂腐与空疏所拘缚，表现出足够的成熟与圆融。也许正是因为这样，我总觉得，在他身上，透过礼教的层层甲胄，散发着一种浓重的表演意识。人们往往难以分辨他究竟是在正常地生活还是逢场作戏，究竟是出自真心去做还是虚应故事；而他自己，时日既久，也就自我认同于这种人格面具的遮蔽，以至忘记了人生毕竟不是舞台，卸妆之后还需进入真实的生活。

他尝以轻世离俗自许，实际上根本不是那回事。因为如果真的轻世离俗，就说明已经彻悟人生，必然生发出一种对人世的大悲悯，就会表现得最仁慈、最宽容，自己也会最轻松、最自在。而他何尝有一日的轻松自在，有一毫的宽容、悲悯呢？他那坚忍、强勉的秉性，期在必成、老而弥笃的强烈欲求，已经冻结了全部的爱心，剩下的只有无动于衷的冷酷与残忍，而且还要挂出神圣的幌子。他办团练时，以利国安民为号召，主张"捕人要多，杀人要快"，"不必拘守常例"。每逢团绅捉来"人犯"，总是不问情由，立即处死。一次，曾国藩路过一村，遇卖桃人与买者争吵，卖者说没有付款，买者说已付。经过拘讯，证明是卖者撒谎，他当即下令将其斩杀。一时街市大哗，民众惊呼："钦差杀人了！"因而得名"曾屠户"。

他曾亲自为湘军撰写了一首《爱民歌》，让官兵们传唱："三军个个仔细听，行军先要爱百姓。贼匪害了百姓们，全靠官兵来救人。官兵不抢贼匪抢，官兵不淫贼匪淫。若是官兵也淫抢，便同贼匪一条心。"实际执行情况又怎样呢？曾氏幕僚赵烈文记下了攻破天京后的亲眼所见："城破之日，全军掠夺，无一人顾大局"；"又见中军各勇留营者皆去搜刮，甚至各棚厮役皆去，担负相属于道"。湘军逢男人便杀，见妇女便掳，"其老弱本地人民不能挑担，又无窖可挖者，尽遭杀死，沿街死尸十之九皆老者，其幼孩未满二三岁者亦砍戳以为戏"，"哀号之声，达于四远"，"尸骸塞路，臭不可闻"。湘军将领彭玉麟写过一首《攻克九江屠城》的七律，后四句云："九派涛红翻战血，一天雨黑洗征裘。直教殄灭无遗种，尸拥长江水不流。"对照这般般记述，再回过头来读一遍那堂而皇之的《爱民歌》，岂不恰成尖锐的讽刺！

朋友看了这篇初稿，告诉我，他外祖父传下来一幅曾国藩的照片，看一看也许有助于了解其人，相貌总是精神的一种外现，它能反映出一个人的内在性格。我赶忙跟他到家，对照片细细地端详一番：宽敞的前额上横着几道很深的皱纹；脸庞是瘦长的，尖下颏，高颧骨；粗粗的扫帚眉下，长着长挑挑的三角眼，双眸里闪射出两道阴冷、凌厉的毫光；浓密的胡须间隐现着轻易不会嘻开的薄唇阔口。他给人的印象很深，有一种心事重重、渊深莫测的感觉。

是的，我心目中的曾国藩，就是这样！

第二章

人文:生命符号

中华人文是中国人的根脉,也是中国人特有的引以为荣的生命符号。它滋养我们的心灵世界,激发我们的生活勇气,是中华民族一代又一代生存下去的底气。

第十四篇

鸿蒙开

I

《佛经》上有“浮屠不三宿桑下”的说法，为的是在一棵桑树下面连续住上三宿，僧人会产生眷恋的情怀。也许事实果真是这样。“黄莺久住浑相恋，欲别频啼四五声。”唐诗中如是说。鸟犹如此，号称“感情动物”的人自然更不必说了。

我就有这样的实际体会。曾在贺兰山下住过几天，一种流连忘返之情渐渐地潜生心底。

这里地处流光溢彩、飞金洒银的河套平原，贺兰山绵亘数百里，宛若一列壁立千仞的天然屏障，拦阻了西面蒙古高原的卷地风沙和凛冽寒潮；东面是南北流向的滔滔滚滚的黄河，连同开凿于一两千年前的秦渠、汉渠、唐徕渠，为浩茫无际的沃野平畴输送了川流不竭的充足水源。所以，自古就有“天下黄河富宁夏”的民谚。

正值“天凉好个秋”的丰收季节，连续多日都是弹得出声音、照得见身影的响晴天。金黄的稻海浮荡着万顷微澜，把一个偌大的银川平原装点得光华灿烂；山麓、草场上游走着一群群雪团、棉絮似的身躯臃肿的肥羊。与展现在高远无垠的湛蓝天宇上的层层片片的云罗霞锦，上下交辉，遥相映衬，织成一幅丽景天成、悠然意远的图画。

应该说，这里的山川确实雄浑壮美，大地也是富丽丰饶的。然而，我之所以婉转低回、流连无限，却并非着意于此。真正使我动心动容、感发奋起、兴会淋漓的，乃是贺兰山的岩画——这形成于混沌初开的鸿蒙时代，被称为“人类早期艺术的活化石”，“游牧民族用艺术形象描绘的史诗”。

对此，早在5世纪，北魏学者郦道元就在他的名著《水经注》中做了记载：黄河所经的石山上，“悉有鹿马之迹”，“山石之上，自然有文，尽若虎马之状，粲然成著，类似图焉，故亦谓之画石山也”。

贺兰山岩画属于北方草原文化类型，是由不同的游牧人群按照不同的心理意向，先后凿刻在绵延数百里山崖上的文化遗存。经“地衣测年法”鉴定，岩画的制作时间上自远古狩猎时代，下迄宋、元与西夏末叶，跨度将近万年。已经炸毁、剥蚀的不算，现今尚存五千余组，个体形象多达数万，最大的画幅长十余米，最小的仅一二厘米。穷形尽相，光怪陆离，构成了一个涵蕴无穷的造型艺术的大千世界。

作为历史文化的载体，岩画从开始诞生，就紧密地同人们的社会生活、经济活动、宗教信仰、风俗习惯交织在一起。可以说，每一组岩画，都闪现着远古先民智慧的灵光，承载着他们在大自然面前既无能为力又并不甘心的痛苦抉择，记录着他们筚路蓝缕、与时共进的艰辛历程。

2

此刻，我正站在一幅构图奇异、耐人寻味的岩画前。

画面上，左右两旁各有一个左手印，左边手印下刻着一只低头的山羊和一只前腿下跪的牛，右边手印的上下方各有一个人面像。两只手印的中间站着一个双臂扬起的人，上面的显著位置刻有一个环眼圆睁的桃形人面像。画图十分生动有趣，可是，它的意蕴究竟是什么呢？端详了半晌也未得其解。

后来经过向专家请教，才弄清楚原来这是一份具有“契约”性质的文件——以岩画的形式确认了古代两个部落之间的隶属关系。手印是象征着权力的。左边那个部落已为右边部落所征服，随之它的人口与牲畜也全部划归右边部落所有。桃形人面像象征着神祇。有神、人共鉴，石画为凭，这份“契约”自然具备着无可置疑的效力。

在向阳的山崖斜坡上，我还看到一幅凿刻得很精致的射猎图。画面上，一个人正在弯弓射箭，七只硕壮的山羊惊惶逃窜，其中五只向东奔跑，两只向西逃逸，而猎犬却回身伫望着主人。猎人形象凿刻得很小，表明他所在的位置距离羊群较远。由此可以看出，那时的先民已经注意到了运用透视关系来进行构图处理。也说明，在很古的时代，水草丰美的银川平原就已成为各游牧民族世世代代繁衍生息、劳动创造、游牧狩猎的理想乐园，也是各种家畜和野生动物繁衍、栖迟之所。

一组游牧风情图的宏大画面上显示，牦牛、骆驼、花斑马、梅花鹿、北山羊散放在原野里，有的在欢乐地角抵、奔逐，有的静静地低头吃草，有的在悠然闲卧。旁边站着一个游牧人，顶上的头发盘结起来，腰间斜插着一根木棍，胯下拖着一条又长又大的尾巴。身后跟随着一只猎犬，懒洋洋地呆望着主人。画图的右边，聚集着一队歌舞腾欢的人群，男人头上有的装饰着兽角，有的插着羽毛，有的戴着尖顶或圆顶的帽子；女性则长发下垂，也有挽着发髻、装着头饰的。场上，翩翩的舞影、忘情的啸歌，衬着多姿多彩的穿戴和装饰，渲染出原始艺术粗犷、质朴的特色。

为浓郁的生活气息所吸引，此刻，我也仿佛置身其间，随着欢乐的人群手之舞之、足之蹈之，尽情尽兴，和先民们一起发出欢腾的吼声。此间，气候温暖湿润，雨量充沛，大自然焕发出勃勃生机。丛林掩映中，一些平生未曾寓目、而今多已灭绝的动物蹿跃其间；一队前额低平、眉骨粗大、目光迷惘的人群，正在咿唔呼啸着追奔射猎。回望山崖，发现那里还有一些人在紧张地劳作着。趋前细看，他们手持石刀、铁錾，或凿，或敲，或磨，或刻，正全神贯注地制作着各种人面和动物的图像，一幅幅生动的画面在他们的手下赫然展现出来……

我正在忘情地欣赏着这一切，不料，稍微一愣神，忽然发觉山崖上的人形已经淡出、隐没了，逐渐地幻化成山垭口处一伙凿石垒渠的人群。伴随着各种敲击的繁响，一道清溪从山坳里冲出，顺着渠道滔滔汩汩地流淌下来，顿觉遍体生凉，神清气爽。

于是，我也憬然惊寤了。

心头的意念一收，时间的潮水，哗——哗——哗，一下子流过了几千年，我也随之而返回到现实生活里。

3

贺兰山岩画本身就是一部文化传承的史书。它是地处祖国西北的许多少数民族共同创造的精神财富。现在，人们一提起银川，就把它同西夏联系起来，漫步街头，随处可见"昊都大酒店""西夏贡酒""昊王宫"等与西夏王国有关的商标、名号，这固然有其重要的依据。但是严格地讲，它仅仅是一部分，而并非全体。

早在数千年前，就有许多少数民族在这一带游牧、畋猎，繁衍生息。见诸史籍的，商周至春秋战国时期，贺兰山下主要游动着猃狁、羌、戎等部族；秦、汉至南北朝时期，先后有匈奴、鲜卑、氐、羯等族；隋唐两代，突厥、回鹘、吐蕃等族聚居于此；迨至两宋、西夏时期，这里主要是党项族；元代则为蒙古族所领有。他们一个跟着一个进入这个地区，跃上历史舞台，次第更迭，薪尽火传，演出了一幕幕威武悲壮的历史活剧。

随着时序的推移，他们有的迁徙了，有的变化了，有的消失了，像成群结队翱翔于万里秋空的候鸟一般，呼啦啦地飞来，又急匆匆地逸去，许多重大活动，文字都没有记载，甚至煌煌正史上也尽付阙如。事实上，当然并非落地无痕，杳无踪影，而是一站接着一站传承着社会文明的熊熊爝火，为建构整个中华民族的伟大文明传统做出了应有的贡献。

这遍布贺兰山上，由五千多组岩画连缀而成的艺术长廊，就是绝好的历史见证。

我们怎能不由衷地感激那些伟大的民间艺术家——成千累万的无名的岩画制作者！是他们以其独特的艺术创造，为后世人民留存了形象鲜明、信息丰富的时代屐痕，提供了极其珍贵的研究古代文明史的第一手资料。

高尔基说得好:“人,按其本性来说,就是艺术家。他无论如何处处力求给自己的生活带来美。”游猎的先民在浩瀚无垠的荒原上,通过与大自然的艰苦拼搏,培植了粗犷豪放的性格,也播下了信念、追求与热望。他们在呼啸、奔逐、游牧、畋猎之余,借助于岩画的创作,把自己的喜怒哀乐、忧思感奋、所见所闻一一凿刻于山石之上,以获取心理上的满足与快感,达到抒发情感、愉悦身心、恢复体力、消解疲劳的作用。

岩画开创了人类艺术的先河,是一部融会着理性与野性、现实与幻想、稚拙与灵动的无声交响乐。同时,又是一个活的解释系统,它无异于一部古代游牧民族的百科全书,向后人展示着先民对于自然、社会与人类自身的认识,把他们敬仰的神灵、崇拜的图腾、朦胧的遐想、放牧狩猎的经验以至于七情六欲等深层次的内涵如实地记录下来。

4

黄河,这祖国的母亲河、历史之河、文明之河,在它的身边,岩画与神话并存。

它们作为人类精神活动、艺术实践的智慧之果,都深深植根于民族文化本原的沃土之中。那些借助于想象与幻想,把自然力加以拟人化,反映远古先民对于世界起源、自然现象、社会生活的原始理解的神话传说,在贺兰山岩画中同样有所展现。

关于伏羲、女娲这两位始祖神的传说,散见于《山海经》《楚辞》《淮南子》等古籍,同时,广泛流传在黄河流域一带的民间。与两位始祖神“本为兄妹”,“蛇身人首、尾部相交”等传说内容相对应,贺兰山口一幅极为古老的岩画上也有他们的造像——人面蛇身,共同交尾于一条长蛇之上。画像要早于伏羲、女娲其他造像几千年,极为简单、原始,却是鲜活动人。

就一定意义上说,神话原是某种风俗、习惯、信仰和宗教的反映,而岩画则是从艺术的角度予以形象地记述与描绘。二者相辅相成，相得益彰。《山海经》中有关“戎，其为人，人首三角”的记述，实际上，指的是人的头顶上的兽角装饰，贺兰山口的人面形岩画中就有这种头戴三角的装饰形象。岩画与神话互为印证，表明古代一个时期西戎族的先民曾在这一带生活过。

《史记》和《竹书纪年》中都有关于“感生神话”的记载，如说周始祖后稷之母在野外见到巨人的足迹，心忻然悦，践之，遂有身孕，及期生子。这在岩画中亦有所反映。据专家解释，所谓“践巨人足迹”云云，原生状态乃是一种生育舞蹈动作——男女相伴而舞，踏着轻盈的脚步，然后野合做爱，从而得怀身孕。

贺兰山的岩画就是这样表现的：在一对脚印旁边，一双男女在纵情地狂欢、跳舞、拥抱，集中反映了原始先民对于生育的崇拜与渴望，以艺术形式给予“感生神话”以精彩的图解和印证。

原来，原始人的思维处于人类思维的童年形态，带有“巫术性”的成分。他们所处的文化环境，是一个相信万物有灵、凡事迷信前兆的世界。在他们看来，世界上的一切都受着超自然的力量支配，诸如日月的升沉，四时的更迭，草木的荣枯，动物的繁殖，人世的生老病死、穷达休咎，背后都有一种超自然的力量在操纵着。他们既满怀畏惧，却又不甘心任其摆布，总想通过一种特殊的行为来影响它、利用它，于是便产生了巫术。

在先民的心目中，岩画中的动物就是生活中的实物。因此，只要在山崖上凿刻出交媾与生殖的画面，就能实现人畜兴旺的愿望。同样，为了扩大狩猎的战果，便在岩石上不厌其烦地制作着大量的动物图形和游猎场面，他们确信，只有把动物的形象画在山石上（有的还要用箭镞射中它），才会产生游猎预期的效果。

看着这些千奇百怪的画面，也许有人会觉得它们过于粗糙、简单，甚至荒诞无稽。可是，远古的先民正是凭借着这些普通至极的线条与符号，描绘出了整个的万有世界，一如音乐的七个音符，可说是再简单不过了，靠着它们却能谱出情动三军、绕梁终日的万曲千歌。

5

当然，也毋庸讳言，作为史前社会的文化遗存和符号系统，作为图腾艺术的物化载体，贺兰山岩画尽管意蕴之深邃、视野之宏阔为世人瞩目，但它们全由图像组成这一共同特点，却是振古如兹，一成未变的。千年前的也好，万年前的也好，线条、画面、构图、命意，几乎看不出太多的变化。无论其为象形图式、表意图式，还是情感图式，都一无例外地以图像寄寓意义。单就"不确定性"这一点来说，与文字也存在着显著的差别。

历史在这里似乎经久地原地踏步。

时间在这里似乎凝固了。

人生易老，年寿有时而尽，对于时间的飞逝，现代人总是特别敏感的。几度花飞叶落，一番齿豁头秃，常使人感慨重重，蓦然惊悚。

当年，党项族的首领建立大夏国之后，仿照中原王朝的模式，不仅在都城和林峦佳处建起了金碧辉煌的玉宇琼楼、离宫别馆，还选定了贺兰山东麓为其历代君王夜台长眠之地，在五十多平方公里的地面上留下了数百座大大小小的"金字塔"。

时间仅仅过去了几百年，于今，当日的千般宏丽、万种豪华，已经踪迹无存，只剩下几盔荒冢、数堆瓦砾，萧条破败，零落在秋风里。相反，当人们面对这些"粤自盘古，生于太初"的岩画——这些远古游牧时代的文化遗存，想到它们阅千古而长新，历万劫而不磨，神奇地存留到今天，又怎能不为之而感到惊异、感到庆幸、感到振奋呢?

可以说，解读岩画就是在叩开鸿蒙，等于翻检一部已经失传了的史前典籍。

画面上的犀牛、野马、北山羊、单峰骆驼等珍稀动物，不是在一两千年前就已绝迹了吗？而那幅岩画上的大角鹿，据古生物学记载，原是百万年到一万年前的远古孑遗呀！

沧桑迭变，岩画长新。时间峻厉无情，然而却又是万分公正的，它善于选择，它并没有吞噬一切。

时间，时间，现代人在这里真正感受到了时间！

当年，大诗人白居易曾经一往情深地咏赞西湖："未能抛得杭州去，一半勾留在此湖。"

现在我却要说："未能抛得银川去，全部勾留在此图。"

通过解读这些变形夸张、耐人寻味的岩画，不仅获得一番值得永生忆念的艺术享受，而且，接受了一次认识生存根基、启发生态自觉意识的教育——拨开重重的朦胧烟雾，可以重温人类蒙昧时期的宿梦，聆听远古历史微弱的回声，透视原始先民与生物环境同生共存的真实景象，进而悟解人类在自然生态系统链中的恰当位置，克服诛求无限、为所欲为的狂妄心态，真正实现回归家园、认清本源的觉醒。

第十五篇

生生之为易

I

“生生之谓易”，这是《周易·系辞》中的一个核心概念。“生生”也者，乃生命繁衍、孳育不绝之谓也。学者认为，“生生”二字，前面的“生”表示大化流行中的生命本体，后面的“生”为生命本体的本能、功用与趋向。功能与趋向不能脱离生命本体，而本体若是剔除功能与趋向，亦无生命可言，二者相辅相成，深刻地揭示了生命的本质。从这个意义上，可以说，《周易》乃“生命之学”。

也许有人会产生疑问：按其古代形态来说，《周易》原为卜筮之书，不要说形成于三千年前的幽玄诡奥的卦象、卦辞、爻辞——那些“神秘的砖块八卦所砌成的殿堂”（郭沫若语）；即便是战国时期的辅翼之作《易传》，也充满了形上思维、哲学抽象，哪里会有鲜活的生命出现？

《周易》源于自然。大自然的运转变化，是卦爻演化的蓝本和赖以形成的基因；而卦爻与象辞则是混沌初开之时远古先民对于自然、社会早期认识的记录。徜徉于《周易》所铺陈的天地间，眼前会展现出“万类霜天竞自由”的动人景象。宏观的自然环境是，“天玄地黄”“上火下泽”“雷雨之动满盈”“万物资生”——其中有植物：“草木蕃”盛，“系于苞桑”“拔茅连茹”“枯杨生稊”；有动物：“鸣鹤在阴”“鸿渐于陆”“潜龙勿用”“羝羊触藩”“小狐汔济”“鼫鼠贞厉”“乘马班如”“牵羊悔亡”“鸟焚其巢”“十朋之龟”“童牛之牿”“豕之牙”“履虎尾”“包有鱼”。而最为引人注目的，还是那些从事各种活动的人群：有的“仰则观象于天，俯则观法于地，观鸟兽之文，与地之宜”，推演卦爻；有的“刳木为舟，剡木为楫”“断木为杵，掘地为臼”“斫木为耜，揉木为耒”；有的“作结绳而网罟，以佃以渔”；有的“射隼于高墉之上”“田获三狐”；有的穿行山泽，“过涉灭顶”；有的“笑言哑哑”“鼓缶而歌”……

描摹物象，在于寄寓思想观念。其形成过程，往往是通过观察一系列自然与社会现象，参悟出个中所隐喻的哲思、理蕴。在这里，卦象和现实中的人类生活联结起来，将生命作为天地间最可宝贵的本体加以研索。比如，《既济》卦中讲成事规律，其中《九五》爻辞：“东邻杀牛，不如西邻之禴祭。实受其福。”意思是，东方邻国杀牛举行大祭（处于既济状态，祭祀十分隆重），不如西方邻国举行简朴的祭礼（禴祭是夏祭，五谷还没有丰收，所以礼仪简单），诚敬而合于时宜，更加经济实惠，更能得到神灵施降的福泽。

天地感而万物化生。“化”“生”二字，是中国古典哲学中两个重要范畴。化有多义，此处当指化育、生长。化是生的存在方式。《庄子》佚文有“生物者不生，化物者不化”之语；《文子·十守》亦称：“化者复归于无形也，不化者与天地俱生也。故生生者未尝生，其所生者即生；化化者未尝化，其所化者即化。”“化”“生”二字，紧密地联结在一起，表征着生命转化的动态流程。

中外思想家无不悉心赞佩中华大地上远古先哲思维、语言的精妙——简单几个字就将万物经历了数十亿年生成的道理和一切飞潜动植，特别是人类的进化过程精确地表达出来。黑格尔曾经说过：“《易经》代表了中国人的智慧，就人类心灵所创造的图形和形象来找出人之所以为人的道理，这是一种崇高的事业。”

对于物质世界，远古先哲以乾坤、阴阳两对概念做既抽象又形象的表述。《乾》《坤》二卦的《彖》辞中说：“大哉乾元，万物资始，乃统天。云行雨施，品物流形”；“至哉坤元，万物资生，乃顺成天。坤厚载物，德合无疆”。就是说，万物资始，均导源于乾坤的生生运作。他们认为，阴阳化为物质，即是天地；而其象征表现，即是乾坤；体现在人类身上，则为男女。其核心理念，是阴阳和合，“一阴一阳之谓道”“独阴不生，孤阳不成”。关于这种自然的宇宙生成论,《易传》中表述得至为充分:“有天地,然后有万物;有万物,然后有男女;有男女,然后有夫妇”(《序卦》);乾主阳,坤主阴,“乾道成男,坤道成女”;“天地氤氲,万物化醇;男女构精,万物化生”(《系辞》)。

唐代经学家孔颖达的《周易正义》指出,“《易》卦六十四,分为上下,而象阴阳也”;“上篇三十,所以象阳也”;“下篇三十四,所以法阴也”。《乾》《坤》二卦,“阴阳之本始,万物之祖宗”;《咸》《恒》二卦,“男女之始,夫妇之道也”。而无分阴阳与男女,均以“生生”为第一要义。就此,宋代大儒周敦颐说:“二气交感,化生万物,万物生生,而变化无穷焉。”(《太极图说》)

现代学者钱穆认为:“阴阳是两相对立,同时并起的。若必加分别,则应该是阴先阳后。让我们把男女两性来讲,男女异性似乎是两相对立,同时并起的。但照生物进化大例言,当其没有雌雄男女之别以前,即以单细胞下等生物言,他的生育机能早已具有了。生育是女性的特征,可见生物应该先具有女性,逐步演化,而再始有男性,从女性中分出。女性属阴,男性属阳,故说阴先阳后也。”看到这里,我曾有过疑问:既然阴先阳后,为什么《周易》六十四卦要将《乾》卦置于第一,《坤》卦次之?钱先生似乎料到了这一点,文中解释说,乾德为健,主动;坤德为顺,随动。儒家推尊人文,故取《乾》卦为第一卦。

而与此说形成鲜明的对照,钱穆的宗亲、当代学者钱锺书则在海峡此岸,充满风趣地接上话头:《周易》中个别处“有乖男女平等之道”,乃“逞男子之私便”。他还引证古书中谢太傅、刘夫人的掌故:“公(谢安)既深好声乐,不能令节,后遂颇欲立(娶)妓妾。兄子及外甥等微达此旨(了解这一意图),共问讯刘夫人,因方便称(《诗经》中的)《关雎》《螽斯》有不忌(忌妒)之德。夫人知以讽己,乃问:‘谁撰此诗?’答云:‘周公。’夫人曰:‘周公是男子,乃相为尔;若使周姥撰诗,当无此语也。’”(《管锥编·周易正义》)

2

当然,《周易》也可以说是生存之学。生命的实现,有赖于生存;而生存的本质,或曰根本属性,是达致天道与人道、天文与人文的天人合德、和谐统一。

远古先哲“推天道以明人事”,通过静观默察,潜思体悟,从时空、天象的变化及其与人事生产生活之间的关系,发现规律性的现象与认识,从而形成了从整体上、宏观上把握事物的思维方式。这样,作为最古老的阐发人与自然、社会关系的《周易》一书,就充分显现出视整个宇宙为一大的生命系统,视人与自然为一整体的生态伦理思想,而其最高境界,就是天人合一。这一生态伦理思想,不仅正确地表达了人与自然、人与社会的关系,同时,也是中国哲学对于世界的重大贡献。

《周易》中把整个宇宙分为天、地、人三个同元同构、相互感应的组成部分,“天生之,地养之,人成之”(董仲舒语)——天、地、人“三才之道”。人与万物具有统一性,天地因人的存在而有意义,它们之间有着内在的默契,“与天地合其德,与日月合其明,与四时合其序,与鬼神合其吉凶”(《系辞》)。如果我们把一部《周易》比作一座美轮美奂的摩天大厦,那么,天人合德、和谐统一,便是这座大厦的顶梁柱与基石。

《系辞》有言,“天地之大德曰生”;“夫《易》,圣人所以崇德而广业也”。这个“德”集中体现在合、和二字上。合、和的外在表现,是孔子所言:“仁者爱人。”清代学者戴震认为:“仁者,生生之德也。”在天覆地载之中,体现着“万物并育而不相害”的一体之仁,反映出我国古代先民敬天重德、仁慈博爱的思想精神。它是覆盖于整个社会、自然与人生的,特别是反映在自然观和生态伦理方面,具体地体现为三个方面。

一是顺。《易传·说卦》指出,“昔圣人之作《易》也,将以顺性命之理”(顺应人性、天命的规律),“和顺于道德而理于义”。《豫》卦《彖》曰:“天地以顺动(循时运转),故日月不过(没有过失),而四时不忒(不出偏差);圣人以顺动,则刑罚清(清明公正)而民服。"《革》卦《象》曰:"顺乎天而应乎人。"这里的"顺",有顺应自然、顺乎天理、遵循规律之意。这是以天人合德为核心理念的生态伦理观的最基本的内容之一。

二是节。六十四卦中第六十卦为《节》卦,专门阐明适当节制的道理。卦辞:"节,亨(节制,亨通顺利)。"就此,《象》辞解释说:"天地节而四时成,节以制度,不伤财,不害民。"爻辞《六三》:"不节若,则嗟若(不能自我节制,必然会忧伤嗟叹)。"爻辞《六四》:"安节,亨(心安理得地节制,亨通顺利)。"爻辞《九五》:"甘(甜美愉悦)节,吉。"看来,《周易》的一个重要思想,就是凡事要有节制(包括节俭、节约、节欲),不可过度开发,肆意掠夺,无限制地向自然索取;不可挥霍无度,暴殄天物。这也是中国古代生态伦理观的一个重要原则。

三是谦。《周易》第十五卦是《谦》卦。卦辞:"谦,亨。君子有终(能有好的结果)。"《象》辞的解释是:"天道亏(损)盈而益谦,地道变盈而流谦,鬼神害盈而福谦,人道恶盈而好谦。谦尊而光,卑而不可逾,君子之终也。"爻辞《九三》:"劳谦君子,有终吉。"爻辞《六四》:"无不利,谦(发挥谦虚的美德)。"

英国科技史专家李约瑟在其学术著作中,热情赞誉中国古代先民敬天重德的思想,把这种天人合德的自然观称为"有机的自然主义"。他说:"对中国人来说,自然界并不是某种应该永远被意志和暴力所征服的具有敌意和邪恶的东西,而更像是一切生命体中最伟大的物体。"

"有机的自然主义"也好,"一切生命体中最伟大的物体"也好,核心理念,或者说基本出发点,是生存意识——主体的人和客体的自然世界,是命运的共同体,彼此同生共存,相依为命;而"被意志和暴力所征服的具有敌意和邪恶的东西"的基本出发点,则是无限制地掠夺、占有。

美籍德国哲学家弗洛姆在《占有还是生存》一书中,对于人的两种生存方式——重占有和重生存进行深入解析。为了彰显二者的区别,书中以英国诗人坦尼森和日本诗人松尾芭蕉的诗为例。二诗内容相近，描述的又是同一种体验，即他们在散步时对一朵花所做出的反应。坦尼森的诗是这样的：

在墙上的裂缝中有一朵花，
我把它连根一起拿下。
手中的这朵小花，
假如我能懂得你是什么，
根须和一切，一切中的一切，
那我也就知道了什么是上帝和人。

下面是松尾芭蕉的俳句：

凝神细细望，
篱笆墙下一簇花——
悄然正开放！

弗洛姆解析说，前者对花的态度是想要占有它。出于对花的兴趣，他把它连根拔起，后果是花朵遭到扼杀，虽然他的理性还在侈谈什么“这朵花可能会帮助他理解上帝和人的本质”。在这首诗中，诗人“就像西方的科学家一样，为了寻找真理而不惜分解生命”。而松尾芭蕉对花所做出的反应，则完全不同——他欣赏它，却不想去摘取，甚至连动它一下都不忍心，只是“凝神细望”。这使人想起苏东坡在《宝绘堂记》中所说的：“君子可以寓意于物，而不可以留意于物。寓意于物，虽微物足以为乐，虽尤物不足以为病。留意于物，虽微物足以为病，虽尤物不足以为乐。”

弗洛姆指出，强调占有的人，“对自然界抱有一种深深的仇视态度”，“放弃了对美好的弥赛亚时代——人类与自然界和谐一致——的憧憬。

我们奴役自然，为了满足自身的需要来改造自然，结果是自然界越来越多地遭到破坏。想要征服自然界的欲望和我们对它的敌视态度，使我们人变得盲目起来，我们看不到这样一个事实，即自然界的财富是有限的，终有枯竭的一天，人对自然界的这种掠夺欲望，将会受到自然界的惩罚”。

是的，大自然原本是我们人类的生命之源、存在之根、创造之基、发展之本。

即便是人的创造物——一切文明成果，“自然造化内在目的的结晶”，也都离不开这个根基。可是，恰恰是这样简单的规律性事实，却被短视、盲目的人类遗忘净尽，以至大自然始终被作为对象化、资源化加以对待和理解。特别是现代化运动以来，对于大自然无限度地开发、掠夺，导致空气、水质、土壤严重污染，全球气候日益恶化，可耕土地日渐减少，大批物种逐渐消亡，各种自然灾害频繁发生，环球普遍出现严重的生态危机。

古人作《易》，表达了深沉的忧患意识，《系辞》有言：“危者安其位者也，亡者保其存者也，乱者有其治者也，是故君子安而不忘危，存而不忘亡，治而不忘乱。是以身安而国家可保也。”后面特别加上一句：“作《易》者，其有忧患乎？”

这里讲的危亡、忧患，应该是广义的；但人天之忧，总是一个最为紧迫的事实，最为严重的大问题吧？

3

“易道广大，无所不包，旁及天文、地理、乐律、兵法、韵学、算术，以逮方外之炉火，皆可援以为说。”（《四库全书总目提要》）可以说，《周易》揭示了宇宙万象发展变易的内在规律，而变易正是《周易》的灵魂。宋代理学家程颐指出：“易，变易也，随时变易以从道也。”现代学者章太炎也说：“变易之义，最为《易》之确诂。”

为此，《周易》也可以说是发展、变易之学。与前两章的生命、生存相对应，这里所揭示的乃是关于生机的奥秘。自身的矛盾运动，决定了事物的发展、变易。变易为生命与生态系统提供了发展的基础和可能。子在川上曰："逝者如斯夫，不舍昼夜。"大化流行，肇源于万古如斯、渊源不竭的变易。

关于《周易》一书之所以名"易"，历代学人众声鼎沸，认识却是一致的。具有代表性的，一为唐代经学家孔颖达的论断："夫《易》者，变化之总名，改换之殊称。"一为宋代鸿儒朱熹所下的定义："《易》，书名也，其卦本伏羲所画，有变易之义，故谓之《易》。"

从字学方面来考究，也有多种有趣的说法。

我不懂得甲骨文，据有的学者考证：在甲骨文中，"易"字像双手捧一只杯向另一只杯中注水，后来简化了双手，只写作一个杯向另一杯注水的形状，再后来简化为只剩下一个杯向外流水的形状，最终又加以简化，纵向截取杯的一半，失去了原形，最终被讹化演变为"易"字。由"易"字的注水、两件器物之间的盈虚消长，表现变化、变换、变易的复杂内涵。在注水过程中，那只盛满水的杯子由有变为无；而那只空杯则由无到有，体现了变易的意蕴。由此，我倒联想起宋代文人秦观的那些话："变者，自有入于无者也；化者，自无入于有者也。""是故，物生谓之化，物极谓之变。"这是说法之一。其二，日月为易，一上一下，"东上朝阳西下月"，鸡飞兔走，变易轮回。既形象、有趣，又理顺词达，很有说服力。其三，还有学者认为，蜥蜴亦称变色龙，为了生存，身上颜色一日多变。而这个"蜴"字，古代也写作"易"，取其善于变化也。

当代学者蒋凡指出，《周易》四大功能之一，是"以动者尚其变"，阴阳变化，矛盾运动，日新月异，生生不息，表现了中华古代先哲深邃的哲学思考，包含了丰富的辩证法。《周易》的思维方法，是一个以感悟为特色，在对事物整体把握的前提下进行辩证思维的方法论体系，它不仅承认矛盾对立的普遍存在，进一步确认矛盾对立的运动变化，同时又更深一层地揭示了：在一定条件下，阴阳矛盾的对立与相互转化。比如天地、男女，没有地，岂有天？没有女，岂有男？阴阳二气，相摩相荡，相互对立，又相互依存，而运动变化。六十四卦中有所谓正对卦、反对卦，如《泰》卦与《否》卦，卦爻之象相反，《泰》象征安吉通泰，《否》象征否塞多灾，彼此矛盾对立，但又相互依存而转化，乐极生悲，由《泰》化《否》；否极泰来，脱《否》转《泰》，矛盾运动，生生不息，这是生活的辩证法。

不仅如此，《周易》更指出，运动变化是绝对的，而阶段性的静止是相对的。比如按照卦序，《既济》与《未济》是六十四卦中的最后两卦。《既济》象征已经安全渡河，事业成功；《未济》象征尚未涉险渡河，事业未成。按照常理，最后一卦应为《既济》，但《周易》作者却置《未济》为最后一卦。此卦序排列，充分体现了辩证思维——《未济》后于《既济》的卦序显示，象征事业成功的《既济》卦，只是取得阶段性的暂时胜利，现实生活激励人们，应该再次卷起裤腿，准备重新涉险渡河，开始新的征途。

这说明了矛盾运动，辩证发展，旧阶段虽然完成，但新阶段的长征却又开始，人们在高歌猛进而自强不息的矛盾运动中，又继续前进，进而上升到一个新的文明阶段。

看来，作为一部国学元典，《周易》确是彻里彻外地浸满了变化理念。正如《系辞》中所言，《易》之"为道也屡迁，变动不居，周流六虚（周转六个虚爻）。上下无常，刚柔相易。不可为典要（不能视为僵化、固守的经典要籍），唯变所适"。这也充分体现在卦、爻所代表的物象、观念及其排列组合上。《易》中卦象，往往代表着某一事物的演变过程，而卦里的六爻，则代表某个时期变化着的状态。"爻者，言乎变者也"（《系辞》）。它们本身也是错杂关联、交相变化的。且看《乾》卦中的龙，爻辞《初九》："潜龙勿用"，其意为潜伏水中，暂不宜张扬、施展；爻辞《九二》："见龙在田"，则是脱离潜伏状态，出现在田间（地平线）上；爻辞《九四》："或跃在渊"，退而居于深渊；爻辞《九五》："龙飞在天"，最后飞翔在九天。由潜伏而翱翔，呈现动态变化。再看《渐》卦中的鸿雁，由下而上、由低而高地"渐之进也""动不穷也"——爻辞《初六》："鸿渐于干（游走于岸边）"；爻辞《六二》："鸿渐于磐（栖息在石上)”;爻辞《六四》:“鸿渐于木(飞上林木);爻辞《九五》:“鸿渐于陵(飞上山陵)”;爻辞《上九》:“鸿渐于陆”,辞典解释,陆者,逵也,云路也,喻高空,高飞远翥,“得所愿也”。

通过卦爻的推演,先民借物象以明人事、卜吉凶、定休咎、决去取,进而提出“知几”(见微知著,预测事势的玄机)、“乘时(把握时机)”的理念。《易传·系辞》有言:“几者,动之微,吉之先见者也。君子见几而作,不俟(等待)终日”;而关于“乘时”,则曰:“终日乾乾,与时偕行”(《乾》卦《文言》),“君子藏器于身,待时而动”(《系辞》)。

“生生之谓易”,一要生存,二要发展。

这里一个重要课题,就是如何才能做到生生不息,永葆生机?概言之,即把握变化、变易、变通的规律。《坤》卦《文言》有“天地变化,草木蕃”之说。其实,人事何尝不是如此。“穷则变,变则通,通则久”(《系辞下》),这是放之四海而皆准的普遍真理。而在“生生之谓易”前面,还有一句话:“日新之谓盛德。”它所强调的,乃是创新精神。哲学家张岱年指出,作为“天下之大德”,生的本意是创造。承认“生生之谓易”,就是把世界和人生都看作不断创新的过程。只有不断变化、不断创新,才能永葆生机;而“苟日新,日日新,又日新”,这正是天时、人事的既定法则。诚如清代诗人赵翼在一首七言绝句中所赞的:

> 满眼生机转化钧,天工人巧日争新。
> 预支五百年生意,过了千年又觉陈。

第十六篇

尽信《书》不如无《书》

I

殷商末年，周武王继位后四年，得知商纣王的商军主力远征东夷，朝歌空虚，即率兵伐商。当时，武王率本部及八个方国部落军队，进至牧野。纣王惊闻周军来袭，调动少量的防卫兵士和大量奴隶，开赴牧野迎战。以数量而论，商军的兵力超过了周军，但由于匆忙结阵，士气低落，加上奴隶们阵前倒戈，最后招致惨败。对此，《尚书·武成》篇记载："受（纣王）率其旅若林，会于牧野。罔有敌于我师（没有人愿意和我为敌），前徒倒戈，攻于后以北（向后边的自己人攻击），血流漂杵。"

生活于战国中后期的孟子，披览至此，大不以为然，说："尽信《书》则不如无《书》。吾于《武成》，取二三策而已矣。仁人无敌于天下，以至仁伐至不仁，而何其血之流杵也？"（《孟子·尽心》章句下）这里的"书"，特指《尚书》，亦即《书经》（《论语》中有五六处提到"书"，大多数都指《尚书》）。《武成》是其中的一篇。

孟子认为，《尚书》中的记载未可尽信，并举出了具体实例。这一论断得到了后世学者的认同。宋代理学家张载、朱熹等，还就此做了进一步的引申与发挥，强调读书要"有疑"，且在"无疑处有疑"；要"濯去旧见以求新意"。道理就在于，怀疑方能开启觉悟之门，"疑乃可以启信"。敢于怀疑，认真分析，才既能进入书中，又能跳出书外。

《公羊传》中有所谓"所见异辞，所闻异辞，所传闻异辞"的说法，其实，成文的历史，又有哪一种不是间接的传闻呢？那类"生无旁证，死无对证"的事，所在多有。何况，"俗皆爱奇，莫顾实理。传闻而欲伟其事，录远而欲详其迹，于是弃同即异，穿凿傍说，旧史所无，我书则传。此讹滥之本源，而述远之巨蠹也”。

东汉王充《论衡·艺增》篇，对此做进一步的阐述，专门揭橥了古代一些典籍增溢其事以致失实的现象（这里的“艺”应作“经”解，汉儒以《六经》为“六艺”，即《易》《书》《诗》《礼》《乐》《春秋》）。文章一开头就指出：

> 世俗所患，患言事增其实，著文垂辞，辞出溢其真，称美过其善，进恶没其罪。何则？俗人好奇，不奇，言不用也。故誉人不增其美，则闻者不快其意；毁人不益其恶，则听者不惬于心。闻一增以为十，见百益以为千。使夫纯朴之事，十剖百判；审然之语，千反万畔。

他说，里巷之言，出小人之口，固然难免失真，而“言审莫过圣人，经艺百世不易，犹或出溢增过其实”。接着，他就举出大量出自儒家经典《六经》《四书》中的“增溢”事例：

《尚书》中赞美帝尧的德政，说是“协和万国”，实际上，当时，“天之所覆，地之所载，尽于三千之中矣”，说是“万国”，“褒增过实”了。

《尚书》曰：“祖伊谏纣曰：今我民罔不欲丧。”罔，无也，“夫言欲王之亡，可也；言无不，增之也”。祖伊之所以这么说，是要引起纣王的恐惧，“冀其警悟也”。

他还举出《尚书·武成》篇：“武王伐纣，血流浮杵”“助战者多，故至流血如此”。“案：武王伐纣于牧之野，河北地高，壤靡不干燥。兵顿血流，辄燥入土，安得杵浮？”再者，“周殷士卒，皆赍干粮，无杵臼之事，安得杵而浮之”？

“儒书又言：尧舜之民，可比屋而封”，意思是人人有君子之行，可皆官也。“夫言可封，可也；言比屋，增之也。”

这种种陈述与批驳，都至为确凿。

古时是这样，那么近世呢？

王充接着又列举了汉代言过其实的事例:郎中贲光上书光武帝,言汉文帝"时居明光宫,天下断狱三人",以颂美文帝。光武帝当即予以驳斥:文帝并不居住明光宫,断狱也不是三个人,正式澄清了事实。为此,王充慨叹道:"汉为今世,增益功美,犹过其实,况上古帝王久远,贤人从后褒述,失实离本,独已多矣。"还说,如果不是遇到光武帝加以纠正,千世之后,载于经艺之上,人不知其增,那就会据为实事了。

当然,这里还有一层复杂的关系。过去有"六经皆史"之说,首倡于元代的郝经,后经清代的章学诚系统地提出,意思是《易经》《书经》《诗经》《礼记》《乐记》《春秋》这六种经书,都是夏、商、周三代典章政教的历史。如果把包括《诗经》在内的经书都看作史书的话,那么,对其所记失实予以切责,当然没的可说;但《诗经》本身又是文学作品,如果句句都去这样要求,就有些失之过苛,甚至是"刻舟求剑"了。比如,《诗》云:"子孙千亿。"这是赞美周宣王之盛德,顺应天地,子孙众多。王充指摘说,"诗人颂美,增益其实";再如,《诗》云:"鹤鸣九皋,声闻于天。"王充也加以批驳,说其声高远,可以,"言其闻于天,增之也","人无在天上者,何以知其闻于天上也"?这就未免吹求过苛了。看来,学术研究应该合理区别历史真实与艺术真实的关系,不可一概而论。

2

那么,我们就要问了:载记失实是怎么产生的?

这里有多方面的原因。

在古代,经常出现而无法避开的一个问题,是义理正确与事实正确在辨别、处理中的矛盾。

经过前人编辑、修订的古代经书,经常会碰到事实正确与义理正确的矛盾冲突,这就必然导致史官不可能如实记述的倾向。最典型的事例是《春秋经》。《僖公二十八年》记载:周襄王二十一年(前632),"天子狩于河阳”。乍一看，是周天子去河阳这个地方考察地方官员的工作。实际上，哪里是一次狩猎活动？不过是晋文公命令诸侯国以朝周天子名义举行的一次会盟活动，同时也召呼周天子到场了。

这个晋文公重耳，是晋献公的儿子，夙有贤名。献公宠幸骊姬，骊姬欲立其子奚齐，三个公子受谗，重耳逃出晋国，到各国流亡。晋献公死，诸子争立，短短几天，发生两次流血政变。后来。在秦国帮助下，晋人接回在外流亡近二十年的重耳为君主，是为晋文公。

当时，正值周王室政治动乱，襄王出逃到郑国的汜地(今襄城南)。襄王向晋、秦、鲁等诸侯国求助。晋国大臣狐偃对晋文公说，欲谋霸主，必须尊周，应该通过救助襄王复辟，捞取图谋霸业的资本。于是，晋文公发兵平叛，迎襄王于汜，并护送到王城。接下来，晋文公与各诸侯国逐鹿中原，经过“城濮之战”，打败了楚国；并与齐、鲁、卫、宋等国在践土会盟，周襄王也应召而至，会上，襄王策命晋文公为诸侯之长。由于卫、许两国未服，晋文公欲会诸侯讨之，但害怕诸侯不听命，遂召襄王出面，以天子名义在河阳会盟，从而进一步确立了晋文公的霸主地位。

从上述事实中，看得出来，明明是诸侯号令天子，可是，《春秋经》却记载为“天子狩于河阳”。为什么要这样做呢？《左传》解释说：“以臣召君，不可以训。”所以，孔子订《春秋》时用了一个曲笔。所谓“曲笔”，就是以义理正确掩盖了事实真相。历代史书上经常有史官“秉笔直书”的话，实际情况却往往是，“直者，正也”，直书的并非真实的事实，而是正确的义理。而且，史书上还有个“为尊者讳”的问题，为尊者讳耻，为贤者讳过，为亲者讳疾。庚子之役，明明是西太后逃跑，偏要说成是庚子“西狩”；明明是战败了，偏偏要说成是庚子“赐和”——皇帝、太后恩赐给你列强和平，真是滑天下之大稽！简直让人笑掉了大牙。

说到义理正确与事实真实的龃龉，历史上还有一个事例：

明武宗纵欲亡身，没有子嗣，也没有兄弟，经内阁首辅杨廷和与皇太后张氏商定，依照《皇明祖训》“兄终弟及”的规定，由其同辈庶出的近支堂弟朱厚熜继承大统，是为世宗嘉靖皇帝。世宗即位第六天，就下诏礼部，命廷臣集议皇帝生父兴献王的主祀和尊号。以首辅杨廷和为首的府部群臣一致认为，本着帝系继统制度，应该以国为重，“继统继嗣”，这就要称武宗之父、兴献王之兄孝宗为“皇考”；而称兴献王为“本生父”或“叔父”。而世宗皇帝却坚持要尊兴献王为皇考，结果发生了著名的“大礼议”之争。这里不去分辨他们政治伦理上的是非曲直，单就逻辑判断来说，前者属于义理正确，后者属于事实正确。就是说，正确与否，看你从哪个角度看，依个人所处位置和思考的角度来辨识，便会得出不同的结论。如果进入历史载记，同样会遇到尖锐对立的两种见解。

而更多的是慑于最高统治者的威权，史官不敢如实记载。古代帝王的《起居注》，由史官负责记载，分工是“左史记言，右史记事”。

那天，唐太宗要亲自看看史官们都在《起居注》中记载一些什么。当时，有一个大臣叫朱子奢的，说：“这可不好，这会开一个不好的头。皇帝看了记录，以后史官贪生怕死，就不敢如实记录了。”太宗还好，听了劝阻。可是，到了唐文宗时候，就不行了，史官不同意看，他说：“我看一看，有什么不合治体的话，把它改过来。”史官顶不住，只好送上去。这就无法保证真实了。

鲁迅先生曾一针见血地指出：“历史上都写着中国的灵魂，指示着将来的命运，只因为涂饰太厚，废话太多，所以很不容易察出底细来。正如通过密叶投射在莓苔上面的月光，只看见点点的碎影。但如看野史和杂记，可更容易了然了，因为他们究竟不必太摆史官的架子。”反映在对宋太宗的记述上，也是如此。比如，焚毁晋阳城这样一件大事，在《宋史·本纪》中只是用“堕其城”几个字一笔带过。宋太宗在征辽中指挥失当，全盘尽输，丧师不下三十万，这在《本纪》中根本看不出来。即使那次几乎全军覆没，太宗险些被俘的“高梁河之战”，也只是轻描淡写地说：“帝督诸军与契丹大战于高梁河，败绩。”

之所以出现这种野史、杂记多有记载，而正史却避而不谈的现象，除了一般情况下史官“为尊者讳”以外，还和宋太宗的“做贼心虚”，直接出面干预有关系。他说过，为君为臣，做一恶事，载之简册，流传万载。正因为他很怕把一些不光彩的事情记上去，影响后世对他的评价，所以，他对宋初史料的编纂工作极为关注。他一改前朝的惯例，专门做出规定：本朝的“时政记”和“起居注”，必须按月首先送他本人审阅，然后再交付史馆。这样，作为修史时主要依据的《太宗实录》，其可靠性就很难说了。

3

正是由于历史本身存在着难以把握的某种不确定性，所以，王安石在《读史》诗中慨叹：

自古功名亦苦辛，行藏终欲付何人？
当时黮黯犹承误，末俗纷纭更乱真。
糟粕所传非粹美，丹青难写是精神。
区区岂尽高贤意，独守千秋纸上尘。

历史是一次性的，当一种事物成其为历史，作为“曾在”即意味着不复存在，特定的人、事、环境尽数都消逝了。那么，未曾“在场”者（时人或后人）在恢复历史原态过程中，有时就要依据事件发展的规律和人物性格的逻辑，进行必要的充实与渲染，其间更是难免存在着不同程度的主观性介入。因此，海德格尔说，历史的真意应是对“曾在的本真可能性”的重演。受后现代主义思潮影响，西方新史学提出了历史研究“想象性”思考方式。海登·怀特指出：“随着我研究得越来越多，在我看来，历史学家创造的是对于过去的想象性形象，它有着一种功能，正如同一个人在自身个体的想象中对往事的回想。”平常，我们总说历史如何如何。那么，历史是什么？拿到桌面上的无非是史家撰写的历史著作，而真实的历史是已经消失了的过去。时间越久远，所留痕迹越少。原本鲜活生动、丰富多彩的世界，变为幽暗、神秘以至于不可测度的“他者”。而那些存在于文献中的记载，也只是结论性的东西，很难说就是历史的本来面目。虽然史家自以为是真相的再现，读者也大多这样认为。事实上，历史不可能像自然科学那样，存在一个可以观察和规定的对象，历史作为消失了的过去，已经不能再实际感知和体验。

任何知识都具有相对性，随着时代变迁和客观条件的变化，随着人类认识的更新和实践活动的深入，种种学说、知识的局限性会逐渐地显现出来。而且，由于历史文本是开放的，人们每一次阅读它都是重新加以理解，随着阅读者的差异，必然呈现阐释的多义性。

还讲上面那篇《武成》。

孟子的批评已如上述，后来的朱熹也持相同观点。但朱熹的学生蔡沈在作注时，却说：“纣众虽然有如林之盛，然皆无有肯敌我师之志，纣之前徒倒戈，反攻其在后之众以走，自相屠戮，遂至血流漂杵。史臣指其实而言之。盖纣离心离德，特劫于势而未敢动耳。一旦因武王吊伐之师，始乘机投隙，奋其怨怒，反戈相戮，其酷烈遂至如此。”显然，这是针对孟子的批评而言，也反映了因读者差异而出现的阐释的多义性。

一次到台湾时，在日月潭观光，接待我的是南投文化局长，他是一位文学博士。在同我交谈时，他讲了一件趣闻。有次到日本时，他见到了杨贵妃的墓，便问有关人士“有什么史实依据”。答复是：“你们中国古代的白居易写得很清楚嘛！”博士反诘：“杨贵妃不是死在马嵬坡吗？白居易《长恨歌》里分明讲，‘六军不发无奈何，婉转娥眉马前死’。”答复是：“《长恨歌》里还讲，‘忽闻海上有仙山，山在虚无缥缈间。楼阁玲珑五云起，其中绰约多仙子。中有一人字太真，雪肤花貌参差是’。海上仙山在哪里？就是日本嘛！”博士说：“这种颠倒迷离的仙境，原都出自当事人与诗人的想象。”答复是：“什么不是想象？‘君王掩面’，死的是丫鬟还是贵妃，谁也没有看清楚；所以才说‘马嵬坡下泥土中，不见玉颜空死处’。”就这样，生生造出一个“贵妃墓"来，结果还振振有词！这里同样反映了因读者差异而出现的阐释多义性。

看到这里，有的读者可能会说，看来，凡事就只有靠亲历亲见的在场者来记录了。不过即便是这样，也未必就一定可靠。因为他们要考量利害得失，不能不进行选择、取舍，有的还出于某种动机，有意造假。

我曾看到一篇评述《马可·波罗游记》的文章。关于这部游记，学术界争议很大，有的认定马可·波罗根本没有到过中国，但也有人力挺马氏游记的真实性。现在，就算承认他真的到过中国，但在游记中也存在许多有意造假的问题。比如，他为了抬高自己的身份，总喜欢在一些重大事件中，把自己打扮成主角。比如，蒙古军围攻襄阳城的那段历史，他竟把自己穿插到这场战役中。说蒙古军之所以攻陷了襄阳城，以致南宋覆亡，全靠用了他所发明的先进武器——投石器和弹射器。

事实又怎样呢？在他到达中国的两年前，这场战争就结束了。

这里讲的是存在着直接的利害关系，有意加以渲染的情况。有时，即使没有利害关系，在场者也未必就能如实地反映，同样存在着"言人人殊"的现象。

日本有个电影叫《罗生门》，描写一个武士带着妻子远行，在丛林中被一个强盗劫持，经过一番拼搏，武士败北遭到绑缚，妻子被奸污，武士最后被杀死。一个樵夫看到了这个情景，报了案。警察署传唤了有关人员。有趣的是，强盗、武士（鬼魂）和妻子口供各异，连报案人说的也与上述无一相同。强盗说，经过搏斗，他将武士绑在树上，便把他妻子奸污了，心想离开，却被这个女人抓住，说两男不能并存，必须只剩一个，最后剩下谁她就跟谁。于是，两人决斗，武士被杀，女的在二人决斗时逃跑了。第二种说法，女的说，强盗把她强奸之后就逃走了，她感到羞愧，请求丈夫宽恕，丈夫不理她，冷面相对，她就给丈夫松了绑，把自己的刀交给丈夫，要求丈夫杀死她，丈夫还是不理，这时她神经错乱，就把丈夫杀了。第三种说法，武士借一个巫婆之口说，强盗奸污了他的妻子，准备带走她，她坚持要强盗杀死丈夫再走，强盗正犹豫着，在给武士松绑时女的逃跑了。强盗去追她，武士自刎了。还有第四种说法，樵夫讲述，强盗确实强奸了女的，并且要女的嫁给他，女的坚持要求强盗与丈夫决斗，决斗中女的逃跑了。强盗一气之下，杀死了武士。

四种说法，究竟以何为是，成了一个无法判断的谜团。

4

鉴于过往的历史无从通过概念规定和判断推理从逻辑上加以把握，于是，从克罗齐、柯林武德到怀特这些新史学家，就开辟了一个新的路径——转变思维方式，运用想象力、联想力这些原发创生的“象思维”。海登·怀特说得很明确，“想象某一个东西，就是要建构它的形象”，“人们所经验的‘历史’是什么呢？那只能是一种想象性的创造物，但却是真实不妄的”。事实上，历史学的创作在追溯历史结论时，无论是文献性的，还是实物性的，都要从结论回溯其形成结论的动态历史过程。显然，做这种追溯没有丰富联想力是不可能完成的。它区别于传统史学把历史文献和实物简单地作为历史本身，而不运用联想力去追溯形成这些文献和实物的过程史。新史学的重要先驱柯林武德把这类传统著述讥讽为“剪刀加浆糊”的拼写史学。这种新的思维方式，就是在尽可能避免虚构（实际上很难免），特别是历史发生和绵延的过程，在地点、时间方面不允许虚构的情况下，使历史学与文学性相融合，对细节加以联想，从而增强历史著述的可读性与趣味性。

确实，文史作品都离不开细节描写，包括一些对话，因为它最能反映人物的情感与个性。《史记》中写汉初名相万石君父子三人一门恭谨，就采用了大量细节。石奋的少子石庆，一次驾车出行，皇帝在车上问有几匹马拉车，他原本很清楚，但还是用马鞭子一一数过，然后举起手说：“六匹。”小心翼翼，跃然纸上。太史公通过这一细节，写出了当时官场中“临深履薄”、险象环生的政治氛围。

明代思想家李贽讲到艺术创造时，谈到了“画”与“化”。画，就是要描绘形象；而化，就是把客观的、物质的东西化作心灵的东西，并设法把这种“心象”化为诗性的文字。这就触及文史作品中想象与虚构这一颇富争议的话题。历史讲求真实，关于史事的来龙去脉、真实场景，包括人物的音容笑貌、举止行为，都应该据实描绘，不可臆造；可是，实际上却难以做到。国外新历史主义的“文学与历史已不存在不可逾越的鸿沟”“历史还原，真相本身也是一种虚拟”的论点，我们且不去说；这里只就史书之撰作实践而言。

学者钱锺书在《管锥编》中有一段精彩的论述：“《左传》记言而实乃拟言、代言。”“如后世小说、剧本中之对话、独白也。左氏设身处地，依傍性格身份，假之喉舌，想当然耳。”“上古既无录音之具，又乏速记之方，驷不及舌，而何口角亲切，如聆謦欬欤？或为密勿之谈，或乃心口相语，属垣烛隐，何所据依？”原来，“史家追叙真人实事，每须遥体人情，悬想事势，设身局中，潜心腔内，忖之度之，以揣以摩，庶几入情合理。盖与小说、院本之臆造人物，虚构境地，不尽同而可相通；记言特其一端”。

大概也正是为此吧，所以，当宋代理学家程颐听到弟子问及“《左传》可信否”时，他慢声答曰：“不可全信，信其可信者耳。”

再来看另一部被奉为古代散文之范本的《史记》。《项羽本纪》中记录了“鸿门宴”的座次：项羽和他的叔叔项伯坐在西面，刘邦坐在南面，张良坐在东面，范增坐在北面。之所以如此交代，是因为有范增向项羽递眼色、举玉玦，示意要杀掉刘邦的情节，他们应该靠得很近；还有“项庄舞剑，意在沛公”，而项伯用自己的身体掩蔽刘邦，如果他们离得很远，就无法办到了。司马迁写作《项羽本纪》，距“鸿门宴”大约一百一十多年，当时既没有照相机和录像设备，也不大可能有关于会谈纪要之类的实录，即使有，也不会记载座次。

那么他据何而写？显然靠的是想象。

《古文观止》中有一篇《象祠记》，作者为明代思想家王阳明。

当时，贵州灵博山有一座年代久远的象祠，是祀奉古代圣贤舜帝的弟弟象侯的。当地彝民、苗民世世代代都非常虔诚地祀奉着。这次应民众的请求，宣慰使重修了象祠，并请流放到这里的王阳明写一篇祠记。对于这位文学大家来说，写一篇祠记，确是立马可就；可是，这次他却大费踌躇了。原来，据《史记》记载，象为人狂傲骄纵，有恶行种种，他老是想谋害哥哥舜，舜却始终以善意相待。要为象来写祠记，实在难以落笔：歌颂他吧，等于扬恶抑善，会产生负面效应；若是一口回绝，或者据史直书，又不利于民族团结。反复思考之后，他找到了解决办法：判断象的一生分前后两个阶段，前段是个恶人，而后段由于哥哥舜的教诲、感化，使其在封地成为泽被生民的贤者，因此死后，当地民众缅怀遗泽，建祠供奉。《象祠记》就是这样写成的。这其中显然有想象成分，但又不是凭空虚构的。因为《史记·五帝本纪》中，有舜“爱弟弥谨”“封帝象为诸侯”的记载。据此，作者加以想象、推理，既生面别开，又入情入理。

用心可谓良苦。

这在西方也早有先例。古希腊史家修昔底德《伯罗奔尼撒战争史》中，演说辞占有四分之一的篇幅。修氏自己承认：“我亲自听到的演说辞中的确实词句，我很难记得了，从各种来源告诉我的人，也觉得有同样的困难，所以我的方法是这样的：一方面尽量保持接近实际所讲的话的大意，同时使演说者说出我认为每个场合所要求他们说出的话语来。”

现代学者顾颉刚在《古史辨》中说：“我以为一种故事的真相究竟如何，当世的人也未必能知道真确，何况我们这些晚辈。为此，有人不无夸张地说：史者，人们口上的一撇一捺也。”看来，坚持历史事件包括细节的绝对真实，“非不为也，实不能也”。

当然，这里需要说清两点：其一，历史由史实与史学两部分组成，史实是客观存在，我们这里所谈的是如何实现历史真实问题；其二，文史作品中难免出现经验性整合与合理的艺术加工，但必须建立在尊重客观真实的基础之上，不能像小说那样自由虚构，它的想象度是有限的。

第十七篇

广陵散

魏晋是中国封建社会的一个大动荡时期。攘夺、变乱是这一时期社会政治生活的主旋律。统治集团内部篡弑频仍,政权更迭繁复,战乱连年不断,社会急剧动荡,给普通民众造成了极大的苦痛,士人群体也未能远祸。因此,《晋书》中说:“属魏晋之际,天下多故,名士少有全者。”

当时的社会思想十分错综复杂。一方面是,汉末以来,曹操四次下“求贤令”,实行“唯才是举”的政策,即使那些“负污辱之名、见笑之行”,“盗嫂受金”,甚至“不仁不孝”者,只要有才能,都可以推荐上来,委以重任。这种由道德至上到重才轻德的转折,无疑成了魏晋时代思想解放的先声。

而另一方面,这一时期推行九品中正制,世家权贵操纵着遴选人才大权,以至出现“上品无寒门,下品无世族”,“世胄居高位,英俊沉下僚”的悖理现象。先赋角色深受世人景慕,而成就角色却极少出头机会,在整个社会造成了价值观念的误导,鄙薄事业、轻视功利的思想泛滥。这两种趋向,看似矛盾、交叉,实则殊途而同归,都有助于以崇尚老庄、任放不羁、遗落世事为特征的“魏晋风度”的形成。

由于思想通脱,废除固执,“遂能容纳异端和外来思想,故孔教以外的思想源源而入”(鲁迅语)。社会秩序解体,儒家礼法崩溃,经学独尊地位已经动摇,玄名佛道,各派蜂起,嘘枯吹生,逞辞诘辩,呈现出“户异议,人殊论,论无定检,事无定价”,思想多元化的局面。

魏晋时期,堪称中国政治上最混乱、社会上最苦痛的时代,“然而却是精神史上极自由、极解放,最富于智慧、最浓于热情的一个时代”,“是中国历史上最有生气、活泼爱美,美的成就极高的一个时代”(宗白华语)。文人学士在生活上、人格上的自然主义和自由主义不断高涨;他们蔑视礼法,荡检逾闲，秕糠功名利禄，注重自我表现，向内拓展了自己的情怀，向外发现了自然情趣，接受宇宙与人生的全景，体会其深沉的奥蕴，滋生了后世所说的“生命情调”和“宇宙意识”的萌芽。阮籍、嵇康等“竹林七贤”为其代表人物。

阮籍尝登荥阳广武山，观楚汉战场，慨然叹道：“时无英雄，遂使竖子成名！”自然是话中有话：一则借助谩骂以玩弄权术起家的刘邦，影射那些包括司马氏在内的得势于一时的风云人物；二则也是愤激于生当乱世，黄钟毁弃，瓦釜雷鸣，他们这些名士空负英雄之志，而无由酬其夙愿。

按常礼，母丧期间必须茹素，但阮籍偏偏大啖酒肉。《礼记》规定，叔嫂不能通问，他却经常与嫂子聊天，其“嫂尝归家，籍相见与别，或以礼讥之，籍曰：‘礼岂为我设耶？’”邻居家的妻子有美色，在酒店里卖酒。阮籍喝醉以后，就睡在这个女人身边，完全无视儒家“男女之大防”。女人的丈夫起初有些怀疑，暗中观察阮籍的行为，但始终没有发现他有什么不良企图。

他就是这样毫无顾忌地与纲常、礼教对着干，明确地说，君子之礼法乃天下摧残本性、乱危社会、致人窒息之术。阮籍和嵇康率先举起张扬自我、反对名教的大旗。阮籍辛辣地讽刺说，礼法之士如裤中之虱，行不敢离缝际，动不敢出裤裆，自以为得绳墨也。嵇康则响亮地提出“越名教而任自然”的口号。

如果从政治斗争的角度来观察这个问题，他们这样做，实际上是与司马氏统治集团开展斗争的一种形式。鲁迅先生指出，魏晋以孝治天下。因为他们的天位乃从禅让即巧取豪夺而来，若主张以忠治天下，则立脚点不稳，立论既难，办事也棘手。于是，他们倡言以孝治天下，把名教作为剪除异己、巩固政权的工具，充分暴露了这种名教与礼法的虚伪性。阮籍、嵇康等公开抨击名教，蔑视礼法，无异于把斗争锋芒直接指向司马氏，当然要引起当权者的忌恨。

特别是嵇康，在《与山巨源绝交书》中，说他“纵逸日久，情意傲散”，又读《老》《庄》，就更加放纵而毫无拘束了。上进求荣的心，一天天地低落；而放任本性、不愿做官的情怀，倒是与日俱增。就好像飞禽、野鹿，小的时候进行驯养，容易服从约制；待到长大以后，你再把它束缚起来，那就必然急遽四顾，横踢乱蹦，即使给它戴上黄金打制的马嚼子，喂它美味佳肴，它也会愈加向望高大的树木，怀念丰茂的野草。信中列举了“七不堪”“二不可”，来说明做了官就会妨碍个性发展与个人自由，实际是表明不肯为司马氏卖命的心迹。这封通信无异于一篇与当权者彻底决裂的宣言。

他在《卜疑》一文中更加露骨地讲，人们都说商汤王、周武王用兵的功劳有多大，周公辅佐年幼的成王如何好，尧舜禅让之德多么美，孔老夫子的话怎样有理，依我来看，这一切都是虚伪的。此时的司马昭正在标榜自己武功盖世，辅助魏帝多么忠心耿耿，暗地里却处心积虑地筹划着如何搭设“受禅台”。嵇康上面那番话，针锋相对，恰中要害，不啻一记响亮的耳光，自然要遭到司马氏集团的痛恨。

鲁迅先生说过，“文艺家的话其实还是社会的话，他不过感觉灵敏，早感到早说出来”；而“政治家最不喜欢人家反抗他的意见，最不喜欢人家要想，要开口”；“政治家认定文学家是社会扰乱的煽动者，心想杀掉他，社会就会平安”。这样，迟早也会找出一种借口、安上一个罪名，一杀了之。

嵇康的结局正是这样。

政治斗争的残酷性，鲜血淋漓的教训，造成那些名士、畸人在生命形态和生活方式上，有意无意地出现一些畸形的变化。他们的人生以悲剧垫底，但却表现出常人所难以理解的旷达和潇洒，当其得意，忽忘形骸。加之，伴随着旧的权威思想的崩溃，人们在信仰、追求、价值取向方面失去了依归，经常陷于精神空虚与紧张、焦虑、孤独之中，导致人与社会、人与自然、人与人之间关系的疏离和联系纽带的断裂。阮籍有一首《咏怀诗》，对他内心的苦闷和临深履薄的心态做了最生动的揭示：

一日复一夕，一夕复一朝；
颜色改平常，精神自损消。

胸中怀汤火，变化故相招；
万事无穷极，知谋苦不饶。
但恐须臾间，魂气随风飘；
终身履薄冰，谁知我心焦！

竹林名士经常纵酒昏酣，遗落世事，这是他们思想、性格上外在表现的重要形式；而全身避祸，醉以忘忧，“欲将沉醉换悲凉”，则是其深层的考虑。对此，宋人叶梦得看得最清楚，他在《石林诗话》中指出：“晋人多言饮酒，有至于沉醉者，此未必意真在于酒。盖时方艰难，人各惧祸，唯托于醉，可以粗远世故。”司马昭为了把阮籍拉到自己身边，要娶他的女儿做儿媳。阮籍却不愿攀上这门亲戚，但又不敢公开予以拒绝，就从早到晚喝酒，醉倒就睡，睡醒又喝，连续醉了六十天，媒人无可奈何，不得不怅然走开，司马昭也只好作罢。

刘伶更是出名的酒鬼，经常豪饮，任性放纵，有时在屋里脱去衣服，赤身裸体，别人看见了加以讥讽。他却说，我把天空和大地作为屋宇，把房舍作为裤子，诸位先生怎么跑到我的裤裆里来了？他在散文名篇《酒德颂》中说，“兀然而醉，恍尔而醒，静听不闻雷霆之声，熟视不睹泰山之形”，“唯酒是务，焉知其余”。

山涛“至八斗方醉”；阮咸饮酒“不复用常杯斟酌，以大瓮盛酒，围坐，相向大酌”。他们借助酒力来表达对当权者的蔑视与反抗，摆脱世俗礼制的束缚。其间，根本谈不上有什么乐趣，不过是一种无奈与无聊罢了。

战乱频仍，社会动荡，呈现出多元、混乱、无序、开放状态。反映到思想文化领域，是儒学的禁锢渐近衰弛，个体的智慧才情得到了充分的承认与重视。文人、学者们开始集中地对人的个性价值展开了探讨与研究，个性解放的浪潮以锐不可当之势，冲破了儒学与礼教的束缚。

一时，思想空前活跃，个性大为张扬，防止了集体的盲目，增强了创造、想象的自主性，开始有意识地在玄妙的艺术幻想之中寻求超越之路。又兼各民族之间战事连绵,交流广泛,作家、诗人生计艰难,流离转徙,丰富了阅历,深化了思想,从而促进了文学创作的发展。

时代的飙风吹乱了亘古的一池死水。政治上的不幸成就了文学的大幸、美学的大幸,成就了一大批自由的生命,成就了诗性人生。他们以独特的方式迸射出生命的光辉,为中华民族留下了值得叹息也值得骄傲的文学时代、美学时代、生命自由的时代,留下了文化的浓墨重彩。清代诗人赵翼在《题元遗山集》中有"国家不幸诗家幸,赋到沧桑句便工"之句,深刻地揭示了这种道理。当然,这也正是时代塑造伟大作家、伟大诗人所要付出的惨重代价。

魏晋文化跨越两汉,直逼老庄,接通了中国文化审美精神的血脉,同时,又使生命本体在审美过程中行动起来,自觉地把对于自由的追寻当作心灵的最高定位,以一种特定的方式实现了生命的飞扬。当我们穿透历史的帷幕,直接与魏晋时代那些自由的灵魂对话时,更感到审美人生的建立、自由心灵的驰骋,是一个多么难以企及的诱惑啊!

大抵文学史上每当创作旺盛的时期,常常同时出现两个代表人物:一个是旧传统的结束者,一个是新作风的倡导者,曹操、曹植正是这样的两个人物(范文澜语)。由于曹氏父子倡导于上,加之本人都是大文学家,当时又具备比较丰裕的物质生活和有利的创作环境,那些饱经忧患、心多哀思的文士们,创作才能得以充分地发挥出来。于是,建安才士源源涌现,多至数以百计,他们的诗赋骈文,特别是以曹植为代表的五言诗,达到了时代的高峰。

"邺下风流在晋多。"西晋一朝,动乱不宁,为时短促,但在文化艺术方面的成就却是巨大的。钟嵘说,太康(晋武帝年号)中,"三张"(张载、张协、张亢)、"二陆"(陆机、陆云)、"两潘"(潘岳、潘尼)、"一左"(左思),勃尔复兴,亦文章之中兴也。一时文华荟萃,人才辈出,流派纷纭,风格各异。继曹氏父子、"建安七子"之后,活跃在文坛上的正始诗人、太康诗人、永嘉诗人,薪尽火传,群星灿烂。

尤其是赋的成就为最大。左思《三都赋》一纸风行，时人竞相传抄，遂使洛阳纸贵。陆机的《文赋》不仅是一代文学名作，而且在中国文学批评史上，也是一篇重要文献。“竹林七贤”多有名篇佳作传世，其中文学成就最高的是阮籍和嵇康，他们的《咏怀》诗、《大人先生传》和《幽愤诗》《与山巨源绝交书》一直传诵至今。“金谷二十四友”中为首的潘岳，与陆机齐名，是“太康体”的代表性作家，为西晋最有名的诗人，三首《悼亡》诗，笔墨之间深情流注，真切感人。

魏晋时的史学、哲学、书法艺术成就可观。

陈寿的《三国志》，与《史记》《汉书》《后汉书》并称为“前四史”，被历代史家誉为最好的正史之一。西晋玄学、佛、老，对后世有颇深的影响。嵇康、邯郸淳等书写的古、篆、隶《三体石经》，乃世所罕见的书艺珍品；钟繇的楷书也是独擅盛名。

就在那些王公贵胄、豪强恶棍骸骨成尘的同时，竟有为数可观的诗文杰作流传广远，辉耀千古。这种存在与虚无的尖锐对比，反映了一种时代的规律。

事物总是错综复杂的，上下相形，得失相通，成败相因，利弊相关。人一切社会成就的获得，往往会造成他作为个人的某些方面的失去；而表面上看来是失败的东西，其反面却又意味着成功。从社会时代来考究，嵇康、阮籍等人都是失败者，都是充满悲剧色彩的人物；但从他们个人的角度来看，却又是获得了很大的成功。

魏晋故城遗址东面，建春门外一里多路的东石桥南有个马市，旧称东市，是魏晋时期行刑的场所。我曾经特意到那里转了转，它已经是荒草没胫，面目全非了。当年，嵇康临刑前，曾把他的琴要过来，坐在地上弹奏了一曲《广陵散》，亲友们听了那激昂、凄厉的琴声，个个泣下不止。嵇康只是长叹了一口气，说，这支曲子是一位老先生教给我的，当时我们在旅途中，同住一间客栈。他再三嘱咐我，不要另传他人。可惜，从今以后，它就将要失传了。

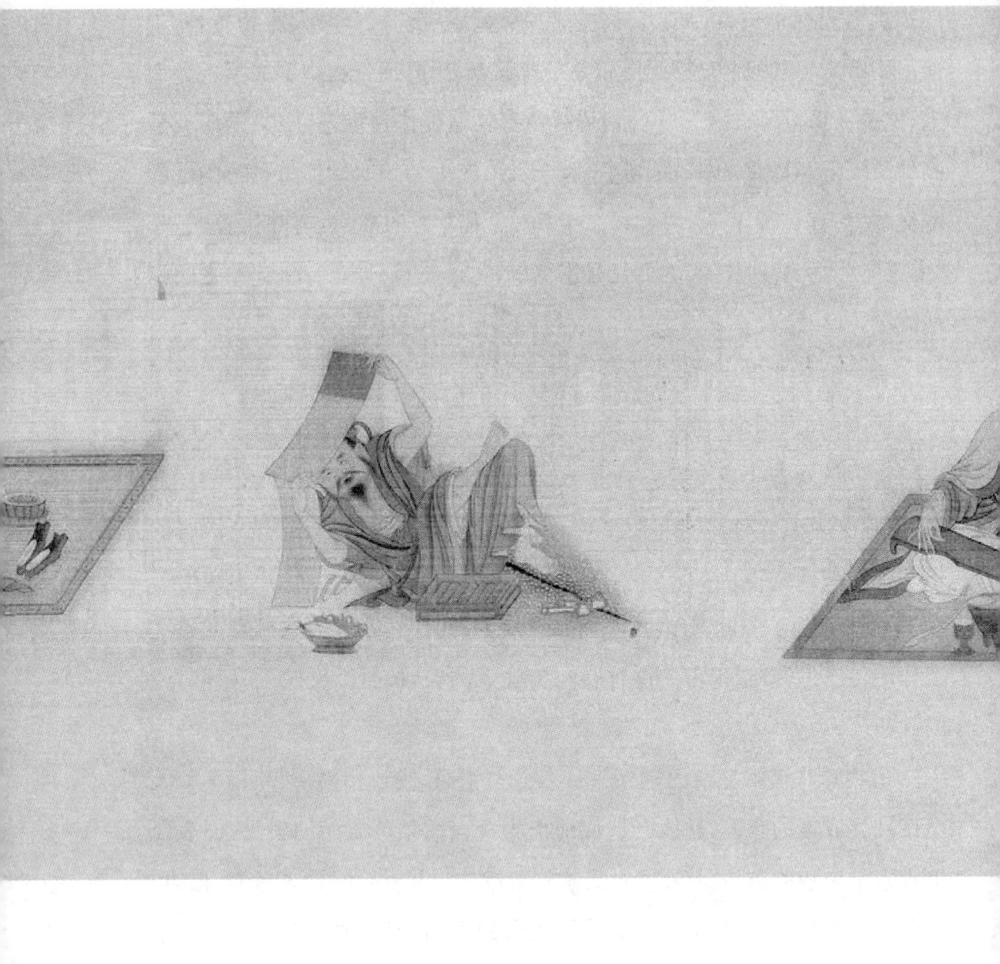

>>> 竹林七贤名士经常昏酣，遗落世事，这是他们思想、性格上外在表现的重要形式；而全身避祸、醉以忘忧，“欲将沉睡换悲凉”，则是他们深层的考虑。魏晋文化超越两汉，直追老庄，接通了中国文化审美的血脉，同时以一种特定的方式实现了生命的飞扬。他们多有作品传世，其中声名较大的则是阮籍、嵇康。嵇康临刑时，坐在地上弹奏了一曲《广陵散》。他说，从此，它就要失传了。

有人考证，这个《广陵散》原是一首古曲，内容是表现战国时期聂政刺杀韩相侠累、兼中韩王的。临死时，嵇康还要奏这种曲子，说明他胸中的愤懑不平之气，该是何等强烈。

嵇康殁后，在缅怀他的诗文中，最撼人心弦的当推向子期的《思旧赋》。嵇康被杀，他的好友向子期再也无法隐居了，只好出来入仕，投到司马氏门下。

这天，他归自洛阳，路过嵇康的山阳故居（在今河南修武），触景伤怀，写下了正文只有二十四句的小赋。在那闪烁其辞、欲说还休的寥寥数语中，人们感受到一种欲哭无泪、深沉得近于心死的悲哀。其中有这样的话："叹《黍离》之悯周兮，悲《麦秀》于殷墟。唯追昔以怀今兮，心徘徊以踌躇。"竟将区区山阳故居的荒凉，与周室、殷墟之破败相提并论，显现出向子期深沉的故国之思和对从前隐逸生活的眷念。

第十八篇

诗词密码

1

说中国古诗，可以有两种方式：一种是系统地、条理地讲，诸如格调、比兴、形象、意境、韵律，以及声韵、对偶、字句、章法、规则、派别、体裁、忌病（八病、五忌、五戒之类）等等，都必然要接触到；还有一种讲法，漫谈式的，从具体文本入手（其中既有古代的名篇，也结合个人的创作），在涉及规律、作法时，再就实论虚，谈些个人的见解。

后者可能活泼一些，容易引发兴趣。

2

我在甘肃参加一个会议时，大家驰车河西走廊，走了三天。这里是铁马金戈的古战场，是沟通古代中国与欧亚大陆的重要交通孔道，神话传说很多。应该说，已经够惝恍迷离了，偏偏海市蜃楼又来凑趣。我们在戈壁滩上，突然发现右前方有一片清波荡漾，烟水云岚中楼台掩映，绿树葱茏，渔村樵舍，倒影历历，不啻桃源仙境。但是，无论汽车怎样疾驰，却总也踏不上这片洞天福地。原来，这就是著名的戈壁蜃景。同样有意味的是，祁连山就壁立在我们的身旁，一路上紧紧相随。一过乌鞘岭，那静绝人世、敻列天南的一脉层峦叠嶂，便投影在我们游骋的深眸里。映着淡青色的天光，云峰雪岭的素洁脊线蜿蜒起伏，一直延伸到天际，一块块咬缺了完整的晴空。

面对着这雪擎穹宇、云幻古今的高山丽景，领略着空际琼瑶的素影清氛，顿觉情愫高洁，凉生襟腋。它使人的内心境界，趋向于宁静、明朗、净化。有人形容祁连山，像一位仪表堂堂、银发飘萧的将军，俯视着苍茫的大地，守护着千里沃野；有人说，祁连雪岭像一尊圣洁的神祇，壁立千寻，高悬天半，与羁旅劳人总是保持着一种难以逾越的距离，给人一种可望而不可即的隔膜感。可在我的心目中，它却是恋人、挚友般的亲切。千里长行，依依相伴，神之所游，意之所注，无往而不是灵山圣雪，目力虽穷而情脉不断。一种相通相化、相亲相契的温情，使造化与心源合一，客观的自然景物与主观的生命情调交融互渗，一切形象都化作象征世界。

于是，我写了四首七绝：

断续长城断续情，蜃楼堪赏不堪凭。
依依只有祁连雪，千里相随照眼明。

邂逅河西似水萍，青衿白首共峥嵘，
相将且作同心侣，一段人天未了情。

皎皎天南烛客程，阳关分手尚萦情。
何期别去三千里，青海湖边又远迎！

轻车斜日下西宁，目断遥山一脉青。
我欲因之梦寥廓，寒云古雪不分明。

这可归类于抒情诗。在中国古代诗歌中，抒情诗占据着极其重要的位置。特别是唐诗，这方面最擅胜场。杜甫有《梦李白二首》。唐肃宗乾元元年(758)，李白被流放夜郎，第二年春天到了巫山遇赦，回到江陵。但杜甫远在北方，只听说李白流放蛮荒，生死未卜，并不知道已经赦还。忧思拳拳，结想成梦。其一是：

死别已吞声，生别常恻恻。
江南瘴疠地，逐客无消息。
故人入我梦，明我长相忆。
君今在罗网，何以有羽翼？
恐非平生魂，路远不可测。
魂来枫林青，魂返关塞黑。
落月满屋梁，犹疑见颜色。
水深波浪阔，无使蛟龙得。

本来，一般的写梦遇往往先说别，而此诗未说别先就说死，以死别来衬托生别，说明李白流放绝域、久无音讯，给挚友杜甫造成的心中苦痛之深。开头便如阴风骤起，刮起一场弥漫全诗的悲怆气氛。不说梦见故人，而说故人入梦，始而相见欣喜，但很快就醒悟过来——你不是被人羁押吗，怎么出来了？恐怕不是快晤平生吧，究竟是生魂还是死魂，路远难测啊。来时要飞越南方葱葱郁郁的千里枫林，归去要渡过秦陇黑沉沉的重关绝塞。孤魂无依，多么遥远，多么艰辛呀！在满屋明晃晃的月光之中，似乎见到了李白憔悴的容颜，但凝神细辨，才知道是一种朦胧的错觉，想到故人魂魄一路归去，夜又深，路又远，江湖满地，风涛滚滚，心里祷告着，你可千万不要被蛟龙吞掉啊！

唐代诗人元稹有一首《闻乐天授江州司马》的七绝：

残灯无焰影幢幢，此夕闻君谪九江。
垂死病中惊坐起，暗风吹雨入寒窗。

乐天就是白居易，元白间有很深的友谊。先是元稹因弹劾和惩治不法官吏，得罪了权奸，屡次遭贬，这时正贬为通州（四川达州）司马。这一年，白居易也因得罪了权贵，被贬为江州司马。听到这个消息之后，元稹写下了这首诗。当时他贬谪他乡，又身患重病，心境本来很差，现在忽然听到挚友也蒙冤遭贬，内心更是极度震惊，万般凄苦。在这种悲凉心境下，一切都变得暗淡昏沉了。第三句是传神之笔。“惊”写出了深情，“坐起”写出了震惊的状态，惟妙惟肖地刻画出诗人陡然一惊的神态。既然是“垂死”，自然起坐不便，现在居然忽地坐起，这是何等的心灵动力呀。按照常规，这句写完，一定要来一句实写——表现“惊”的具体内涵。然而，作者却偏偏来了个写景，把惊的内涵蕴含于景语之中。是惋惜？是悲痛？是愤慨？全都没有说破，一切都由读者去想象、玩味。白居易看到诗作之后，给元稹回信说：“此句他人尚不可闻，况仆心哉！”

这种写法叫做“以景结情”。作诗开头难，结尾尤难，这是诗人苦心孤诣之所在。宋人沈义父在《乐府指迷》中说：“结句需放开，含有余不尽之意，以景结情最好。”元稹还有一首七绝，写他谪宦五年之后，重被召回长安，路过商山时的一片喜悦之情。

五年江上损容颜，今日春风到武关。
两纸京书临水读，小桃花树满商山。

还有杜牧的《谢亭送别》：

劳歌一曲解行舟，红叶青山水急流。
日暮酒醒人已远，满天风雨下西楼。

这些都是“以景结情”的典范。

清代诗人黄景仁，少年时和他的表妹有一段恋情，后来不知什么原因，这对情人未成眷属。这个小妹妹远嫁多年之后，有一次在她儿子的汤饼宴会上，二人偶然相见，她流露出旧情未忘的情怀，引起诗人无限的追忆与感慨，遂作《绮怀》七律十六首。这是第十五首：

几回花下坐吹箫，银汉红墙入望遥。
似此星辰非昨夜，为谁风露立中宵。
缠绵思尽抽残茧，婉转心伤剥后蕉。
三五年时三五月，可怜杯酒不曾消。

此时诗人二十六岁，在安徽寿州教书。不堪孤馆寂寥，充满人生感慨。追忆那失去已久的青春绮梦，心中自有无限的悲怆。诗中说，当年我多少次坐在花树下吹箫，通过箫声来向她倾诉心中的爱情。汉代风流才子司马相如不就是琴挑卓文君么，还有那秦代的萧史与弄玉，也是凭着一支箫管成就了良缘，那是多么富于浪漫的色彩啊！然而，现实生活留给我的只是一片怅惘和终生遗憾。红墙近在咫尺，却有如远不可及的九霄云汉。已经过去的原应让它过去，何曾想多少年后这青春的恋情又搅得我无法平静下来。诗人清夜难眠，走出户外，在星月下徘徊。他一边涵咏着李商隐的“昨夜星辰昨夜风”的诗句，一边想着，自己当年不也曾与她幽会于“画楼西畔桂堂东”吗？可是，诗人马上从迷离中醒来，喟然发出一声长叹：星辰依旧，可是，毕竟不是当年那温馨旖旎的夜晚了。记得当年那个夜晚两人柔情无限，竟至忘记了时间的流逝，可是，现在却只身鹄立于风露之中，又为的是谁呢？不过，诗人自己也感到惊奇，这段恋情竟然令人如此刻骨铭心。如今缠绵的情思已经像春蚕那样吐尽了，这颗心哪，也像芭蕉一样被一层层剥光了叶片，眼看就要枯萎了。最后，又回到记忆之中，正是自己十五岁时的一个月圆之夜，她斟给我一杯美酒，我完全喝掉了。直到今夜，我还似乎被它所陶醉着。只是，今生今世怕再也不可能消受这种甜美的生活了。

诗竟写得如此缠绵悱恻，实在是非同凡响。黄仲则只活了三十五岁，有《两当轩集》传世。现在人们喜欢谈论人生感悟、亲情、人性的话题，我以为，专就这点来说，黄景仁的《两当轩集》也是很值得一读的。那些真情灼灼的诗句，令人历久难忘。他有一首《别老母》诗，读了令人凄然涕下：

搴帏拜母河梁去，白发愁看泪眼枯。

惨惨柴门风雪夜，此时有子不如无！

所以，郁达夫说："要想在乾嘉两代的诗人之中，求一些语语沉痛、字字辛酸的真正具有诗人气质的诗，自然非黄仲则莫属了。"

3

就意蕴来说，一般都认为，唐人的诗主情，宋人的诗主理，这大体上不差。下面谈谈诗的理趣问题。世人论诗多以议论为病，其实，有些议论为诗，读来也是充满情趣的。这里有一个问题，就是诗能否表现"理"，或者说是否允许"理"的存在。我想这是具有自明性的。依我看，诗的艺术功能也许并不仅仅在于表现人的情感，同时还应以具体的审美意象把不可替代的情感上升到哲理的层面。中国古诗之所以具有其他艺术种类所无法取代的强大生命力，重要因素在于它以非常凝练的语言、丰富的情感体验，揭示出所蕴含的人生哲理。这种哲理的阐释，不同于哲学中的理念（那是可以通过教科书来传授的普遍之理，是以陈述命题的方式加以表达的）。诗中之理的内涵，要丰富得多。从中国古诗来看，有的是指事物的规律，有的是指人生的况味、人生的境界，总之是要穿透现象揭示社会、人生百态的本相。用德国哲学家海德格尔的话语方式来说，就是对于"遮蔽"的敞开。这是诗很高的境界。因此，清朝诗论家叶燮以"理、事、情"作为诗之"三要素"，并以"理"居首位。

古诗中着重于论理的，有咏史诗、题画诗、咏物诗，等等。我很喜欢那些别有寄托的咏史诗，它们善于以立意为宗，用形象的语言说深邃的道理；往往借题发挥，或讽喻现实，或抒写怀抱，言在此而义归于彼，语不多而含情无限，篇幅不长而容量颇大，把形象思维与逻辑思维完美地结合起来，形成一种新的边缘艺术。下面是宋代诗人钱若水的《题韩信庙》：

筑坛拜处恩虽厚，蹑足封时虑已深。

隆准若知同鸟喙，将军应有五湖心。

这首诗的容量很大，区区二十八个字，简直涵盖了一部《淮阴侯列传》。开头两句说，汉王刘邦虽然筑拜将坛，拜韩信为大将，对他极度重用；但是，韩信已经遭到深深的疑忌。韩信平齐后，派遣使者请于刘邦，要求自立假王以镇之。是时，汉王正被项羽围困于荥阳，当时览奏大怒，说：我困于此，旦暮盼你前来解救，而你竟欲自立为王！张良、陈平在后面急着踩汉王的脚，暗示他：在这紧要关头，应善遇之，否则必然生变。汉王大悟，因复骂曰："大丈夫定诸侯，即为真王耳，何以假为！"遂遣张良封韩信为齐王，征其兵使击楚。三四两句说，若知道刘邦和勾践一样，可以共患难，不可与共安乐，狠心屠戮功臣，韩信（"将军"）应该像范蠡那样早早地离开。"隆准"，高鼻子，指刘邦；"鸟喙"，指勾践（越王长颈鸟喙）；"五湖心"，指急流勇退之心。诗中通过用典、述史、刻画、议论等多种手段，把一个颇为复杂的问题讲得条贯分明，有理有据。

宋代史学家刘攽有一首七绝：

自古边功缘底事？多因嬖幸欲封侯。

不如直与黄金印，惜取沙场万髑髅。

作者精通史学，对于历史上那类穷兵黩武，好大喜功，不惜以千万将士与民众的生命为代价，来博取一己武功的帝王，看得实在太多了。但又不便直刺皇王，于是，他就抓住皇帝宠幸的亲信（嬖幸）来加以揭露与鞭挞。诗人劈头便问：自古以来，为了什么要到边疆去建立战功呢？然后慢声加以回答：这个问题很简单嘛，大多是由于皇帝的幸臣想要封侯挂印啊。这已经是很透彻地揭露了，但诗人并未到此为止，突然拗转一笔，陡出奇文：哎，既然那些嬖幸非要封侯不可，那干脆就把黄金大印直接送给他们算了，这也就免去了千千万万的无辜生灵为作战而死了。真是既风趣又辛辣，宛若豹尾横扫，力挽千钧。作者以"善诙谐"著称，从此诗中也可以看到这个特点。但诙谐中有愤激、有谴责，也有泪痕。

汉唐以来，一些君主好战喜功、穷兵黩武、轻启边衅，许多诗人对此加以有力的批判。比如，唐人曹松的"凭君莫话封侯事，一将功成万骨枯"；陈陶的"可怜无定河边骨，犹是春闺梦里人"；尤其是杜甫《兵车行》和白居易的《新丰折臂翁》，更是谴责"边功"的杰作。那么，在这诗的丛林里，如何独树一帜，别出心裁，这就要看诗人的创造力了。这首小诗可说是十分出色的。当然，除了体现宋人喜欢也善于标新立异这一点之外，它也充分反映出宋人好以议论为诗的特点，这又是它的不足之处。

还有许多哲理诗，以咏物抒怀见长。比如，欧阳修的《画眉鸟》：

百啭千声随意移，山花红紫树高低。
始知锁向金笼听，不及林间自在啼。

画眉鸟又叫百舌，是一种鸣声悦耳，可供笼养的鸣禽。

诗中说，画眉鸟在山林间随意飞翔，自由歌唱，鸣声十分优美。可是，当把它锁进精美、华贵的笼子里，再听它的鸣啭，就觉得声调和鸣声，怎么也赶不上自在飞翔时那样悦耳动听了。可以说，这是一首形象鲜明、诗情洋溢的"自由颂"。当然，它也是一首比较标准的咏物抒怀的哲理诗。诗人通过描写画眉鸟在闭锁笼中和在林间自在飞翔时鸣声的差异，表达他对自由自在、无拘无束的生活的向往，也曲折地抒写了他在政治上遭受排挤的愤懑不平之情。诗中有描写、有叙述、有抒情、有议论，始终坚持用形象说话；而且在很大程度上，出之于个人的内心体会和生命体验。其中阐述的哲理，并没有满足于知识性的判断、逻辑性的推理，而是从切身的审美体验中生发出来，因而鲜活生动。南宋学者朱熹评论欧阳修的另一首诗时，曾说："以诗言之，第一等诗；以议论言之，第一等议论。"用这个断语来评价他的这首诗，也可说恰如其分。

再看宋朝诗人黄庭坚的《放歌行》：

当年不嫁惜娉婷，抹白施朱作后生。
说与旁人须早计，随宜梳洗莫倾城。

诗人以一个迟嫁女子的口吻，说：当年珍惜年华美貌，迟迟不肯嫁人，整天刻意打扮，一味追求年轻（结果拖到现在，高不成低不就）。奉劝姐妹们还是早做打算，适当随便地梳妆一下，不一定非要做个绝代佳人！以女子失嫁比喻自己怀才不遇的痛苦身世，写来情真意切，哀婉动人。

也是写人生感悟，唐朝诗人白居易有一首《醉中对红叶》：

临风杪秋树，对酒长年人。
醉貌如霜叶，虽红不是春。

由于韵律上的要求，诗人在首联创作了两个倒装句，实际是：晚秋树临风，长年人对酒。意思是说，自己长年嗜酒，犹如晚秋临风的霜叶，脸上总是红扑扑的。这些都是铺垫。关键在后面两句：霜叶虽然也是一色艳红，但毕竟不是春色；人的醉貌尽管也是红颜，但终究失去了少年心态。有人考证，作者此诗写于被贬江州期间，寥寥二十个字，把政治上失意后借酒浇愁、情怀悒郁的心态，形象地反映出来。

古代诗人善于运用形象来表述道理。宋初诗人、"西昆体"代表人物杨亿有一首《咏傀儡》的七绝：

鲍老当筵笑郭郎，笑他舞袖太郎当。
若教鲍老当筵舞，转更郎当舞袖长。

诗中借着咏叹傀儡戏剧角色来讥讽人情世态，说破一番道理。鲍老，是宋代戏剧舞队中一个引人笑乐的角色，出场时光着脚，提着大铜锣，随身步舞而进退。郭郎，是戏剧角色中的丑角，即戏中的傀儡，秃发，善于调笑。诗中说，鲍老、郭郎不过是傀儡戏中的角色，郎当还是利落，都取决于幕后人的牵线操纵，戏中角色是身不由己的。所以，诗人刘克庄有诗云："郭郎线断事都休，卸了衣冠迎洒猴。"正是因为他一切受人牵扯，鲍老你也不必讥笑郭郎如何不利落、不潇洒。假若你不相信，那就不妨调换一下位置，由你鲍老前去登场表演，那么我敢说，你的舞袖会比郭郎更为郎当的。诗句虽然俚俗，寓意却十分深刻。这里讲的是，傀儡身不由己，对它无需加以苛求；还有另外一层意思，就是待人处事应该设身处地，揆情度理，这样就能够体谅他人，而不会过度地苛求于人。

南宋诗人范成大有一首咏物小诗，题名为《蛩》：

壁下秋虫语，一蛩鸣独雄。
自然遭迹捕，窘束入雕笼。

诗里写道，夜幕降临，墙根处秋虫乱语，其中一只叫得特别凶，其自鸣得意、趾高气扬之态，宛然可见。结果被人们按迹捕获，投入雕笼之中，现出一副惶束、颓靡的窘态，再无半点儿生气了。这同被捕前形成鲜明的对比。诗中形象生动，构思奇巧，而且寓意深刻，颇有警世作用。

再看杨万里的《宿灵鹫禅寺》：

初疑夜雨忽朝晴，乃是山泉终夜鸣。
流到前溪无一语，在山做得许多声。

这是一首讽喻诗。诗人借题发挥，讽刺一些人未做官时慷慨激昂，好发高论，及至有了社会地位，却尸位素餐，了无建树，如同泉到前溪，竟然寂无声响。原来,一些人在野时的“清谈”如同山泉的轰响,不过是唱唱高调、做做样子而已。

袁枚有一首诗是写筷子的:

笑君攫取忙,送入他人口。
一世酸咸中,能知味也否?

诗人借箸咏怀,别有寄托。讥讽筷子席间忙碌不停,恣意掠取,最终尽入他人之口;这样,尽管它一世都在酸咸之中,却并不知味。咏物诗不能单纯为所咏之物写照,还要寄寓某种深意,力求予人以思想上的启迪。袁枚说得很对:“咏物诗无寄托,便是儿童猜谜。”

还有一种题画诗,有的也富含哲理。像清代画家边寿民的《自题孤雁低飞图》:

孤飞随意向天涯,却傍江湖觅浅沙。
恐有渔舟邻近岸,几回不敢宿芦花。

这幅画和诗,描绘的是孤雁低飞,盘旋在湖边苇塘上空,而不敢歇宿的情景。为什么它不肯轻易地落下呢?说是“恐有渔舟邻近岸”,这就点出了画外之音。诗画名为写雁,实则兼寓人事。在文网高张时代,谁肯轻易就下笔呢?

4

如果把前面谈的作品比作菜肴,那么,下面就是要到后面的厨房里,去看看厨师是如何做菜、配料、烹调的,亦即从诗人的角度来探讨写诗的规律性认识。

一是要有真性情，有真情实感，要表现创作的个性。

《毛诗序》曾提出一个著名的观点："情动于中而形于言，言之不足故嗟叹之，嗟叹之不足故永歌之，永歌之不足，不知手之舞之足之蹈之也。""诗言志"是我国诗论的开山纲领。到了西晋，陆机又提出"诗缘情"的主张。过去有些人把它们对立起来，其实，二者在"本乎性情"这一点上是一致的。后代诗人的许多诗句，像"自把新诗写性情"，"提笔先须问性情"，"天性多情句自工"，不一而足。诗人内心须有真情实感，才有创作构思的依凭，这也就规定了被赋予一定艺术形式而表现出来的真情是诗歌作品的内容。诗歌中自然也要表现景物形象，但归根结底还是要体现情怀。王国维说过："一切景语皆情语也。"古罗马的贺拉斯早也说过："一首诗仅仅具有美是不够的，还必须有魅力，必须能按照作者愿望，左右读者的心灵。"

有性情，自然也就有个性。一是诗人须有鲜明的个性；二是表现在艺术上，要个性化或有独创性。因为"心灵人所自有而不相贷"（王夫之语），所以每个诗人都强调"著我"，张船山说："诗中无我不如删。"袁枚说，"作诗，不可以无我"，"有人无我，是傀儡也"。明代"公安派"的主将袁中郎，非常欣赏其弟小修的诗，说他"大都独抒性灵，不拘格套，非从自己胸臆流出，不肯下笔"。

几千年来，中国封建社会采取各种手段压抑人的性灵，禁锢人的个性，限制人的个性发展。晚明时期，由于经济的新因素和启蒙思潮的出现，兴起了如李贽、徐渭、汤显祖、"公安三袁"等一批追求人的个性自由、尊重人的自我价值的思想家或文学家。到了清初，在他们的影响下，又有了金圣叹、袁枚、赵翼、黄景仁等有思想、有个性的诗人。欧洲中世纪，"人类只是作为一个种族、民族、党派、家族或社团的一员——只是通过某些一般的范畴，而意识到自己"，直到"13 世纪末，意大利开始充满具有个性的人物，施加于人类人格上的符咒被解除了"，而但丁"这位堂堂的大诗人，由于他显示出来的丰富的个性，是他那个时代的最有民族性的先驱"（雅各布·布克哈特《意大利文艺复兴时期的文化》）。

袁枚在《随园诗话》中讲到:“凡作诗者,各有身份,亦各有心胸。毕秋帆中丞家漪香夫人有《青门柳枝词》云:‘留得六宫眉黛好,高楼付与晓妆人。’是闺阁语。中丞和云:‘莫向离亭争折取,浓云留复往来人。’是大臣语。严冬友侍读和云:‘五里东风三里雪,一齐排立等离人。’是词客语。”同一题材的诗,不同的人写,反映出各自的身份、个性、胸襟。夫人的“闺阁语”,显示其妩媚爱俏的个性;中丞的“大臣语”,显示其仁厚大度的个性;学者的“词客语”显示其多愁善感、情感丰富的个性。个性化与独创性是相通的。用黑格尔的话说,就是:“独创性是从对象的特征来的,而对象的特征又是由创造者的主体性来的。”主体性表现为诗人独自具有的思想、阅历、情感、生活的积累,有自己独特的审美感受,并有其独出心裁的艺术构思、表现手法。袁枚有一句名言:“诗宜自出机杼,不可寄人篱下。譬作大官之家奴,不如作小邑之簿尉。”

二是才情、才气、才学问题。

诗才是很重要的,并非有了真性情和个性,就一定能写出好诗,还必须有诗才。所谓诗才,内涵十分丰富。意大利浪漫主义作家福斯科概括为强烈地感受、敏锐地观察、新颖地构思和准确地组合的能力。也有人认为,主要是指诗人的审美能力和艺术表现能力。现代科学研究证明,人才的智能分为再现型、发现型和创造型三种。诗人应属于创造型。这大概不会有什么争议。但这种创造才能是怎么来的,古今中外,一些人的看法就有分歧了。“才为盟主,学为辅佐”,“读万卷书,行万里路”,“转益多师是我师”的说法,可说是正统的观点。南宋的张戒强调韵味、才力、意气。他说,好诗应该是“情真、味长、气胜”。宋代的萧德藻说:“诗不读书不可为,然以书为诗,不可也。老杜云:‘读书破万卷,下笔如有神。’读书而至万卷,则抑扬一下,何施不可,非谓以万卷之书为诗也。”这里有个书怎么读、怎么用的问题。袁枚强调才分、天分,他说:“诗文之道,全关天分。”他认为,古人之所以强调读万卷书,是欲助其神气,而不是以书卷代替灵性,所谓“役使万卷书,不汩方寸灵”。赵翼虽同属于“性灵派”,但在这个问题上,有个人的看法。他论“才”往往与“气”联系起来，标举为“才气”。“气”需要养，孟子就说：“吾善养吾浩然之气。”说明赵翼重视诗人的生活阅历、生活环境，后天的培养、提高，客观的磨炼。他提倡“豪健之气”，向往一种真善、刚正的人格力量。他说：“由来艺事妙，正以人品传。设令有市心，画已不值钱。”应该说，这对于袁枚的主张是一种很好的补充。

三是胸襟、眼界、识见问题。

古人说，有一等胸襟才有一等文字。胸襟、眼界决定着一个诗人的识见。而识见对于诗歌创作是至关重要的。谈到哲思、理趣，就不能回避眼光与见识。古人中的事例俯拾皆是。杜牧《题乌江亭》：

> 胜败兵家不可期，包羞忍辱是男儿。
> 江东子弟多才俊，卷土重来未可知。

而王安石的《乌江亭》则与之针锋相对：

> 百战疲劳壮士哀，中原一败势难回。
> 江东子弟今虽在，肯为君王卷土来？

二者识见之高下一望可知。在这方面，最具典型性的当数陈子昂的《登幽州台歌》：

> 前不见古人，后不见来者。
> 念天地之悠悠，独怆然而涕下。

这首诗纵观天地，俯瞰古今，远远超越了诗人个人的身世慨叹，也超出了诗歌本身的政治价值和历史价值，表达了古往今来无数人在宇宙时空面前的生命共振，从而使它在人类生活中获得了永恒的美学价值。清人黄周星评论说:“胸中自有千古,眼底更无一人。古今诗人多矣,从未有道及此者。”诗的前两句贯穿了过去、现在与未来,在时间的长河中追求着历史、未来的纵深感;第三句在绵长的时间基地上,架构了一座通向渺远空间的意象之桥,从而把动态的先后延续时间和静态的上下左右空间连接在一起。它使人想起了杜甫类似的诗句:“乾坤万里眼,时序百年心。”诗人在艺术构思时,把苍茫、辽阔的身外时空世界和深邃、邈远的内心时空世界,在更高的艺术层面上协调起来,对宇宙、人生、自然、历史,短暂与永恒、有限与无限、有常与无常、存在与虚无,进行探索与叩问,这样,诗人也就把自己对现实时空的深切体验,转化为对心理时空的奇妙想象,从而创造出诗歌中的艺术时空,在今古茫茫、天地悠悠的时空慨叹中,从心灵深处迸发出高亢、悲壮而又余韵凄然的痛苦呐喊。

四是要有情趣、有生趣、有意思,幽默、风趣,使人看了能发出会心的微笑,不能味同嚼蜡,枯燥、生涩,面目可憎。

风趣是和性灵紧密联系在一起的,和健康、闲适、平和的心态也有直接关系。一个人心如死灰,形同槁木,没有丝毫灵气,是没办法写出富有情趣的诗的。有些人整天处在浮躁之中,陷身于红尘滚滚、利欲熏心、锱铢必较的境地,心理素质不佳,也不可能充满情趣。

清代“性灵派”作家的诗多数都很有情趣。袁枚的《遣兴》:

爱好由来下笔难,一诗千改始心安。
阿婆还是初笄女,头未梳成不许看。

张船山的《选期已近口占自嘲》:

一官婉转廿年迟,幻影魔人自不知。
老女梦中三改嫁,迷离又到上头时。

5

还有几个大家普遍关心的问题，我再一一谈谈。

第一个问题，是关于中国古诗词的背诵。我一向认为，中国古诗词的背诵极其重要，起码有以下几点益处：

第一，可以帮助掌握音韵格律。诗应该能够朗朗上口，具有一种声韵美，不能堆砌、凑韵。有的人写诗喜欢用僻典，结果注释连篇，甚至超过正文，这不一定好。诗，应该是让人读起来有一种快感，如果像啃鳖脚的学术著作那样，佶屈聱牙，实在没有什么意思。而要做到这一点，一个重要环节，就是要多多记诵古诗。从前有个说法："熟读唐诗三百首，不会作诗也会吟。"脑子里的古诗词多了，写出来的东西就大不一样。

第二，可以体会和玩味古诗词的韵味和妙处。会背了，闲暇时间在心里暗诵，余音缭绕，逸韵悠悠。特别是唐人的诗，读起来，韵味十足，令人悠然意远。

第三，有助于掌握遣词造句的技巧。旧体诗的语言，不仅在音韵、格律上有严格要求，句式、词汇、结构上也有特殊要求。类似"君莫笑""何处边""还复去""空自知""欲饮""唯见""争奈""诚知"这些词句的用法，就与普通语言有很大的差别。

第四，作诗时，可以借用、化用、改装。李商隐有"望帝春心托杜鹃"之句，我在丹东杜鹃花会上题词："北地春心托杜鹃，诗情画境两增妍。十年始与花期会，珍重江城一日缘。"唐诗有"凭君莫话当年事"，我写《邙山怀古》："临流欲问前朝事"；借鉴革命烈士诗"墙外桃花墙内血"，我写"枝上浓华心上血"；借鉴温庭筠《苏武庙》中诗句"苏武魂销汉使前，古祠高树两茫然"，我写三江平原"我与三江期后约，流云逝水两茫然"。

第二个问题，是关于唱和诗的技法。唱和，也叫唱酬，是古代诗人互相沟通思想、发表看法、联络感情、增进友谊的一种形式。具体操作上，有的是甲方赠诗，乙方根据原韵酬答，比如，清代初年，王士禛写给《聊斋志异》作者蒲松龄一首七绝："姑妄言之姑听之，豆棚瓜架雨如丝。料应厌作人间语，爱听秋坟鬼唱时。""姑妄言之"用的是苏东坡在黄州谈鬼的典故，苏轼喜与人谈鬼，朋友告诉他，世间并无鬼，他说"姑妄言之"。"鬼唱时"典出李贺《秋来》诗"秋来鬼唱鲍家诗，恨血千年土中碧"。"厌作人间语"，是对聊斋故事取材、寓意的理解——厌恶人间丑恶，而托言鬼狐故事。接下来，蒲松龄便写了《次韵答王司寇阮亭先生见赠》，也是七绝，而且同韵："志异书成共笑之，布袍萧索鬓如丝。十年颇得黄州意，冷雨寒灯夜话时。"诗中倾诉自己创作的甘苦与辛酸境况："颇得黄州意"，也是用东坡谈鬼的典故，而且是对王士禛"姑妄言之"的回应和补充。这种情况，叫做次韵，或者步韵；还有一种形式，乙方回答甲方所赠的诗，只根据原作的意思而另自用韵，这叫用韵；有的和诗与被和诗同属一韵，但不必用其原字，这叫依韵。

第三个问题，是如何辨别平仄，掌握诗韵。写诗一般都遵从"平水韵"。诗韵也好，平仄也好，都是从前人的诗作中总结出来的。只有按照这样要求，写出来的诗才好念，才受听。就是说，是先有诗，然后才总结出音韵、格律的。平指平声，仄指上、去、入三声。《康熙字典》前面附有四声歌诀："平声平道莫低昂，上声高呼猛烈强，去声分明哀远道，入声短促急收藏。"

第一，平仄声有歌诀。分七言（律、绝）和五言（律、绝），平起、仄起，各有四句，共分八种格式。以七言绝句为例：

平起："平平仄仄仄平平，仄仄平平仄仄平，仄仄平平平仄仄，平平仄仄仄平平。"

仄起："仄仄平平仄仄平，平平仄仄仄平平，平平仄仄平平仄，仄仄平平仄仄平。"

第二，过去有个说法："一三五不论，二四六分明。"所说是律、绝之类的近体诗（格律诗）。"二四六分明"，是对的——七言诗中，第二、第四、第六字，必须讲究平仄，否则就会违背格律；而"一三五不论"的说法，是不准确的，它影响颇大，误人不浅。比如，在五言"平平仄仄平"这个格式中，第一字就不能不论；七言“仄仄平平仄仄平”这个格式中，第三字也不能不论，否则就犯“孤平”。至于五言第三字、七言第五字，更是必须“论”。初学作诗，平仄声不调，或犯“孤平”，多出于此。

第三，在区别平仄时，有一个难题就是区分入声字。诗律中，入声字归入仄声，这在江苏、浙江、湖南、安徽等地，不成问题，因为那里的方言，入声字就属于仄声；可是，在北方就难办了，许多入声字都读作平声，比如：屋、服、熟、族、足、菊、局、督、卓、驳、实、石、捉、浊、吉、极、一、七、八、说、舌、辙、薄、搏、泽、白、席、额、昨、杰、恶、托、突、屈、吃、渤、割、拔、轴、伏、犊、叔，等等，大约占总字数的百分之二十（最常见的也有几十个）。创作诗词，按照韵书要求，要做仄声来用。那么，这些字记不住怎么办？只有查韵书了。我的窍门是，靠背诗来区分，像唐诗中的“风急天高猿啸哀，渚清沙白鸟飞回”，“出师未捷身先死”，“百年多病独登台”，“潦倒新停浊酒杯”，“羌笛何须怨杨柳”，“又送王孙去，凄凄满别情”等等，里面都有仄声却常被当作平声的字。我通过背诵，知道古人是怎么用的，照办就是了。

第四个问题，是关于谐韵的技巧、手法。谐韵，俗称押韵，也可称叶韵、协韵。我在具体操作时，有如下技巧：

第一，易位（这是就句子说的）。我有一首七绝：“为晴为雨两由之，埋首沉酣淡定时。异样丰穰同样乐，渔翁垂钓我敲诗。”原来是：“埋首沉酣淡定时，漫天阴雨任由之。”但这样与下面两句搭配，就平仄失黏了。而尾句“渔翁垂钓我敲诗”，我又舍不得改换，于是就做了这样的前后易位。

第二，倒置。如刘长卿句：“青草独寻人去后，寒林空见日斜时。”再如，“秋尽江南草木凋”，“客舍青青柳色新”，“鸿雁不堪愁里听”，“多情应笑我”，里面都有倒装的成分。

第三，指代（可解决谐韵问题，但不完全是为了谐韵）。李白《听蜀僧濬弹琴》：“蜀僧抱绿绮（司马相如有琴名叫绿绮，后遂以绿绮指代琴），西下峨眉峰。”杜甫：“卧龙（诸葛亮）跃马（指公孙述，因左思《蜀都赋》有“公孙跃马而称帝”句）终黄土，人事音书漫寂寥。”

第四，换韵。我写《冰城》七绝："回首天边月半弯，琼楼玉宇在人间。从今不再迷仙境，我自冰城一往还。"原来是"回首天边月半钩，琼楼玉宇任遨游。"因不愿意放弃后两句，就换了韵。

第五，拗救。前面该用平声的地方用了仄声，后面应补上一个平声，也叫"救平"，但补救的字不能在句末。凡经过这样拗救的句子，就算合律。如秦韬玉《贫女》："苦恨年年压金线，为他人做嫁衣裳。"（仄仄平平仄平仄，平平平仄仄平平。）有的是为了解决孤平问题，如杜甫《野望》："跨马出郊时极目"；白居易："野火烧不尽，春风吹又生。"

第五个问题，是初学创作诗词常见的一些毛病。凭印象来说，我发现有些初学者易犯这样几种毛病：

第一，写得过实，过分实在，过分具体。要空灵一些，不要过分坐实，包括地名、人名、情物、时间、数字。要敢于想象，放开一些，浪漫一些。要学会暗用、暗点、含蓄一些。唐人诗中"忽见陌头杨柳色""神女生涯原是梦""家住层城邻汉苑，心随明月到胡天""千岁琵琶作胡语，分明怨恨曲中论"，等等，我觉得都是空灵的、含蓄的，富有诗性。

第二，诗句板、硬、拗口，不顺畅，生造词句。原因是脑子里的诗太少。学作诗，必须多诵、多记、多背，做到烂熟于心，自然顺口成章。

第三，同类意思叠合，即所谓"合掌"。宋之问《初到黄梅》诗："马上逢寒食，途中属暮春。"纪昀评论说："途中、马上、暮春、寒食，未免合掌。"

第四，犯"孤平"——五言第一字、七言第三字，应平而用了仄声，又没有采取适当的补救方法。一位诗友有这样的诗句："碧波落野凫""更有白云水底眠""挣得赋闲喜若狂"，意蕴都不错，缺陷就是犯了孤平。

第十九篇

联趣

I

少年时,我就读于医巫闾山东麓一个偏僻乡村的私塾。这是一座家塾,由我的一位绰号“魔怔”的堂叔创办,学生只有他的独生子和我两个人;延请了名闻遐迩的饱学之士刘璧亭先生担任塾师。刘先生与魔怔叔文友而兼“(鸦片)烟友”,早岁相知,私交甚笃。两人经常在一起谈诗论文,对于楹联,他们都有特殊的爱好。

在我就读的八年间,塾斋的门上年年都要贴上鲜红崭亮的对联。有的是塾师或魔怔叔自拟的,多数为现成的诗句,然后由刘先生染翰,因为他是知名的书法家。记得我刚入学的那年,张贴的联语是北宋诗人、书法家黄庭坚的两句诗:

万卷藏书宜子弟;
十年种树长风烟。

还有一年贴的对联,据说是一位江西巡抚拟制的:

笔下留有余地步;
胸中养无限天机。

除了观赏门联,闲暇时,还常听刘先生与魔怔叔茶烟歇后讲述一些奇联妙对。记得魔怔叔说,清代书法、篆刻家邓石如曾在居所——安徽怀宁的邓家大屋里用隶体字书写的一副对联，以宇宙奇观对古今绝艺，不仅工整、协调，而且气势雄浑，撼人心魄：

沧海日　赤城霞　峨嵋雪　巫峡云　洞庭月　彭蠡烟　潇湘雨
武夷峰　庐山瀑布　合宇宙奇观　绘吾斋壁；

少陵诗　摩诘画　左传文　马迁史　薛涛笺　右军帖　南华经
相如赋　屈子离骚　收古今绝艺　置我山窗。

塾师说，实际上，这副联语是明人李东阳撰写的，邓氏略加改动，“广陵潮”改为“武夷峰”，“青莲诗”改为“少陵诗”，把它题写在碧山书屋壁上。

先生给我们讲，在我国传统文化的各种文学体裁、文学门类中，对联可说是独树一帜，也最具特色，是一字一音的汉语语言独特的艺术形式，堪称中华民族的文化瑰宝，是地地道道的国粹。它与传统的格律诗有着深厚的渊源，一首律诗的颔联或颈联，绝大多数都是合乎规格的对联。作为一种艺术精品，它常常同书法融为一体，人们在赏玩翰墨的同时，也品味了联语的诗情哲蕴，而令人口角噙香的清词丽句，又通过精美的书法艺术显现其隽雅的风姿。二者相辅相成，相得益彰，各臻其妙。

楹联肇端于五代，成型于两宋，兴盛于明清，一直延续到今天，千余年流光焕彩，赓继不绝。许多博学之士，广蒐博采，编辑成书，据说多达数百种。其中传播最广的，是出版于道光二十七年（1847），由乾嘉之际著名文人梁章钜编著的《楹联丛话（包括续话、三话）》。书中把对联分为故事、应制、庙寺、廨宇、胜迹、格言、佳话、挽词、集句、杂缀十个门类。到了民国年间，又有人把它扩展成二十个类别，包括庆贺、哀挽、廨宇、学校、商业、会馆、祠庙、寺院、剧场、第宅、园墅、岁时、名胜、投赠、香艳、集字、集句、滑稽、白话、杂俎种种。就中以春联为应用量最大、影响面最广。元旦、春节张贴对联，已经像穿新衣、放鞭炮、吃饺子、拜大年一样，作为传承千载的民俗固定下来，成为一道充满喜庆气氛的靓丽风景。

统观楹联的内容、形式、范围、功能，有五点最为突出：

一是文学性。好的对联，吐纳经史，文采斑斓，新奇典丽，意蕴深邃，高度凝炼，片言撷要。尤其是历代传诵不衰的名联，每一副都堪称文学精品。

二是规范性。对联从撰写到张贴都有统一、明确的格式，历千余年而不变。在声韵、对仗、修辞、结构诸方面，都十分讲究。其精致程度不亚于诗词，甚或过之。

三是普及性。自王侯第宅、名楼胜苑、仙观古刹，以至工商店肆、五行八作，直到寻常百姓之家，随处可见。从事联语写作的，不仅有帝胄王孙、公卿将相、硕学鸿儒、诗人名士，甚至一些禅门衲子、樵夫渔父、引车卖浆者流，也都参与其中。

四是实用性。从上述分类中即可看出，它的功能、作用极为广泛，应用于社会各种场合、各个层面。举凡教化、箴规、讽喻、述怀、应对、题赠、祝颂、哀挽等，可说是应有尽有。

五是针对性。绝大多数对联，都有明确的功能、适用的场所，不能互相混淆。否则，若是颠倒了庆吊，弄错了张贴场所，就会弄出笑话，招惹来麻烦，甚至招灾罹祸。

2

刘老先生对于清代学者王筠《教童子法》中提出的教育需要改革，“学生是人，不是猪狗”的进步观点，深表赞同；但书中“儿童不宜很早作文，才高者可从十六岁开始，鲁钝者二十岁也不晚”的主张，他却不以为然。老先生说，只读不作，终生郁塞。作文就是表达情意，说话也是在作文，它是先于读写的。儿童如果一味地读书、背书，头脑里的古书越积越多，就会食古不化，把思路堵塞得死死的。许多饱学的秀才之所以写不出好的诗文，同这种状态有直接关系。小孩子也是有思路的，应该及时加以疏导，通过作文、写诗进行表达情意、思索问题的训练。

为此，在《四书》过后，讲授《诗经》《纲鉴易知录》《左传》《史记》，兼及《老子》《庄子》《韩非子》，尔后通读《古文观止》和《古唐诗合解》等，强调要把其中的名篇一一背诵下来，并引导学童练习作文和写诗。他很重视"对句"（俗称"对对子"），说对句最能显示中国诗文的特点，有助于分别平仄声、虚实字，丰富语藏，扩展思路，这些都是诗文写作的基本功。他找出明末清初李渔的《笠翁对韵》和康熙年间车万育的《声律启蒙》，反复进行比较，最后确定讲授李氏的《对韵》。这样，书窗里就不时地传出"天对地，雨对风，大陆对长空"的诵读声。

刘老先生讲，对仗是汉语文学的一大特征。汉语的单音词很多，非常适于对偶；即使是复音词，由于具有很大的独立性，也很容易结成对子。这种对偶，也叫对仗，它取象于古代宫廷中的卫队排列（相当于今天的仪仗队），这种排列是两两相对的，故称对仗。对句要分别虚字与实字，还要区分词性，即名词、动词、副词、形容词等。一副联语中，要求名词、动词、形容词、数量词、方位词分别两两相对，并置于相同的位置，不得错位。

他讲，按照传统说法，有义可解的算实字，比如名词、代名词；无义可解的为虚字，像一些动词、形容词，特别是副词、介词、助词、连词等。实字比较容易处理，虚字则相对复杂一些。但诗词、联语中，虚字是必不可少的，措置得当，可以使词语鲜活灵动、婉转多姿。像"何处""漫道""遥想""怎禁得""都付与""君不见"等，都是在诗词、联语中常见的。就内容来说，上下联的文义，既要相互衔接、照应，又不能彼此重复；有时需要嵌入一些诗文成语、经史典故，以增加意蕴含量。

当时，老先生举出乾隆年间辽东才子王尔烈的一副楹联为例：

龙之为灵昭昭　降雨出云　何必独推东岳；
泉之不舍混混　飞花舞浪　无难更作西湖。

老先生解释说，辽宁千山有五大禅林，就中以龙泉寺为最，这副对联就是写给龙泉寺的。除了符合对仗工稳、平仄协调的普遍要求，这副对联还有三个特点：一是读起来音韵铿锵，抑扬顿挫，掷地有声。二是“龙泉”二字冠顶，突出寺院名称。三是上下联中各都嵌入了文学典故。上联说“龙”，实际上着眼于“山”。“龙之为灵昭昭”，出于唐代散文大家韩愈的《获麟解》和《杂说一》。前者有“麟之为灵昭昭也”，后者提到了“龙之为灵”，王尔烈巧妙地把二者嫁接在一起。“昭昭”意为非常鲜明。下联说“泉”，目的是要说水。“泉之不舍混混”，出处是《孟子·离娄篇》，原文为“源泉混混，不舍昼夜，盈科而后进，放乎四海”。大意是：有渊源的泉水滚滚奔流，昼夜不停，注满低洼之处，又继续前行，一直流到大海。整个联语是说，从山的角度看，千山可以媲美东岳泰山；而以水论，也不难与西湖并驾齐驱。这种评价，当然未必准确，不无言过其实之嫌。不过，这种夸张手法常见于文学作品，人们也并不刻意计较。王尔烈出生于千山脚下的辽阳，从这副对联中，可以看出他的“家乡情结”之浓重。

记得是一个夏日的傍晚。老先生和魔怔叔过足了烟瘾，兴致很浓，便搬出两把椅子，对坐在塾斋窗前的合欢树下，摇着大蒲扇闲聊。他们二人都和老东北军有些联系，因此，这天便又牵涉到这个话题。魔怔叔说，当年轰动一时的小凤仙，蔡锷一死便息影艺坛，不知所终；后来听说嫁给了东北军的一个师长，并且跟着到了沈阳。老先生慨然兴叹，说，一晃三十年过去了，“蔡凤因缘”真的成了“一梦”，至今仍然存活的，倒是小凤仙悼念蔡锷的那副挽联：

万里南天鹏翼　直上扶摇　那堪忧患余生　萍水因缘成一梦；
几年北地燕支　自悲沦落　赢得英雄知己　桃花颜色亦千秋。

魔怔叔说，这是大名士易顺鼎代拟的。老先生说，也有人认为捉刀人是曾孟朴，因为他与小凤仙也曾有过交往。不管出自何人之手，反正称得上“绝妙好辞”。上联说蔡锷,“南天鹏翼,直上扶摇”和“忧患余生”,概括松坡将军的出处(生在湖南,发动“反袁”起义在云南),以及一生经历;下联讲小凤仙自己,她生在杭州,后来萍浮梗泛,从上海到了北京,在这里与蔡锷结为风尘知己,所以有“北地燕支(胭脂)”之说。“萍水因缘成一梦”“桃花颜色亦千秋”,寄慨遥深,逸韵悠然,哀而不伤,最富诗意。

3

在大量赏鉴佳对、名联的基础上,老先生开始让我们练习对句。

那天,带领我们两个学生,到十几里外的马场远足,站在号称南北通衢的驿道上,看着车马行人匆匆来往,先生随口出了上联:

车马长驱　过桥便是天涯路;

叫我和小哥哥对出下联。我想了一会儿,对出:

轮蹄远去　挥手都成域外人。

先生评论说,就平仄相协和词性对仗来要求,这个下联完全合乎规格,但不妥之处也很明显。律诗、联语向来都避忌“合掌对”,就是不能将字义相同的词语拿来配对,比如,不能用“千秋”对“万世”,“雪浪”对“银涛”。重复陈述,叠床架屋,招人厌弃。这里的“轮蹄”与“车马”词义相同;而且,整个上下联的含义也大体一致,上联说的是出门远行,下联仍是重复或者延伸这个意思,这叫“一顺边”,是应须避忌的。要设法从另一面去做文章,比如,讲归来重见就比较好了。于是,他把下联改为:

襜帷暂驻　觌面浑疑梦里身。

两个分句，前者采自《滕王阁序》，后者暗用杜甫诗句“相对如梦寐”。但过了一会儿，他又说，这个下联也没有对好，因为“襜帷”二字，其实也还是说的“车马”，乘坐车马的，遮挡前面的叫“襜”，围罩旁边的叫“帷”，转了一圈也没有避开。

为了开拓我们的思路，老先生经常给讲些前人有趣的联语。印象最深的是关于杭州冷泉亭的对联：

泉自几时冷起？
峰从何处飞来？

极为鲜见的是，上下两联全都是问句。当日，晚清进士、杭州学者俞曲园曾拟联答对：

泉自有时冷起；
峰从无处飞来。

他的妻子姚文玉看了，认为可以改作：

泉自冷时冷起；
峰从飞处飞来。

他们的次女也是才华横溢，随口说出：

泉自禹时冷起；
峰从项处飞来。

曲园先生问她，“项”字何所指？有什么根据？女儿答曰：“项羽《垓下歌》中有‘力拔山兮气盖世’之句；如果不是他将此山拔起，安得远地飞来？”夫妻二人听了，不禁拊掌大笑。

为了便于比较，先生还经常从古诗中找出一个成句，让我们给配对。一次，正值外面下雪，他便出了个“急雪舞回风”的下联，让我们对出上联。我面对窗前场景，想了一句“衰杨摇败叶”，先生看了说，也还可以，顺手翻开《杜诗镜铨》，指着《对雪》这首五律让我看，原句是“乱云低薄暮”。先生说，古人作诗，讲究层次，先写黄昏时的乱云浮动，次写回旋的风中飞转的急雪，暗示诗人怀着一腔愁绪，已经独坐斗室，对雪多时了。接着，老先生解释：“我之所以这样出题，是因为对联由律诗的对偶句发展而来，它保留着律诗的许多特点。对联要求对仗工整，平仄协调，这些特点都和律诗相似。”

记得是我读私塾的第八个年头，那天恰逢元宵节，我坐在塾斋里温习功课。忽听外面锣鼓声越来越近，知道是高跷队（俗称“高脚子”）过来了。见老先生已经回到卧室休息，我便悄悄地溜出门外。不料，到底还是把他惊动了。只听得一声喝令：“过来！”我只好硬着头皮走进卧室，见他正与魔怔叔共枕一条三尺长的枕头，凑在烟灯底下，面对面地吸着鸦片烟。由于堂役（私塾的勤杂工）不在，唤我来给他们沏茶。我因急于去看高跷，忙中出错，过门时把茶壶嘴撞破了，一时吓得惊惶失措，呆若木鸡。先生并未加以斥责，只是说：“放下吧！”

这时，外面锣鼓响得更欢，想是已经进了院里。我刚要抽身溜走，却听见先生喊我“对句”。我便规规矩矩地站在地下。他随口说出上联：

歌鼓喧阗　窗外脚高高脚脚；

让我也用眼前情事对出下联。这个难度可真是太大了，心想，撞坏茶壶惹了祸，你索性罚站、罚跪就是了，何必这样难为我？我正在发愁找不出恰当的对句，憋得额头渗出了汗津，忽然见到吸着鸦片烟的魔怔叔把脑袋往枕头边上挪了挪，便灵机一动，对出了下句：

云烟吐纳　灯前头枕枕头头。

听了，他们二人齐声赞道："对得好，对得好！"且不说当时那种得意劲儿，真是笔墨难以形容，只讲这种即时应答的对句训练，使我尔后几十年间，从事诗词、联语创作获益匪浅。

4

刘老先生说，撰作联语，要过两道关卡：一是讲求对仗；二是掌握音韵，做到平仄谐调，错落有致。按照《佩文韵府》要求，音韵分为平、上、去、入"四声"；"四声"又分平仄，"平"为平声，"上、去、入"一律归入"仄"声。现代汉语也分作"四声"，阴平、阳平、上声、去声，去掉了入声字，增加了平声字。不过，撰写楹联仍应执行《佩文韵府》的音韵标准。

老先生说，作诗、撰联，都要避忌"孤平""孤仄"和"三平尾""三仄尾"。这类问题之所以出现，同所谓"一三五不问，二四六分明"的说法有关。实践表明，"一三"可以略而不问，"五"同"二四六"一样，是必须分明的。当时，他曾结合实例加以讲述。

清代初年，抚顺高尔山一座凉亭上刻有这样一副对联：

到此已穷千里目；
何须更上一层楼。

雍正年间进士、两江总督鄂容安看过之后，嫌它满足现状，目光短浅，顺手改换了三个字，遂使境界一新：

到此已穷千里目；

谁知才上一层楼。

老先生说，上联第五字的平声“千”如果换成仄声字（比如“百”或“万”），就犯了“三仄尾”；而下联第五字的仄声“一”，属于仄声，若是换作平声字（比如“三”），则犯了“三平尾”。而且，这样改的结果，上联还犯了“孤平”，因为全句中只有一个“穷”字是平声；下联由于只有一个“上”是仄声字，又犯了“孤仄”的大忌。可见，“五”是不可不问的。说到这里，他顺便解释一句，“一、二、三、四、五、六、七、八、九、十”这十个数字，按次序分别为：入声、去声、平声、去声、上声、入声、入声、入声、上声、入声。就是说，十个数字里，只有“三”属于平声，其余都是仄声。

说到入声字，这是撰联或者写诗经常碰到的麻烦事。我们且看下面这一实例。

江苏溧水有一处九百多年前的宋代古迹“插竹亭”遗址。近年，遗址所在地——溧水第一初级中学，为加强校园文化建设，激励后学追慕前贤往哲之积极进取，在校园西南角重建了插竹亭，立碑纪胜，备述古迹恢复的始末，由本校校友、编辑家诸荣会撰文，作家王蒙应邀书写了“插竹亭”匾额，楹联邀我来撰写。在阅览了有关资料后，我拟出如下一副联语：

佳话记当年　亭以竹名留胜迹；

文风开此代　校因史显育贤才。

上联叙古，隐括《碑记》中所述故实：宋哲宗元祐八年（1093），词人周邦彦到溧水做县令。旧时官员初到任上，循例都要拜访当地一些名门巨室、耆旧乡绅。这天，他来到分龙岗，看望俞氏望族。听主人介绍，四十二年前，先祖插竹枝以护花，结果竹枝成活，长得十分茂盛，当地都视为奇迹。周邦彦听了，认为这是吉祥之兆，建议主人修亭以为纪念。三年后，亭子建成，周邦彦写了《插竹亭记》一文，对俞氏家族寄予厚望。果然，十年过后，族人俞栗便中了状元。从此，插竹亭也就成了当地一处胜迹。但是，后来便渐就倾圮了。下联述今，归结到学校重建插竹亭的深义，紧扣重振文风、教书育人这一主旨。

凡是对联，在音韵方面都须遵守两条准则：一是"仄起平落"，即上联以仄声收结，下联用平声落脚；整副联语，落脚处不能同为平声或同为仄声。可是现在，撰写与张贴，上下联颠倒，时有所见，有时还出现一副联语"同声落脚"现象。二是对联中如有分句、收尾的字，也不能同是平声或同是仄声。如这副对联中，上联两个分句的尾字"年"与"迹"，为一平一仄，下联两个分句的尾字"代"与"才"，为一仄一平。挽蔡锷联中，上下联各有四个分句，其尾字分别为仄（翼）、平（摇）、平（生）、仄（梦），平（支）、仄（落）、仄（已）、平（秋）。两两相对，音韵互不相同，错落有致。这里还有一点需要说明，就是本副对联的上联，有两个分句，其中"亭以竹名留胜迹"，第三字"竹"为仄声，按照要求应为平声，但考虑到此处可平可仄，而"竹"字又不可或缺，所以也就加以迁就了。

5

楹联撰写中，易于操觚的是单纯地抒怀、状景；而当牵涉到一些人物、事件，要在有限的篇幅中涵盖比较复杂的内容，所谓"纳须弥于芥子"，则往往颇费周章，令人大伤脑筋。清代有位诗人叫宋荦，他为江西的滕王阁写过这样一副对联：

> 依然极浦遥山　想见阁中帝子；
> 安得长风巨浪　送来江上才人。

这是一副脍炙人口的名联。上联说，登临纵目，"依然"可以见到远水遥山，进而“想见阁中帝子”。“极浦遥山”一语，自王勃《滕王阁诗》中“画栋朝飞南浦云，珠帘暮卷西山雨”一联化出。而“阁中帝子”一词，同样出自诗中“阁中帝子今何在？槛外长江空自流”。那么，谁是“阁中帝子”呢？这就追溯到滕王阁的来历了。唐永徽四年(653)，高祖李渊之子李元婴兴建了这座著名楼阁，并以其封号“滕王”命名。下联讲述天才诗人王勃撰写《滕王阁诗序》的经过。唐上元二年(675)，王勃赴交趾省父，九月初六，从家乡龙门出发，一路沿黄河、运河乘舟南下，再溯江而上，经芜湖、安庆抵达马当。初八这天，听说滕王阁重修工程告竣，洪州都督阎伯屿将于重阳节邀集宾朋，盛宴庆祝。他十分珍视这次以文会友的机会，可是，马当山离洪州(南昌)尚有七百里之遥，一个晚上是万万赶不到的。这时奇迹发生了，据说，因有江神相助，一夕间神风飒飒，长风巨浪吹送江船，次日清晨便到了滕王阁下。于是，那篇千秋杰作《滕王阁诗序》应运而生。洞悉此事的原原本本，也就明了下联“长风巨浪”“江上才人”的所指了。

通观全副联语，可以知道作者是说，千载而还，不要说兴建江南名楼的“阁中帝子”无缘得见，就连撰写《滕王阁诗序》的“江上才人”也不知到哪里去了，可谓寄怀深远，一唱三叹。作者的手法十分高超，把赏景、抒怀与稽古、叙事巧妙地结合起来，上下联相互呼应；而且对仗工稳，音韵铿锵，意蕴丰厚，允称佳构。

滕王阁还有一副对联，为周恩来总理的伯父、晚清举人、民国督军专署秘书长、新中国中央文史馆研究员周峋芝所作：

滕王何在　剩高阁千秋　剧怜画栋珠帘　都化作空潭云影；
阎氏能传　仗书生一序　寄语东南宾主　莫轻看过路才人。

遣事、用典，大体上与宋荦所作对联相似，但能翻出新意，遂使人拍案叫绝。同样是赞颂王勃，其手法却独出心裁，另辟蹊径。

联语说：滕王已经不在了，面对着千秋高阁，什么画栋呀，珠帘呀，都化作空潭云影，这是令人堪叹又堪怜的；而奇怪的是，那个都督阎公却得以名传后世，这是什么原因呢？只因为“书生一序”呀！所以应该“寄语东南宾主”，你们可要当心，切莫小瞧了“过路才人”。联语背后还隐藏着很多话——想当初，在座的那些人，也包括阎伯屿及其婿吴子章在内，喊喊喳喳，目光短浅，是没把年少的王勃放在眼里的。结果又如何呢？寥寥四十四个字，亦庄亦谐，有训有诫，不啻一篇绝妙的醒世之文。

说过了王勃，再说骆宾王。王、骆、卢、杨，号称“初唐四杰”。大约是在一年的春季吧，我去浙江义乌参加文学采风活动，这中间造访了坐落在市郊枫塘的骆宾王墓。当地官民都把这位异代同乡引为骄傲，缅怀不尽。市区内有“宾王路”“宾王大桥”，还准备兴建一座“骆丞公园”，计划在公园内开设骆宾王纪念大厅，邀请我撰写一副对联。临行前，我交了这样一副联语，算是结清了文债：

露重风高　一檄雄文成绝响；
潮残日暮　三生老衲向孤檠。

骆宾王的阅历极为丰富，在其近七十年的生涯中，诗文创作获得了巨大成功；而于仕进一途，则极为崎岖坎壈，可说是荆棘丛生，危机四伏。而这两条轨迹又总是紧相纠合，呈反向式发展。每当仕途颠踬，备受打击迫害的时候，创作业绩便显现直线发展的态势。这既反映了诗才塑造、创作生成的规律，也从一个特定角度，验证了他的人品、文品的高度统一。其内容之丰赡，足够写成几十万字的传记。但是作为联语，受字句限制，只能在其迭宕多故的人生中，择取最具代表性、最有典型意义的二三事件加以概述。而且，由于他在文学史上具有重大影响，讲述他的经历时又必须对应其诗文创作，否则体现不出一代文宗的特色。经过一番覃思苦索，我在二十二字的联语里集中讲了骆宾王的三段经历。

上联讲他的遭谗系狱和草檄声讨武则天。这两件事情，在他来说，是非同小可的，浮沉荣悴，祸福存亡，尽系于此。将近两年的缧绁生涯，对于骆宾王无疑是一生中最惨重的打击。但这次劫波也使他留下了一些脍炙人口的诗篇，五言律诗《在狱咏蝉》为其代表作。其中“露重飞难进，风多响易沉”一联纯用比体，表面说蝉，实际上是暗喻社会人生，也正是他仕途艰难、悲惨遭际的真实写照。另一番重要经历，是他参与扬州起事，为李敬业草拟雄文劲采的《讨武曌檄》，使他遭遇了灭顶之灾。但也正是这篇檄文，不仅使这次昙花一现的军事行动放射出奇光异彩，而且，它也玉成了这位失意文人。凭着这一千秋绝响、这张含金量很高的入场券，他得以傲睨当世，高踞于伟大的文学殿堂。

下联主要是讲述他最后兵败“逃禅”的悲惨结局。关于逃亡的下落，历来所传不一，传播最广、影响最大的是遁入空门，即“灵隐为僧”说。唐人孟棨《本事诗・征异》中记载过这样一个故事：初唐诗人宋之问被贬黜后放还，游览杭州西湖灵隐寺。他乘兴行吟，以《灵隐寺》为题，吟成起句“鹫岭郁岧峣，龙宫隐寂寥”，下一联却苦吟至再，终不如意。这时，一位老僧帮他续就：“楼观沧海日，门对浙江潮。”之问听了异常惊愕，没想到这方外之人诗才竟如此之高。接下去就顺势展开，斐然成篇，而老僧的续句实为全诗之警策。次日清晨，他披衣往访，则不复见矣。经过问询寺里僧人，方知这位老僧便是名闻四海的骆宾王。“潮残”“日暮”“老衲”“孤檠”，都是驱遣形象、意象，用来统括他的这一结局的。

撰写楹联是一专门学问，要求具备多方面的修养与艺术才情。陈寅恪先生认为，对子作得好坏，可以看出一个人读书之多少、语汇之贫富以及思维能力等。我虽揣摩操练达六十余年，但仍不敢说已经登堂入室。

第二十篇

姓氏文化

I

我们生活在具有五千年悠久历史的文明古国里，传统文化积淀十分深厚，给后人留下了浩如烟海的典籍、光辉灿烂的思想、深邃玄奥的智慧。这些文化积淀、思想蕴涵、人生智慧，有相当大的一部分，与我们日常生活关联密切，不像想象的那么幽渺、那么遥远，可以说每日每时都在和它们打交道。作为民族文化的一种积淀方式，它们具有复杂性、特异性、持续性(未曾发生过重大的文化断层)、群众性、常识性、实用性的特点。就我们日常耳目所及，大体上有以下几类：诗词、戏曲、楹联匾额、书画艺术、民间歌舞等；阴阳五行、天干地支、廿四节气、十二生肖、民间信仰、传统习俗之类；官制、品阶、服饰、礼节、仪式、饮食居住方式，等等。它们都长期而深入地渗透到了社会生活的各个角落里。比如说"十二生肖"，猴年过去，鸡年接班，挂历上、邮票上、各类招贴画上，到处画影图形，已经成为一种民俗文化积淀，你是抛也抛不开的。"姓名与称谓"问题，基本上也属于这种范畴。

可能有的朋友心里嘀咕：姓名有什么好讲的？称谓，不就是称呼吗？爷爷、奶奶，爸爸、妈妈，哪个不会叫？实际上，问题并不那么简单，即使说十分复杂，也不为过。这里只讲一点就足以说明问题：不要说一般人，就连有的大学教师、电视节目主持人，都曾在这方面闹出过笑话——称别人的父亲为"家父"者有之，称自己为"足下"的也有之。所以，稍稍破费一点时间，弄懂弄通这个看似浅近、实则学问很深的课题，还是颇有必要的。

在人际交往中，选择准确、恰当的称呼，反映着自身的文化教养，也体现出尊重对方的诚意，以及双方关系发展所达到的程度。但由于各国、各民族之间文化背景不同，语言、风习各异，人们在日常交往、应酬之中，彼此间的称谓用语也存在着明显差别。如果称呼错了，闹出笑话，自己尴尬，还是细微末节，引起对方反感，招致误会，那就影响大了。

随着“国学热”的兴起，书籍、报刊、影视、戏曲中，经常会接触到许多传统文化内容；特别是有些朋友常常和港、澳、台人士以及海外华人交往，有些东西人家现在仍然沿用（比如某些古代称谓），而我们或者不懂，或者弄错，结果招致尴尬，出乖露丑；至于那些做学问的青年朋友，经常阅读一些古代典籍，如果你在这方面缺乏基本的常识，就会面对许多“拦路虎”，弄得蒙头转向，摸不着门径。

在一次“中国文化史讲座”的课后，有位青年听众同我漫谈，说他正在攻读文学硕士学位，平时很喜欢读清代以来的笔记、诗话一类的作品，因为里面有丰富的学识和许多精辟的见解，只是障碍太多，除了一些文言词语，还有人物的称谓，有时让人摸不着头脑，如坠五里雾中。他说着，递给我一篇打印文稿，请我就其中的名字、称号做些解释。我翻开一看，原来是学者钱仲联《梦苕庵诗话》中的一篇名人小传，讲述的是作者乡先辈赵石农治砚、刻铭、镌印、作书、写诗的情况。小传使用的是文言，遣词构句比较简古，特别是四百多字短文中涉及文化界古今名人达十三位之多，有一些是比较生僻的，令人索解为难。比如“苏玉局”，恐怕许多人都会感到生疏。原来，宋代大文豪苏东坡，曾经任职成都玉局观提举，后人遂以“玉局”称之。那么，“沈寐叟”是谁呢？寐叟是近代书法家沈曾植的号。其他像“颜鲁公”“米南宫”，不太那么生僻，但有些青年人也未必能够知道。前者为唐代书法家颜真卿，因为曾经任职尚书左丞，封鲁郡公，故世称颜鲁公。后者就是宋代大书法家米芾。唐代以降，尚书省六部统称南宫；由于进士考试多在礼部举行，故又专指六部中的礼部为南宫。因为米芾曾官礼部员外郎，所以，后人就以南宫指代这位杰出的书画家。至于“松禅老人翁文恭”，他就是咸丰朝状元，同治、光绪两朝帝师，晚清政坛重臣翁同龢，死后他的谥号是文恭。

其实，不单是这类学术性著作，就是一些较为通俗的古典小说，比如《三国演义》，阅读时也会接触到一些称谓方面的学问。且看第六十六回，一开头，就说诸葛瑾到了成都。刘备问诸葛亮曰："令兄此来为何？"诸葛亮曰："来索荆州耳。"诸葛瑾见到弟弟以后，就放声大哭。亮曰："兄长有事便说，何必发哀？"瑾曰："吾一家老小休矣！"原来是由于诸葛瑾的弟弟诸葛亮所在的西蜀不归还荆州，孙权就把他一家老小关押起来，逼他去想办法。亮曰："兄休忧虑，待去见主公说情。"一见刘备的面，诸葛亮就哭拜于地，说："吴侯执下亮兄长老小，倘要不还，吾兄将全家被戮。兄死，亮岂能独生？望主公看亮之面，将荆州还了东吴。"经过一番讨价还价，刘备答应归还一半。鉴于那里的守将是关云长，诸葛亮曰："既蒙见允，便请写书与云长，令交割三郡。"刘备曰："子瑜到彼，须用善言求吾弟。吾弟性如烈火，吾尚惧之。"这里面包含一系列称呼，都是很有讲究的。称别人的兄长为"令兄"，表示尊重；称自己的君主为"主公"，显得很亲切；而称他人的君主则叫"吴侯"，显见亲疏之别。称呼关羽、诸葛瑾，都用"字"，表示尊重，关羽字云长，诸葛瑾字子瑜。

这方面的学问，可以统称为"姓名文化"，具体涉及姓、名、字、号与称谓问题。

2

现时代有关社会活动、政治集会，凡涉及位置排列，一般的都是"以姓氏笔画为序"。这里的姓氏，反映的就是姓。在母系氏族社会，姓与氏是有区别的。姓由一个老祖母传下来，标明血缘与婚姻状况；"姓"字从"女"从"生"，表明同姓者都是一个女性祖先的子孙；"氏"则是"姓"的衍生的分支。进入阶级社会，"氏"起着"别贵贱、判亲疏"的作用，如黄帝称轩辕氏、帝尧称陶唐氏。姓氏往往是家族的标识。最早的姓出于母系，后来为父系所取代，子从父姓，以父系推算血缘关系，将人的个体生命延续意识同家族亲缘关系传承下去。春秋战国，特别是到了汉代以后，姓与氏逐渐混同起来。

一般来讲，姓与名属于一个人的特定指称，它的直接功能，是作为姓名所有者与他人相区别而独有的代表符号，供人们称呼、识别，成为承担着该人信息传递的主要载体。大约从周朝开始，命名即已被纳入礼法，形成制度。以后，随着社会的发展和中华民族传统文化的演进，姓名也逐渐被赋予繁富而复杂的内涵，其中涵盖着心理学、社会学、历史学、民俗学、文字学、文学、美学、音韵学、谱牒学等多种学科，形成了中国古代社会所特有的“姓名文化”。

中国的独特之处，在于姓名之外还需要加上谱系。过去，各大家族都有修家谱的传统，一般是三十年一小修，六十年一大修，谱名及其排序在修家谱过程中就要确定下来。而孔氏家族，由于圣人孔夫子的崇高地位和巨大影响，则更为特殊一些，有时甚至要经由朝廷审定。他们的谱系（行辈），已经达到几十个。据《曲阜志》记载，孔氏族人的名字，从四十五代起，已注意显示行辈，但不严格。明代初年，朱元璋先后赐给孔氏十字十辈，即“希、言、公、彦、承，宏、闻、贞、尚、胤”（清代初叶，因“胤”字犯清世宗胤禛名讳，改为“衍”字），从五十六代往下排列。明崇祯二年（1629），六十五代衍圣公孔胤植，报经皇帝恩准，又增加“兴、毓、传、继、广，昭、宪、庆、繁、祥”十字十辈。清同治二年（1863），七十五代衍圣公孔祥珂，经皇帝核准，再增“令、德、维、垂、佑，钦、绍、念、显、扬”十字十辈。1919年，七十六代衍圣公孔令贻，由内务部核准备案，续增二十字二十辈，加上前面两批三十字三十辈，总共是五十字五十辈。其中，人们接触较多的是兴、毓、传、继、广，昭、宪、庆、繁、祥，令、德、维、垂、佑等辈分。另外，孟姓、颜姓、曾姓，大体上也是按照这个谱系来排序的。

按照谱系，如果姓名为三个字，那么，第一个字是姓，第二个字（有的是第三个字）体现谱系，剩下的那个字，便是名——三个字中，只有这个字可以自行确定。如曾国藩、曾国荃，周树人、周作人、周建人。如果是一字名，即姓名为两个字，就在偏旁、部首上做文章，如《红楼梦》中的贾赦、贾政，贾珍、贾琏，贾蓉、贾蔷等，以彰示同宗，分别辈分。

清朝皇帝的姓氏，有些特殊情况。大家知道，满族原称女真，明崇祯九年(1636)以满洲取代。入关以后，关于谥号、避讳的方式，从有利于君主专制与中央集权考虑，接受了汉族的制度。预先假定行辈排序，原来是十六个字：福、玄、胤、弘、永、旻、奕、载、溥、毓、恒、启、涛、恺、增、祺，就是皇帝的名字中，第一个字是固定的，按行辈流动；后来又续增了十二个字，但国祚已终，传到了“溥”字，清朝就灭亡了；后来虽然仍有接续，比如末代皇帝溥仪之后，还有他的侄子毓嶦，曾经写过一首长达四十二句的《火龙》诗，用以概括溥仪的一生；再下一辈，还有书法家启功，大概也就这样了。

说到称谓，有人问：皇上为什么称作“天子”呢？一般认为，来源于感生说。《说文》解释：上古神圣的始祖母，因交感于天物而生子，故曰“天子”。那么，汉化佛教的僧人都姓“释”，又是怎么来的呢？原来，佛教创始人是释迦牟尼，这是对他的尊称，是从梵文音译过来的。汉译佛典常简称他为“释尊”。佛法东传，僧人按当地习惯，也必须有姓。从前，有几种办法，一是沿用原姓；二是跟师傅的姓；三是利用所来国家或地区确定姓，如从天竺(南亚次大陆)来的，就用竺(如竺法兰)，从月支来的，就用支(如支谦)，从安息来的就用安(如安世高)；四是以佛、法、僧三宝为姓。到了东晋时期，僧人领袖道安，随师傅姓竺。他从实践中体会到，统一僧人姓氏，有利于佛教的发展。建议以“释”为统一的姓。由于他的崇高威望，很快便统一了认识。而且，一律与在俗时的姓一刀两断。日常中有时“释”姓略而不用，只用法名，如弘一法师。

孩子出生后，一般先有乳名(亦称小字)。如三国时的后主刘禅，小名阿斗。再比如张学良，乳名叫“小六子”，这个名字大有来历。原来，他一出生，算命先生说，这孩子命硬，不好养活，还克母亲。解救的办法是，把孩子许给寺庙做“寄名和尚”。这样，她母亲就选了个日子，送他到庙里焚香礼拜。老和尚用戒尺做一姿势，表示要责打他，他就跑出庙去。按照事先约定，孩子听到第一个呼唤叫什么名字，他就借用来作为自己的小名。那一天，出了庙门，就听有人喊"小六子"，这样，"小六子"就成了张学良的小名。老将军自嘲说："当时如果有人喊'王八蛋'，我就叫'王八蛋'了！"

稍长，即由父母或师长正式起名，古代专有命名仪式。起名讲究避讳，不能取与君父、圣人相同的字，同音的字也不行。平时作文、说话，当遇到这类人的名字时，也要设法避开或改写。旧时的皇历，之所以又称"时宪书"，就是为了避乾隆帝的圣讳弘历。这在旧时代，是所有读书士子必须掌握的学问，如果有所触犯，就将身遭大祸。

清乾隆时期，江西新昌有个叫王锡侯的举人。他处事本来十分谨慎，起先名叫王侯，由于害怕被人罗织罪名，便在中间加个"锡"字。他曾编撰《字贯》一书，在遇到康熙、雍正和乾隆皇帝圣讳时，都做了缺笔处理，只是没有采用更为严格的"改字法"或"空字法"，结果被人告发到乾隆皇帝那里，以"大逆不法"的罪名，不仅本人被杀头，还牵连到妻妾儿孙，多人致死和发配为奴。

起名，一般都体现长辈的意愿与期望。宋代文学家苏洵写过一篇《名二子说》，翻译成现代语言，大意是：

> 构成一辆车子，包括轮子、辐条、上盖、车厢底部的横木，它们在车上都各有职责，唯独拦在坐车人胸前用作扶手的那一条横木——轼，好像是没有用处的。然而，去掉轼，就算不得一辆完整的车了。名之为"轼"，是害怕你过分显露自己而不知掩饰形迹。天下所有的车，都从车辙上辗过，而论及车的功绩时，却从来不给辙算上一份——这倒也好，假如车覆马毙，而祸患也不会殃及到辙。所以说，辙是善处于祸福之间的。辙啊！虽然没有名分，却可以免除灾祸，这样，我也就放心了。

这里体现了父亲为两个儿子起名的意图，亦即苏轼、苏辙兄弟二人名字的来历。当时，兄长十一岁，弟弟八岁。

有的名字，与姓氏存在着相关的意义，如马千里、牛得草、米暂沉、成思危等；如果是文人，有些还寄寓了艺术精神、志趣爱好与审美情趣。

作为名子的补充与延伸，名子之外，又有字，有号，有绰号，有笔名、艺名。过去有“幼时命名，成年取字”的传统。《礼记·檀弓》说：“人年二十，有为人父之道，朋友等类不可复呼其名，故冠而加字。”就是说，男子二十岁以后，要做父亲了，所以朋友不能再叫他的名，而只能叫他的字。可见，“字”是男女成年之后，开始受到人们的尊重才加取的。也有的学者认为，“字”的产生，源于避讳。古人祭祀先祖时，为了表示恭敬，不能直呼其名，只好以“字”代替；再如，人死了以后，要由君王另外赐予一个“谥号”，于是就只用“谥号”来称呼他，如曾文正公、李文忠公。这都是有一定地位和身份的人，一般平民没有这些说道。

有些“字”与“名”互为表里，意义相互关联。比如，毛泽东字润之，泽与润，意义相连；张学良字汉卿，因为张良为汉朝名卿；诸葛亮字孔明，亮与孔明含义相近；关羽字云长，展翅入云，名字相成相辅。苏轼与苏辙的“字”，也属于这一类：轼为古代设在车厢前供立乘者凭扶的横木。《左传·庄公十年》有“下视其辙，登轼而望之”的话，故苏轼字子瞻；而“天下之车莫不由辙”，故苏辙字子由。还有的“名”与“字”相反相成，如唐代大文豪韩愈（愈，胜过之意），字退之；今人程思远，字近之（是毛泽东主席给起的）。还有的通过“字”来表达一种志趣、意向。如朱自清字佩弦，性格比较缓慢，想加以调节。其典出自《韩非子·观行》：“西门豹之性急，故佩韦以缓己；董安于之心缓，故佩弦以自急。”

号，是一个人的别称，所以又叫别号，多为自取，可以不受行辈与谱系的约束，自由体现本人的心迹、寄托、兴趣、爱好，如别号中有的叫“山人”“居士”，表明自己鄙视利禄，自命清高。欧阳修号“六一居士”，意思是一万卷书、一千卷古金石文、一张琴、一局棋、一壶酒，再加上本人一个老翁，共六个“一”。而绰号、诨名、外号，则是他人赠授的，如《水浒传》中的“智多星”（吴用）“黑旋风”（李逵），民间的“周扒皮”“小诸葛”。清末民初以后，字与号逐渐为笔名、艺名所代替。

名、字、号之外，对于不同年龄，还有一些特殊的说法：婴儿出生三日——汤饼之期；不满周岁——襁褓；两三岁——孩提；幼年泛称总角、束发；十岁以下——黄口。女孩十二岁——金钗之年；十三岁——豆蔻年华；十五岁——及笄之年；十六岁——碧玉年华；二十四岁——花信年华；等待出嫁——待字闺中。男性：十五岁——志学之年；二十岁，称为弱冠；三十岁——而立之年；四十岁——不惑之年；五十岁——年逾半百、知天命之年；六十岁——花甲、平头甲子、耳顺之年；七十岁——古稀、杖国之年、致仕之年、致政之年；八十至九十岁——耄耋之年；一百岁，称为寿登期颐。八十八岁，称为米寿；一百零八岁，称为茶寿。古人以六十为下寿，八十为中寿，九十为上寿。

概括地说，姓名有四个特点。

第一，传承性。揭示了一种血缘关系、家族关系，反映浓厚的宗族观念。

第二，寄寓性，体现一种意愿色彩。父母都希望自己的孩子走正道、有作为，在为子女取名时，往往寄寓美好的期望。

第三，时代性。人之取名，往往因时而变，与社会背景、环境、形势及时代精神风貌密切相关。新中国成立后的“建国”“国庆”“超英”，“文革”中“继红”“卫东”等弥漫着浓烈的时代色彩。

第四，装饰性。在平常的社会交往中，高雅、深邃的名字，往往会给人留下美好的印象，有些名字妙如诗、美如画、清如水、醇如酒，令人难以忘怀。本来是一件很平常的东西，经过精美的包装，就会收到不同寻常的效果。

3

《三字经》有一段话：“父子恩，夫妇从，兄则友，弟则恭，长幼序，友与朋，君则敬，臣则忠。此十义，人所同。”实际上，讲的是五种伦常关系：君臣、父子、夫妇、兄弟、朋友。里面也包含了长幼、尊卑、上下的秩序。所谓称谓，就是源于这个“五伦”“十义”而产生的。

从前的官场、文坛、商学各界，都特别注重礼仪，日常交往、书信往来、著书立说，在名、字、号的用法上十分讲究。

君王对臣下，长辈对晚辈，老师对门生，都是称名。按照规则，上级对下级应该称名，但有些讲究礼节的，往往还是以字相称，表示尊重。比如，曾国藩信札中，对其下属，一般都以字相称，并不直呼其名，而自己则谦称“国藩”“鄙人”。

旧时，当本人说到自己时，一般都用本名，而不能自报字、号。在书信和文章中署名、落款，也是如此；而且，称呼自己时往往用谦词或者卑称，如“鄙人”“在下”“不才”“仆”“晚生”“后学”，等等。而如果自己称“字”，则被认为“有失体统”。这里有个典型事例：晚清状元、中国近代化的开拓者之一张謇，一天，接到在青岛求学的儿子张怡祖的信，看过之后，忽然发现信背封条处，署有“孝若”二字。“孝若”，是怡祖的字。当时，张謇大为不悦，立即写信加以责备：“今儿才十五……对他人尚不可遽称字，况于寄父之函而题封以字乎？此事关乎礼教，不可不知，以后动笔，须小心！”

而称呼别人则用尊称，如“阁下”“足下”“大人”“钧座”等。反之，如果对人直呼其名，会被认为是一种没有礼貌的不敬行为。尤其是对那些有身份的人，如果直呼其名，唐突长者，轻则遭到奚落、耻笑与戏弄，严重的还会罹灾贾祸。

旧籍中有一个“家僮背磨”的趣事。明初，江南名医庄伯和，性开朗，善诙谐。一日，他的友人、当地名士李庸遣家僮送来书信一封。家僮呈递书信时，不慎叫出了这位名医的名字。对这种失礼行为，当时文人一向都看得很重，庄氏也极度不满。但他并没有当面加以指斥，而是采取一种巧妙做法予以惩处。只见他一本正经地对李家僮仆说：“你们老爷要借我的药磨用一下，叫你把它背回去。”并随手书写一份回函，要他转交。家僮背着沉甸甸的药磨，气喘吁吁地回到家里。主人先是一怔，待到看过了便函：

"来人当面直呼姓名,实为无理,罚他驮运药磨两遭。"这才明白了底里。不禁被友人的风趣逗得哈哈大笑,遂立即命令家僮再把药磨背回去。

至于下属对上级、晚辈对长者、学生对先生,则绝对不能称名,即使以字、号称之,后面往往还要缀上相关的尊称。在字、号不再通行的情况下,对于师长、尊者、德高望重的人,人们习惯在姓的后面加上"先生",或者职务、职称;年岁大的以"公""翁"或"老"称之;年辈相当的,为客气起见,有的称"君"称"兄";即使称名,也并不直呼,往往要在后面附以"先生""女士"等称谓。

亲属之间的称呼,同样也颇有讲究,而且可以说,是中外一体的。比如恩格斯就曾说过:"父亲、子女、兄弟、姊妹等称谓,并不是简单的荣誉称号,而是一种负有完全确定的、异常郑重的相互义务的称呼,这些义务的总和,便构成这些民族的社会制度的实质部分。"这是从责任、义务的角度说的。恩格斯还讲过,亲属间的称谓,"是实际上流行的对血缘关系的亲疏异同的观点的表现"。

从前对于父母之名,是要避讳的。古人说:"父母之名,耳可得而闻,口不可得而言,则所讳在我而已。"看过《红楼梦》,人们当会记得第二回冷子兴与贾雨村的一段对话:

> 子兴道:"……上一辈的(名字),却也是从弟兄而来的,现有对证:目今你贵东家林公之夫人,即荣府中赦、政二公之胞妹,在家时名唤贾敏。不信时,你回去细访可知。"
>
> 雨村拍案笑道:"怪道这女学生读至凡书中有'敏'字,皆念作'密'字,每每如是;写字遇着"敏"字,又减一二笔,我心中就有些疑惑。今听你说的,是为此无疑矣。"

"这女学生"即林黛玉。因为她要避母亲贾敏的名讳,所以,每逢遇到"敏"字,便念作语音相近的"密",而书写时则故意缺一两笔。这类避讳形式，今天已不复存在，但对于长者、尊者不直接称名的规矩，还是坚持的。原外交部长李肇星讲过一则趣闻：他的父亲是抗日游击队战士，偶尔回家，乡里父老兄弟都前来欢迎他们。有个邻居叔叔有意拿他逗趣儿，便悄悄地把小肇星叫到一边，叫他大声喊一个名字。当时，李肇星年岁小，不知道里面有计策，就按照族叔教给他的喊了一声，结果被父亲听到了，过来就给他一巴掌，原来那是父亲的乳名。在家乡，只有长辈才能这么叫。这是一种礼仪，一种规矩。直到今天，对于长者、尊者，也还是不能直接称呼名字，更不要说乳名了。

在称呼自家的亲属时，通常会听到或见到“家、舍、亡、先、犬、小”这一类字样。先说“舍”字，这是用来谦称比自己卑幼的亲属，如舍弟、舍妹、舍侄、舍亲，但不说舍儿、舍女。“先”，含有怀念、哀痛之情，是对已死长者的尊称，如对已离世的父亲称先父、先人、先严、先考，对母尊称先母、先妣、先慈，对祖父称先祖，等等。“亡”，用于对已死卑幼者的称呼，如亡妹、亡儿。对已故的丈夫、妻子、挚友，也可分别称为亡夫、亡妻、亡友。“犬”，旧时谦称自己年幼而涉世不深的子女，如犬子、犬女等。“小”，对人称自己子女所用的谦词，如小儿、小女等。最后说说“家”的用法，它是用来称呼比自己辈分高或年长的活着的亲人，含有谦恭平常之意。如称自己的父亲为家父、家严，称自己的母亲为家母、家慈，称丈人为家岳，祖父为家祖，以及家兄、家嫂，等等。

说到这里，我想插一段真实的笑话。一位教师同客人见面，觉得直接问候“你的父亲身体可好”不太文雅，便拽了一句文：“家父近来可好？”客人闹愣了，只好说：“对不起，令尊我还没有见过。”无独有偶，偏偏中央电视台《艺术人生》节目一位著名主持人，重蹈覆辙，同样误将对方的父亲称为“家父”。这已经是够难堪的了，可是，所在的节目组却硬着头皮，偏要“将不是当理说”，辩称他们的主持人是“为了更好地与观众沟通”，说什么：“从语言的角度来讲，‘令尊’是在不太熟悉的时候用的，而为了拉近与被采访者之间的距离，更好地进行沟通，用‘家父’也可以的。”真是滑天下之大稽！过去，有人家中来客，嫌自家的房间太小，欲借邻居家的用一下。写信说："家室太小，欲借令堂一用。"结果被邻家扇了一个大嘴巴。不知道挨打者的同事，又将为他做怎样的辩护？

刚才已经说了，尊称别人的父亲，叫令尊、令严；母亲叫令堂、令慈；兄弟叫令兄、令弟；子女叫令郎、令嫒。尊称人家的兄弟，叫贤昆仲；夫妻则称贤伉俪；尊称别人妻子叫贤内助，尊称年龄稍大于自己的朋友的妻子为嫂夫人。旧时著名童蒙读物《幼学琼林》里专有一部分，讲各种称呼，里面有这样的话"称人妻为尊夫人，称人妾为如夫人"；称呼叔父叫诸父，称呼侄儿叫犹子。

妻子对丈夫的称呼，从古至今变化是很多的。最早称为"良人"，古诗："妾家高楼连苑起，良人执戟明光里。"《孟子》："良人者，所仰望而终身也。"后来又称"郎"，古诗有句："不为旁人羞不起，为郎憔悴却羞郎。"亲热一点则叫"郎君"，又叫"官人""老爷""相公"。新中国成立后，我们改称"爱人"，但久居海外的华人却拒绝接受，认为与"情人"同义。民间称"当家的""孩子他爸""我们那口子"。女子的配偶，一般称作丈夫；还有其他称谓：君、外子、官人、爱人、当家的、前面人、掌柜的、外面人、郎君、老伴儿、老头子、那口子、男人、那位老板等。

从古至今，对妻子的称呼，据说有近四十种之多。皇后，皇帝的妻子。小君、细君，最早是称诸侯的妻子，后来作为妻子的通称。古代诸侯的妻子称夫人，明清时一二品官的妻子封为夫人，近代用来尊称一般人的妻子，现在多用于外交场合。荆妻，旧时对人谦称自己的妻子，又称拙荆、山荆、贱荆。娘子，古人对自己妻子的通称。糟糠，形容贫穷时共患难的妻子。过去对他人称自己的妻子，书面语称内人、内助。旧时称生意人的妻子为内掌柜或内当家的。太太，新中国成立前一般称官吏的妻子，或有权有势的富人对人称自己的妻子为太太；今有尊敬的意思，如问"你太太怎么没来"？有的人为了表示亲爱，在书信中称妻子为贤妻、爱妻。老伴儿，指年老夫妻的一方，一般指女方。有些地方称妻子为娘儿们，或婆娘、婆姨；江南一些地方称堂客；在河南农村称妻子为媳妇儿，北方城乡也有这个俗称；有的称家里、屋里人、做饭的，或孩子他娘。一些农村，称妻子为女人；而伙计、搭档，则是现代都市对妻子的俗称。另外，旧时对妾的称呼有侧室、偏房、小星、如夫人等。妻子死后，又另娶的，称为继室、续弦。

夫妻关系在古今称谓中，有结发、鸳鸯、伉俪、配偶、伴侣、连理、秦晋、百年之好等。“鸳鸯”原指兄弟，我国古代曾把鸳鸯比作兄弟。鸳鸯本为同命鸟，双栖双宿，所以古人用它来比喻兄弟和睦友好。后来，以鸳鸯来比夫妇，始于唐代诗人卢照邻。

在我国古代，年少之时结为夫妻，称为结发。后因以“结发”为结婚，指原配夫妇。至于丈夫对妻子的父母，妻子对丈夫的父母，在称呼上也有发展变化。先秦时期都称为舅姑。这种奇特的称谓，反映了母系氏族社会族外群婚的遗迹。到了南北朝时期，开始称妻子的父母为“丈人”“丈母”，这是一种尊称。至于称妻父为“泰山”，则来自于一种政治利益的关联。这里有个故事：唐明皇到泰山举行祭拜天地的大典，丞相张说担任封禅官，顺便把他的女婿郑镒也带去了。因为按照旧例，随皇帝封禅，丞相以下官吏可以晋升一级。当时，郑镒是九品官，张说利用职权，把他连升四级。唐明皇发现他的官服变了颜色，便问是咋回事，郑镒不敢回答。皇帝身旁的艺人擅长讽刺，便说“此泰山之力也”，一语双关。后来就这么叫下来了。因为泰山又称东岳，是五岳之长，于是又把妻子的父母称为“岳父”“岳母”。

东床指女婿。东晋时郗鉴让门人到王导家去物色女婿。门人回来说：“王家少年都不错，但听得消息时，一个个都装出矜持的样子，只有一个年轻人，袒腹东床，只顾吃东西，好像没听到我们说话一样。”郗鉴当即表态：“这个人正是我要物色的好女婿！”这个年轻人就是后来的大书法家王羲之。以后，人们就称女婿为“东床”。

看来，称谓的学问还真是不少哩！而且，大都与我们的日常生活联系紧密。所以，大体上有所了解，还是很有必要的。

第二十一篇

座次格局

I

有一位离休的老教授，已经是耄耋之年了，每次出席友朋的聚餐会，都要带着一个本子，将饭碗扣在纸上，用笔画个圆圈，然后按照座次一一填写就餐人姓名。他说，已经积累厚厚一大本了。是何用意，我未便询问；当时只是想：此老之不惮烦，实为有心人也。

当年司马迁撰著《史记》，写到《项羽本纪》"鸿门宴"一节时，根据情节的需要，特意标明几个主要人物的座次：项羽、项伯东向坐，范增南向坐，刘邦北向坐，张良陪侍，西向坐。这样的安排并非随意为之，而是处处充满玄机。

实际上，《史记》中关于座次的记述，绝非仅此一次，说明太史公对此是很看重的。比如，《陈丞相世家》中讲：项羽为了招降王陵，让被掳的王陵的母亲东向而坐，用贵宾之礼相待，以示敬重。《淮阴侯列传》记载：韩信要活捉广武君李左车，悬赏千金。有人就把广武君绑来送到韩信的麾下。韩信立刻松了他的绑，并请东向而坐，自己执弟子之礼，西向坐陪。还有《南越列传》，叙述汉使出访汉之属国南越的经过：在酒席上，汉使者以钦差身份面向东坐，南越王面向北坐，王太后面向南坐，丞相吕嘉和众大臣都向西而坐，侍候饮酒。这种座次顺序以及人物的尊卑关系与"鸿门宴"大体相似。

你看，太史公就这样一而再、再而三地记叙人物的座次，用以反映当时的尊卑、主从关系。

在古代中国，座次问题被纳入礼的范畴。儒家认为，礼是我国传统文化的核心。孔子有言："不学礼，无以立。"说的是，不掌握礼仪，在社会中无法立身行事。因为礼仪是人际交往、社会秩序的行为规范，体现了一个人、一个社会组织乃至一个国家的文明素质；整个社会、民族的上下左右关系，都是通过礼来协调与制约的。正如国学大师钱穆先生所说："'礼'是一个家庭的准则，管理着生死婚嫁等一切家务和外事。同样，'礼'也是一个政府的准则，统辖着一切内务和外交。""'礼'为全中国人民树立了社会关系准则。"

人类社会成员是众生群居的，不像笛福小说中所写的鲁滨孙，在荒无人烟的孤岛上独自生活二十几年；即便是鲁滨孙，最后也还找了一个伙伴"星期五"。只要有两个人以上组成的集体，在日常交往和各种社会活动中，就必然会发生秩序、程序、次序，亦即社会关系准则的问题。无论其为传统的等级严明的社会，还是现代的所谓以平等主义为政治价值观的社会组织，都需要通过上层统一颁布，作为法定制度，或者由群体共同议定，约定俗成，制定出本群体所共同认可的秩序标准、礼仪程序、行为方式，并在社会交往、日常活动中付诸实施。

2

在中国传统的等级社会里，自古以来，即十分讲究礼制。礼的核心就是讲规矩、定名分，用以别尊卑、分上下、序先后。

儒家的至圣先师孔子在谈到"六艺"的功用时，首先就强调"礼以节人"——礼是用来规范人的生活方式的，或者说，礼从规范人的生活方式这个角度来谈怎么治理国家、整合社会。那么，用什么规范、怎么样规范呢？亚圣孟轲做了进一步的阐述："天下有达尊三：爵一、齿一、德一。朝廷莫如爵，乡党莫如齿，辅世长民莫如德。"翻译成现代语言：天下公认为尊贵的东西有三样：爵位是一个，年龄是一个，道德是一个。在朝廷中，先论爵位；在乡里中，先论年龄；至于辅助君主统治百姓的，自然以道德为最上。不同层次、不同场合有不同的标准和不同的要求。

一部煌煌九万字的《礼记》，就是专门记载和论述先秦的礼制、礼仪，解释仪礼，记述修身、做人的准则的。而座次问题，作为礼仪秩序的重要组成部分，最早出现在儒家经典《礼记・中庸》中："宗庙之礼，所以序昭穆也；序爵，所以辨贵贱也"；"燕毛，所以序齿也"。这里说的是三种不同层次、不同场合：天子宗庙大祭，按照左昭右穆的次序排列；而公卿士大夫所在的官场，则按照爵位、官职高低来安排座次，其着眼点在于区分尊卑、贵贱；在民间，普通的乡里祭祀，事毕举行宴会，则按照毛发颜色(老幼)来安排座次。

古代官场序爵，下面就说一个实际事例。《史记・廉颇蔺相如列传》中记载：公元前 279 年，秦、赵两国君主在渑池会见。秦王以大国君主自居，恃强凌弱，咄咄逼人；赵王的侍从蔺相如寸步不让，以其凛然无畏的正气，杀减了秦王的淫威，逼使其屈服、让步。回国之后，赵王以相如功大，拜为上卿，位在廉颇之右——当时是以右为上的。对此，廉颇很不服气，说"我有攻城野战之大功，而蔺相如徒以口舌为劳，而位居我上"，"我见相如，必辱之"。蔺相如听说以后，从顾全国家大局出发，主动回避、退让。终于感动了廉颇，最后登门服荆请罪。

看得出来，在座次的安排上，为了显示尊卑关系，无论是序爵、序齿，都是讲究方位与方向的。所谓方位，也就是左右之别，这个问题说道很多，比较复杂。在中国古代，有"虚左以待"之说，意思是空着尊位等候宾客、贵人，说明是以左为尊，以左为上。但同样是在古代，又有"无出其右者"的说法，从前面的《廉颇蔺相如列传》中也可以看出是以右为上的。唐人白居易《江州司马厅记》："凡内外文武官左迁右移者递居之。""左迁"为贬谪，"右移"为升官，也体现了尊右贱左的倾向。

之所以出现这种相互矛盾的情况，有的论者认为，因朝代不同，而所尊各异。大体上是(并非绝对的)，春秋战国、秦、西汉时以右为上；迨至东汉、隋、唐、两宋又逐渐尚左，直到明、清；元则以右为上，科场中，蒙古、色目人称右榜，汉人、南人称左榜。有的论者则指出，由于地域不同，所尚亦有差异，比如，秦地官职尚右，而楚地则以左为上。《左传》"桓公八年"，季梁曰："楚人上左，君必左。"有的援引《老子》的话"君子居（平时）则贵左，用兵则贵右"，"吉事尚左，丧事尚右"；《逸周书》曰"天道尚左，日月西移；地道尚右，水道东流"，说明尚左或尚右自有其不同的根据。

比较公认的原则是：尚右的根据源于人的生理习性：一般人使用右手比使用左手方便利落，右手作用大，用处多，所以右尊于左。而尚左的根据则源于居室的朝向：自古以来，宫室皆向南、向阳，"人坐立皆面明背暗"。《易经·说卦》有"圣人南面而听天下"之说，皇帝坐北朝南，君临天下；而臣下则面北朝拜，山呼万岁。既然向南，自然就左面为东、右面为西了，东大于西，人所公认。那么，二者孰先孰后呢？由于自有人类出现，就有使用右手方便的习惯，而居室朝向问题是人类进化到一定阶段之后才形成的，所以就此推断，尊右发生在先，而尊左发生在后。

3

文贵鲜活、形象，光是空泛地叙说，未免有些枯燥乏味，下面列举判然有别的典型事例。

尽管社会上族群、风习、层次存在着种种差异，但在同一时期、同一地域，在礼仪、规范、秩序方面，还是会形成共同确认的统一准则，约定俗成，自觉遵守。如果有人打破成规，"躐等而行"，就会引起客观上的质疑与惊异。还是接着说座次问题。战国时期，魏国有一位智者，名叫侯嬴，年届七十，为大梁夷门监者。魏公子信陵君素以贤能、谦恭驰名于世。这天，他置酒大会宾客，却亲自驱车执辔，往迎侯嬴。侯嬴穿戴敝旧衣冠，径坐上位，毫不逊让，从者见状窃骂。至家，公子引侯嬴坐上座，满堂宾客尽皆惊异。后来，侯嬴献"窃符救赵"之策，并推荐勇士朱亥，最后又刎颈相送。在侯嬴的激励和直接帮助下，魏公子终于成就了煌煌盛业。对于魏公子礼贤下士、侯先生以死相报这一千秋佳话，清初诗人吴梅村有"多见摄衣称上客，几人刎颈送王孙"之感叹。

历史上还有一个出于不可告人的一己私利，肆意违反礼制成规，出格、非礼，招致指责、批判的事例。唐代宗广德二年(764)十一月，在平定"安史之乱"中立下了赫赫战功的大元帅郭子仪，前来朝见代宗皇帝。这自然是一件非常隆重的礼仪活动，主其事者为定襄郡王、右仆射郭英义。其为人也，奸佞欺诈，专权跋扈、收受贿赂、陷害忠良，品质极差。他觉得这正是自己勾结权贵、打击异己的好机会，自是欣喜不已。在如此重要的朝会上，无疑应该按照与会文武百官的职位高低、资历深浅来安排座次；可是，郭英义为了取悦掌权太监鱼朝恩，竟违反成例，将他的座次放在尚书大臣之上。对此，上柱国、鲁郡公、书法家颜真卿致函郭英义，对他违反礼制、乱排座次的恶劣行为予以严正的指责。信中指出，古时"乡里上齿，宗庙上爵，朝廷上位，皆有等威，以明长幼。故得彝伦叙而天下平也"；然而，你为了向宦官鱼朝恩邀宠献媚，竟然在众目睽睽之下，公然打乱等级、次序，进行如此反常排列，此种行为"何异清昼攫金(白昼打劫)"！信稿即为中国古代书法史上名重千秋、影响深远的行草书精品《争座位帖》。这一珍贵的历史文献，反映出颜真卿忠义奋发、端直不阿、不畏权奸、仗义执言的豪情胜概，刚烈之气跃然纸上。字如其人，笔势亦豪宕大方，姿态飞动，虎虎有生气。

在中国古代的座次排列故实中，要以影响之大、范围之广而论，长篇小说《水浒传》中的"梁山泊英雄排座次"，肯定是拔得头筹了。在水泊梁山，随着队伍的日益扩大，影响的日益深远，特别是不同派系、不同山头、不同背景的草莽英雄的组合所带来的内部矛盾也渐形显露，这就要求必须通过合理的举措加以整合，实现新的动态平衡。就当时情况分析，通过安排座次以理顺关系、确定身份、体现地位，不失为一种合理的选择。至于如何实际操作，却是一件颇费周章、最伤脑筋的事。"四大天王"——宋江、卢俊义、吴用、公孙胜，依次排列在前，原属众望所归，不会有太大的争议；而其他人如何排列，孰先孰后，可就众说纷纭了。关键是以何标准定位，按贡献？按武功？按声望？按资格？似乎都说得过去，有理可依；但是，历史的作用是合力形成的。单突出哪一项，恐怕都不能令公众信服，必须方方面面全盘着眼，统筹考虑，既要充分体现整体利益，又要适当关照个体特殊情况，有时还不得不进行摆不到桌面上的“暗箱操作”。即便这样，最后也还得借助九天玄女授书的玄机，来个“石碣受天文”，玩一套由天意决定的把戏，可谓用心良苦。

4

年轻时候看问题简单，觉得只有在所谓“礼仪之邦”的中国，才会如此看重等级、座次；而在奉行现代法律规则的西方国家，既然强调天赋人权，人人平等，社会靠契约来调整，不分贵贱、贫富，在订立的合同面前，都是平等的民事主体，那么，他们还需要特别讲究什么尊卑、座次吗？后来接触外事部门和经常出国访问的人士，特别是自身有了直接到欧美地区参观、考察的实践，才知道西方国家的会议布置、餐桌礼仪、宴客形式、座次安排，不仅讲究，而且十分烦琐，条条框框，较之中国有过之而无不及。

美国学者帕切特等著的《国际商务礼仪》一书中明确提出：“主席台上，居右的座次通常安排给尊贵的客人。”其成因，据说来源于一种古代的风习。在几百年前，国王集会时，往往把最信任的盟友安排在右侧，而把心怀叵测、存有敌意的客人安排在左侧。以备万一出现反目、对抗情况时，便于国王右手拔剑加以应对。这种古老的风习沿袭下来，遂有今天的尊右礼仪。

按照国际惯例，西方正式宴会的座席排列，一般奉行下述原则：女士优先；恭敬主宾；以右为尊；面门为上；交叉原则；按距离、主位、远近来定位。桌数较多时，桌次的尊卑视距离主桌位置的远近而定，近者为上，右尊左卑；一般都应摆上桌次牌。吃西餐时，均使用长桌，同一桌上席位的尊卑，亦以距离主人座位近者为上。西方习惯是男女交叉安排，夫妇也分开落座。女宾的席位尊于男宾，入座时，男士要替位于自己右边的女宾拉开椅子，以示尊重。西方人讲究留有个人空间。两人对谈时，不可离得太近，一般以五十厘米以外为宜。如果是日常接触，需要与别人同坐一桌或紧挨别人落座时，最好先打个招呼，问一声："我可以坐在这儿吗?"得到允许后再坐下。

如果男女两人同去就餐，男士应让女士坐在自己的右方，注意不要让她坐在人来人往的路边。如果只有一个靠墙的座位，应请女士坐，男士坐在女士的对面。若两位男士陪伴一位女士就餐，女士应坐在两位男士的中间。若是同性别的两人一起就餐，靠墙的位置应该让给长者。每个人离座或入座，均应从座椅左侧进出。

西方传统习俗，忌讳并恐惧第十三号座位。专家们认为，这起源于《圣经》，在"最后的晚餐"中，背叛耶稣的犹大是桌上的第十三个客人——尽管《圣经》中并未指定他们就座的顺序。《相信魔法：迷信心理学》一书的作者斯图尔特·维斯说："最早认为坐在桌子的第十三号座位不吉利，是由于《圣经》故事，但后来发展成为对任何事情来说，十三都是不吉利的。"为此，法国航空公司不设第十三排座位；而美国的许多建筑都没有第十三层，一些机场也没有第十三号登机口。

除了餐桌上分别左右座次，有的还把它延伸到政治的场合，在会议座次中划分出左派与右派。史学界普遍认为，左右分派源自18世纪末法国大革命时的议会分座。那些主张共和、人权、政教分离的革命支持者坐在左边，而支持君主制度的议员则一律坐在右边。后来长期被沿用下来。以致在我国"文化大革命"中，"四人帮"为了打击老干部，曾在大会主席台上，把他们党羽的座次一律排在左边，而把那些开国元勋、革命元老一律排在右边，名之曰"老右"，极尽其打击、污蔑、诽谤之能事。

5

在我国，现在会议安排以及日常生活、饮食礼仪所奉行的基本规则是，前为尊，后为次；中为尊，侧为次；左为尊，右为次。一般的宴会，除自助餐、茶会外，为了不致互相推辞、谦让，主人都需事先安排好席位，排好座次，以便客人“对号入座”。主人居中，一般都是离门口最远，陪侍者对面落座；主宾和副主宾分别坐在主人的左右两侧，位居第三位、第四位的客人分别坐在陪侍者的左右两侧。

由于中为上、左为上、前为上已经成为众所公认的定则，而且，由指示牌一一标出，这样，与会者一进会场，立刻就能明了主席台上每个人的身份、地位、等次、职级。如果偶尔不慎，出现了差错，就会造成混乱。

报载，一次大会上，服务员在收拾主席台桌面时，不慎把一把手左右两侧座位的标示牌给弄颠倒了。结果是，没等班子成员入席落座，会场上的人们就窃窃私语，乱哄哄搅成一团。一把手和几位副手进入会场后，发觉气氛有些不对劲儿，仔细一看，原来是主席台上座位标示牌惹的祸——大家误以为二把手降为三把手，三把手提升为二把手了。会后，办公室主任挨了批评，写出检讨。

常见的大学、中学举行校庆活动，与会校友的座次，一般都按职级、身份、地位排列。2012 年南京大学庆祝建校一百一十周年，对此进行了改革。他们认为，当年在校读书时，同学都是平等的，于是，破例实行了“序齿不序爵”，只认长幼不序尊卑的做法，没有主席台嘉宾席位，“银发校友”全部前排就座，主持人介绍出席庆典嘉宾时，最先介绍的不是领导，而是两位分别在 1939 年和 1944 年入学的年龄最长的老校友，博得了社会各界的普遍好评。

第三章

河山:文明大地

我们的大地孕育了中华历史文化传统，它又一时也没有离开这块土地，它无处不在，也处处可见，在每一片土地上，可以感觉到历史文化传统的光辉灿烂。

第二十二篇

三峡气象

I

“船窗低亚小栏干，竟日青山画里看。”我满怀着多年的渴慕，放舟江上，畅游三峡，饱览着山川胜景。

伴着船行激起的“沙沙、澌澌”的水声，迎来又送走那峥嵘、嶙峋的山影。江轮在危岩绝壁间婉转穿行，眼看要撞在迎面横过来的陡壁上，却灵巧地一闪，辟出一片生面别开的天地。真是“山塞疑无路，湾回别有天”，不能不由衷地佩服古诗用字的贴切。

老杜笔力的雄健更是令人心折，群山万壑，的确像无数匹高高低低的骏马，脱缰解辔，挤挤撞撞，奔赴荆门。“谪仙”作诗，惯用夸张手法，但他刻画三峡之险巇“上有六龙回日之高标，下有冲波逆折之回川。黄鹤之飞尚不得过，猿猱欲度愁攀援”，则全是写实。

峡中景色变化无常，适才还是“高江急峡雷霆斗”，令人目骇神摇，霎时烟云浮荡，一变而为惝恍迷离，幻成一幅绝妙的米家山水。游人也随之从现时的有限形象转入绵邈无际的心灵境域，玲珑相见，灵犀互通，开掘出融心理境界、生活体验、艺术创造的第二自然于一体的多维向度。

一些峭拔的石壁，由于亿万斯年风雨剥蚀，岩石现出许许多多的层次和异常分明的轮廓，或竖向排列，或重叠摆放，或向两侧摊开，使人想起“书似青山常乱叠”的诗句。船过兵书宝剑峡，这种“书”的概念就更加浓重了。相传诸葛亮入川时，路过三峡，曾把神人赐予的兵书藏在峭壁之上。清代诗人张船山煞有介事地咏叹道：

天上阴符定不同，山川终古傲英雄。
奇书未许人间读，我驾云梯欲仰攻。

而另一位诗人则从另一个角度作诗云：

兵法在一心，兵书言总固。
弃置大峡中，恐怕后人误。

平日嗜书如命的我，座前、案边、眼中、心上，无往而不是书卷。孤寂时，有书相伴，会觉得“书卷多情似故人”；夜阑人静，手倦抛书，也习惯于“三更有梦书当枕”。此刻，面对着峡江胜境，“书痴”自然要把它捧起来当书读了。

2

三峡，这部上接苍冥、下临江底、近四百里长的硕大无朋的典籍，是异常古老的。早在语言文字出现之前，不，应该说早在“混沌初开，乾坤始奠”之际，它就已经摊开在这里了。它的每一叠岩页，都是历史老人留下的回音壁、记事珠和备忘录。里面镂刻着岁月的屐痕，律动着乾坤的吐纳，展现着大自然的启示，里面映照着尧时日、秦时月、汉时云，浸透了造化的情思与眼泪。

真的不能设想，在自己有限的一生中读尽它无限的内涵，但总可以观嬗变于烟波浩渺之外，启哲思于残编断简之中。作为现实与有限的存在物，人们徜徉其间，一种对山川形胜的原始恋情与源远流长的历史激动，会不期然而然地被呼唤出来。

在这锦山绣水之间，早在五千年前就曾闪烁着大溪文化的异彩。两千年前，扁舟一叶从那条唤作香溪的小河里，载出一位绝代佳姝。“昭君自有千秋在，胡汉和亲识见高”，不独闾里之荣，也是邦家之光。两汉之交，公孙述枭踞白帝城，跃马称帝。过了三周甲子，这里又成了吴蜀争雄的战场。年轻的陆逊创建了“火烧连营七百里”的赫赫战功；刘先主永安宫一病不起，将他的嗣子以及未竟的事业，连同未来的千般险阻，一股脑儿托付给他的军师；诸葛公神机妙算，在鱼腹浦摆下了“八阵图”。“自从归顺了皇叔爷的驾，匹马单刀取过巫峡。”老将黄忠的行迹，至今还留在《定军山》的戏文里，但是“卧龙跃马终黄土，人事音书漫寂寥”。今日舟行访古，不仅史迹久湮，而江山亦不可复识矣。

假如三峡中壁立的群峰是一排历史的录音机，它一定会录下历代诗人一颗颗敏感心灵的摧肝折骨的呐喊和豪情似火的朗吟。“屈平词赋悬日月”，船过秭归，人们面对着万树丹橘，总要联想起那以物拟人的不朽名篇《橘颂》；而当朝辞白帝，放舟三峡，又必然记诵起李白流传千古的佳什。

在这里，杜少陵经历了创作的极盛时期，两年时间写诗四百三十七首，占了他全部诗作的三分之一以上。刘禹锡出守夔州，在当地民歌的基础上，首创了文人笔下充满浓郁生活气息和地方特色的竹枝词。前后相隔二百余年，白氏兄弟与苏家父子的诗章，使三游洞四壁增辉，名闻遐迩。

洎乎现代，“江山仍画里，人物已超前”。陈毅元帅的三峡诗，蕴藉沉雄；毛泽东主席“高峡出平湖”的雄词，堪称千古绝唱。面对着意念中的历代诗屏和眼前的山川形胜，我也情不自禁地写下一首七绝：

轻舟如箭下江陵，高峡急江一水争。
短梦未成千嶂过，巫山何处听猿声？

布鼓雷门，非敢附骥，也不是要作谪仙的翻案诗，纪实而已。

3

就诗而言，巫山十二峰可以说是一部不是靠语言文字而是由境界氛围酿成的朦胧诗卷。两岸诸峰时隐时现，忽近忽远，笼罩在云气氤氲、雨意迷离的万古空濛之中，透出一种"悠然心会，妙处难与君说"的朦胧意态。"一自高唐赋成后，楚天云雨尽堪疑。""神女生涯"为人们留下了无穷的想象空间，成了所谓"象外之象，景外之景"。

也许这样远远望着那万古烟云，谛听着其模糊的默示，更富迷人的魅力；如果有谁过于刻板、认真，率性攀到峰头去睇视一番神女的芳姿，恐怕那风化的巉岩会令人意兴索然，大失所望的。

比之于绘画，巫山十二峰无疑是整个三峡风景线上一条最为雄奇秀美的山水画廊。在这里，勾皴点染、浓淡干湿、阴阳向背、疏密虚实等各种表现手法兼备毕具。那群峰竞秀、断岸千尺的高峡奇观，宛如刀锋峻劲、层次分明的版画；而云封雾绕中似有若无、令人神凝意远的万叠青峦，则与水墨画同其韵致。

整个三峡，也并不都是怡情悦性的画境诗笺，它还是一部描绘奋斗人生、满布着坎坷与风浪的惊险之作。我看到过一幅《巴船下峡图》的古画：在狭窄湍急的滩口中，船工们全神贯注、高度紧张地使篙撑船，同无情的礁石、激流做殊死的决斗。际此"天下至险之地，行路极危之时"，"摇橹者皆汗手死心，面无人色"。白帝城中一幢古碑上，也有"瞿塘峡口波涛汹涌，奔腾万状，舟行至此，靡不动魄惊心"的记载。

至于流传在两岸世代人民口头上、记忆中的，更是举不胜举。今日舟行江上，耳畔还仿佛鼓荡着古老的《黄牛峡歌》和《滟滪谣》。在这种生死系于顷刻、战战兢兢、提心在口的情势下，赏玩江峡奇景，根本无从谈起。正如《水经注》引袁山松所述："峡中水疾，书记及口传悉以临惧相戒，曾无称有山水之美也。"

新中国成立后，三峡航段经过了彻底整治，流缓波平，从容稳渡，再不用“愁水又愁风”了。但事物总是复杂的，有人却又感到划尽崎岖，平淡寡味，怅然若有所失。这从审美的角度来说，也自有其道理。

4

清末民初学者王国维有过“古今之成大事业、大学问者必经三种之境界”的说法，还有人把绘画分为写实、传神、妙悟三个层次。我以为，如像读书一样读三峡，可能也有三种灵境。

始读之，止于心灵对自然美的直接感悟，目注神驰，怦然心动。这种灵境，大体上像是晋人袁山松对于三峡的观赏：“仰瞩俯映，弥习弥佳，流连信宿，不觉忘返。”

再读之，就会感到主观的生命情调与客观景物交融互渗，物我融成了一体，亦即辛弃疾词中所说的：“我见青山多妩媚，料青山见我应如是。情与貌，略相似。”

卒读之，则身入化境，浓酣忘我，“冲然而澹，翛然而远”，进入《易经》上讲的那种“天地絪缊，万物化醇”的灵境，此刻该是“此中有真意，欲辨已忘言”了。

读三峡，有乘上下水船两种读法。乘上水船，虽然体味不到“轻舟飞过万重山”那酣畅淋漓的快感，但颇有利于从容玩味，沉思遐想。“读书切忌太匆忙，涵泳工夫意味长。”读三峡，也是如此，不能心浮气躁，囫囵吞枣。下水船疾飞似箭，过眼烟云，留不下深刻的印象，其弊正在于此。

但是，下水船又有其独特的美学效应。本来两岸的青松、丹橘、翠峦、粉堞，彼此相距甚远，但由于船行急速，拉近了它们的距离，造成眼前多种物象重合叠印的错觉，从而丰富和充实了视觉形象，即使物象渐渐消失，也能留下一种雄奇的意境与奋发的情思。鉴于两种读法各有得失，我们通过双程往返，兼取了二者之长。

>>> 如同读书一样读长江三峡，可能也有三种灵境：始读它，是直接感悟，怦然心动；再读之，全部生命与客观事物交融，物我一体；卒读之，身入化境，浓酣忘我，“个中有真意，欲辨已忘言”。

人说大宁河上的小三峡是三峡的聚珍版和缩印本，景色绝佳，而且，由于滩险岩奇，还可以补偿由于三峡惊险场面的消除所造成的失落。可惜，因为时间有限，交臂失之，说来也是一桩憾事。

但我用另一面的道理宽慰自己：美学上讲究逸韵悠然，有余不尽，忌讳一览无余，因而有“不到顶点”的说法。怕的是到达顶点就到了止境，捆住了想象的翅膀。龚自珍有诗云：

> 未济终焉心缥缈，万事都从缺处好。
> 吟到夕阳山外山，世间难免余情绕。

踏不上的泥土，总被认为是最香甜的。何妨留下一片充满期待与想象的天地，付诸余生忆念，纵使他日无缘踏上，也尽可神驰万里，向往于无穷了。

5

一晃儿，十年过去了。真正得以欣慰的是，在那玉露初零、气象萧森的秋日，我能够畅游大江截流后波澜壮阔的三峡。

依据古人的解释：游者，行也，含不迫遽之意。这里面的学问还是蛮大的。庄子曾用“出游从容”四个字来状写濠梁观鱼的情景和心态，应该说是深谙“优游之趣”的。何谓“从容”？云无心以出岫，舟摇摇以轻飏，未必有什么固定的目标，也不受时间的限制，游游逛逛，行行止止，纵情如意，兴尽而归。

这种自在自如的情态，现代人群久矣夫无缘领略了。说声出游，宛如列队从征一般，“悠悠旆旌，班班马鸣”，直奔目的地，不容少许回旋。即便是游观名园佳景，也是《儒林外史》中马二先生那样，兴冲冲地跨曲桥、穿廊庑、步闲庭，眼睛瞅瞅这边，瞧瞧那边，完全未曾留意其间的文化蕴涵；有时竟是急匆匆地低头赶路，令人怀疑是忙着如厕，或者急着救火，不见一丝从容品味的优游步态。而且是走路越少越好，尽量以车代步；下了车就“咔嚓、咔嚓”地摄影留念，算作未虚此行，立此存照。至于究竟看了些什么，有哪些实际体会，就只有天知道了。真真是空耗了精力，枉费了资财，更辜负了名山胜境。

这次乘“维多利亚号”游轮游览三峡，一改从前那种匆匆一过，直奔主题的习惯，驶离重庆朝天门之后，便一路放怀适意地遨游着。江深流缓，岸阔潮平，即使是下水船，也不见昔日那种“巴水急如箭，巴船去若飞”的情景。夜色渐深，远处岸边的灯火闪着幽暗的清光，显示着它自身的存在，同时给予过往的天涯倦旅以亲切的慰安；作为呼应，轮船上的探照灯也不时地把一束长长的光柱摇过去，于是，山山水水就在光的虹桥上实现了有效的对接。

6

天刚一放亮，船就到了丰都。码头扬起巨人的臂膀，迎接大家登上陡峭的堤岸，去游观那搬迁后拔地而起的新城。漫步在高楼林立、坦平如砥的街道上，听县里负责人讲述正在逐步成为现实的建设小康的宏伟蓝图；一队衣着鲜艳的学童同人们擦肩而过，蹦蹦跳跳地朝着新落成的教学大楼奔去。最有趣的还是同过路的老人交谈搬迁后的感受，他们总是洋溢着喜悦的心情，如数家珍地述说着新生活的变化；但也往往掺杂着一丝由于浓重的乡情和切身的利益交织而成的苦涩、无奈的滋味。

原来，截流之后，宜昌到重庆江段形成了一座长达六百三十公里的河道形水库，长江干线、支流将湮没几座城市、十几座县城、数百个乡镇和千余家工厂，移民达一百多万人。尽管国家和许多省份投入了巨额资金，从事新的城区建设，保证搬迁后居民生活水平高于往昔，有的已经踏上了富裕之路；但是，由环境和习俗所塑造的人的心理与癖性，常常是超功利、超理智的。对于一代代已经饱看过两岸峭立的峰峦，听惯了川江的号子的当地居民来说，让他们离开故土，告别陈旧的茅草屋，简直如同婴儿割断脐带一般。其实，不要说世世代代生于斯、长于斯、终老于斯的原住民，就是我这样的过往游人，面对着湮没了的峡江风物，也总还是闪现着丝丝缕缕的失落感，在情感深处，还不能忘怀旧日陡峭的山峡和湍急的江流。

当然，要说这些景物究竟有多么美也并不见得。八百多年前，陆放翁眺望峡口诸山，就曾指摘过壁立的群峰刚健有余而蕴涵不足："白盐赤甲天下雄，拔地突兀摩苍穹。凛然猛士抚长剑，空有豪健无雍容。不令气象少渟滀，常恨天地无全功。"可见，"趣味无争辩"，见仁见智，向来是因人而异，难于划一的。人们在这些方面考虑得更多的，与其说是眼前风物，毋宁说是浸染其间数千年的文化积淀，那和着血泪、伴着生命体验的诗潮歌海，那融会到悠悠群山、滚滚洪流中的屈子的悲吟、杜陵的咏怀，那朝云暮雨、神女生涯……担心在大江截流之后，随着江声浩荡、洪潮暴涨，这所有的一切会不会荡然无存。

江风吹老了人寰，瞬息间一切事物都在发生着变化。即便是原来的"难于行鸟迹，险过上龙门"的滟堆，真的能够激发什么诗情、美感的话，早在几十年前，它就已经伴随着连天的炮响沉入江底了。"最是楚宫俱泯灭，舟人指点到今疑。"哪里有楚王宫阙？老杜在日，"舟人"就已经置疑了；至于"诗圣"当年寄居的草阁也早就踪迹全无；而宋玉赋中咏赞过的高唐观、楚阳台，即使真有其地，那确切的位置又有谁能够一一指认呢。"江山故宅空文藻，云雨荒台岂梦思"，无非是一种情感的纠葛、文化的牵连。倒是巫山神女一类神话传说，作为一种文化遗存，并没有因为江流的变化随波而去，万古千秋还会流播开去。

7

古人有"放舟下巫峡，心在十二峰"的诗句，我却只是关注那"上古所无，世所未见，瑰姿伟态，不可胜赞"的圣洁、美艳的神女。船到巫山，我就引颈瞩望，心里默默地挂念着：“神女应无恙？”此后便顶着浩荡的峡谷强风，挺立于船头之上，衣服像被雨水浇过似的紧紧贴在前胸。“天风吹乱发，不顾整衣冠。”尽目力之所穷，一个个地迎送着登龙、圣泉、朝云诸峰，待到造型隽美的神女峰蓦然闯入眼帘时，我竟忘情地欢呼着：“神女仍无恙啊！”高耸云天的神女峰依然吸引着过往游人，她还是那么壮美、那么妩媚。而且，由于水涨船高，适度拉近了同游人的距离，更平添了几分清晰度和亲近感。

听说，截流之后，江面较前拓宽了一百一十米左右。两岸的峭壁悬崖原来紧束着江水，好似就卓立身边，现在坡度降低了，像是退出去很远。这就确确实实使三峡两岸显得不那么峻拔，不那么险峭了。作为一种只供游目赏玩而无需举步攀登的景观，应该承认是一种致命的缺憾。好在身旁的“小三峡”适时而恰当地做了有效的补偿，大三峡往日的影像在这里基本上得到了重现。从前受水量的限制，大宁河里大型轮船无法通行，小船也只能在河的下游地段航行六十多公里。现在，不仅龙门峡、巴雾峡、滴翠峡一一畅通无阻，而且可以一直溯流上行，蜿蜒二百多公里，与大三峡的航程不相上下。同样是峭壁摩天、雄浑壮丽、清秀幽深，有些山景甚或过之。

最值得称道的是，大宁河上游人烟稀少，基本上未经开发，生态环境没有遭到破坏，仍然葆有良好的植被，因而水如缥碧，澄波潋滟，清澈无比。舟行其间，令人心神为之一快。这是江水混浊、泥沙俱下的大三峡所无可比拟的。不足之处是人文景观较少，即使有百里栈道、千载悬棺和大昌古镇风情，由于未经神话传说和诗文书画的浸染，因而还缺乏应有的意蕴与风采，堪资咀嚼、回味的东西不是很多。看来，“江山总要诗文捧”，徒有自然美不行，还需要文化赋值，需要“人文化成”，否则，任何风景名胜都不可能具备足够的魅力。

8

与只具山水之胜的一般景观不同，巫山、巫峡已经被古代诗文神奇化了。这是一个神秘的所在，而且充满了人情味，颇具梦幻性。如同唐代诗人李商隐所写的："非关宋玉有微词，自是襄王梦觉迟。一自高唐赋成后，楚天云雨尽堪疑。"任谁行经这里，都会被那瑰奇而绚丽的神话传说，弄得如痴如醉、意乱神迷。

而那绵邈无际、如诗如画的巫山云雨，点染着扑朔迷离、亦幻亦真的动人传说，更是从中煽情助兴，会让你想得很远很远。它和其他任何地方的云彩都不一样，它不是祖国北方那种羊群絮片、素车白马般瞬息万变的流云，也不像富有温柔感、音乐感的南国浮云那样透明、绮丽，更不同于关中一带抓一把下来似乎可以团成窝窝头的朵朵黄云。这里的云霞，深藏着梦幻，饱蓄着雨意，不飞、不散、不流动，同秀挺的山峦牢牢地拥抱在一起。可以毫不夸张地说，它是真正的云彩，难怪唐人有"除却巫山不是云"的论断。

也许正是为此，才吸引了古往今来那么多的骚人墨客吟咏不辍。

有人问，如今大江截流了，"高峡出平湖"，巫山云雨还能像过去那样神秘吗？答曰：云由水汽氤氲而成，现在江面阔了，水汽多了，这里的云情雨意自然比过去更为浓重，更加梦幻迷离了。

第二十三篇

徽文脉

I

在皖南，从宣城到当涂，有一条千古文脉。

南齐的著名诗人谢朓，年轻时生活在建康，自幼接受了那里山川丽景的熏陶。弱冠以后，又广泛地接触了三江、荆楚的山水。三十二岁出守宣城，因为仕途的险恶引起了内心出处、仕隐的矛盾，更加有意识地放情山水。而宣城恰是山水名都，为他山水诗的创作，提供了富饶的资源，他这个时期的诗作，不仅数量颇丰，而且成就巨大。以他的五言诗为旗帜的“永明体”的出现，为诗歌由古体转变为近体架设了一座桥梁；对于盛唐王维、李白、杜甫诗歌的影响，至为深远。因此，被文学史家看作是一个文学流变的分水岭。

两个世纪之后，诗人李白曾经七到宣城，对于谢朓倾心追慕，写下了“谁念北楼上，临风怀谢公”，“我家敬亭下，辄继谢公作。相去数百年，风期宛如昨”等许多抒发其景仰之情的诗篇。清代诗人王士祯有诗云：

> 青莲才笔九州横，六代淫哇总废声。
> 白纻青山魂魄在，一生低首谢宣城。

李白对谢朓的追慕，当然主要是着眼于他在诗歌艺术方面的高度成就；但我以为，可能也和两人在政治抱负、仕途遭际、思想基础、生活阅历方面存在一些相似之处有一定关系。

正如杜甫咏怀宋玉时所写的，“怅望千秋一洒泪，萧条异代不同时”，里面有悲慨、有同情，也有知己相托、惺惺相惜。同李白类似，谢朓始终期望着在政治上有所建树，但他也是既缺乏政治家的胆识和气质，又没有肆应宦海惊涛的经验与韬略，只是以一个才情洋溢的诗人，被卷进激烈斗争的政治漩涡，推拥到郡守、尚书吏部郎的官位上，最后被诬下狱而死，年仅三十六岁。

李白殁后六年，文学家韩愈诞生。他特别崇拜李白，由于深情怀念，"夜梦多见之"，晚年还跋山涉水，专门到宣城来。在这里筑室而居，以体认高怀，亲近遗泽。以后，相继又有白居易、杜牧、欧阳修、梅圣俞、苏轼、黄庭坚、文天祥、李东阳、文徵明等无数文化名人接踵而至，在宣城写下了许多凭吊李白、谢朓的诗文。元帅诗人陈毅在抗日战争戎马倥偬之际，还曾在宣城题咏：

> 敬亭山下橹声柔，雨洒江天似梦游。
> 李谢诗魂今在否，湖光照破万年愁。

足见谢朓、李白二公诗文影响入人之深。

当涂城南十五里，有座名叫"青山"的小山，林壑幽深，风光秀美。谢朓出守宣城时，尝筑室于青山之阳，与客遨游吟咏，双旌五马往来于湖山杳霭之间。李白爱屋及乌，对青山怀有特殊的感情，曾多次前来凭吊谢公宅、谢公井，寻访谢朓的遗迹。太白既殁，原殡于龙山东麓，五十年后，友人之子范传正根据太白"悦谢家青山"和"宅近青山邻谢朓"的夙愿，迁葬于青山西北麓，李、谢终于结为异代之芳邻。

一千二百年之后，有"诗书画三绝"和"当代草圣"之誉的书法艺术大师林散之，心仪李白，先后十余次驻足采石，放歌横江，泪洒青山，立誓"归宿之期定与李白为邻"。他 1989 年病逝于南京，经请示同意，马鞍山市政府为他筑墓园于太白祠侧，并就地建立了林散之艺术馆。

谢宣城、李青莲、林散之，生前死后得偿其青山同聚、魂魄相依的夙愿，也是一桩文坛幸事。

我以为，这种所谓“文脉”，实质上反映出一个文人相重的现象，这也是我们中华民族的一个优良的文化传统。

2

杜甫没有到过皖南，但当由皖南说到文人相重时，会自然地联想到李白和杜甫的真挚友情。

闻一多曾把李、杜相逢比作两曜遇合，认为意义极为重大，“我们该当品三通画角，发三通擂鼓，然后提起笔来蘸饱了金墨，大书而特书”。我则更加欣赏两颗诗星无比纯真的本性与至情。每番诵读他们互相忆念的诗章，辄激情喷涌，心灵久久为之震撼。

天宝三年(744)，二人在洛阳首次相会，情意相投，备极欢洽。次岁，他们又在山东的齐州、兖州重逢，相偕游览，亲如兄弟，“醉眠秋共被，携手日同行”。凄然话别时，李白写诗相送：“飞蓬各自远，且尽手中杯。”别离日久，怀想殊深，李白又有“思君若汶水，浩荡寄南征”之句。杜甫回到长安后，写了名篇《春日忆李白》：

白也诗无敌，飘然思不群。
清新庾开府，俊逸鲍参军。
渭北春天树，江东日暮云。
何时一樽酒，重与细论文。

可惜两位诗坛巨擘此后再未重逢。至德二年(757)，李白因受永王牵连，被捕入浔阳狱，翌年流放夜郎。杜甫万分悬念，结想成梦，写成《梦李白》二首和《天末怀李白》，中有句云：“死别已吞声，生别常恻恻。江南瘴疠地，逐客无消息。故人入我梦，明我长相忆。”感情至为真挚。

“感人心者，莫先乎情”，这是白居易与元稹论诗时提出的观点。首先在做人、交友上，元、白二人就身体力行了。每番展读他们的诗集，都为那种真挚的深情所感染。元和四年(809)，元稹奉命入蜀复查刑事案件。白居易时在长安，饮酒中忆起他来，写道：“忽忆故人天际去，计程今日到梁州。”与此同时，元稹在梁州驿舍中做了一个梦，梦见他和白居易同游曲江和慈恩寺，就写了一首诗相寄：

梦君同绕曲江头，也向慈恩院院游。
亭吏呼人排去马，忽惊身在古梁州。

表面上看，似乎有一点神秘色彩，实际恰恰说明二人真挚友情是何等之深！

六年之后，元、白分别被贬谪到通州和江州。元稹听到白居易亦遭贬谪的消息，不顾自身的困难处境，拖着病弱之躯，写了一首七绝：

残灯无焰影幢幢，此夕闻君谪九江。
垂死病中惊坐起，暗风吹雨入寒窗。

白居易见到这首诗之后，在给元稹的信中说：“此句他人尚不可闻，况仆心哉！至今每吟，犹恻恻耳。”稍晚一些时日，元稹又写了一首题为《得乐天书》的诗：

远信入门先有泪，妻惊女哭问何如。
寻常不省曾如此，应是江州司马书。

诗人手持远信，流着泪走回内室，引起了妻儿的惊疑。因为诗人已经伤心得说不出话来，她们只有猜测：是谁一封信竟引他如此悲伤，看来肯定是白乐天了。——如果没有深厚的情感做基础,这种情态是绝对不可能出现的。

情,是文学的生命。凡是传世的名篇,无不文自情生,贯穿着一根真情灼灼的红线。曹丕当过皇帝,但政治上并没有什么突出的建树,倒是在文学方面成就为一个建安时代的重要诗人,而且也是早期文学批评史上的一位重要人物。他的散文语言流畅婉转,感情色彩浓重,《与吴质书》是这方面的代表作。

建安二十二年(215),疫病流行,"建安七子"中的徐幹、刘桢、应玚、陈琳,都在这时病死。曹丕在给他的文友吴质的信中,一方面深情悼念这些死去的朋友,同时也满含感情地表现出对过去友朋相聚、觞酌诗咏生活的忆念。感情悲怆恳挚,文笔哀婉动人。

一开始,他就引《诗经·东山》,说征人三年不见亲人,尚且叹恨离别太久,何况我们已"别来行复四年"。下文转入对故友的思念,追怀昔日相聚情景:"行则连舆,止则接席,何曾须臾相失!"聚会时,互相巡回劝酒,还有丝竹相伴,"酒酣耳热,仰而赋诗。当此之时,忽然不自知乐也"。可是,现在呢……

既把昔日无限的情趣表现出来,更把今天深深的孤凄与怅惘诉于笔端。叙事、抒情,交融互会,可谓至文至情。据《三国志》裴松之注引《魏略》,此信写于建安二十三年(216),其时曹丕为魏太子。以他当时的地位和身份能够做到这样,也是难能可贵的。

3

在当涂,唐宋时期,除了李白,恐怕要推北宋时的郭祥正和李之仪了。他们的诗文集《青山集》和《姑孰居士集》,都以当涂的胜地命名。

这两个人,大体上生活在同一时期。郭祥正,当涂人,熙宁进士。他特别喜欢李白的诗,写的古风有类似李白之处。但对他的为人,当时与后世都颇有非议。《宋史》本传中说，王安石执政时，他曾奏请神宗，天下大计应专听安石处划，如有异议，虽大臣亦当黜免。安石得知后，耻为小臣所荐，便极口陈其无行。有的书上还说他，先曾上书推崇王安石，后来新法推行，他又作诗讥刺，反复无常，“小人褊躁，忽合忽离”，“其人至不足道”。

南宋王明清《挥麈后录》载，李之仪，赵郡人，以才学闻于世，因曾为范纯仁草遗表，蔡京恶之，此后即卜居当涂。一次，他为郡人罗某作墓志，开头就说：“姑孰之溪，其流有二，一清而一浊。”清谓罗公，浊即指郭祥正。郭以此怨深刺骨，“文人相轻，遂成仇敌”。之仪丧偶无嗣，曾将郡中娼妓杨姝养在家里。祥正乃怂恿豪民上讼于朝，之议被削籍，杨姝斩首。祥正快之，作俚语曰：

> 七十余岁老朝郎，曾向元祐说文章。
> 如今白首归田后，却与杨姝洗杖疮。

当然，这种类似“人身攻击”性的做法，与曹丕讲的“文人相轻，自古而然”，并不属于一种类型。

在《典论·论文》中曹丕认为，出现文人相轻，一是由于“善于自见”，各以所长，相轻所短；一是由于“暗于自见，谓己为贤”。钱锺书评论说，数行之内，语若刺背，理实圆成。“善于自见”适即“暗于自见”或“不自见之患”，“善自见”而矜“所长”与“暗自见”而夸“己贤”，事不矛盾，只是说法不同。那么，结果呢？就必然是，以己所长，轻人所短。

又兼文学产品的评价，常常是从欣赏者的个人角度出发，各有轩轾，不易统一。这和比武、赛球有明显的差异，不能一起一伏，胜负立见，所以有“文无第一，武无第二”之说。这种类型的“文人相轻”，依据的是文章，与郭祥正、李之仪交恶的基础不同。就性质来分析，主要是认识论和思想方法上，存在着形而上学和主观片面性。

还有一种情况，就是文学上分宗列派，党同伐异，也常常表现为文人相轻。清代雍正、乾隆时期，诗坛上以袁枚为首的“性灵派”同以沈德潜为首的“格调派”尖锐对立。沈氏强调温柔敦厚，正格调，主唐音；而袁枚则主张“诗之为道，标举性灵，发舒怀抱”，最后在反封建纲常、反形式主义、反纯功利观念上，压倒了“格调说”。再如，他对在考证学风弥漫下产生的以翁方纲为首的“肌理说”也进行了猛烈抨击。“肌理说”主张融经意入诗，以儒典考据、发挥义理为诗旨，袁枚批评它是“满纸死气，自矜淹博”。对翁方纲以学问为诗，袁枚曾以诗刺之：

天涯有客号诊痴，误把抄书当作诗。
抄到钟嵘诗品日，该他知道性灵时。

今天来看，“性灵说”自有其积极的进步内容和符合诗歌艺术审美规律的合理见解。

但是，除了这类正当的文学批评之外，袁枚有时也明显地表现出宗派性质的文人相轻。比如，他批评摹拟名家是“权门托足”，讥讽“神韵派”为“贫贱骄人”，嘲骂浙派是“乞儿搬家”，哂笑以诗唱和者为“村姑絮谈”，指责作诗加注是“骨董开店”，评说写肤浅之诗是“矢口而道，自夸真率”，讽刺讲声调、格律者是“栩栩然矜独得之秘”。可以说，骂尽了当世诗人。

实际上，他自己的诗亦有不少酬唱征逐、内容无聊的敷衍之作，甚至有人讥之为“伪体”和“野狐禅”。尤其是在《随园诗话》中对达官显宦的记述过多，对资助他刻书的更是求则必应，常有“徇一己之交情，听他人之求请”的私货被录进“诗话”。对袁枚这样的诗坛巨擘来说，当然这只是“白圭之玷”，瑕不掩瑜。但从中可以看出，“暗于自见，谓己为贤”，各以所长，轻人所短，确是文人相轻的一个思想根源。

第二十四篇

江南传奇

I

说到历史，人们一般都会想到古老的语言、悠远的年限和神奥的密码，认为它离开现实生活很远，既深邃又神秘，只有走进博物馆、文物保护单位，或者钻到故纸堆里，才能有机会和它打个照面。

其实，历史老人和时间少女一样，都是人类自觉地存在的基本方式，是随处可见、无所不在的。比如，前些天我在苏州的同里和周庄，就曾经和历史老人不期而遇，时相过从，觉得这两个千年江南古镇都有说不尽的历史话题。

还没等到我们踏上那片土地，就已经充分感受到那里所迸发的人文历史的炫目光焰了。

在汽车上，司机讲了它的“命名三部曲”——

由于交通便利、灌溉发达、土壮民肥，同里最初的名字叫做“富土”。

到了宋代以后，人们觉察到这样堂而皇之的矜夸、炫耀，不太聪明、得体，一是加重了赋税，二是无端招来邻乡的嫉妒，三是经常不断受到盗匪、官兵的光顾，于是就想到了改名。他们把“富土”两个字叠起了罗汉，然后动了“头上摘缨，两臂延伸，屁眼打通”的手术，这样，“富土”就成了“同里”。

十年动乱期间，为了赶“革命”的时髦，造反派给它起了个动听的名字，叫“风雷镇”，但是，群众并不买账，为时很短，人们就又把它改回来了。

简简单单的一个镇名，就经历了这种传奇般的变化，焕发出这么多的文采，真要令人赞叹历史的绚丽多姿了。

至于小镇本身，抛开其他话题不讲，单说一个“古”字，且不问它始建于何时，只是换取今天这个名号，就已经七八百年过去了。

摆摆“老资格”还真有条件哩！

2

这是烟雨江南的一个罕见的晴和春日。我们一行前来采风的散文作家，徜徉于古香古色的里弄间，踏在已经磨得光滑的石板路上，指点着一座座枕河漱流、历经沧桑的老宅深院，古巷长街。

据统计，同里镇上现有的民居，明清时代的约占四成左右。这就是说，那些倒影在溪流中的蠡窗照壁，那些苔藓斑驳的岁月留痕，至少已经阅过了二三十万次太湖的潮涨潮落，照临过四五千次月圆月缺了。

整个古镇，宛如一座随处都在振荡着历史回声的博物馆。可以说，每一座宅院、每一个里巷、每一架石桥、每一条河道，都叠叠层层地沉积着古老的灿烂文明，演绎着数不清的令人动心动容的故事。穿行其间，空间并没有走出多远，时间却觉得仿佛已经跨越了百年、千年，人们会情不自禁地生发出一种“抬脚走进历史，转眼似成古人”的感慨。

历史的风烟在眼前唰唰地掠过，那淹沉于往昔的万种喧嚣、千般角逐，已经消逝得无声无息、无影无踪了。而生者自生，死者自死，人生舞台上总是在永续不断地上演着形形色色的悲喜剧。这样一来，众生、万物、两戒、诸天，也就同无终无始的时间长河一般，在文字传承和现实记忆中彼此衔接起来，而成为一页页绿叶婆娑、生动鲜活的历史，装点着时代的昨天与前天。

同里地处太湖之滨、大运河畔，四周为五湖环抱，街缘水曲，路靠桥通，镇区被蛛网般的十五条小河分割成七个岛屿，它们像一朵朵美丽的睡莲，浮浮漾漾，舒展于蓝天碧水之间。与此相仿佛，周庄也是四面环湖的水乡名镇，四条呈“井”字形的河道将它分割成八列长街，粉墙乌瓦的庭院依水而筑，照影清浅。

水，对于这两座古镇来说，是宝贵的生命线，也是最靓丽的风景线。

古希腊的哲人说过，人不可能两次涉足同一条河流，流向你的永远是不同的水。就是说，水在人们心目中，每时每刻总是现出一副崭新的面孔，似乎是最没有往昔的了。可是，只要你抬眼望一望清溪两侧苍苔密布、蚀渍斑斑的石驳岸，看一看那上面长出的绿树青藤，就会相信，即使是逝者如斯、不舍昼夜的激流活水，也不能不留下岁月的斑痕。

3

在日光斜射、林影斑驳之下，游人们船头散坐，畅游周庄，一一指认着早已定为文物保护单位的历代名人宅第。船出双桥，拐进了银子浜，就见到一处沿河临街、坐东朝西的大宅院。舍舟登岸，跨进前厅，看到门额上标着“张厅”二字。原是中山王徐达之弟徐孟清的后裔于明代正统年间兴建，清初为张姓所有。

宅院前后共为七进，整体建筑属于前厅后堂格局，正厅中间高高挺立着四根粗大的楠木柱，柱础为木鼓墩，敲之铮铮作响。这是一处典型的明代民居建筑，其规模之宏阔，保存之完好，即使在江南古镇中也并不多见。

南行不远，就到了江南首富沈万三的后人建于乾隆初年的敬业堂，现在习称“沈厅”。走进了这处七进五门楼，一百多间房屋，占地两千多平方米的豪宅，人们自然免不了感慨系之地谈论一番沈万三的发迹史及其最后的可悲下场。

沈万三的祖上以躬耕垦殖为业，到了他这一辈，就借助此间的水网条件，进行海外贸易，从而获利什百，资财巨万，田产遍于四方，富可敌国。无奈，搞生意，他虽然堪称高手；可是，玩政治，却是一个十足的笨伯。他同所有的暴发户一样，见识浅短，器小易盈，不懂得封建政治起码的“游戏规则”，一味四出招摇，不肯安分守常。孔方兄不仅涨满了他的左右库房，也烧得他头昏脑涨，忘乎所以。结果，接二连三干下了种种蠢事，最后竟招致杀身惨祸。

性格便是命运，信然。

为了拍皇上的马屁，他竟然心血来潮，晋京去奉献什么“龙角”，还有黄金、白金及甲士、甲马，并斥资建筑了南京的廊庑、酒楼。这下可爆出了名声，显露了富相。恰似“欲渡河而船来”，朱元璋修建都城正愁着银根吃紧呢，这回可算抓住了一只呆鸟，当即便责令他承包南京城墙三分之一的建筑工程。

修城嘛，毕竟还是一桩善举，无偿赞助也就罢了，可是，他“抓了个棒槌就当针”，竟然胆大妄为，异想天开，还要拿出一大笔资财去犒赏三军。修东建西，收买民心，已经犯了大忌，现在还要收买军心，这还得了？一下子惹翻了那个杀人成瘾的皇帝老儿，怒气冲冲地说：“匹夫犒天子之军，乱民也。宜诛之！”亏得马皇后婉转说情，才算免遭刑戮，发配到云南瘴疠之地。

最后客死他乡，闹得个人财两空。

正是：“秦淮水榭花开早，谁知道容易冰消。眼看他起朱楼，眼看他宴宾客，眼看他楼塌了。”朝荣夕悴，转瞬成灰。

如果说，这个堪笑又堪怜的悲剧角色还留得一点历史痕迹的话，那就是周庄街头随处可见的名为“万三蹄”的红烧猪蹄。这是当年沈万三大摆宴席的当家菜。据说，有一天，朱元璋带着亲信到他家里来做客，他受宠若惊，一时竟不知用什么珍馐美味招待是好。恰巧，这时膳房里飘出来一股浓烈的肉香味，皇帝问他是什么佳肴，他便让厨师把炖得皮鲜肉嫩、汤色酱红、肥嘟嘟、软颤颤的猪蹄端了上来，然后从容地从蹄下侧抽出一根刀样的细骨，轻盈地划了几下，皮肉便自然剖开。朱皇帝见了馋涎欲滴，一面大快朵颐，一面连声称赞，这“万三蹄”真是好。

从此，这道沈家名菜便誉满江南。

4

无独有偶。“万三蹄”之外，周庄还有一种列入江南三大名菜的“莼菜脍鲈羹”，它也同样与一位著名的历史人物相连。

西晋文学家张翰，尽管和异代同乡“沈大腕儿”生长在一块土地上，喝的是同一太湖的水，但他却具典型的潇洒出尘、任情适性的魏晋风度。史载，一天他正在河边闲步，忽然听到行船里有人弹琴，便立即登船拜访，结果，两人谈得非常投机，“大相钦悦”。许是像俞伯牙与钟子期那样，以旷世知音相许吧。反正是已经到了难舍难分的程度，最后，他竟随船而去，而未告家人。

到了洛阳，他当上了大司马东曹掾这样一个不大不小的官。后来，因见朝政腐败，天下大乱，遂在秋风乍起之时，托言思念家乡的菰菜、莼羹、鲈鱼脍而买棹东归。朝廷因其擅离职守，予以除名，他也并不在乎。他说，人生贵在遂意适志，怎能羁身数千里外，以贪求名位、迷恋爵禄呢？后人因以“莼鲈之思”来表述思乡怀土之情。

作为隐逸文学的高手，张翰写过许多诗辞歌赋，可惜留传下来的不多。他的“黄花如散金”的名句，曾得到诗仙李白的激赏。里人怀念他的遗泽，把他当年寄情游钓的南湖称为张矢鱼湖。

作为一个真正的逸士，他在摆脱了爵禄的羁縻和王命国事之累，实现了人格独立，重新获得身心自由以后，“不闻世上风波险，但见壶中日月长”，完全以一种艺术化、审美化的取向来填补人生维度上的虚空，寄情诗书，放怀山水，在参与创造隐逸文化的进程中，实现了生命价值的转换。尼采有言，诗人在某些方面必须是面孔朝后的生灵，艺术正是休息者的活动。在张翰身上，可说是得到了充分的印证。

5

隐逸文化发展到一定阶段，出现了园林艺术。

一些隐逸之士不满足于从前豪门望族庭院中有限的花园绿地，把返璞归真、回归自然的哲学观念，引入自成系统的古典园林的营造与鉴赏之中。他们追求一种形迹之外的悠闲、淡雅的情调，或者说，通过一定的景观形象，建构一种弥漫着耐人寻味的玄想氛围和精神环境，在有限的空间感受无限丰富的意趣。这种传情达意的时空综合艺术与心理活动空间的创造，在一定程度上弥补了归隐者摆脱政治操作后人生实践的缺憾。

这里有一个典型实例，便是晚清人士任兰生的退思园。如果说，沈万三是周庄的热门话题，那么，在同里则是言必称退思园了。

任氏曾外任武职多年，官场失意后，作为一种心灵寄托，回乡建造了一处豪华园林，取名"退思"，以示补过，也兼有养晦韬光之意。园中荟萃了江南园林的亭台楼阁、廊坊厅堂、舫桥轩榭、花木泉石，各类建筑参差错落，疏密有致，一一紧贴水面，如凌波而立。设计、施工者以慧心巧手，赋予有限天地以难于想象的包容量，使方圆不足十亩的园林蕴藏着至为丰厚的文化内涵，被人们誉为江南园林里的一颗璀璨明珠。

可也正是这座精美的园林及早已化为埃尘的主人，却引发出后世无尽的话题。在我见到的涉及退思园的近百篇文学作品和论文中，关于园主任兰生功过是非的叙述，竟然迥不相同，甚至完全对立。有的说他搜括了无数民脂民膏，回乡来肆意挥霍，不然的话，建园耗银十万两，从何而来？有的则引述史籍：任氏"去官之日，士民顾念旧恩，遮道攀辕，数万人无不泣下"；至于贪贿问题，当时就有人举报，经过京师大员查办，结论却是"查无其事"，这是见诸光绪十一年(1885)《清实录》的，也可说是凿凿有据。

再比如，退思园的结构是西宅东园，成"一"字形横向排列，而没有像同时期多数园林那样，纵深布局，气势轩昂，庭院深深。有的文章解释为，它体现了“退思补过”的深意，不愿过分铺张，引人侧目；有的说，这是一种勇于打破陈规的创新，也是出于充分采光和避免东西日照的考虑；而另一种意见则认为，问题并没有那么复杂，只是迫于实地环境使然，无非因地制宜、顺其自然而已——因为私家园主缺乏皇家园林那样的绝对权威，在土地和房屋所有权已经长期稳定的社会条件下，他只能按照实地环境来安排设计，没有条件像一些官家园林那样讲究排场。

6

之所以会出现这种歧见重重、言人人殊的现象，一言以蔽之，这里有一个对于历史如何叙述，亦即取什么视角来做当代阐释的问题。

原来，历史包括客观过程和对客观过程的反映、叙述这样两个界面。一切历史话题也都存在着历史活动者意向与历史解释者意向两个界面。前者通称史实，后者属于史学、史观的范畴。由于历史的叙述是一种追溯性认识，是从事后着手，从发展过程完成的结果开始的，因而人们不能回避也无法拒绝对于历史的当代阐释。这种当代阐释必然要印上叙述者思考的轨迹，留下记述主体、研究主体剪裁、选择、判断的凿痕。

欲知往事如何，当然最好是在诉诸语言、文字等符号历史的同时，能够请出当事人来核实、对证，可是已不可能再给他们发放出场券了。这也是一件无可奈何的事情。

有些历史话题就是说不清楚，那么，不说也罢。好在一些特定的历史单元，有如海天深处的艨艟巨舰，人们所最关注的，原是它的浮沉兴废、进退往还的整体情境，至于舱中某一角落、某一个体悲欢离合的细节，对他人与后人来说，终竟不像“当下”置身其间那样关怀痛切。思来想去，觉得还是放翁老人的诗蛮有意思：“斜阳古柳赵家庄，负鼓盲翁正作场。死后是非谁管得，满村听说蔡中郎。”

周庄沈万三、同里任兰生，他们自己都不能管得，我又管它做甚？

第二十五篇

古晋北

I

山西，历来是兵家必争之地，境内雄关险隘甚多，什么雁门关、宁武关、偏头关、娘子关……简直数不过来。历史上，这里出现过许多英勇善战的名将，像霍去病、关羽、薛仁贵、杨业父子，他们都是广为传颂的武艺高强的人物。所以，过去有“山西出将，山东出相”的说法。

在人们的印象中，古代山东多辩士，一说起鲁国都城曲阜，除了那孔庙、孔府、孔林，人们总会想起战国初年那场儒、墨两家的激烈论战；而提到齐国都城临淄，就会自然地想到那个活跃了一百三四十年的稷下学派，想到那里的“百家争鸣”，想到孟子、荀子间的“性善性恶”之辩，公孙龙子的“白马非马”之争。与此形成强烈的对比，在山西，却是人们富有尚武精神，那里战将如云，到处都是战场。西汉与匈奴，隋唐与突厥，五代十国走马灯一般地来来去去，全都是以三晋地区为其搏斗的舞台的。

其实，这个说法尽管有一定的道理，但是，并没有反映全面。

由于这次漫游晋北，是想赴大同、上五台、过代朔、走浑源，欣赏古代建筑的瑰宝和精美的雕塑艺术，所以，我首先要说，整个三晋地区就是一座艺术殿堂、文化宝库，若是谈论山西的特点，自然应当以此为最。

听我谈了这个观点，任职省上、全程做陪的东道主高兄讲了个折衷的意见：“依我看，还是两者兼容并蓄——亦文亦武，文武双全。”显然，他对山西的形胜和历史更感兴趣。

上车后，他突兀地问我：“你喜欢崔曙吗？那个唐代诗人。”

我说，这个人作诗不多，传世的更没有几首。

"可是,我倒特别欣赏他的'三晋云山皆北向'这个律句。"他说。

"为什么?"我问。

他说,这句诗概括力很强。在神州的版图上,山西是"表里山河,称为完固",地理环境十分独特。太行山脉和吕梁山脉,自南而北,逶迤连绵,像屏障一般壁立在东西两侧——这就是所谓"云山北向"吧?黄河蜿蜒纡曲,千里来龙,南下而东折,像一条玉带围住了西边和南边。中部的地形地貌尤为特殊,自西北而东南,依次为大同盆地、忻定盆地、太原盆地、临汾盆地、运城盆地;一条古驿道像红线串珠一般,纵贯南北,成为沟通中原与塞外的重要通道。其间,自古以来即有煤、盐、良马之利,是北方一条主要的农牧业经济带。

"可是,每个盆地,在历史上,又都是锋镝遍野、炮火连天的战场。"我补充了一句。

"正是这样。"他接上说,就周边环境看,山西北部面对着阴山、朔漠,那里自周、秦以来,相继聚居着匈奴、鲜卑、突厥、契丹等多个强大的游牧民族,它们一直都紧紧地盯着秦、汉、晋、隋、唐、宋的皇权。而这些中央集权的王朝分别建都于咸阳、长安、洛阳、汴梁,又都在这条南北通道的左右。由于山西的地势北高南低,中部的五个盆地呈阶梯状顺势而下,所以,对于古代车、骑、步旅作战,自然是有利于南下而不利于北上的。无论是西出汾河河谷,直抵关中,还是沿沁河、丹河河谷南下,威逼中原的河洛地区,都是势如破竹、锐不可当的。因此,山西,特别是晋北的中部地区,从古至今都是兵家的必争之地。

2

说起山西的古战场,自当首推平城(今大同)。吟哦着李太白"汉下白登道,胡窥青海湾。由来征战地,不见有人还"的诗句,我们驱车来到了大同东郊二十里外的汉初古战场白登。

原来，自春秋、战国以后，匈奴就逐渐崛起于北方。为了防备它的南侵，秦始皇派遣大将蒙恬，在秦、赵、燕旧有长城的基础上，修筑了举世闻名的万里长城。

“实际上，长城并未起到应有的作用。”他说，汉初，匈奴冒顿单于非常厉害。在他还是太子的时候，他的老爸要废长立幼，于是采取借刀杀人的办法，派他到月氏去做人质，然后就发兵进攻月氏。月氏当然要杀他了，他却偷偷地逃了回来。这下就和老单于结下了深仇。

我插了一句：“毛泽东的词里有‘正西风落叶下长安，飞鸣镝’之句，鸣镝，今天称为响箭，据说就是冒顿发明的。”

“是的。”他说，“冒顿就是用这种响箭，在出猎时射杀了他的父亲，自立为单于。”当时，匈奴武力空前强盛，控制了北方大部分地区，渐渐地侵吞着长城之内。当时正值西汉立国之初，在降将韩王信的配合下，匈奴一度夺取了晋阳(今太原)。兵力所及，最近处距离西汉都城长安不过七百多里。面对这一十分危急的形势，刘邦于汉高祖七年(前200)，亲率三十二万大军北上征讨。初战告捷，在晋阳一举击败了韩王信及匈奴大军。

有人提议，应该乘胜进击。汉高祖开始时还比较审慎，先后派出十个使者进行侦察，一致报告：冒顿部下大多是老弱残兵，不堪一击。于是，刘邦决心穷追到底。他唯恐慢了一步，放跑了敌人，便带领自己的一队骑兵先追上去，把大队伍扔在了后面。

他们刚刚赶到平城东郊，突然听到一声呼哨，匈奴兵马立刻从四面八方围拢过来。一个个兵强马壮，刘邦这才知道是中了圈套。只好带上这支骑兵拼命打开一条出路，占领了白登山，守住了山口要道。大部队却被挡在半路上。他这里内无粮草，外无援兵，看来只好坐以待毙了。这就是历史上有名的“白登之围”。

多亏谋臣陈平献计，带上了大量黄金、珠宝和一张美人图，去拜见阏氏——单于的皇后。皇后高兴地收下了黄金、珠宝，却对那幅美人图皱起了眉头，说：“这有什么用？”使者解释说，中原皇帝恐怕大王不答应退兵，准备把我们那里的头号大美人献给大王，先带来图像看看样子。皇后听了，一个劲儿地摇头，说："这用不着，赶紧带回去。我请大王退兵就是了。"晚上，阏氏便对冒顿单于说，匈奴消灭不了汉，也离不开汉。不如放他们出去，让他们以后多送些金银财宝，比啥都好。单于也觉得，匈奴不可能离开草原，更不愿意与汉结下怨仇，决定网开一面，送个人情。这样，刘邦才得以仓皇脱险，一走了之。

这天，我站在设有战迹标志的高阜上，环顾了白登的全貌。这是一片极为辽阔的丘陵地带，可以纵横驰骋，左右奔突，非常适于骑兵作战。冒顿选择这么一个地方来实施他的包剿战略，说明他对这一带的地理形势了如指掌，更可见其才智过人。如果不是后宫专宠干扰破坏了他的全盘部署，后果实在不堪设想。用一句古话说，正是："汉之为汉，未可知也。"

六十七年之后，刘邦的玄孙汉武帝刘彻，开始了全面讨伐匈奴的战争。其战略是，先从东西两面切断匈奴与羯族、羌族的联系，然后在中部集中主力部队，给匈奴以正面的打击，第一仗就安排在平城南面的马邑（今山西朔州）。无独有偶，他实施的也是诱敌深入的战术，这叫做"即以其人之道，还治其人之身"。武帝采纳大臣王恢的建议，以三十万兵力埋伏在马邑附近的山谷中，然后差遣曾与匈奴做过买卖的当地商人聂壹，到北地去引诱匈奴部队入境抢掠。

军臣单于没有冒顿那样的机智，一时为现实利益所驱动，便贸然出动十万骑兵，向云州、朔州一带进发。可是，当大军走到距离马邑百余里的地方，发现原野上牲畜很多，却不见一个牧人，单于感到有些蹊跷。经过多方探问，才察知了山谷中藏匿大量伏兵的秘密。于是，下令迅速撤兵，急忙向北面逃逸。汉武帝原以为抓住了这个战机，不仅可以为其先人湔羞雪耻，而且能一鼓聚歼匈奴劲旅。不料，功败垂成，枉劳师旅，其愤恼之情可想而知。当然，倒霉的还是出谋划策的王恢，最后以畏罪自杀告终。匈奴单于毅然断绝了与汉的和亲，从此拉开了长达几十年的战幕。

到了西晋十六国时期，五个少数民族的铁骑一直驰骋于晋北。后来，鲜卑族拓跋部建立了北魏，适时进行改革，加之军事上控制了由塞外进入中原的主要通道，凭借晋北有利的地形条件，得以高屋建瓴之势，相继扑灭了一个个劲敌，最终结束了十六国对峙的混乱局面。隋、唐两代主要的强敌是北方的突厥，因此，山西仍为军事重镇。唐朝和以后的后唐、后晋、后汉先后定都于长安、洛阳、开封，但都是以太原为根据地而夺取天下的。

因此，有的学者论说：整个五代史，可以看作以建都于汴、洛的中央政权同以太原为根据地的割据势力激烈斗争的历史。这种一次又一次的激烈斗争，在相当长的时期内，都是以太原割据势力的胜利而告终的。

一个有趣的现象，是汉、晋、隋、唐至五代、宋、辽，数百年间，主战场一步步地向南推移，先是平城，尔后到雁门关，一直推到晋阳。这是否一定程度上反映了中原王朝武备的衰微和国防力量的减弱？

3

第二站，我们访问了代县城北二十公里外的雁门关。

雁门关又名西陉关，古称勾注塞。《吕氏春秋》上讲："天下九塞，勾注其一。"《吕览》大约成书于公元前239年，那么，雁门古塞至少已有两千二百多年的历史了。旧关建在峰峦耸峙的雁门山上。相传自古以来，每年春秋两度，雁群北去南归，由于崇山峻岭挡路，便都从雁门关口穿行，"雁门关"以此得名。后来，关址东移。现在的关城建于明洪武年间，邻近太原到大同的公路。站在关前眺望，但见四面层峦高耸，峭壑幽深，中有一条盘旋纡曲的山路，奇险天成。

关门两边对联的字迹已模糊难辨，陪同的向导指认为：

三边冲要无双地；
九塞尊崇第一关。

用这样的字句来概括雁门关的战略地位，真是再恰当不过了。

长城宛如一条灰色的巨蟒，起伏于危峦叠嶂之间，将雁门东西十八隘牢牢地衔接在一起。关门左侧有边靖寺，俗称李牧庙。相传战国时期赵国名将李牧曾在此大破匈奴十万骑兵。对面的六郎庙，是民间为纪念传说中的爱国名将杨六郎而兴建的，于今也仅存遗址。

附近有一个外小内大的葫芦形地带，这就是当年“雁门关伏击战”的战场。1937 年 10 月，八路军七一六团在这里伏击日本侵略军，毙敌二百余人，击毁汽车一百多辆，打响了进军晋北的第一战。

有资料记载，从此上溯到周贞定王十二年(前 457)赵襄子兼并代国，两千三百九十四年间，雁门关一带由于形势险要，又当南北交通要道，共发生过大的、较大的战争达一百三十多次。

史载，宋太宗太平兴国五年(980)三月，契丹十万大军攻打雁门关，北宋代州守将杨业率数百名骑兵迂回到辽兵后面，乘其不备，自北向南发起猛攻，大破敌兵于山下，杀了契丹驸马侍中萧咄李。因此，获得“杨无敌”的称号。辽军闻风丧胆，每当看见杨业的旗帜，便自行引退。可是，这一赫赫战功却遭到北宋其他将领的妒忌。六年后，宋军在歧沟大败于辽军。副将杨业引兵护送晋北各州官民内迁。当他们撤退到朔州城南时，正赶上辽兵攻克附近的寰州。杨业见辽兵来势甚凶，认为不宜与其正面交锋，建议绕道而行，于途中的石碣谷布列三千强弩，这样，就能保证宋军安全转移到境内。可是，这个正确的意见，却被护军王侁等指责为畏缩不前，说他空负“无敌”之名，其间恐怕另有打算。主将潘美不明确表示态度，实际上是支持这个错误主张的。

杨业已经觉察到这些人的险恶用心，显然是要把他逼上死路；但是，作为一个北汉归降宋朝的将领，万万不敢违抗主帅的军令，尤其不能忍受对宋朝怀有二心之类的诽谤，只好违心地出兵迎击。在率军开拔时，杨业老泪横流，对主帅潘美说：我绝不是贪生怕死，只是认为形势于我们不利，不应带着士卒去白白送死。既然你们这样决策，那我就别无选择了。当时，他郑重地请求潘美布置步兵强弩，分左右两翼埋伏在陈家谷口，准备救援面临全军覆没的部队。可是，潘美、王侁等人并没有认真做出救援部署，在陈家谷口等了一阵不见消息，以为辽兵败走，急忙率兵北上抢功；半路上，得知杨业所部被敌围困，便慌忙撤兵。致使杨业的兵马陷入重围，其子延玉与全体将士一同殉难，他本人奋力杀敌，身受几十处重伤，被俘后，绝食三日而死。

这次，我专程来到代县枣林镇的鹿蹄涧村，瞻拜了后人为旌表杨业一家而建立的杨忠武祠。

有关纪念杨业一门忠烈的祠庙，北宋当时即已出现，神宗朝出使辽国的苏颂就曾写过《过古北口杨无敌庙》的诗。这里的祠堂始建于元代，现存建筑及塑像大多为明代遗物。祠分前后两院，前院奉祀杨业后裔；后院有正殿五间，台上正中塑杨业与佘太君像，八个儿子的彩塑分列两侧；东西南三面供奉杨氏家族历代名将，共二十二人。

村中居民大部分姓杨，都是老英雄杨业的后代。听说我们还要去看当年的主战场金沙滩，管理人员说，出于对祖上忠烈的敬仰和同情，这里的人对金沙滩不感兴趣。在鹿蹄涧唱戏，必须唱杨家将，演《七郎八虎出幽州》《杨六郎威震三关》，绝对不能演《金沙滩》——这一仗，老令公八个儿子只回来两个，人们嫌它晦气。

在枣林镇的东留属村，我还看到一座用黑色石块堆砌的古墓葬，石碑上镌刻着“宋赠武勇将军延兴杨公神墓”十二个大字。这就是传说中的民族英雄、北宋名将杨业第七个儿子杨七郎的墓地。关于他，当地传说很多。说他生下来就是黑头、黑脸、黑皮肤，偏偏有一双特别明亮的眼睛。七岁能单臂举石锁，十一岁跟随父兄身临战阵，十三岁刀枪拳棒样样皆精，十五岁登台打擂，一拳打死了潘美的儿子潘豹，从此两家结下了深仇。当年杨业被迫出兵，也是潘美一手策划的。那天，杨业兵到陈家谷口，一见没有宋军的一兵一卒，就知是潘美做了手脚。但因他是主帅，只有通过他才能搬来救兵，因此还是派遣七郎前去向他求情。

潘美早就要抓住七郎给儿子报仇，现在见他主动上门，便施出诡计，说杨将军辛苦杀敌，我这里备下三杯水酒，表示慰问。杨七郎在马上欠身致谢，喝过三杯之后，便觉眼前一黑，跌下马来。原来，里面下了蒙汗药。当即被绑缚在后花园的花椒树上。潘美叫来一百多名弓箭手，一字排开，齐向七郎身上发箭。不料，箭到身上都纷纷落下。原来，七郎有一种护身的“瞅箭法”，只要双眼一瞅，即使箭似飞蝗，也无济于事。潘美老谋深算，知道要破此法，必须把他的双眼遮住。于是，用宝剑把七郎额上的皮肤割开，使之罩住双眼，这样，便把七郎射死了。后来，人们拿那棵花椒树出气，便用一条大铁链把它锁了起来。

车出代县城，我们见到路西有一片苍苍莽莽的沙原，上面布满了一米多高的黄土堆，原以为这就是金沙滩。经问询得知，其地离此间尚远。那么，这些土堆又是什么呢？当地群众讲，一种传说是汉、唐以来掩埋阵亡战士的荒冢；另一种说法，是古代战争中用以迷惑对方的“谎粮堆”。不论哪个说法成立，都会使人产生一种苍凉、震怖之感。一霎间，我想起了唐人李华的名篇《吊古战场文》：“浩浩乎平沙无垠，敻不见人。河水萦带，群山纠纷。黯兮惨悴，风悲日曛。”“亭长告余曰：此古战场也，常覆三军。”

“古战场，古战场”，我嘴里叨念着，不觉陷入了沉思之中……

4

高兄拉了我一把，笑着说：“像‘拉洋片’似的，掀过了一片再一片，晋北的艺术瑰宝你再看看！”

于是，我们驱车向五台山进发。我感到这种安排很有意味，大概是让我先了解一番战乱频仍的千秋劫运，然后再去欣赏那些劫后的艺术瑰宝，这样，就益发显现出“遗珠”的珍贵。

国宝之最是南禅寺。寺院名气极大，可是，在五台山却是范围最小的，而且，所处的位置也十分僻塞，距离五台山佛教中心区在一百多公里以上。佛寺建在李家庄西部的一个土岗上，四周山峦环抱，果木成荫。

寺院坐北朝南，由两座相连的小型四合院组成，总面积仅为三千平方米，但殿堂、法像一应俱全，内有山门、龙王殿、菩萨殿和大雄宝殿等建筑二十六间。

其中，大雄宝殿比其他配殿高出一头，显得特别闳阔魁伟，建筑风格疏朗、大方，也质朴、苍古。大殿的斗拱用材颇大，三间殿宇的用材约合一般的七间。殿堂内没有柱子，也没有天花板和梁架，制作简练，宽敞明亮。大殿底层台基宽大，下部结构敦实稳固，中间略有收束，上层放开，轮廓十分美观。由于出檐很深，四角挑起，虽然那么沉重的殿顶压下来，看去却不觉得沉闷、压抑，而是给人一种轻盈、昂奋的感觉。内行人一看就知道，这是唐代的杰作。

佛寺创建的具体年代已无从查考，据碑石记载，始建时用的是郭家寨、李家庄的香火钱，其时约在唐代前期，尔后逐渐扩大了规模。大雄宝殿重修于唐德宗建中三年(782)，就是说，重修后的建筑，存世也已超过一千二百年了。这是我国现存的最古老的木构建筑，号称“神州一绝”。

当下，我问寺庙的住持：“这千年古刹，起码经历过两方面的劫难，一是自然的侵袭。它历经了几十万个日日夜夜的风雨剥蚀，历经了八次五级以上的地震的严峻考验，能够完好无损地保存下来，实在是不易呀！二是人为的劫难。唐武宗会昌五年(845)，唐武宗的‘会昌灭法’，当时毁掉寺院四万多处；过了一百一十年，后周世宗又一次毁佛。五台山作为佛教圣地，自然都是首当其冲。那么，这座大殿是怎么逃避过这两重劫难的呢？而且，南禅寺紧临雁门关古战场，为什么没有遭到兵燹战火的毁坏？还有‘破四旧’‘文化大革命’，它又是怎么过来的？”

住持说：“谈起南禅寺幸免于难的缘由，说复杂也复杂，说简单也简单。一言以蔽之，它是得利于优越的地理位置。”

他说，木质建构，一怕潮湿，二怕烽火。从自然环境看，晋北地区位于黄土高原东部，由于太行山脉的阻隔，来自海洋的温湿的夏季风对它影响较小，而受源于大陆内部冷干的冬季风影响较大，气候比较干燥。这是十分有利的因素。从人文环境看，这里是一个偏远的山沟，离五台山佛教中心区比较远，距五台县城也将近五十华里；而且，寺院较小，向来香火稀疏，历代不被器重，不受世人注意，州、府、县志和佛教经籍均无记载。香火冷落，无人理睬，这不是好事，可是却使它悄然地逃过了重重劫难。

他说，记得明、清鼎革之际，有人借吟咏劫余的乔木来抒发自己的感想："眼前乔木尽儿孙，曾见吴宫几度春。若使当时成大厦，亦应随例作灰尘。"庄子说的"不材之木无所可用"，故能长寿，与此有共通的道理。

我笑说，禅师怎么讲起道家的《南华经》了？住持抿嘴一乐，双手合十，口称："善哉，善哉！"

随后，我又看了佛光寺的东大殿。这里距五台山佛教中心区三十五公里，创建于北魏时期，是五台山最负盛名的大刹之一。当年，除祖师塔外，佛光寺的全部建筑都毁于"会昌灭法"。唐僖宗乾符二年(875)，寺僧募资重建，后又屡遭劫火。东大殿为"鲁殿灵光"，硕果仅存。

大殿面宽九间，进深四间，八架椽，单檐五脊顶，以朱土涂刷，未施彩绘。斗拱翻飞，翼出深远，传递着梁架上承载的殿顶荷重，仿佛大鹏展翅欲飞，备极壮美。殿内有唐代和明代的彩色泥塑五百三十五尊，荟萃一堂，蔚为大观，这在五台山是首屈一指的。尽管较之南禅寺大殿要晚七十五年，但由于它建筑规模宏大，殿宇巍峨，具有更高的艺术水平和科学价值。作为唐代木构建筑的代表作和佛教艺术精华，在中国和世界建筑史、文化史上都占据很重要的地位。

赵朴初先生视察了这两座唐代的大殿之后，曾题词咏赞："二唐寺，瑰宝世间无。千劫何缘存象法？明时自不失玄珠。沉海庆昭苏。"词意是说，这号称世间瑰宝的唐代两座佛寺，经受过无数次的浩劫，幸免于难，今天如沉海明珠一样被重新打捞出来，放射出奇光异彩。

5

要论建构奇巧，别出匠心，还有浑源境内、坐落在恒山脚下半崖峭壁间的悬空寺。它始建于北魏，后经唐、宋、明、清历代重修。整个建筑利用力学原理，在陡壁上凿洞插梁为基，巧借岩石暗托，楼阁间有栈道相连。上戴危岩，下临深谷，楼阁悬空，望之如浮雕在壁。登游时，攀悬梯，穿石窟，钻天窗，走屋脊，步回廊，跨飞栈，时出时入，忽上忽下，宛如置身神话世界。难怪走遍天涯、眼界宽广的徐霞客要赞许它为“天下巨观”。

我此行的终点站，是大同武周山南麓的云冈石窟。在东西一千多米的延长线上，罗列着洞窟五十三座，造像五万一千余尊，大部分为北魏迁都洛阳之前的作品。《魏书·释老志》赞之为“雕饰奇伟，冠绝一世”。在我国三大石窟中，素以石雕造像气魄雄伟、内容丰富多彩见称，是我国最大的石窟群之一，也是蜚声世界的大型艺术宝库。

面对这一尊尊精美的艺术珍品，面对一千五百余年凝固的历史，对于我们的先祖，我真是由衷地赞佩，倾心地敬服。

他们当时的生产手段，可说是窳陋不堪的，不要说同今天那些遨游太空的上百吨的飞行器、每秒钟运算几亿次的计算机，以及把人们观测宇宙的范围扩展到百亿光年的射电望远镜和天文卫星无法相比，就是可以称之为机械的普通工具，当时也并不具备。他们的生活水平，也是极为低劣的。所需一切，且不论质，即以量计，都无法得到满足。可是，他们凭着勤劳的双手和智慧的头脑，历尽千难万险，居然创造出横绝一世、光照千秋，直至今日还让世人惊叹叫绝的艺术奇观。

当然，越是想到这些，就越是感到肩上有着不堪重负的千钧压力。

文物，是特定历史时代留下的文化纪录，是无可代替、不能再造的。比如，南禅寺、佛光寺那两座称雄世界的唐代大殿，那座构思奇巧的悬空寺，云冈石窟这些精美绝伦的佛像石雕，还有应县的木塔、代县的雁门古塞，坍塌了便不能扶起，毁坏了也无法再造。因为，重新扶立起来便被视作重修，而复制品或可称为艺术，但它们绝对不是文物。

这些保存了千余年、数百年的旷代奇珍，它们已不再属于某一个区域，而是整个中华民族的财富，是全人类共同的文化瑰宝。作为硕果仅存的"劫后遗珠"，它们是幸运的；可是，它们今后的命运又将如何呢？想到五台山的许多寺庙终日香火高燃，浓烟缭绕；想到武周山下运煤车辆昼夜穿梭，不仅石佛雕像披上一层尘灰的"袈裟"，而且整座石窟不断经受剧烈的震动，势将变得结构疏松……真有些不寒而栗了。

我和高兄一行人，要在十七米高的三世佛石雕前合影。摄影师嫌高兄神情严肃、心事重重，让他稍微放松一下。

他却说："我原来想，先看战场，再看艺术珍品，更能显示出那些劫余珍品的可贵。没料想，这却加重了我的思想负担。这些稀世瑰宝，饱经烽火，历尽劫难，得以保留到今天，实在不易呀。现在我们把它承继下来，又幸逢和平建设时代，不要说烧毁了、震塌了，就是出现某些人为的蚀损，也是无法向后人交代的。"

我深以为他说得好，就借助赵朴老的清词，也跟着诌上几句：

千年沉重仰浮屠，国宝濒危痛欲呼。
但得要津同虑此，"明时自不失玄珠"。

在场诸君听了，会心一笑。

"咔嚓"一声，摄影师按下了快门。

第二十六篇

凉山云和月

I

凉山彝族自治州的首府西昌，古称邛都。这在《史记·司马相如列传》中，早已有记载。

原来，司马相如对于开发祖国西南边疆，促进这一带少数民族地区同中原腹地的经济、文化交流，做出过重要贡献。可是，过去人们只知道他是一位才华盖世、辞赋出色当行的文学大家，又是一个“忒煞情多”的风流种子。他曾偕同美女卓文君私奔，家贫，文君当垆卖酒，相如着犊鼻裈涤器于市，传为千古风流韵事。他还替那位被打入冷宫的陈皇后写过一篇《长门赋》，希望引起汉武帝重念旧情，回心转意。为此，作赋人得到了百斤黄金的酬报。寥寥千余字，却换来这么多的金子，这个“润笔”可不算低了，只是那篇赋却并未取得预期的效果。

我们且把时光拉回到西汉元光五年(前 130)。当时，汉武帝派遣唐蒙出使夜郎(今贵州西部一带)。这是僻处西南边疆的一个部族，四周高山环绕，与中原素无来往。部族首领竹多同从来没有到过其他地方，根本不了解外面的世界，以为夜郎是天底下最大的国家。当下便问唐蒙:“你们汉朝，有我们夜郎大吗?”从此留下了“夜郎自大”的话柄。及至他们见到唐蒙带来的丰盛礼品，才大开了眼界。唐蒙乘便宣传了汉的地大物博、文明强盛，使夜郎及其附近的诸多部落深感向慕，表示愿意归附。

签订了盟约之后，唐蒙返回长安，向武帝报告了结交夜郎等部族的经过。武帝便把这些地方改为犍为郡，并指令唐蒙负责修筑一条通往这些地方的大路和栈道。为此，唐蒙在巴蜀地区大肆征集人力。由于工程浩大而且艰巨，士兵和民夫死伤了不少，一时谣言四起，蜀郡民众纷纷出逃避难。消息传到朝廷，汉武帝便派遣以《子虚》《上林》两赋受到赏识的司马相如为特使，前往安抚百姓，纠正唐蒙的阙失。

司马相如入蜀后，写了一篇《喻巴蜀檄》，讲明朝廷通"西南夷"和筑路的意义，说这是从整个国家利益出发，为了解决"道里辽远，山川阻深"的困难。而唐蒙的一些做法，"皆非陛下之意"，希望各地仰体圣衷，免除惊恐。司马相如是个有心人，在妥善处理这起案件、圆满完成出使任务的同时，顺便对这些地区的情况及其与内地的关系，做了较为详尽的调查。

夜郎的归附产生了很好的影响，邛都、筰都（今四川西昌及雅安、汉源一带）的一些部落也都想比照夜郎的待遇归附称臣。当时，对于通"西南夷"是否必要，朝中一班人的看法并不一致，汉武帝首先征询了司马相如的意见。相如胸有成竹地回答说：邛、筰等地和蜀郡（今成都）相去不远，道路也不难打通。那里，秦代曾置为郡县，到本朝建立时才罢除。现在，若能再度与之沟通，进而设郡置县，其价值是远胜"南夷"诸国的。汉武帝听了，深以为然，便拜封司马相如为中郎将，委之以全权处理有关"西南夷"事务的使节重任。

司马相如带着一批助手，很快地来到今四川西部、南部少数民族地区，与当时的邛、筰、冉、骁、斯榆等部落，进行了广泛交往，各少数民族部落的首领都表示愿意归附汉朝。从而撤去了旧时的边关，西边以沫水、若水为界，南边扩大到牂牁，打通了零关道，修筑了孙水桥。"还报天子，天子大悦。"紧接着，汉朝就在这里设置了十几个县，全部隶属蜀郡。

相如出发前，曾针对蜀地父老和某些朝廷大臣反对开通西南边疆的意见，写过一篇《难蜀父老》的辩难文字，假托有二十七名荐绅、耆老对通"西南夷"提出责难，从而引出作者的正面阐释与答辩。文中阐明了这一举措的深远意义，同时，对外宣传了西汉王朝偃甲兵、息诛伐、德泽广被、教民化俗的政策，取得了很好的效果。

2

从这里可以知道，早在两千一百多年前，大、小凉山一带即已划入中央政府的辖区，此间住着彝（当时称“夷”）、汉、藏等许多民族，此其一；其二，封建王朝对于少数民族的策略是“羁縻勿绝”，即只在牵制而并非灭绝；其三，凉山地区处于西南边疆的要冲，自古就形成了“邛通则路通，邛阻则路阻”的局面。

打通凉山道路，历朝历代都受到官府和民间的重视。其地与蜀郡的沟通，尽管官方往来“至汉兴而罢”，但民间商贾贸易始终未曾隔断，并不是“尔来四万八千岁，不与秦塞通人烟”。先后开通的邛笮道、牦牛道、清溪道、西川道等，尽管称谓不同，但其为横跨大、小凉山的通道则无异。它们北接巴蜀，南连滇越，最后全部汇入古代有“南方丝路”之誉的“蜀身毒道”。

说到南方“丝绸之路”，人们会联想到那条东起长安，经河西走廊通往中亚、西亚以及欧洲、北非的西北“丝绸之路”；记起那位与司马相如同时代的“凿空”西域、开拓中西交通的先驱者张骞。

这位两千多年前的伟大外交家、探险家，曾两次出使西域，以其不畏艰险、不怕牺牲的精神，为加强我国各民族的联系，促进民族间的融合，扩大中外友好往来，经略西部疆域，耗费了毕生的精力。这是许多人都知道的。但是，对于他还曾为开发祖国西南边疆，特别是疏通南方“丝绸之路”做过贡献这一点，知道的人恐怕就不是很多的了。

据《史记·西南夷列传》和《大宛列传》记载，张骞第一次出使西域归来后，于西汉元狩元年（前 122）曾对汉武帝讲，他在大夏国（今阿富汗一带）见到过蜀地生产的麻布和邛都之竹所做的手杖，询其来路，据云乃当地商人从身毒（今印度、巴基斯坦、孟加拉一带）采购的。大夏国位居中国西南，距离约一万二千里，身毒又在大夏东南数千里。此间既然有蜀地产物，推想自“西南夷”地区通往身毒，路程一定不会太远。鉴于西域一路险阻颇多，建议打通从巴蜀经“西南夷”地区直通身毒、大夏的通道。

汉武帝当即采纳了这个意见。派遣使官十余人,带着财物,分四路深入蜀西南地区,探寻通往身毒的道路。可惜,多次派出的使者,均在现今的云南大理一带受阻,最后无功而还。

继张骞之后,杰出的军事家班超先后在西域奋斗三十一载,巩固了东汉在西域的统治,维护了祖国的统一。

无独有偶,与两位军事家开发西域相对应,经略西南边疆的,竟是两位杰出的文学家。踵步司马相如后尘,西汉元鼎六年(前111),史学家司马迁以汉武帝侍从官身份,奉命出使邛、笮、昆明等地,既建立了事功,又掌握了西南各少数民族的大量资料,为日后撰写《西南夷列传》创造了条件。

看来,武将和文人不仅功业迥然不同,而且,“鸿爪留痕”也大相歧异。也许真的应了“千秋定国赖戎衣”这句话,西域沟通之后,同中原地区的经济、文化交流日益频繁,内地先进的生产技术在西域得到广泛推广,丝绸、漆器等大量手工业品源源流入西域;同时,西域的葡萄、苜蓿、胡萝卜以及骆驼、良马等物种也传入内地,尤其是那里的音乐、舞蹈,对汉民族文化的发展产生了积极的影响。

相比之下,西南边疆地区的发展及其与内地的联系就差得太远了。由于交通阻塞,那里并未从根本上扭转其封闭状态。结果,在西北“丝绸之路”上,张骞有碑,班超有城,青史标名,万人仰颂。可是,在西南地区却没有见到过“两司马”的任何遗迹。当然,他们“寄身于翰墨,见意于篇籍,不假良史之词,不托飞驰之势,而声名自传于后”(曹丕语),又是张骞、班超所望尘莫及的。这也就是“英雄儿女各千秋”吧!

3

中国作协采风团一行,这次来到凉山彝族自治州,许多人都是首途,因此,稍事休息,便集聚在一张四川省地图的前面,听当地一位彝族文友介绍有关情况。这位文友指着地图西南部一片广阔的地域，说，凉山是全国最大最集中的彝族聚居区，与西藏有些相似，是一片古老神奇、峻丽多姿，承载着无数自然与人文奥秘的土地。

这里，地处云贵高原与四川盆地之间的过渡地带，北部、东部和南部为水深流急的大渡河、金沙江迂回环绕，境内有小相岭、碧鸡山、黄茅埂纵横盘错，其间高山耸峙，河川割裂，峡谷幽深，地形陡峭，加上旧时代彝族“家支”势力的割据，历代统治者的禁锢、封锁，使整个凉山地区与外界的交往受到重重阻隔，长期处于封闭状态。

有一首民谣记述了这种封闭、隔绝的实况：

上山入云间，下山到河边。
山前能对话，相见走一天。

诗人李白曾经苦吟：“见说蚕丛路，崎岖不易行”；“蜀道之难难于上青天”。而旧日的凉山，道路之难行，在蜀道中又是数一数二的。过去奴隶娃子被抓进凉山去，叫做“青蛙掉进井里”，永世没有逃出之日。有的地方耕牛无法进去，只好背运牛犊进山养大，以解决耕作之需。由于交通阻塞，致使日用消费品奇缺，老阿妈买一枚缝衣针要从鸡窝中摸出十个鸡蛋来交换，而猎手们鸡蛋大的一块麝香也只能换回一斤白酒。

封闭当然是坏事，但对自然生态环境和人文景观也有一定的保护作用。在举世进入现代文明时代，又苦于“文明病”折磨、困扰的时候，凉山却提供了一方净土，托出了一块充满着迷人景色、绮丽风光的胜地，保留了人类最古朴、最浓烈、最独特的文化传统和民风民俗。

这里，有四川最大的淡水湖邛海，《马可·波罗游记》中称它为珍珠湖。作者记述说，“湖中珍珠无数”，“然大汗不许人采取”，否则，“珠价将贱，而不为人所贵矣”。

“清风、雅雨、西昌月”，为川西南三大景观，其中的“邛池夜月”，天下驰名，因而，西昌享有“月城”的美称。原来，这里地处横断山脉西缘，海拔高而纬度低，四面青山环绕，中部是安宁河平原地带，属于干湿交替的亚热带季风气候，常年风轻云淡，晴好天气极多，加上山林和湖水对大气层的过滤，使这里的月光分外皎洁。古人有诗赞曰：

天空临皓月，海上最分明。
境过银河界，人来水廓城。

在“月亮的女儿”青铜雕塑下面，彝族金融家、诗人阿卓哈布讲了一个美丽的传说。

在大凉山领扎洛这个山清水秀的地方，有一个心灵手巧的彝家姑娘，名叫兹莫领扎。她放牧的牛羊长得又肥又壮，她种的荞麦年年获得丰收，她唱的歌传遍了天涯海角，她织的羊毛披毡上现出一个逼真的世界：她织上了花，花儿招来蝴蝶；织上了蜜蜂，蜜蜂引来布谷；织上了贝母鸡，贝母鸡会请来公山羊；织上了神龙鹰，神龙鹰便驮来一个绚丽的春天。

月宫仙女听到这个信息后，便派出七彩云霞去寻访，想要请兹莫领扎来教她织披毡。先是派乌云，找遍了大小山沟，没见踪影；又派出黄云、绿云、蓝云，找遍了山林、草坡和村庄，还是没有找到；最后派出眼明心亮的白云，才在领扎洛山的古松下找到了，兹莫领扎姑娘正在织美丽的披毡。于是，她踩着七色云霞搭成的虹桥来到了桂殿仙宫，朝朝暮暮教月宫仙子织披毡、弹月琴。

西昌城南三十多公里外有一座螺髻山，海拔四千三百多米，为二百五十万年前第四纪古冰川运动的遗世杰作，保存有完整清晰的大型冰川刻槽，具有极高的科学研究和旅游观赏价值。山上“烟中鬓髻，尚觉模糊，雨际青螺，偏多秀媚”。自古即有“十二佛洞、十八顶、二十五坪、三十二天池、一百单八景”，令人悠然神往。红、橙、黑、黄、酱、绿等各色海子点缀山中，传说是仙妃沐浴的地方，日月朗照，宛如熠熠闪光的一颗颗宝石镶嵌在白云深处。山中有许多特异景观，诸如冰化源泉、露零芳草、水磨奇石、烟飞林箐，均为世所称道。

怪不得明朝进士马忠良在游记中要说:“螺髻山开，峨眉山闭。”意思是，如果有朝一日，这里能够开发出来，那时，秀出西南、誉满寰中的峨眉山，就将大为逊色，只好悄然关闭了。

4

凉山地区的人文景观，更是独具特色，多彩多姿。神秘的原始宗教，五光十色的服饰，优美动人的舞蹈，以及“恒河沙数”的神话、故事、歌谣，都具有神奇的魅力和恒久的吸引力。特别是人类最后一块母系社会的遗址泸沽湖，那里充满传奇色彩的东方“女儿国”和摩梭人奇特、浪漫的“阿肖”走婚风俗，吸引着五洲四海的万千游人和中外众多的作家、学者。

泸沽湖养育的摩梭女儿，个个美丽健壮、勤劳善良、情深似海。她们不奢求不属于自己的一切，不会做金钱、物欲、权势的奴隶。她们按照质朴的本性，遵循自己心灵的指引，无忧无虑地劳动、生活、爱恋着。在她们的头脑里，没有“所适非偶”的烦恼、忧伤。她们在属于自己个人所有的花房里编织着少女的梦，品啜着情真意挚的爱的琼浆。

当地文友介绍说，许许多多前来采风的作家、艺术家、新闻记者和民俗学家，对于这里的婚姻生活都产生了浓厚的兴趣，有的还写出了动人心弦的文艺作品，或者完成了专门的学术报告。听到这里，同行的一位学者神秘地问我:“你认为这里有什么道理?”我猜想，他一定会有一番妙论，便笑着说:“我愿洗耳恭听。”

他说，人们到一个地方游览，如同阅读文学作品一样，都会将自己的感受或者思索，不自觉地对象化——化入那种地域、那部作品的情境框架中去，设身处地，比较一番。也就是，在审美的返照中，完成对自身的观照、对比与衡量。有价值的地方风物、优秀的文学作品，它的感召力、生命力，就在于能够提供一种契合其文化心态，满足其欲望要求的“对象化的相关物”。具体说到泸沽湖的“走婚”形式上，其实，人们与其说是在看人家，不如说是在想自己——希望自己也有这样一种自由选择的条件。他们是在向往一种世外桃源、一种诗意人生。从这个意义上说，他们是到这里来寻梦，寻找自己已经失落了的梦境——梦是愿望的达成，是现实生活中某些缺憾的一种补偿。尽管梦终归也要醒，但梦本身，难道不是一种生活吗？它和实际生活的区别，只在于虚实、长短而已。

我觉得，他说得很妙。

凉山彝族自治州所属的广大区域，是以彝族为主体，彝、汉、藏、回、蒙等十几个民族，经过几千年的奋斗，共同开发拓展出来的。

彝族在旧时史籍中称作“夷人”“倮族”，而彝民自称为“诺苏”。新中国成立以后，根据广大彝族民众的意愿，以鼎彝之“彝”作为统一的民族名称。多种学科的材料证明，彝族先民是以自西北而南下的古羌人部落为基础，在西南的川、滇交接带的金沙江两岸，融合了当地众多的原住民部落而逐步形成的。凉山彝族的直系祖先，按照彝族民间普遍传说，则为古侯、曲涅两个原始部落，大约在西汉时期即由今云南昭通一带陆续迁入大、小凉山。自唐代以迄明清，黔西、滇东北的彝民又有过数次大规模的迁入。

这里的汉族居民大多数迁自内地，或为封建王朝屯垦戍边，或自发地到这里来落脚谋生，最早的亦有两千多年的历史。这是一个典型的农耕族群，他们以土地为核心，建造了区别于其他民族的社会经济形态。

在漫长的岁月中，彝族人民创造了灿烂的民族文化，并且，小心翼翼地接受其他民族一些生产技术与管理方式；同时，以血缘家支联盟为依托，注意加强内部的凝聚力，抵御着外来文化的冲击。但是，由于地处青藏高原、云贵高原和四川盆地会接地带，又不能不受到来自北部和西部草原牧业文化的熏陶，东部巴蜀文化的哺育，以及东北部江汉流域稻田耕作文化的辐射，因而表现出多元、共生的特点。

大、小凉山是一个早已闻名于世的特殊的民族文化区域，是 20 世纪以来中外人类学、民族学、历史学研究的一个热点。

其原因，就在于此间虽然处在人口稠密、历史文化悠久的东亚中部的内陆，与素称“天府之国”人文荟萃的成都平原近在咫尺，却在漫长的历史进程中，由于情况复杂的地理、人文环境等因素，形成了相当特殊的民族社会经济的发展样式，产生了一套以低需求适应低生产的社会文化机制。

而建立在生产水平低下和地理环境分散、封闭的基础之上的血缘组织——“家支”，以及“家支”之间的械斗，又使财富积累和扩大再生产受到严重影响，统一的政权组织无由建立。这样一来，凉山的社会发展就只能在原地上打转，结果形成了世界史上绝无仅有的凉山奴隶社会的“两千年一贯制”。凉山彝家背负着奴隶制的枷锁，从长夜漫漫的历史隧洞中缓慢地走出来，其步履无疑是更为沉重、更加艰难的。

5

彝族的创世史诗《勒俄特依》中说，彝族和汉族本是居木武吾的两个儿子，彝族儿子名叫武吾格自，挽起蒿草做地界，住在高山上；汉族儿子武吾拉业，垒起石块做地界，住在湖水边。那时候，水牛、黄牛并着走，耕作时在一起，休息时各自走。那时候，彝人也说汉话，汉人也留彝髻，彝汉兄弟亲如手足，共同为开发八百里凉山抛洒汗水。这动人的神话传说，反映了两族人民的亲密关系和美好愿望。

但是，由于历代封建统治者实行民族歧视、民族压迫和民族隔离的政策，不断对彝区进行剿灭、征服；而凉山彝寨的奴隶主为了维护其专制统治，转移斗争视线，又人为地制造民族矛盾，宣扬“石头不能当枕头，汉人不能搭朋友”，彝汉两族的冲突也是常有的，这带来无边的历史性灾难。

当然，这种冲突和对立，在我国两千年的彝汉民族史上，毕竟只是一股支流；而主流则是两族劳动人民共同的生产劳动、抗暴御侮，并肩保卫、建设祖国的西南边疆。

《西昌县志》记载，辛亥革命前夜，西昌地方官府横征暴敛，鱼肉人民。知县章庆以推行“新政”为名，增加苛捐杂税。贫民割一背草，只售二三十文，要按十抽五；每碗茶原售三文，加厘捐后要售四文。弄得物价飞涨，民不聊生。当时，正值清政府邮传部大臣盛宣怀出卖筑路利益给外国银行团，原籍西昌的同盟会会员王西平和刘次平、朱用平（世称“三平先生”），发动群众响应成都的“保路运动”，开展抗捐、抗粮和反对教会势力的斗争，得到当地民团的支持。

团总张耀堂联合了安宁河两岸五千多彝汉民众，趁着西昌清军外调，城防空虚，杀进城来。他们以捕获所谓“暴民”名义，假装将几名群众捆绑起来，由民团押送入城，邀功请赏，从而顺利地叫开了城门，攻占了县署，揪出知县章庆，立即斩首。知府王典章迫于形势，伪装支持民众，以温言软语将民团和起义群众骗出城池，然后立即紧闭四门，暗地纠结各地武装星夜驰援，并勾结教会势力，向义军大举进攻。起义失败后，王西平、刘次平、张耀堂三位组织者，连同义军一千余人惨遭杀害。但彝汉等各族人民的反抗斗争迄未停止，一直到推翻清王朝的统治。

在古代汉族官员中，彝家似乎对诸葛亮有特殊的好感，漫步山乡，常常听到一些彝族老人称之为“孔明先生”。蜀汉建兴年间，南中诸郡（今云南、贵州西部和四川西南一带）相继发生叛乱，为了安定后方，以图中原，诸葛亮亲率大军南征。出发前，曾任越嶲（辖今凉山一带）太守、熟悉南中情况的马谡相送数十里外，一再建言：“攻心为上，攻城为下；心战为上，兵战为下。愿早服南人之心，以收长治久安之效。”诸葛亮听了深以为然，南征中始终坚持这一战略方针。

阿卓哈布讲给我们说，当时，诸葛亮从成都出发，经过今宜宾的屏山、雷波的马湖，于卑水（今昭觉）与叛将高定决战，收复了越嶲郡；然后“五月渡泸（金沙江）”，在今云南曲靖一带俘获了孟获。为了使这位深为“夷汉所服”的彝族英雄心悦诚服，真心归顺，孔明先生引他观看了汉兵的营阵，问道：“此军何如？”孟获说：“原本不知你们的虚实，所以打了败仗。今天看过营阵，觉得也不过如此。若是放我回去，整兵再战，我看，打败你们也不难。”诸葛亮果然把他放还。就这样，两军再战，七擒七纵。最后，孟获恳挚地说：“公，天威也。南人不复反矣！”南中平定后，孟获升任蜀汉中央政权御史中丞，专司朝廷官吏监察工作。

当地群众传说，孟获当了“官上官”之后，刚正不阿。三个月里查出三十三个赃官劣吏和十三个贤臣良将。这天，他颇为得意地问询诸葛丞相：“我这监察御史干得如何？”没料到诸葛亮竟摇了摇头，说：“不怎么样。”因为知道赃官中就有诸葛亮的朋友，孟获心想：这可坏事了。但他还抱着一线希望，坚持建言：“朝廷必须赏罚严明，不能徇私舞弊。”诸葛亮拊掌大笑，说：“我说你干得不怎么样，是因为你漏掉了一个贤臣。”孟获忙问：“是谁？”诸葛亮指着孟获说：“就是你呀！”孟获一听，当即笑弯了腰。

关于诸葛亮，还有一个“馒头祭江”的传说：蜀军与孟获交战，连战连捷，孟获只得渡过泸水逃回云南。蜀军欲乘木筏追击，不料，每到江心，就被波涛吞没。当地人告诉诸葛亮，必须用人头祭祷江神。这可难住了足智多谋的孔明先生。有的将领主张抓几个“蛮人”杀了祭江，诸葛亮坚决反对无故杀人，情急之下，便想出一个通融的办法。他找来厨师，让他们把牛羊肉剁成肉泥，然后用面粉把肉馅包上，做成人头模样，投入泸水祭江。这样，江涛便平静下来，蜀军顺利过去。

后来，当地人也跟着改变了这种陋俗，不再用人头祭江，改用这种代用品；渐渐地又推广到家庭的餐桌上，作为食用。由于它开始是代替“蛮人”之头的，所以称为“蛮头”，以后改为“馒头”。

凉山一带，诸葛亮遗迹甚多，现有四处“诸葛城”、三处“孔明寨”，据说现在的登相营、小相岭都与诸葛丞相曾率兵过此有关。云南嵩明城郊还有一个高台遗址，传说是诸葛亮与孟获订盟结好的所在。也有一种说法，冕宁县彝海附近的孔明寨，即当年诸葛亮“七擒孟获”的战场。

6

彝海是一个群山环绕中的淡水湖泊，在冕宁城北近五十公里处，坐落在海拔两千二百八十米的羊坪山上。阳光拂照下，清冽澄明、没有污染的湖水，四周倒映着层峦叠翠，现出浓淡不同的青青翠色。站在山顶上俯瞰，宛如一颗镶嵌在山峦中光华闪烁的绿宝石。湖边古木参差，虬根裸露，有的枝干横逸斜出，照影水上，状似蛟龙蟠曲，平添了几分苍茫而荒古的气氛。

湖的一侧是一片开阔的草地，漫坡布满了野花芳草，暖风晴日下，鸟鸣虫噪，蝶舞蜂喧，为荒古、静谧的湖山胜境平添了几许生意。

草坪前面不远处，便是气势恢弘的反映“彝海结盟”场面的群体雕塑，由刘伯承、聂荣臻、果基小叶丹和一位彝族群众四人组成。旁边，一座状似迎风招展的红旗的大理石碑，巍然屹立，望去使人永世缅怀中国工农红军冲风搏浪、浩荡前行的英雄气概。

六十多年前，红军长征途中通过彝族聚居区时，刘伯承与果基小叶丹在这里歃血为盟，结为兄弟。

刘伯承紧紧握着小叶丹的手，深情地说，我也是四川人，曾在川军做过事，深知国民党的腐败和旧军队的反动，才毅然参加了工农红军。红军愿意与彝族同胞一道，共同去打国民党反动军队，帮助彝家过好日子。

小叶丹告诉刘伯承：“我们这里生活很苦，这是外边的人体会不到的。汉人还能耕田种土，住在平原川坝；而我们，稍微平坦一点的地都被汉族财主霸占了，长年挤在深山，过着挨饿受冻的日子。”说到这里，小叶丹洒下了悲凉的泪水。

于是，两人跪在蓝天白云之下，各自端着一碗湖水，里面滴上了刚刚宰杀的大公鸡的鲜血，共同发誓：“上有天，下有地，今日我们结拜为兄弟，若有翻悔，如同此鸡！”说罢，仰头将血水做成的“盟酒”一饮而尽。

次日清晨，红军先遣队在小叶丹的护送下，顺利通过了彝区。几天后，传来了红军胜利到达安顺场的喜讯。

红军长征纪念馆的人士介绍说，1935 年 4 月底，红军巧渡金沙江天险，进入凉山地区的会理。部队进行短暂的休整，在城东北郊一个铁匠铺里召开了中央政治局扩大会议，史称“会理会议”。会上，决定红军继续北上，穿过彝族地区，抢渡大渡河，在川西北实现与第四方面军会合。接着，红军击溃了会理、西昌外围的敌军，进抵泸沽。

到大渡河有两条路：一条是大路，从泸沽东面穿过小相岭，经越西城到大树堡，渡大渡河，直逼雅安；另一条是崎岖的羊肠小路，从泸沽往北，经冕宁县城，穿越拖乌高山彝族聚居区，到达大渡河边的安顺场。

当时，蒋介石认为，彝族聚居区一向被视为禁区，红军为及时赶到大渡河，必定避开彝区、隘路，选择越西大道行军，于是加派重兵堵截。结果，红军先遣部队听取冕宁地下党组织的报告，经军委同意，走了羊肠小路。同时，派出一个团，径行大路，取道越西，担任佯攻，以迷惑、牵制和吸引敌人的兵力。

当时，彝族地区尚处在奴隶制阶段，“家支”林立，各有自卫的武装；而由于反动统治者的民族压迫，造成彝汉之间严重对立，成见颇深，特别是对经常“剿伐”、劫掠他们的汉人军阀痛恨至极。现在，要穿过彝区北上，显然是困难重重的。

看着红军长征路线图，我蓦然联想到太平天国翼王石达开的西南远征。

1863 年春，石达开率领数万大军，也是在渡过金沙江后，取道会理、西昌，直抵冕宁，决定从小路赶往安顺场，抢渡大渡河的。事前，为了减少进军阻力，曾以重金向“番族”土司王应元馈礼买路。四川总督骆秉章闻讯后，立即调兵遣将，赶赴大渡河防守；同时，施用计谋收买王应元，答应“破贼之后，所有资财，悉听收取”；并买通彝族土司岭承恩等，使他们配合行动。结果，导致了石达开进退失据，腹背受敌，落进了清军事先设计好的陷阱，全军覆亡。

七十二年后，红军又选择了这条崎岖小路，蒋介石自是大喜过望，叫嚷要让“朱、毛做第二个石达开”，梦想历史重演。可是，“大渡河水险，我非石达开。一举强渡胜，三军大步来”（聂荣臻诗）。伴和着大渡河掀天雪浪和震耳涛声的，是红军的旌旗照影和将士欢颜。

7

时届中午，作家、诗人们拣了一块干爽的地方，架柴烧起了马铃薯和“坨坨肉”，同当地彝家男女青年一道，伴着欢快的歌声，开始了丰盛的午餐。我们一边喝着彝家自酿的泡水酒，一边顺着刚才的话题，展开了热烈的讨论。

彝族诗人吉狄马加说，“彝海结盟”是五千多年中华史册上民族团结、军民团结的典范，是凉山彝族人民对中国革命做出的应有贡献，也是刘伯承元帅为中国革命事业立下的汗马功劳。可是，刘帅个人却异常谦虚，功成不居。

在《刘伯承回忆录》中，对此，只记载了百十个字：红军“经西昌、泸沽，进入彝族同胞聚居的地方。我们坚定地执行了毛主席规定的民族政策，与沽基族首领结盟修好；并使老伍族中立；对受蒋介石特务支持利用，不断袭击我们的罗洪族，则反复说明我们是帮助少数民族求解放的。就这样依仗党的民族政策，顺利地通过了彝族地区，赶到安顺场渡口”。

应该说，刘帅讲的尽管不多，但却恰恰抓住了问题的实质。红军与太平军，同样都在五月，同样是一条行军路线，同样数量的军队，同样的经过彝区，同样的围追堵截，最后又到同样的渡口，结果却截然相反。“翼王悲剧地，红军胜利场。”（陆定一语）红军出奇制胜的法宝是正确的民族政策。《中国工农红军布告》中讲了彝汉民族平等、尊重彝家风俗、不动一丝一粟、设立彝人政府、彝族管理彝族等重大政策及事项。靠着这最强大的武器，旷古未有的仁义之师自然无往而不胜。

采风团团长、作家邓友梅于20世纪50年代初,曾以中央工作团成员的身份,较长时期生活在彝族地区,对凉山一带的历史了如指掌。他说,当年红军走后,反动武装和恶霸势力卷土重来,白色恐怖笼罩了冕宁,彝汉人民再度处于水深火热之中。我们邓家的那个败类邓秀廷,当上了冕宁代理县长,以土豪劣绅为基础组织了"善后委员会",枪杀了红色政权的副主席萧佩雄和抗捐军大队长李发明等数十人,血腥镇压地下党人和欢迎过红军的民众。彝族同胞面对乌云滚滚的黑暗统治,更加激起了对红军的怀念。他们聚集在彝海边,跳起了锅庄舞,深情地唱着《盼红军》:

清清的海水流不尽啊,
红军一去已数春啊,
也不啊,捎个信。
彝家盼红军啊,
三天三夜啊,说不尽!

彝家受尽千年苦啊,
彝家有苦无处倾。
一心啊,盼红军,
盼你呀,回来救彝人!

第二十七篇

丝绸之路

I

“八千里路云和月。”飞山越岭，载驰载驱，总算到了此行的目的地——新疆巴音郭楞州的首府库尔勒了。这里与沈阳有两小时的时差，8点钟才亮天。可是，没到6点，我的一枕还乡幽梦就被报晓的鸡鸣唤醒了。看来，生物钟是不因地域的远近而变换的。因得诗二句：南疆满目风情异，剩有鸡啼似故乡！

我离开乌鲁木齐时，正值漫天飞雪。天山山脉，这条大约四亿年前从茫茫古海中腾冲出世的巨龙，此刻更是银装素裹，气宇雄浑，鳞甲飞扬。天山路上，“忽如一夜春风来，千树万树梨花开”，确是一番壮美的景观。

想象中，气温较高的天山南麓，纵然没有“杨柳依依”的江南秀色，起码也该是“雨雪霏霏”的塞外风光。可是，翻过天山脊背一望，迎接我的是浑然一色的茫茫戈壁滩。四野苍黄，天高地迥，空中没有一丝云气氤氲、雨意迷离的情调，气候干燥得很。与北麓天低云暗的冰雪世界可谓悬同霄壤。这使人联想到美国加利福尼亚海岸山脉东西两侧截然不同的景象：一边是湿润肥沃的绿洲，另一边是干旱贫瘠的荒漠。显然，都是由于高山阻隔了雨云所致。

还在上中学时，我就曾面对着祖国大西北赭黄色的地图画面，睁大了向往的双眸，鼓振着玄想的羽翼，描绘着它历史、现在、未来的诸般色相。而今实地游观，才觉察到自己的想象力之贫乏，与大自然的瑰奇特异恰成鲜明的对照。借用一句宋词来形容这种反差，就是“春宽梦窄”吧。

那天，我还写下了这样两句诗：自此敢夸心眼阔，茫茫瀚海任飘游。

你看，坦坦荡荡的大戈壁，无丘无壑，无树无草，平展展一直伸向天际。苍茫的大地托着浩渺的天穹，显得格外开阔，格外壮观。

我想，只有身历南疆，才能真正体会到祖国幅员之广袤。在这里乘车，往往以百公里计程。乌鲁木齐到库尔勒五百公里，库尔勒到阿克苏五百公里，阿克苏到喀什五百公里，喀什到和田又是五百公里。怎么这样凑巧？就是因为地域太广了，像亿万富翁计算收支一样，四舍五入，取其大略而已。空间的代价是时间。巴音郭楞州辖区，面积相当于苏、浙、闽、赣四省的总和。从自治州首府到最远的且末县，即使乘坐飞机，也要花上一两个小时；若是公路驰车走遍全州，大概没有半个月时间是下不来的。

我在近千万人口的沈阳，朝朝暮暮，常以人满为患。徜徉闹市，但见万头攒动，摩肩接踵，仿佛满城人口全都涌到身边。可是，置身戈壁滩上，却又嫌周围世界过于荒凉、孤寂了。即使百辆汽车齐驱并驾，任性撒欢，也绝无闯灯、落涧、撞人之虞。这里听不到喧嚣的市声和各种都市的噪音，空中偶尔有一两声老鸦的鸣叫，尽管并不怎么动听，却也如庄子所言，“逃虚空者”，“闻人足音，跫然而喜矣”。

2

数千年的中华文明史页，铺满了历史风霜，展现着沧桑变幻，“俯仰之间，已成陈迹”。而这里，却似乎停下了时代的步伐，甚至连自然面貌也几乎没有什么明显的变化。对此百年一瞬，万古如斯，真要令人“哀吾生之须臾，羡宇宙之无穷”了。

但是，如以历史的眼光来看，就会觉察到，这原来是一场误会。作为“丝绸之路”的中段，此间曾有过千余年繁华兴盛的岁月。如果这条古道，像人一样也存留着记忆的话，那么，它决不会忘记：这里，奔驰过出使西域的张骞的车骑和勇探“虎穴”的班超的鞍马，飞扬过和亲乌孙的细君、解忧两公主的车尘，闪现过乘危远迈、策杖孤征、西天取经求法的玄奘的身影，也刻印着谪戍边陲、率领民众修渠引水的林则徐和追奔逐北、平叛杀敌的左宗棠的足迹，迎送着无数中西商旅的满载着财货的驼队、马帮。直到今天，这一幅幅雄奇、壮观的瀚海行旅图，一阵阵悠扬悦耳的驼铃和苍凉的军乐、征战的杀声，还仿佛闪现在眼前，回旋在耳际。

人们一向赞叹《西游记》作者艺术想象力的丰富。其实，只要沿着古丝路走上一遭，就会发现书中的许多神话故事都可以在这里寻觅到它的本原。我拜识过“巍巍荡荡飒飘飘”，搅得对面不见人的“黄风大王”（可惜无缘见到“虎先锋”）；穿越过通天水、流沙河（但是，没有看到“鹅毛飘不起，芦花定底沉”的奇观）；也游览过传说孙悟空曾在那里“三打白骨精”的铁门关；还在吐鲁番观赏过火焰山，寻访过葡萄沟里的牛魔王洞和高昌故城中的唐僧讲经台。我认为，吴承恩即使没有实地考察过唐僧取经之路，也肯定认真研究过玄奘的《大唐西域记》和中国的古代神话，把它们作为玄思的渊薮和灵感的触媒，为构建一个完整的神话世界，悟入深邃的背景、现实的土壤和神秘的机锋，找出连接历史与现实、幻想与存在的一条彩路。

3

库尔勒地处南疆古丝路上，紧临全国最大的塔克拉玛干沙漠。“塔克拉玛干”，维吾尔语，意思是“进去出不来”。它来源于一个神话故事：

很久以前，在干旱酷热的塔里木盆地，人们渴望着引水种田，开发宝藏。有个慈善的神仙，手中握有两件宝贝：金斧子和金钥匙。他把金斧子交给了哈萨克族人，让他们劈开阿尔泰山，引来清清河水。还准备把金钥匙交给维吾尔族人，让他们打开塔里木盆地的宝库。不料，金钥匙被神仙的小女儿丢失了。神仙一怒之下，便把小女儿囚禁在盆地中央，从此，这里就成了“进去出不来”的地牢，日久天长，宝地变成了大沙漠。

千百年来，人们还口耳相传：沙漠中有个神秘的去处，叫做“七座连城”。那里人烟密集，市井繁华，楼宇栉比，绿树葱茏，四围有清澈的流水、肥沃的田园。不知哪一年,突然刮起一场连续七七四十九天的黑风,田园湮没,庐舍为墟,水流干涸,人烟灭绝,遍地堆起了沙丘砾石。可每到夜静更深时刻,还能听到人喊马嘶、鸡鸣犬吠之声。我向当地一位维吾尔族老人问询:"这七座连城的遗址离市区有多远?可曾有人考察过?"答复是:大沙漠东西长一千公里,南北宽四百公里,谁也说不清这个城池的所在。

后来我才知道,在距今两千一百年到两千五百年期间,这一带,像楼兰古国那样的城市至少有二十座,但都一一湮没在流沙之中。塔里木盆地曾不断传出喜讯:据勘测,那里的石油、天然气蕴藏量分别占全国油、气资源的六分之一和四分之一。

有人说,神话传说是贫弱民族的财产。凡在现实中无力获取的事物,远古先民便把它付诸余生梦想,发而为神话传说,绵延到千秋万代。如果塔克拉玛干沙漠的这些传说也是这样形成的,那么,随着"金钥匙"回到人民手中,神秘的地下宝库之门被打开,诸般梦想逐渐地成为现实,神话传说本身也就会逐渐地淡化了。

听说,库尔勒在清末还只是一个小村落。直到新中国成立初期,村民们还把手电筒称为夜明珠,把胶鞋视为不透水的神物;一把砍土镘就是当地农民的万能工具。他们做梦也没想到,这里会平地矗起一座崭新的城市,不仅有火车、汽车、航空之便,还有充足的动力资源、多种原材料工业和丰饶的农畜产品。驰誉世界的"果中王子"库尔勒香梨就产于此。

4

饮马河流经市区,相传东汉时班超曾饮马于此。当地人民把它看成是生命之泉,对它怀有特殊的感情。由于河水清澈明丽,在阳光照射下,绿漪层层,浪花朵朵,有如孔雀开屏,因此,人们又亲昵地称之为孔雀河。一位诗人赞美它:冲出巉岩峭壁的束缚,挣脱灼热、饥渴的沙的折磨,矢志东流,之死靡他。即使最终不免被瀚海吞噬,幻化其踪影,失去其存在,化作

“悲壮的灵魂”，但是，经过雾化、蒸发，也还要实现其生命的循环和灵魂的晶化，蒸腾氤氲，回到人间。

默诵着诗人的赞歌，眼望着滔滔东去的清流，我倒是别有会心，耳畔仿佛响起二百余年前英雄的蒙古族土尔扈特部人民的悲壮吼声：“让我们奋勇前进，向着东方！向着东方！”我记起了久为当地人民传诵的一部万里长征东归祖国的历史佳话。

土尔扈特部是清代厄鲁特蒙古四部之一，元代重臣翁罕的后裔。17世纪30年代，其部首领因与准噶尔部首领失和，遂率其所部西迁至伏尔加河下游，自成独立的游牧部落。但仍和祖国保持着联系，经常参加厄鲁特各部的共同活动，并多次向清朝政府上表进贡。从顺治三年(1646)起，历经康、雍、乾三朝，相互往来不绝。康熙五十一年(1712)，康熙帝派出使团前去探望他们，途经西伯利亚，历时二载，到达土尔扈特部。乾隆二十一年(1756)，该部遣使进京，经过三年时间，向乾隆帝呈献了贡品，表现出他们对祖国的一片至诚。

这个期间，沙俄却不断加紧对其控制，力图割断他们与故国的联系。沙皇先后发动了对瑞典、土耳其的战争，都强迫娴于骑术的土尔扈特人为其前锋，归来者却十无一二。可怕的灭族之灾，使部内的有识之士忧心如焚。尤其难以容忍的，是沙俄实行宗教压迫，强制他们改信东正教。于是，在民族英雄渥巴锡的率领下，三万二千帐、十七万人毅然离开了已经生活了几代的欧洲草原，冲出了沙俄官兵的围追堵截，踏上了千难万险的东归祖国的征途。他们高呼着：“如果走回头路，每一步都会碰到亲人和同伴的尸骨。让我们奋勇前进，向着东方！向着东方！”终于在乾隆三十六年(1771)夏天，踏上了祖国的疆土。检点队伍，这时只剩下七万余人。

一路上，他们历尽千难万险，一个个蓬头垢面，形容枯槁，衣衫褴褛，靴鞋俱无。但是，那颗祖辈传留了三百六十多年的明朝汉篆封爵玉印，依然完好地保存着。乾隆皇帝在承德避暑山庄热情地接待了渥巴锡等首领，封赏有加，后来把他们安置在水草丰美的库尔勒一带。

5

库尔勒市区颇具南疆特色。街道两旁遍植馒头柳、沙枣和白杨。柏油路上，人群熙来攘往。最引人注目的，是戴着小花帽、留着俏皮的小胡子、闪动着幽默眼神的“库尔班大叔”和头裹花巾、身着长袍的蒙古族妇女。有的毛驴车上还坐着西服革履的外国朋友，其悠然自得之态，远胜于乘坐豪华轿车。

人们常说“吃在广州”，其实，也可以说“吃在南疆”。这里，饭馆的主副食品，真是千色百味，异彩纷呈。我品尝了“手扒羊肉”、烤羊肉串和“抓饭”。据说，千余年前有个医生，身体虚弱，百药无效。后来，他选用新鲜羊肉、胡萝卜、洋葱头和清油，加盐加水，同大米一起混合焖熟，早晚各吃一碗，逐渐恢复了健康。人们猜他是服了什么灵丹妙药，其实，就是现在的“抓饭”。店主人一手端水盆，一手提铜壶，给人们逐个淋净了手，同时教授“抓饭”的吃法。一撮入口，果然鲜美清香，别有风味。

虽然我已经鼓腹餍足，但禁不住新奇食品的诱惑，不时地在一些饭馆前停下脚步来。有一种叫做“馕”（波斯语，面包的意思）的圆饼，由于经过特殊的烤制处理，可以存放很长时间。传说，唐僧取经穿越大沙漠时，就是带了许多馕做干粮的。这又引起了我们的浓烈兴趣，每人都买了几个，珍重地放进提包里，留作纪念。

6

北出市区十五里，我寻访了古丝路上的铁门关。这是从焉耆盆地通向塔里木盆地的天然关口，从晋代设关开始，便成为历代兵家必争之地。现在修起了一座水电站。登上高高的拦河坝，只见人工湖碧波潋滟，浪花轻轻地吻着崖岸。开阔处，屋舍错落，恬静地袅起缕缕炊烟。云鳞在碧空中织成斑驳的图案。绿杨耸天，宛若一排排甲兵护卫着村落，阻战着风魔。

这时，我忽然记起南宋词人姜夔咏叹合肥的名句："绿杨巷陌，秋风起，边城一片离索。""更衰草寒烟淡薄。似当时，将军部曲，迤逦度沙漠。"面对着枯索、惨淡的秋容，词人想到金兵压境，疆土日蹙，就连江淮沿岸的合肥也都做了边城，简直像黄沙大漠一般荒寂。凄苦之情跃然纸上。而今日的铁门关，这地处大漠深处的货真价实的天涯边防，却成了各兄弟民族的友谊关，流辉溢彩的电光城！在水电站接待处的留言簿上，我即兴题了两句唐诗："天涯静处无征战，兵气销为日月光。"

我总觉得南疆是一片神秘的土地。这里地处西陲，群山环阻，沙碛障路，"热海亘铁门，火山赫金方，百草磨天涯，湖沙莽茫茫"，可是，两千多年来却成为中亚与华夏的陆上交通纽带，有过"驿骑如星流""使者相望于道"的商旅繁兴的岁月；这里酷旱高温，终年少雨，可是，却以盛产香梨、甜瓜、棉花名满天下；这里并不具备文化发达的土壤，可是，它却是中西优秀文化传流交会，充满着疑真疑幻的神话传说的地方；这里给人的直观印象是荒凉、单调、枯索，可是，却富有魅力，显现着浓郁的民族风情和边疆特色。

当然，数日的短暂勾留，还谈不上对南疆有什么深知邃解。但匆匆一瞥，已经留下了铁铸刀刻般的印象，日后思量，尽足以向往于无穷了。

第四章

传统:生活智慧

我们生活在具有五千年历史的文明古国,传统留下了无穷的智慧。其实传统并不遥远,它每天都与我们的现实生活相遇,可以说,我们也是在传统中生活。

第二十八篇

贤母品格

I

山东友人发来邮件，邀我著文支持其以孟母诞辰为“中华母亲节”的提案。提案略云：

> 我们理应有自己的充溢中华民族优秀文化内涵和民族精神的中华母亲节，而不是外来的母亲节，这是中华民族伟大复兴的需要。回眸中华民族的历史，孟母仉氏是最突出的中华贤母形象……从孩子成长的外部环境到学习的内部规律，她都注意到了，终于使孩子成了大器，她自己成为教育子女的贤母典范，被誉为“母教第一人”，至今仍传为懿范，孟母堪可作为中华母亲节的形象代表，用以彰显母亲的伟大和伟大的母爱，激励一代代母亲，激发作为人子的爱心、孝德。

提案所述，实获我心。

从小读《三字经》，就记诵了“昔孟母，择邻处；子不学，断机杼”的词句。后来，读西汉两位学者所写的《烈女传》和《韩诗外传》，细致地了解到这位古代贤母“三迁择邻”“断织励学”和“买肉立信”等故事内容。

孟子的父亲早丧，母亲仉氏守节。童年时期的小孟轲，跟随母亲，先是住在一处墓地旁边。孟轲就和邻居的孩子一起学着大人的样子，办理丧事，做跪拜、哭嚎的游戏。孟母看到了，皱起了眉头，心想：这怎么行呢！

于是，她就带着孟轲搬到一处市集旁边。小孩善于模仿大人的行为，由于靠近市集，旁边又有杀猪宰羊的屠户，这样，小孟轲便又和邻居的小孩一道，学起做生意和杀猪宰羊的事。孟母发现后，又犯了合计：这个地方也不适合我的孩子居住！

于是，她便再次搬家。新居紧邻文庙。每到初一这天，官员们都到文庙行礼跪拜，互相揖让，彬彬有礼。小孟轲看在眼里，一一都记在心里。这次，孟母很满意，点点头说："这才是我儿子应该住的地方呢！"

孟轲放学回家，母亲正在织布，关心地问："学习怎么样了？"孟轲说："跟过去一样，没什么好学的。"母亲见他那份无所用心的样子，十分恼火，便用剪刀剪断了织好的布。孟轲大为惊讶，忙着问母亲为什么要断织，孟母说："你荒废学业，如同我剪断这丝缕一样。女人如果荒废了家务劳动，不去生产全家需要的生活必需品；男人如果放松了自己的修养和德行，那么，一家人纵使不做强盗、小偷，也就只能从事劳役了！"孟子听了，悚然惊悟，自此，从早到晚，勤奋学习不辍，拜孔子的嫡孙子思的门人为老师，终于成为有大学问的圣贤。

一次，小孟轲碰上了东邻杀猪，他便问母亲："邻居为什么杀猪？"孟母逗他说："为了给你吃肉。"话说过之后，她就后悔了，心想：为了进行胎教，我在怀着这个孩子时，席不正不坐，肉割得不正不吃。现在他刚刚懂事，而我却欺哄他，这不是教他不讲信用吗？当即，拿出钱来，买了东邻的猪肉给儿子吃，用以证明她没有说假话。

三则教子故事，内容并不复杂，里面却饱含着深刻的哲思理蕴。

首先，它阐明了主观与客观、内因与外因、环境与主体的辩证关系。作为伟大的母亲，孟母不仅富有深厚的责任感、使命感，而且，深谙教子成才的规律和方法。按照一般的认识，往往只是把注意力放在孩子自身的管教上，而忽视环境、条件在儿童成长过程中的重要作用；而她却敏锐地发现了客观环境对于人的影响，一而再、再而三地调整环境，为孩子的健康成长创造良好条件。不仅此也，尤其可贵的是，她并没有满足于获得理想的环境，认为从此万事大吉，而是特别重视主观的努力。在她看来，即使环境再好，如果主观努力跟不上去，仍然是无法成才的。

孟母擇鄰
世鏵仁兄先生指正之
辛巳驚蟄後二日 容祖椿時年七十

她借助"断机杼"来给儿子以极大的刺激，使他刻苦努力，勤奋向学。

其次，孟母用织布来比喻学习，用断织来比喻废学，说明学习必须全神贯注，专心致志，决不能半途而废。形象生动，比喻恰当，即事喻理，极富说服力与感染力。

第三，以身作则，诚信不欺。从小就教育孩子立诚重信，不搞欺诈、哄骗。

第四，孟母教子，方法得当。言传身教，循循善诱，而不是采取粗鲁、野蛮的方式，痛快一时，乱打一顿。

作为子思学派的传人，孟子继承并发扬了孔子的思想，成为仅次于孔子的一代儒家宗师，素有"亚圣"之称。在这方面，这位两千多年前的伟大母亲是做出了突出贡献的，不愧是一位出色的教育家。

2

中华民族有着悠久的母教传统，历朝历代都流传着许多贤母教子的动人故事，载入史籍的数不胜数。其中最有名的是"四大贤母"：除了战国时期孟子的母亲仉氏，还有晋代名将陶侃的母亲湛氏，宋代大文学家欧阳修的母亲郑氏，宋代军事家、抗金名将、民族英雄岳飞的母亲姚氏。她们以高超的识见、卓越的品格和动人心弦的事迹，垂范百世，光照千古。

陶侃生当两晋之交，遭逢乱世，而他能以优异的战功和政绩博得世人称颂。史载，"自南陵迄于白帝数千里中"，在他的治理下，"百姓勤于农殖，家给人足"，"路不拾遗"。他具有高尚的品格，《晋书》本传中，说他"性聪敏，勤于吏职，恭而近礼，爱好人伦"。平时凡有馈赠，他必定问明来路，如果是通过自己劳作所得，他收下之后，要加倍地补偿、回赠；如果是贪污官家所得，则立即退还，而且还要给予严厉批评。终日危襟正坐，办事极度认真。当时正在造船，他以高度的责任心，管理公共财物，竹头、碎屑、断木等，他都收拢起来，以备不时之需。大雪过后，天晴融解，官府厅前道路泥泞，他便把木屑铺上，方便大家进出。他分外珍惜光阴，对部下饮酒赌博严加管束，参佐僚属有以谈戏荒废职事者，严加训斥之外，还“命取其酒器、蒲博之具，悉投于江”。东晋时期吏治腐败，不可收拾。陶侃这种严谨、清肃的作风，实属少见。

陶侃以身作则，终日勤于吏职，常对人讲：“大禹圣者，乃惜寸阴，至于众人，当惜分阴，岂可逸游荒醉，生无益于时，死无闻于后，是自弃也！”他曾在边远的广州任职十年，这里受战乱影响较小，境内较为安定，衙署闲居，他便早早起来，把一百块砖从室内搬到院中，晚上再把这些砖一一搬回屋里。对他的做法，多人不解，他说：“吾方致力中原，过尔优逸，恐不堪事。”原来，他怕生活过于安逸，养成怠惰习惯，从而丧失斗志，难以担承重任。人们听了，无不感佩。

陶侃之所以能够达到这种精神境界，完全得力于优良的母教。他家境贫寒，父亲早世，母亲湛氏悉心教导他。史书上记载了她教子的三个动人故事：

一是“截发筵宾”，事见南朝刘义庆的《世说新语·贤媛》。同郡好友范逵等数人，途经陶侃的家乡新淦，正赶上冰雪封道，而且天色将晚，便到陶侃家里来投宿。可是，家中贫困至极，空空如也，着实没有招待客人的条件。正在陶侃为难之际，母亲过来说：“你且出外留客，由我来想办法。家中虽然贫寒，但做人不可失礼。”无钱买米，母亲便趁客人们闲坐交谈之际，毫不犹豫地拿出剪刀将长发剪下，出门卖与邻人，换回了粮米酒菜；没有烧柴，劈了屋角的边柱，聊供薪火；又把垫在床上的草席扯出、切碎，权做客人的马草。整个接待非常周到。范逵等一行感其厚意，至洛阳，相与传为美谈。人们都说：“没有这样的好母亲，不可能教育出陶侃这样的优秀人才！”陶侃为官以后，始终保持着“恭而好礼”、热诚待客的优良作风。

二是用三件土物饯行。陶侃博览群书，精通兵法，后来由太守范逵举荐当了县令。赴任之际，母亲把儿子叫到跟前，语重心长地说：“为娘拿不出什么东西为你饯行，就送你三件土物吧。”到了官府之后，陶侃打开包袱一看，里面包着一块坯土、一只土碗和一方白色土布。他先是一怔，过了一会儿，才慢慢领悟到母亲的用意。原来一块坯土是教导儿子永记家乡故土；一只土碗，是教导儿子不要贪恋荣华富贵，要保持自家本色；一方白色土布，则是教导儿子为官要尽心恤民，廉洁自奉，清清白白，永不变色。母亲的箴告，深深打动了陶侃的心。后来，陶侃在仕途上果如母亲所望，正直为人，清白做官。

三是退回腌鱼。陶侃在海阳做县吏的时候，恰好监管渔业。生性孝顺的他，念及一生贫居乡间的慈母，心中总觉歉然不安。有一次，趁下属出差顺路之便，嘱托他带了一坛腌鱼送交母亲。谁知几天过后，母亲却将这一坛鱼原封不动地退了回来，并在信中写道："尔为吏，以官物遗我，非唯不能益吾，乃以增吾忧矣。"陶侃收到母亲退回的鱼和回信，大为震动，愧疚万分。他决心遵循母亲的教导，清贞自守，廉洁为官。

后人赞曰："世之为母者，如湛氏之能教其子，则国何患无人材之用？而天下之用恶有不理哉？"

3

古代"四大贤母"中，宋代占了两位：著名文学家欧阳修的母亲郑氏和著名军事家岳飞的母亲姚氏。两位贤母为中华民族培养出一文一武两大盖世英才，功莫大焉。

欧母郑氏的事迹见于欧阳修写的《泷岗阡表》，里面说（大意）：

> 我（欧阳修）四岁就失去父亲，母亲立誓守节，家境贫苦，在生活上自食其力；边抚养边教育，使我能健康成长。母亲经常告诫我说："汝父为官清廉，而且爱好施舍，喜欢结交朋友。他的俸禄虽少，但常不使有余，说，不要因此成为我的牵累！所以到他死时，没有留下一间屋、一垅地，供我们赖以为生。那么，我凭恃什么能够苦守呢……

汝父岁时祭祀,必定流泪,说:‘死后祭祀再丰厚,也不及生前菲薄的奉养。’有时喝点酒,吃点肉,也要落泪,说:‘从前生活困苦,现在多有赢余,可惜来不及奉养双亲了。’你父亲做官时,夜里披阅公文,一再停笔叹气。我问他为什么?他说:‘这是一桩死刑案件,我想为他寻找一线生机,可是没找到。’他进一步解释:‘经过找,没找到,这样,被判死刑的人和我就都没有遗憾了。即使是这么找,有时还会出现错判呢!’你父亲还嘱咐我,要把这番话告诉你。他真是心地仁厚之人。这就是我确信汝父必有好后代的依据。你好好努力吧!奉养父母不一定要丰厚,主要在于孝顺;做好事虽然不能及于万物,但只要能够心存仁道就行了。”

母亲为人,恭敬、节俭、仁慈,而且坚守礼法。从家庭贫穷的时候起,她就以俭约治家,以后家境丰裕了,也总是不让开支超过原先的用度。她说:“我儿子不能苟合于世,不可能大富大贵,这样做,是为了他日后能够度过患难啊!”

后来,我曾被降职到夷陵县,她老人家照例有说有笑,像往常一样,还对我说:“你家本来就穷苦,我处在这种环境已经习以为常了。你能够安于这种处境,我也就放心了。”

史载,欧阳修的母亲病逝,清江知县李观曾写祭文一篇,全文仅二十字,堪称古代祭文简短之最:“昔孟轲亚圣,母之教也。今有子如轲,虽死何憾。尚飨!”祭文指出,欧阳修一生的成就,得自母教,并把欧阳修比作孟子,而把欧母比作孟母,这真是最高最美的赞誉。

岳母的事迹传播极广,她的声望等同于孟母。其中最著名的就是在儿子背部刺上“精忠报国”四字,在国家危亡之际,励子从戎,尽忠报国。故事始见于清乾隆年间《说岳全传》。此前,岳飞背上刺字一事,在元人所编的《宋史》本传中也有记述,但未载明究是何人所刺:“初命何铸鞫之,飞裂裳,以背示铸,有‘精忠报国’四字深入肤理。”明成化年间成书的《精忠记》、嘉靖年间的《武穆精忠传》、明朝末年的《精忠旗传奇》，也都有关于岳飞背部刺字的记载。

岳母姚太夫人出身乡野，识字不多，但为人刚直，极有主见。她对岳飞自小就施以严格的家教，教育儿子要刚直不阿，勇于任事，克服各种苦难，做一个忠心报国的男子汉。故乡汤阴沦陷后，岳母跟随儿子，颠沛流离，辗转南北，后病逝于湖北鄂州。高宗赐葬于江州（今九江）株岭山。出于对岳母的敬爱，其墓地，历经八百七十余年，至今保存完好。现为江西爱国主义教育基地。岳母祠上方横匾为“一代贤母”，两边对联是：

鞠育劬劳，励子从戎尊懿范；
躬行慈教，尽忠报国仰干城。

祠门两边的楹联：

精忠报国惊寰宇，点点背花，依稀宋史纵横，斑斑犹渍英雄血；
贤母义方树懿模，煌煌彤管，弈叶江州形胜，赫赫长留姓氏香。

4

在满怀敬意地叙述了古代贤母的感人事迹之后，我们可以从中领悟到许多带有规律性的认识。

首要一点，“母德在教”是我们中华民族大家庭中极为珍贵的优良传统。叩其源流，可以追溯到太古时期的母系氏族社会。当时，儿女出生后，只知有母，教养责任自然也就落到母亲头上；加之母氏当政，较之其他任务，教育后代必然被列为头等重要地位，而且母亲不会把这一重任委之他人，肯定要亲自承担。即使后来转入父族当权，出于母爱的天性，母亲作为人生的第一位教师，仍然会把教育子女一事主动担承起来；特别是父亲或做工，或入仕，或从军，或经商，长年在外，家教重担不能不落在守护着子女的母亲肩上。

其次，这几位贤母，都是平凡而又不平凡的。她们的出身与个人境况惊人的相似——都是丈夫早丧，家境贫寒，艰苦持家，抚孤自立。她们并非出身名门望族，也没有受过特殊的培养教育，不过是普通的女性，而其远大的眼光、超人的识见、坚强的意志和高度的社会责任感，又远远超出一般的女性。

第三，在母教内容上，四位贤母也是大体上一致的，体现了一定的规律性。她们教育儿子，有两个共同的重点：一是，都强调敦品励行，以德为先，着重于砥砺品格、立身做人；二是，读书向上，通经达史，增长才干。其实，这两个方面是相辅相成的，后者为前者打下良好的基础；前者又为后者提供了思想保证、精神支持。

第四，在教育方式、方法上，为后世提供了成熟、有效的经验：一是晓之以理，动之以情，把孩子的品格修养、智能成长、行为模式纳入真正关切、深厚的情感之中，使之入脑入心，乐于接受；二是以身作则，垂范立式，给孩子做出榜样，增强说服力、信仰力；三是摆事实讲道理，看得见，摸得着，力戒空泛说教。

第五，母教带有终生性质。在中国古代，有所谓“胎教”的说法。古人认为，胎儿在母体中能够感受孕妇情绪、言行的感化，所以孕妇必须谨守礼仪，遵循道德行为规范，给胎儿以良好的影响。子女出生以后至十岁之前，从吃饭的基本仪节，男女相处之道，都由母亲亲自训诲；并在读书向学的基础上，母教配合进行忠、孝、信、义、廉、勤等品性方面的培养；待到子女长大成人，为人父母、为民官长之后，母亲也往往长相伴随，教子为善，诫子勤俭，终生不放弃言传身教的责任。

尽管“往事越千年”了，但这些贤母的懿言嘉行，至今不仅没有过时，而且，无论从青少年教育角度讲，还是从弘扬母教文化、优化母亲意识的角度讲，都有其直接的现实意义。特别是面对当代女性和母教事业的现状，这个问题尤其不容忽视。概括来说，当前面临着三个方面的问题：

一是从事各项建设事业、参与社会生活同担负教育子女重任的矛盾。现代女性走向社会，走出家庭，有的还是高学历、高职位、高收入，都有很强的追求实现个人价值的愿望，压力大，负担重，任务多，迫使她们更多地关注职业角色，而忽视甚至放弃母亲角色，这和古代的母亲有很大差异。关于这个问题，我们不妨听听一些专家、学者的意见。苏联有一位名叫苏霍姆林斯基的教育家，他的话发人深省："无论您在工作岗位的责任多么重大，无论您的工作多么复杂，多么富于创造性，您都要记住：在您家里，还有更重要、更复杂、更细致的工作在等着您，这就是教育孩子。"

二是即使担负起母亲角色，投入很大精力于子女的抚养，但往往更多地关注身体发育成长、生活照料，满足子女的物质需求，而在培养教育方面下功夫不够。

三是关注智能发展，应对考试、进级，而对教育子女崇德尚贤，培养他们树立高尚的人格、良好的德性，缺乏足够的重视。

这使我们想到高尔基的一段话。他说："爱孩子是老母鸡都会做的事情，可是要善于教育他们，这是国家的一桩大事了，需要才能和全部的生活知识。"

于今，左个系列，右个丛书，上自皇帝、名臣、奸相，下至阉宦、军阀、妓女，充斥于影视片、出版物，唯独没有一部关于中华贤母的书画、影视作品。真是令人感慨无限。难道是那些贤母不重要吗？当然不是。德国教育家福禄培尔说得最深刻不过了："国民的命运，与其说是操在掌权者手中，倒不如说是握在母亲手中。"母教一事，真可以说是"悠悠万事，唯此为大"了。

第二十九篇

邯郸道

I

年轻时候填写履历表，我常常把祖籍和出生地混同起来，一律写成“辽宁盘山”；后来父亲告诉我，我们这一支源出河北大名，就是《水浒传》中的北京大名府，卢俊义卢员外的所在。

这里靠近“战国七雄”之一赵国的都城邯郸。“邯郸道上，欲望无穷”这句俗谚，从小我就听到过；但直到花甲之年，我才有机会踏上这方热土。

漫步邯郸街头，遥想两千多年前那些慕仁向义、慷慨悲歌的往事；一个个凛然可畏，“路见不平，拔刀相助”的义士形象，宛然如在目前。这里的民风素以勇悍、尚武著称，既不同于中原、关陇，也有别于齐鲁、江浙。史学家司马迁认为，此间地近匈奴，经常受到侵扰，师旅频兴，所以其人矜持、慷慨、气盛、任侠。加之胡汉杂居，耳濡目染，通过血缘的传承和文化的渗透，都会产生深刻的影响。早在春秋时代，当政者就已患其桀骜难制，中经赵武灵王“胡服骑射”的改革，任侠之风更加浓烈。

《庄子·说剑》中记载，赵惠文王喜好剑术，养了三千多名剑客。剑士站在大门口两侧，昼夜为国王表演击剑，一年要死伤一百多人，而赵王好之不厌。上有所好，下必有甚焉。整个赵国男子都擅长骑射，惯见刀兵，“相聚游戏，悲歌慷慨”；有些女子也是“褰裙逐马如卷蓬，左射右射必叠双”。

宋代文学家王禹偁在一篇传记文学中记载：宋太宗时，常山郡北七里的唐河店，一位无名老妇，凭着机智与胆略，赤手空拳赚杀了一名契丹骑兵。“一妪尚尔，其人人可知也。”他说，此地民众习于战斗而不怯懦，听说敌虏来到，父母帮助拉出战马，妻子忙着取来弓箭，甚至有不等披戴好盔甲，就跨马出征的。

燕赵古称“多慷慨悲歌之士”。但是到了唐代以后，大文学家韩愈却认为，风俗与化移易，现时情形将有异于古昔，因而对于古时的“慷慨悲歌之士”如果活到今天还能否受到礼遇表示怀疑。清代诗人吴梅村更是慨乎言之，有诗云：“多见摄衣称上客，几人刎颈送王孙？”这里引用了《史记·魏公子列传》中的典故：

信陵公子到夷门迎请侯嬴，侯嬴身着破旧衣冠，径直坐上车中的尊位，毫不谦让，而公子却愈加恭谨。到了家中，首先请侯嬴坐在上座，并向宾客一一介绍，客人都很惊异。后来，侯嬴果然不负厚望，向魏公子献了“窃符救赵”之计；自己因年迈不能陪伴信陵君奔赴疆场，于送行时刎颈自杀，以死相报。

当然，吴梅村引经据典，吊古伤今，慨叹世道浇漓，人心不古，得宠者实多而酬恩者甚寡，像侯嬴那样死报信陵君的人，再也不易见到了，也不是无谓而发的，大抵是“借他人的酒杯，浇自己的块垒”。

战国、秦、汉时期，邯郸不仅是我国北方著名的商业和交通中心，也是一个颇具特色的全国性文化名城。在先秦诸国中，古赵文化以平原文化与高原文化、内地文化与边陲文化、农耕文化与畜牧文化、华夏文化与胡族文化的多元构成，而独树一帜。

正因为它是驳杂的、复合的，所以，这里不只是尚武任侠、激扬耿烈，还有博戏驰逐、歌舞侈靡的一面。勇武任侠与冶游佚荡，作为古赵文化中两个突出的特点，分别在战时与平时突显出来。古时邯郸的女子以美艳著称，日与游侠豪俊征逐，颇善修饰，弹筝鼓瑟，目挑心招。赵歌、赵舞、赵鼓、赵曲等，在中华民族大家庭的艺苑中，都以其鲜明的地方特色，占据着重要的一席。

学术思想的活跃，也是赵都邯郸的一个显著特点。当时，这里聚集了一大批知名学者，荀况、慎到、公孙龙、虞卿、毛公都曾驻足邯郸，著书讲学。灿烂的文化积存，良好的人文环境，吸引了众多的俊士名流，留下了传诵千古的轶闻佳话。

邯郸素有“成语之乡”的盛誉，诸如“围魏救赵”“义不帝秦”“完璧归赵”“负荆请罪”“毛遂自荐”“因人成事”“邯郸学步”“纸上谈兵”“南辕北辙”“奇货可居”和“二度梅”“渑池会”“将相和”“黄粱梦”等成语典故和故事传说，产地都在这里。

这种特定的社会文化环境，对于“燕赵悲歌”人文气质的形成有着直接的作用。如果说历史是过程的集合体，那么作为联结社会交往的中介文化，则是这些历史过程的符号，是人类创造的具有象征意义的符号总和。无论它以哪种方式传承，是垂直式的文化继承——积淀，还是水平式的文化交流——融合，都会通过“获得性遗传”，对于人们的性格、气质、心理、行为产生多方面的影响。就这个意义来说，文化就是人化，人既是社会的创造者，又是社会的制成品。

2

作为某种文化的载体，人在社会生活中，不仅经常接受一定文化的濡染，同时又不断地汰洗着某种文化的影响。因此，一定地域的文化构成，总是多元复合，而并非清一色的。我在邯郸考察古赵文化过程中，意外地发现了一种奇特现象，即与悲歌慷慨、积极用世、借以体现自身价值的人文精神相对应，还存在一种鄙薄功业、粪土王侯、崇尚避世、倡导无为的思想追求。这要从以“黄粱梦”的传说闻名遐迩的吕翁祠说起。

吕翁祠在邯郸北郊黄粱梦镇，距市区十公里。始建于宋代，明嘉靖年间扩建，形成了现在这样宏阔的规模，占地面积达一万三千多平方米。整座建筑坐北朝南，前院丹房对面的照壁上，书有“蓬莱仙境”四个雄浑恣放的草体大字。门内八仙阁迎门而立，小巧别致。丹房北面为中院，一方莲池映着碧树蓝天，显得格外清新雅淡。院内有殿宇三楹：前面为钟离殿，钟、鼓楼分列两侧；中间是吕祖殿，乃古观的主殿，还有拜殿、配殿、回廊，十分雄浑壮伟；后为卢生殿，内有一尊用大青石雕刻的卢生睡像，侧身偃卧，睡意浓酣，壁上的绘画展现了卢生梦中的美妙经历。

“黄粱梦”的故事，源于唐人沈既济的传奇小说《枕中记》。

唐朝开元七年(719)，一个郁郁不得志的卢生骑着一匹青驹进京赶考，在邯郸一家旅店里遇见了道士吕翁。寒暄之后，卢生谈起了自己的胸襟、抱负，说读书人应该建功立业，名垂竹帛，而自己才华毕具，可以出将入相；但是，眼前却处境困窘，英雄没有用武之地，流露出愤懑不平的情绪。说着说着，他觉得目暗神昏，沉沉思睡。这时，店主人正在煮黄粱米饭，吕翁顺手从囊中取出一个方形瓷枕，递给卢生，让他睡下。

卢生进入梦中，他回到了山东老家，娶了崔氏为妻，美貌异常；自己也官运亨通，由进士及第，出任陕州牧，擢为京兆尹，不断升迁。先是凿河利民，乡人刻石纪德；后又出征讨寇，斩首七千级，拓地九百里，边民立碑于居延山以颂之。归朝册勋，恩遇极盛。结果，横遭构陷，被捕入狱。

他慨然对妻子说，吾家有良田五顷，足以抵御饥寒，何苦汲汲求禄？现在若想像当年那样，骑着青驹，徜徉邯郸道上，已经不可得了。后来，幸得平反，再度起用，最后晋封为燕国公。五个儿子都是达官厚禄，娶妇高门。他一生富贵寿考，儿孙满堂，五十多年安富尊荣。活到了八十岁上，生病久治不愈，正当弥留之际，却欠伸而寤。

卢生梦醒之后，见自己卧于旅舍，周围一切如故，吕翁仍是坐在身旁，主人的黄粱米饭尚未煮熟。卢生问道：“难道这是一场梦吗？”吕翁说：“人生适意，也不过如此罢！”

从这里，卢生感悟到富贵无常，浮生若梦。

吕翁祠的一副对联，把这一主旨揭示得十分清楚：

睡至二三更时　凡功名皆成梦幻；

想到一百年后　无少长俱是古人。

“邯郸梦”与“邯郸道”，后来成为虚无之事和空幻之路的形象说法。前人有诗云：“只因旧日邯郸路，梦里卢生误着鞭。”

根据这篇题材新颖、艺术成就颇高的唐人传奇，许多作家进行了再创作，敷衍出一系列的戏曲作品，著名的有元代马致远等人的《黄粱梦》、谷子敬的《枕中记》、无名氏的《吕翁三化邯郸店》，以及明代剧作家汤显祖“临川四梦”之一的《邯郸记》。

唐人传奇中，还有一篇李公佐的《南柯太守传》，主旨与《枕中记》大致相同。到了清代，小说家蒲松龄写了《续黄粱》（见《聊斋志异》），主题有了进一步的深化。

《续黄粱》的主要情节是，福建的曾孝廉新科得中，意气骄扬，尝以宰辅自命。一天，与游侣避雨毗卢僧舍，悠然坠入梦乡。忽接天子手诏，拜为太师，大权在握，颐指气使，三品以下随意升黜。平日丝恩发怨，一一为报，颇快心意。凭借着炙手可热的宰相威权，侵吞资产，霸占民女，贪墨无度，昼夜荒淫。结果，九卿朝士交章弹劾，奉旨籍没了全部财产，发配云南。路上，被昔日受害的冤民劫杀。

到阴曹地府后，他先遭油炸，次上刀山，最后被拉去吞饮金钱的熔液，都是当年聚敛所得，“流颐则皮肤臭裂，入喉则脏腑腾沸。生时患此物之少，是时患此物之多也”。一辈子的罪没有受够，再世又变为女身，投胎到乞丐家里，终日不得一饱，身着败絮，风寒刺骨。十四岁卖给人家做妾，大妇悍毒，动辄以赤铁炮烙胸乳。后来遭到诬陷，以奸杀罪凌迟处死。在剧痛哀号中，被身旁的游伴叫醒。他“盛气而来，不觉丧气而返。台阁之想，由此淡焉”。

沈既济与李公佐都生活在中唐时期，分别做过吏部员外郎，并举过进士，而蒲松龄则屡应省试，皆落第，终生困顿，家境贫寒，较之沈既济、李公佐对下层民众有更多的接触和了解，对旧时官场的腐败尤为深恶痛绝。因此，他不满足于《枕中记》的只写“幻梦空花，徒劳把握”，而是痛下针砭，无情揭露，通过续写“黄粱”，抒发其对魍魉世界的满腔愤懑。郭沫若说他“刺贪刺虐，入骨三分”，《续黄粱》当是一个显例。

这类作品的创作手法，都是将幻境与现实结合起来，通过梦境中潜意识的折射，表达作者的思想感情和价值取向。尽管作品中流露出人生虚幻、世事无常的遁世思想，甚至有人目为“酸葡萄心理的产物”，就是说，是那些渴望荣华富贵而终于不能得的人写的，内容有其消极的一面；但因作者是以否定的态度，通过梦境真实地再现了当时官场的腐败，统治阶级内部的勾心斗角和士人们对功名利禄的狂热追求，客观上起到了揭露作用，具有鲜明的讽喻意味和一定程度的认识价值、警世效果。

3

传奇小说家沈既济本是吴县人，大部分时光又是在长安度过的。不晓得他何以要把这种虚幻的故事情节安排在“慷慨悲歌”的燕赵大地上来展开。难道只是邯郸才有吕翁祠吗？显然不是。但卢姓确为河北大族，卢生自叹困穷，苦于壮志难酬，也似乎典型地体现了北地士人对于点燃生命之火的冀求与失望。可能是一种巧合，就是说，在燕赵大地上出现一个邯郸道、黄粱梦的传说，纯属偶然；也可能是作者有意识地要把积极用世与消极遁世这样两种似乎截然不同的价值取向和思想倾向放到一起来探究。耐人寻味的倒是，在千余年的历史长河中，两者竟然并行不悖地融会到一起了。

儒家的入世态度和行为方式，不仅熏陶着上流社会的文臣武将、硕儒名流，也激励着世俗风尘中的豪杰义士、剑客游侠。鲁迅说过，孔子之徒为儒，墨子之徒为侠。作为墨派的孑遗，游侠家奉行一种积极入世的精神，具有中国传统伦理中令人感奋和赞誉的古典英雄主义品格。在道德理想方面，他们崇尚气节，知恩图报，疏财仗义，除暴安良，重信诺，轻死生，为救人之危可以赴汤蹈火，死不还踵。

他们和儒家的主张有些相似，勇于进取，力行不倦，知其不可而为之，着眼于调节人与人的关系;这同以老庄思想为代表的道家,主张虚静无为,崇尚自然,着眼于调节人与自然的关系,各有旨归,各异其趣。无论是从社会属性、社会功能上,还是从人生角色的标志及其追逐的最终目标上来考察,都是截然不同,甚至尖锐对立的。

应该承认,在中国传统文化中,尽管儒家文化长期以来一直占居主宰地位,但是,中国文化从来都不是一色清纯的单维存在。道家文化在人生与艺术的天地中,始终与儒家文化争奇斗异,各领风骚,在铸造民族气质、精神、性格和模塑人的思维方式、智力结构、文化心态方面,各有其不可代替的作用。

更为有趣的是,儒、道这两种角色体系,虽然迥然不同,却并非互不相容和彻底分裂的,二者经常出现相反相成的互补现象。前者是封建士子入世之理想、行为的规范,后者则是他们失意时寻求心理平衡的妙方。避世与用世的对立统一,正是中国文人的典型心理结构。二者作为两种人格面具,常常因时因地交替使用,互换位置。在封建士子看来,实现二者的统一,亦即获得进退、出处的互补,才体现了人生的完美、精神的满足。

如果说,儒家"兼济天下"的宏伟抱负,铸造了封建士子的使命感和忧患意识,因而执著、热切地追逐"为王者师""献经纶策"的人生极致;那么,道家出世的隐逸心态,则使他们在"苟全性命于乱世"的时候,能够见几知命,急流勇退,安顿下一颗无奈的雄心。

4

我觉得,积极进取与避退消沉这两种心态的形成,或者说这两种价值观的建构,无论达官显宦还是学者文人,甚至包括普通民众,都和年龄、阅历、处境有很大的关系。

我的父亲便是一个例子。在他年轻时,"社会的自我"占主导地位,时时追求他人的注意与重视,看重地位和荣誉,很爱打抱不平、管闲事,任侠尚武，轻财重义；迨至后来年华老大，家道凌夷，几个亲人先后谢世，自己也半生潦倒，一变而为心灰意冷，“心理的自我”便占据了优势，顿有看破红尘之感，由关注外间世务变为注重内心修养，寻求精神上的寄托，由热心人事转向寄情山水，所读诗书也多是苍凉、失意之作。

记得，那时他最喜欢吟诵的，都是“时平壮士无功老，乡远征人有梦归”，“众中论事归多悔，醉后题诗醒已忘”（陆游），“绝顶楼台人散后，满堂袍笏戏阑时”（赵翼）之类消沉、悲慨的诗句。

父亲对我说过，他每次回大名故里，路经邯郸，总要到黄粱梦村的吕翁祠去转一转。他还讲，康熙年间，有个书生名叫陈潢，有才无运，半生潦倒，这天来到吕翁祠，带着满腔牢骚，半开玩笑地写了一首七绝：

四十年来公与侯，虽然是梦也风流。
我今落拓邯郸道，要向仙人借枕头。

后来，这首诗被河督靳辅看到了，很欣赏他的才气，便请他出来参赞河务。陈生和卢生有类似的经历，只是命运更惨，最后因事入狱，一病不起。说到这里，父亲读了一首自己唱和陈潢的诗：

不羡王公不羡侯，耕田凿井自风流。
昂头信步邯郸道，耻向仙人借枕头。

吟罢，他又补充一句：“还是阮籍说的实在，‘布衣可终身，宠禄岂足赖’呀！”

“文化大革命”时期，他曾对我说过：“有些人确实把个人的名利得失、荣辱升沉看得过重，而不能超然自拔。如果他们能够读一点庄子，理解‘不为轩冕肆志，不为穷约趋俗，其乐彼与此同’的道理，就会把浮名、浮利这些身外之物看得淡一些、轻一些，就可以减去许多无谓的烦恼。”这些，当然都是他在晚年的悟道之言。

鲁迅在《过客》中有一段非常警辟的描述，当过客问到“前面是怎么一个所在”时，七十岁的老翁答复是：“坟场。”而十岁的小女孩却说：“不，不，不的。那里有许多野百合、野蔷薇。”这时，过客昂首西顾，仿佛微笑，说道：“不错。那些地方有许多许多野百合、野蔷薇，我也常常去玩过，去看过的。但是，那是坟。”

应该说，老翁和小孩讲的都对，但都只是强调了一个侧面。之所以各执一词，是因为女孩正值生命的春天，含苞待放，内心一片光明，充满蓬蓬勃勃的生机，因而注意的是鲜花簇簇；而老翁已进入暮年，一切人生的追求都被沉重的生活负担和波惊浪诡的蹭蹬世路所消磨，正所谓“五欲已消诸念息，世间无物可拘牵”，所以，注目的不过是坟场一片。

这是从不同的主观条件对相同的外界环境所做出的截然对立的两种反应。

第三十篇

隐士

I

那篇以信札形式写就的绝妙山水小品《与宋元思书》,吸引我花了几倍于陆路行车的时间,乘船溯富春江而上,自富阳至桐庐,尔后又畅游了七里泷。“风烟俱净,天山共色,从流飘荡,任意东西。”那该是多么自在逍遥,任情适意呀！此刻,我对当年驾着一叶扁舟在富春江上恣意闲游的吴均,真是艳羡极了。

吴均生当南北朝时代,曾奉诏撰写《通史》;而一部《齐春秋》却给他招了祸,梁武帝恶其实录,下令焚书、免职。看来,他的仕宦生涯并不是很顺畅的。这从短简的最后,偏要浓重地缀上一笔“鸢飞戾天者,望峰息心;经纶世务者,窥谷忘返”,也可以察知一二。其间,固然有向友人极力张扬富春山水无穷魅力的用意,但主要的还是抒写其对于避官遁世、退隐山林的向往之情,反映了作者的恬淡情怀,也透露出他的身世之感。

客轮继续在碧绿如油的江流中行驶,航路回环曲折。但不管怎样左弯右拐,眼前面对的总是连绵起伏屏风一般的翠岭晴峦,尤其是七里泷,天光、水色、林影、岚烟,澄鲜一碧,景色绝佳。早在两汉之交,严子陵老先生就选中此地,隐居度日,渔钓终生,他的眼力和运气,着实令人叹服！

严光,字子陵,会稽郡余姚县人,早年曾同南阳郡的刘秀一起四出游学,彼此结下了很深的交谊;刘秀起兵之后,他帮助拿过一些主意,因而深得这位政治家的器重。可是,当刘秀夺得天下,登上皇帝宝座之后,文官武勇,风虎云龙,从四面八方聚集而来,唯有严光却躲得远远的,并改名变姓,高隐不出。

光武帝深深仰慕他的才情、人品，很想请他出来协助治理天下，便凭着往日的记忆，着人图写严光的形貌，下令各个郡县按图察访。后有人上书报告，在富春山下，发现一个身披羊裘、渔钓泽中的男子，形迹颇似其人。光武帝当即派人访察，果然是那个严光。于是，备下车辆和璧帛前往延聘，但严光却推辞至再，使者往返三次，才勉强登车来到京城洛阳。

官居司徒的侯霸，与严光也是老朋友，听说他已经到京，便遣人送信，邀他晚上在相府会面。

严光问来人道：我的老朋友侯霸一向傻乎乎的，现在可好一些了？

来人答说：他已经位至三公，没有看出来怎么傻呀。

严光紧着摇头说：我看他和过去没有什么变化。

使者忙问其故，严光笑道：你说他不傻，那他为什么不想想，我连天子都不肯见，难道还能见他这个臣子吗？

最后，应使者苦苦请求，严光口授了一封短简给侯霸。大意是，位至鼎足而立的三公高位，很好。以仁义辅佐君王，天下人都欢迎；如果一味阿谀顺旨，可要当心送掉自己的脑袋。

侯霸看过，便把短简呈送给光武帝。光武帝笑说：我这个狂妄的伙伴啊，还是那个老样子！说着，便马上登车来到了严光住所。

严光正躺着，皇帝来了也没起来。光武帝无奈，只好走进他的卧室，抚摸着他的肚子叫道："喂，子陵！难道你不能协助我治理天下吗？"

严光仍是佯作睡去，闭目不应，过了好一会儿，才睁开眼睛熟视，说：从前唐尧以盛德著称，但仍有巢父隐居不仕。人各有志，何必相逼呢？

光武帝无可奈何地说：我贵为天子，富有四海，可是，竟不能屈你为臣呀！说罢，叹息登车而去。

没过几天，光武帝再次亲自前来敦请。他们在宫中忆叙了旧日的友情，讨论了治国之道，相对累日。谈得困倦了，便同卧在一张床上，严光竟"以足加帝腹上"，于帝王之尊，视之蔑如。第二天，太史慌忙奏报：有客星犯帝座，情况十分紧急。光武帝笑着告诉他：不必大惊小怪，是我与故人严子陵共卧一床啊。

光武帝任命严光为谏议大夫，但他坚决不肯接受，执意回去隐居，皇帝不便勉强，只好听其自便。这样，严光就回到了富春山下七里泷中，钓他的酸菜鱼去了。

十二年后，光武帝再次聘他入朝辅政，他仍然不出，最后寿登耄耋，安然故去。后人就把他隐居之地称为严陵濑，指认江边两座拔地而起的突兀石台为严子陵钓台，并在钓台旁边修了一座严先生祠，历代奉祀不衰。

2

七里泷既然是严子陵避官归隐、耕读渔钓的所在，当日无疑是非常阒寂的；今天却已经熙熙攘攘，游人云集了。但桐庐人毕竟是高明的，他们在商品经济大潮中，没有趋时媚俗，像某些风景点那样，在钓台搞一些粗俗不堪的仿古建筑或者游乐设施、神怪景观，而是以弘扬中华文明为宗旨，坚持高雅、朴素的原则，把钓台建成一处兼具民族传统和地方特色的高档次文化景区。从江边的严子陵祠堂到山上的钓台原有一条六百多个石阶的通道。为了增加文化内涵、减除游人寂寞，他们依据山势起伏，在绿树、修竹掩映中，另建一条婉若游龙长达四百多米的碑林长廊，选刻了历代吟咏钓台的诗文名篇，书法家均属当代国内一流，遍布三十一个省、区、市以及港、澳、台地区，题诗、作字的还有国外的一些汉学名家。

风景管理区还从六朝到明清曾经游访吟咏过钓台的著名文学家中遴选出二十一位，雕塑成两米多高的石像。一个个绰约生姿，神情毕现。

李太白悠然斜卧在青花石板之上，与他所爱慕的“高山安可仰”，“风流天下闻”的孟浩然长结芳邻。

在翠竹琳琅、亭阁参差的大自然怀抱里，一切纷争、矛盾都会得到淡化、冰释。当年，北宋的司马光与王安石，一为反对新法的领袖，一为变法的首脑。二人年岁相仿，游处相知之日甚久，却是一对政敌，议事每相龃龉。司马光曾三次致书王安石，对新法陈列了四大罪状，进行无情的攻击；王安石也写了《答司马谏议书》，予以针锋相对的驳斥。他们在同一年死去，直到最后也未曾和解。近千年过去了，此刻，闲居于钓台之侧的王安石，正意兴悠然，捻须漫步，一改其生前的峻急、激烈之态；那边，司马光也在信步闲行，二人离得很近了。不妨设想，他们聚在一起，肯定会谈起严光、钓台以及富春山水的话题，也许要说：严子陵真是个老滑头，他可比我们逍遥自在多了，人生七十古来稀，他竟活了八十岁，了不得！

我时而在石径上漫步，仰瞻这些文豪、巨擘的丰采，同他们徜徉于青松翠竹之间，欣赏着水色山光，林峦佳致；时而沿着碑廊，骋心游目，不断地为那些警策的诗篇和灵动的笔势拍掌叫绝，完全忘记了登山的劳累。

历代吟咏钓台的诗文，各自的着眼点不同，见解也常有歧异，集中到一块儿来展读，颇似参加一次别开生面的研讨会。对于严子陵的品格风范和价值取向，多数诗人、学者是持肯定态度的。宋人黄庭坚的诗，可说具有代表性："平生久要刘文叔，不肯为渠作三公。能令汉家重九鼎，桐江波上一丝风。"他的意思是，虽然子陵与光武是故知，却不肯入朝享受三公之贵。那么，是否就没有支持光武帝呢？当然不是。严光以其桐江垂钓的一丝清风，使令汉家天子的身价重于九鼎。

最有趣的是李清照的《夜发严滩》诗："巨舰只缘因利往，扁舟亦是为名来。往来有愧先生德，特地深宵过钓台。"宋室南渡后，女诗人只身漂泊于浙中一带，此诗就是她从临安去金华，船经钓台时所作。

有诗善作反面文字，读来饶有情趣。元人贡师泰诗云："百战关河血未干，汉家宗社要重安。当时尽着羊裘去，谁向云台画里看？"如果都像严光披着羊裘钓鱼去，汉家江山还要吗？云台麟阁的功臣也就没有了。

还有一首诗是这样写的："一着羊裘便有心，虚名传诵到如今。当时若着蓑衣去，烟水茫茫何处寻？"讥刺严子陵虽以渔钓避官，却也有沽名钓誉的一面。不然，为什么偏偏要披羊裘以立异呢？想来即使起子陵于地下，恐怕也难以置辩。而且，自古以来，一提到"钓鱼"，人们便会联想到磻溪钓叟姜太公“直钩钓王侯”的传说，想到那位“以虹霓为丝，明月为钩”，志在建不世之功的“海上钓鳌客李白”；直到今天，人们还把以小取大的投机行为称作“钓鱼”。

但是，平心而论，综观严子陵屡征不就、决意归隐的全部经过，又确实觉得这种“诛心之论”有些过于挑剔，不免为严老先生叫一声“冤哉枉也”。明代诗人汪九龄有一首七律，劈头就讲：“竟日垂纶江上头，先生原不为名钩！”接着，摆事实讲道理，进行有力的辩白，好像是专门为此而作的。围绕着“羊裘”问题展开一番讨论，这也算得是骚坛上的一重公案吧？

3

看过了碑廊，我又循着蜿蜒的石径继续往上攀登。经过几度曲折，来到一处叫做中亭的地方。这里恰在山腰正中，丛林掩映中现出一棵高大的石笋，旁面伸出两条岔路，分别通向左右上方的东台与西台。稍事喘息，我便顺着路标的指引，向着东面的严子陵钓台奔去。

站在百丈高崖之上，眺望滚滚江流，遥想子陵当年僻处江隅，过着耕樵渔钓的近乎原始的生活，该历尽多少艰辛呀！过去看到一些描写隐士生活的诗文，往往是北窗高卧、长松箕踞，或者寒林跨蹇、踏雪寻梅，都是逍遥自在得很；而“西塞山前白鹭飞，桃花流水鳜鱼肥。青箬笠，绿蓑衣，斜风细雨不须归”的词中所描写的，就更是充满了逸趣幽思，诗情画意。这种诗化了的隐逸生活，只有少数人可能享得，大多数隐士是沾不上边的，起码严子陵不具备这个条件。

古代的隐逸之士为了逃避世俗的纷扰，总要寄身于远离市廛的江湖草野，或者栖隐在山林岩穴之中，过着一种主动摒弃社会文明的原始化、贫困化的经济物质生活，自然难免饥寒冻馁之苦。做过彭泽令的陶渊明，尚且时时苦吟“夏日常抱饥，寒夜无被眠”，更何论其他呢！

看来，隐士并不是好当的，也不是人人都能当的。对于他们来说，最大的困难还不是物质条件的匮乏与贫贱的折磨，而是精神层面上的痛苦，所谓“隐身容易隐心难”。隐士幽居与烈妇守节有些相似，与其说要过物质上的难关，毋宁说，主要还是战胜心灵上的熬煎。就是说，找一个远离尘嚣、摆脱纷扰的林泉幽境，把身子安顿下来，比较容易做到；可是，要真正使心神宁寂，波澜不兴，却需破除许多障碍，经过一番痛苦的磨炼功夫。

士者，仕也。“学成文武艺，售与帝王家。”摆在中国古代士人面前的，不是西方知识分子那样开放的多元价值取向，而是一条人生的单行线，万马千军都要通过登朝入仕这条独木桥。任何一个隐逸的士人，自幼接受的也都是儒学的教育。修身、齐家、治国、平天下的奋斗目标和太上立德、其次立功、其次立言的人生“三不朽”抱负，从小就在头脑里扎下了深深的根。他们总是以社会精英自居，抱着经邦济世、尊主泽民的理想，具有极其强烈的自我实现的愿望。

而要实现这些宏伟抱负，就必须凭借权势，正如汉代刘向说的，“道非权不立，非势不行”(《说苑》)。他说，“五帝”“三王”教以仁义而天下变，孔子亦教以仁义而天下不从。为什么？就因为一者有权位，一者没有权位。对于封建时代的士子来说，如何才能取得权位呢？唯有沿着立朝入仕的阶梯一步步地爬上去。而避官归隐，却是与此南辕北辙，大相径庭的。

古代士人的隐心，分自觉与被动两途。有些人是在受到现实政治斗争的剧烈打击或深痛刺激之后，仕途阻塞，折向了山林。开始还做不到心如止水，经过一番痛苦的颠折，“磨损胸中万古刀”，逐步收心敛性，实现对传统人格范式的超越。也有一些人以追求人格的独立与心灵的自由为旨归，奉行“不为有国者所羁”、不“危身弃生以殉物”的价值观，成为传统的“官本位”文化的反叛者；他们自觉地向老庄和释家寻绎解脱之道，以取代那些孔门圣教，在阐发“自然无为”的道家哲理中体悟到人生的真谛，领略着人生的乐趣，并获致精神的慰藉。甚而如同禅门衲子一般，卸掉人生的责任感，进入政治存在冷漠的境界，不仅对社会政治不动心；而且对身外的一切都不闻不问，使冷漠成为一种性格存在状态。

>>> 古代士人的隐心，分为自觉与被动两途。隐心要使灵魂有个安顿场所，他们往往通过亲近大自然，获得一种与天地自然同在的精神澄明，得到一种安宁感、轻松感。

隐心，就要使灵魂有个安顿的处所，进而使心理能量得到转移。隐逸之士往往通过亲近大自然，获得一种与天地自然同在的精神超脱，与宇宙万物融为一体的陶醉感和脱掉人生责任的安宁感、轻松感。他们往往把山川景物作为遗落世事、忘怀人伦的契机，或者向田夫野老觅求人情温暖，向浩荡江河叩问人生至理，在文学艺术中颐养情志，在著述生涯中寄托理想，用来化解现实生活中的苦恼和功利考虑，使隐居中的寂寞、困顿和酸辛，从这些无利害冲突、超是非得失的审美愉悦中，得到心理上的慰藉和生命价值的补偿。隐心，还须战胜富贵的诱惑，陶渊明就有过"贫富常交战"的切身感受。父祖辈望子成龙的期待目光；妻儿、戚友们殷殷劝进的无止无休的聒噪；朝廷、郡县的使者之车的不时光顾；同学少年飞黄腾达、志得意满的显耀，都必然带来强烈的诱惑与浮躁。隐逸之士只有坚守其特殊的价值取向和人格追求，仰仗着这种精神支柱的支撑，才能从身心两方面来战胜强烈的诱惑。

这里就接触到问题的核心了："严陵不从万乘游，归卧空山钓碧流"（李白诗），那样透彻、决绝，义无反顾地避官遁世，究竟出于什么考虑？

坐在钓台高处，披襟当风，登临远目，人们展开了热烈的讨论。

有一点是大家的共识：同所有的真正隐士一样，严光是要以痛苦的磨砺为代价来换取一己之高洁。为的是获得一种超然世外的心理宁贴，"逍遥一世之上，睥睨天地之间，不受当时之责，永葆性命之期"（仲长统语）。

一个人在其生命与人格进入成熟期后，都会有人生的自我设计。在那"方今之时，仅免刑焉"，各种社会力量互相搏斗、人际关系异常复杂的封建时代，人生总难以安顿。从他呱呱坠地、步入滚滚红尘伊始，便被命定似的抛向随时制约他的外部世界，周旋于各种社会角色之间，耗尽毕生精力，也难以肆应自如。

严光受儒家"天下有道则见，无道则隐"和老庄哲学的影响，面对风波险恶的世路和污浊、腐朽的官场，设想通过避官遁世、归隐山林，挣脱这个锦绣牢笼，营造一个心理上的避风港，实现其人格的自我完善。应该说，这并非什么过高的期求，但对一个封建时代的士人来说，却须以终生的安贫处贱为代价。

当然，严光的毅然决然高飞远引，还有全身远祸的考虑，所谓“贤者避世，明哲保身”。西汉初年屠戮功臣的血影刀光，彰彰犹在眼目。正像后来的诗人所咏叹的：“遂令后代登坛者，第一思量怕立功！”光武帝在历代帝王中虽为少见的未杀功臣者，但他废黜发妻郭后和太子疆，则难免时人的腹诽心谤，后代的诗人就更不客气了。明初学者方孝孺写过这样一首诗，算是窥见了严子陵的深心：“敬贤当远色，治国须齐家。如何废郭后，宠此阴丽华？糟糠之妻尚如此，贫贱之交奚足倚！羊裘老子早见几，独向桐江钓烟水。”从内容上可以判定，这首诗是批评光武帝的，诗人却偏偏标为《题严子陵》，也透露了个中消息。

其实，杀戮功臣这类举措和封建制度相关，原不宜以君王的个人品质、性格做简单的诠释。封建君主要维护其万世一系的“家天下”，就必然要对那些可能造成威胁的佐命立功之臣和封疆大吏严加防范，因而“鸟尽弓藏”“兔死狗烹”的结局是难以避免的。君臣本身就是一对矛盾，它的性质与利害关系决定了最后必然导致冲突的爆发。而且，封建君主的独裁专制也容不得臣子的人格独立与个性自由。严光要摆脱王权的羁縻，把握一己的命运，维护其人格独立，就唯有逃开伴君如虎的官场之一途。

严光是很有政治远见的。果然，在他死后四年，就发生了伏波将军马援蒙冤遭谴的事件。马援戎马终生，功高盖世，北征朔漠，南渡江海，“受尽蛮烟与瘴雨，不知溪上有闲云”（袁宏道诗），立志为国家战死疆场，马革裹尸。最后，竟因从交趾载回一车薏苡粒，被诬陷为私运明珠、文犀，在“海内不知其过，众庶未闻其毁”的情况下，光武帝勃然震怒，削官收印，严加治罪。其时马援已死，妻孥惊恐万状，连棺材都不敢归葬祖茔。成为历史上有名的一大冤案。唐代诗人胡曾深为马援鸣不平，有句云：“功成自合分茅土，何事翻衔薏苡冤！”

劳苦功高如马伏波者，尚遭遇如此惨痛下场，等而下之的就更被君王玩于股掌之上，操纵其生杀予夺之权了。严光尽管隐身渔钓，对于朝中故人的情况想必也有所知闻：侯霸只是因为举荐了一个为光武帝所不喜欢的人，险些招致杀身之祸。而他的继任者韩歆，因为直言亟谏，触怒了光武帝，最后被逼自杀。

4

从严子陵的避官遁世，自然联系到隐士的类型及中国古代的隐逸文化。隐士本是一个群体，他们各各不同，但总有些共同的特征，因此，大家觉得有必要画一幅能够概括这些特点的粗线条的隐士肖像：

一是隐士是具有一定的文化层次和道德修养的士人——古代的士人相当于现代的知识分子；

二是虽然他们的智慧与才能高出于一般人，但却不求闻达，不入仕途，洁身守素，远居山林，许多人在经济生活方面都处于一种原始化、贫困化的状态；

三是他们以放弃仕途的富贵荣华为代价，博取更多的精神自由和更高雅的审美体验，看重个体生存形式和精神活动的自由自在；

四是他们忽视物质的享受，追求精神的超越，鄙弃以利相交、虚伪夸饰的人际关系，向往恬淡自然、超越功利的精神境界；

五是他们往往都有一种特殊的生存方式、生存理念和生命追求。

就封建时代的士子隐居遁世的情况来考察，清人陈日浴说："或有执志而有所待者也；或有激于垢俗疵物而将以矫世者也；或有见于几先而佯狂以自全者也。"（《续高士传》序）这里既含有对客观现实的评价，也包括主体的价值判断，应该说，有一定的概括力。

但要排列顺序，首先应是"有激于垢俗疵物而将以矫世者"，如传说中帝尧时期的巢父、许由。晋皇甫谧《高士传》中记载，许由初隐于沛泽，因帝尧欲以天下让之，而逃耕于颍水之阳、箕山之下。后来，帝尧又召之为九州长，许由不愿闻之，而洗耳于颍滨。适逢巢父牵牛犊来饮水，见许由洗耳，问明缘由，便责备他隐居不深，欲求名誉，以致污秽犊口，遂牵牛犊至上流饮之。这类自甘退出社会舞台，彻底放弃对现实社会的价值关怀，绝对排斥入世而超然物外的狂狷者流，当属于原根意义上的隐士。严子陵也应属于这方面的典型。

他们认定社会现实、仕途官场是污浊的，因而不愿与时辈为伍，而洁身自好，“不事王侯，高尚其事”。要在攫取爵禄、奉侍王侯之外，实现自我选择、自我主宰，保持独立人格、自由意志。否定外在权威，卸却自身责任，远离功利，逆俗而行，成为他们处世待人的标志。据《庄子》记述，舜以天下让善卷，善卷曰：“余立于宇宙之中，冬日衣皮毛，夏日衣葛。春耕种，形足以劳动；秋收敛，身足以休食。日出而作，日入而息，逍遥于天地之间而心意自得。吾何以天下为哉！”奋力追求自己的目标，把握自己的命运，对于此类隐士来说，这就是一切。

唐代诗人贾岛对于与世隔绝的隐士生涯有过生动的描绘：“虽有柴门长不关，片云孤木伴身闲。犹嫌住久人知处，见拟移家更上山。”这使人联想到庄子讲述的南郭子綦的故事。他隐居于山洞之中，齐国君王来看望他，引得周围许多人向他致贺。他据此进行反思：我必定是先有所表现，他人才能够知道；我必定是名声外扬，对方才前来找我；我有了行动表现，名声外扬，才招惹周围的人前来致贺。经过这么一番痛切反省，他终于大彻大悟了，从而变成了“形如槁木，心如死灰”，实现了主体心智的全面泯灭。

至于“有见于几先而佯狂以自全者”，最典型的应是庄子。司马迁在《史记》中曾记下了这样一件事：楚王听说庄子是个贤才，便用重金聘他为相。庄子却对使者说：“你看到过祭祀用的牛吗？平日给它披上华美的衣饰，喂的是上好的草料，等到祭祀时就送进太庙作为牺牲，把它宰掉。到那时候，牛即使后悔，想做个孤弱的小猪崽，还能做得到吗？”宁可终生安贫处贱，也不去涉足“天下无道，礼坏乐崩”，置身于严重无序状态的乱世，更不去当那时时有性命之虞的卿相。庄子是这样说的，也是这样做的。

乱世全身之隐者，还有阮籍、嵇康。魏晋之际是中国社会最动荡、政治最混乱的时期，统治集团内部火并激烈，政权更迭频繁，战乱连年不断，“名士鲜有存者”。生活在这样的政治环境中，嵇康、阮籍无时不存忧生之惧和避祸之念。他们佯狂隐迹，肆情放诞，或箕踞啸歌，或纵酒酣放，“越名教而任自然”，力求弭灾避祸，保性全身。在这种所谓“魏晋风度”的影响下，当时仕与隐的界限比较模糊，先隐后仕，先仕后隐，亦仕亦隐，五花八门。但佯狂自全的特征却是一致的。

当然，有的也不能尽如所愿。嵇康在山阳隐居二十年，不求仕进，不问功名，但最后终因隐身而不能隐心，还是做了司马氏的刀下之鬼。阮籍比嵇康聪明一些。司马昭为了把他拉到自己的圈子里，要娶他的女儿做儿媳，而他既不情愿结这门亲戚，又不敢公然拒绝，便从早到晚整日烂醉如泥，连续沉醉六十天，媒人无奈，怅然走开，司马昭也只好作罢。下场虽然不像嵇康那样惨，但他内心的苦痛却是异常强烈的。他常常驾车载酒，漫不经心地向前行驶，突然马停了，原来路已到了尽头，不禁放声大哭，把那无边的积懑一股脑儿地抛洒出来。

中国历代隐逸的士人，多是社会制度不合理的产物，总体上说，隐居避世也是对统治者反抗的一种方式。但这种反抗往往是消极的。面对社会动乱、政治黑暗、忧患频仍的现实，当仁人志士舍身纾难、拼力抗争之时，他们却置身尘外，彻底卸去两肩责任，一味考虑保性全身、追求生命的怡悦。虽较之同流合污甚至助桀为虐、为虎作伥者高洁得多，但终归难免“无补于世”之讥。

人们也注意到这样一个事实：在社会大动乱时期，就创造、保存和传递文化成果、文化精神来说，隐逸的士人有时能够起到那些入世士人所起不到的作用。“国家不幸诗家幸，赋到沧桑句便工。”这在春秋战国和魏晋南北朝时期尤为明显。历代隐逸之士都奉《庄子》为圭臬。《庄子》对后代士人的精神生活产生了巨大影响，玄远、旷达、淡泊、飘逸，成为士人追求的人格美，也成为文学艺术审美追求的高标。正是由于隐逸之士对政治与事功的背弃，实现了价值取向的调整与精力的转移，在一定程度上，造就了中国文化博大宏富的万千气象。

所谓“有执志而有所待”，是指一些隐逸之士有大志也有能力干出一番惊天动地的事业，但并不急于出山，而是审时度势，择主而从。隐居待时，一出即为帝王师，是这类士人的理想际遇。他们奉行“隐居以求其志，行义以达其道”的孔门圣教，在他们看来，出世与入世是统一的。隐居并非忘世，乃是养志守道，为将来的闻达做思想与智能的准备，隐居山林的过程也是充实、完善自己的过程。正由于他们把“隐居”与“行义”看作两个互相衔接的阶段，所以，虽然身在山林，却并不完全脱离朝政，而且，往往对天下大事了如指掌。最典型的，如殷周时的吕尚、三国时的诸葛亮、元末明初的刘基等。诸葛亮躬耕陇亩之时，即常常会友交游，纵谈时政，每自比于管仲、乐毅，后经刘备三顾茅庐，出山建业，终于夙志得偿。

还有身在山林却萦心魏阙、心系朝廷，甚至直接参与最高层决策的隐者，如以“山中宰相”著称的南北朝时的陶弘景。他在三十六岁之前，曾被朝廷辟为诸王侍读，后来因求宰县未遂，而挂朝服于神武门，辞官归隐。梁武帝即位后，屡次召他入仕，均被拒绝。但国家每有吉凶征讨大事，都要找他咨询，月中常有数信往来，时时参与朝廷政务，成了不上朝的公卿大员。

另有一类隐士，实际是以隐逸做掩护，而从事最前沿的政治。他们决不与朝廷合作，以致处于尖锐对立状态，如殷朝末年的伯夷、叔齐，明末的八大山人、王夫之、黄宗羲等。黄宗羲认为，没有亡国之痛就是无人心，遗民的责任是以不仕新朝、不予合作来表示抗议，但又不能止于抗议。一味地“呼天抢地，纵酒祈死”，终究无济于事。所以，必须“不废当世之务”，也就是要落到实际行动上。这些遗民中的隐士，往往以道德抉择代替理性判断，有些人始于狂热而终于冷漠，最后由绝望堕入虚无。这种人往往都是政治家、思想家。

至于以隐求官者，如唐代的卢藏用之流，则不应纳于隐士之列。若要算上，以备一格，也只能说是假隐士。据《旧唐书》本传和刘肃《大唐新语·隐逸》篇载，卢藏用考中进士后，便先去长安南面的终南山隐居，学炼气、辟谷之术，但心中却时刻牵挂着登龙入仕，被人目为“随驾隐士”。后来，果然以隐士的高名被朝廷征聘，授官左拾遗。品格十分卑污，以谄媚权贵获讥于时。有道士名司马承祯者，尝应召入京，届临还山之日，卢藏用想要夸耀一番自己曾经隐居的地方，便指着终南山说：“这里面可是大有嘉处啊！”司马承祯毫不客气，徐徐答曰：“依我看来，不过是仕宦的捷径罢了。”从此，“终南捷径”就成了从事政治投机的讽刺语。

5

隐士的话题，可谈的实在太多，还是回到严子陵吧。

这里要提到两部书，一部是《古文观止》，里面选了范仲淹的《严先生祠堂记》；另一部是《留青日札》，载有朱元璋的《严光论》。前者人所熟知，在历代赞颂严子陵的诗文中，可谓调子最高昂的。“云山苍苍，江水泱泱。先生之风，山高水长。”真是至矣、尽矣，无以复加矣。后者就十分生僻了，多数人都未必知道朱元璋还能够撰写史论，而着眼的又居然是隐士严光！文章劈头就讲，严光的行迹，“古今以为奇哉，在朕则不然”。接着阐述理由：严光“之所以获钓者，君恩也”，“假使赤眉、王郎、刘盆子等混淆未定之时，则光钓于何处？”最后得出结论：“朕观当时之罪人，大者莫过严光、周党之徒，不仕忘恩，终无补报，可不恨欤！”斩钉截铁，切齿之声可闻。

其实，这种思想并不是这位朱皇帝的发明，宋代诗人杨万里在其《读严子陵传》一诗中就曾写道：“客星何补汉中兴？空有清风冷似冰。早遣阿瞒移汉鼎，人间何处有严陵！”朱元璋易曹操为赤眉等，用事更显贴切。当然，他所师从的不是文弱的诚斋先生，而是站在统治者立场上，专门为帝王提供对付士人权术的战国时的韩非。在韩非看来，许由、务光、伯夷、叔齐之辈，都是些不听命令、不能使令的“不令之民”。他们“赏之誉之不劝（不能受到鼓舞），罚之毁之不畏，四者加焉不变，则除之！”恩威并用，软硬兼施，都无动于衷，那还怎么办？干脆杀掉。韩非首创以思想罪、独立罪除杀隐士，后世付诸实践的代不乏人，朱元璋乃其尤者。

其实，尊隐也好，反隐也好，对于封建统治者来说，无非是维护统治、巩固政权、治民驭下的两种相反相成的手段。不管推行哪一手，都是为了适应当时政治的需要。历史上，一般是把光武帝刘秀划为尊隐一派的。他有一封《与子陵书》，是古代小品中的名篇，后人评说："两汉诏令，当以此为第一。"全文只有五句话："古大有为之君，必有不召之臣。朕何敢臣子陵哉！"但是，"唯此鸿业，若涉春冰；譬之疮痏，须杖而行"。我实在离不开你。——可谓情辞恳切，语语动人。

光武帝还下过一个《以范升奏示公卿诏》。起因是太原隐士周党被征召，面见光武帝时，自陈"愿守所志"，拒绝行臣下拜君之礼。博士范升启奏，要求以"大不敬"罪惩治周党。光武帝在诏令中说："伯夷、叔齐不食周粟，太原周党不受朕禄，亦各有志焉。"不但没有加罪，还赐帛四十匹，遣归田里。朱元璋的文章，直接针对着严光和周党这两个人，实际上，对于光武此举，也是大不以为然的。

看来，朱皇帝毕竟是个粗人。他没有看清楚，东汉开国当时是很需要这类高士的。当王莽篡汉之际，绝大多数公卿、士大夫都非常看重仕途、地位，而并不重视名节。因此，进表、献符、俯首称臣者实繁有徒。对此，光武帝深为戒虑。所以，开国之初，尽管百端待举，万事缠身，他还是拿出很大精力，去一一访求那些不事二姓、避官归隐者。为了提倡名节，对于那些"德行高妙，志节清白"的隐士，不但厚予赏赐，旌表嘉奖，而且，调整了西汉末年的取士标准，把这类人列为四科取士之首。严光、周党这些名士，正是这方面的代表人物，是他所要树立的标杆。

这里有一点必须指出，就是这些名士有个共同的特点，他们完全脱离政治的漩涡，决不会给朝廷带来任何麻烦。这恐怕是光武帝尊隐的一个大前提。非徒无害，而且有益，这桩生意，光武帝当然乐得做了。

一篇《严先生祠堂记》，曲折道尽了光武帝和严子陵互为表里、相得益彰的妙谛。一方面是“握赤符，乘六龙，得圣人之时，臣妾亿兆，天下孰加焉，唯先生以节高之”；一方面，归卧江湖，“泥涂轩冕，唯光武以礼下之”。“盖先生之心，出乎日月之上，光武之量，包乎天地之外。”没有严光，不能成光武之大；没有光武，也难以遂先生之高，而使贪夫廉，懦夫立。

说开来，尽管隐逸之徒极力摆脱政治的羁绊，但常常不免自觉不自觉地充当着统治者的工具。由于隐逸的实质是远离政治纷争，不介入社会矛盾，以极度冷漠消解其入世之心，进入一种无是无非的超然状态，“万事无心一钓竿”，因此，尊隐必能收到缓解社会矛盾、减轻朝廷压力的消释作用。这叫做无用之为大用。

尊隐的另一种考虑，是隐士的“滤毒效应”。“今人之于爵禄，得之若其生，失之若其死。”因此，“莫不攘袂而议进取，怒目而争权利，悦愚谄暗，苟得忘廉”（见《梁书·处士传序》和沈约的《高士赞序》）。封建统治者清醒地看到，提倡隐逸的高风，有助于激励士风、荡涤时浊。唐明皇之所以特意颁发一个《赐隐士卢鸿一还山制》，目的就是要借助嵩山隐士卢鸿一的“固辞荣宠”，以敦士品，以厚风俗。既然鼓励一大批士人遁迹山林，有助于树立廉让不争的良好士风，进而可以减轻士人争相入仕，“粥少僧多”的压力，那又何乐而不为呢？

我以为，严子陵的高风，经范仲淹提倡之后，在北宋初年得以大行其时，其根本原因在于它恰好适应了当时天下底定，四海承平，释兵权、削相权、集皇权的政治气候的需要。

闲翻史籍，看到有些帝王为了博取礼贤下士的令名，往往发优诏，备安车，礼聘隐士入朝，以装潢门面，点缀太平。如果一时找不到隐士，有的甚至要特意造作，结果传为笑柄。据《晋书》记载，桓玄推翻东晋王朝，自立为帝之后，看到历代均有隐逸之士，唯独本朝没有，“乃征（西晋隐士）皇甫谧六世孙希之为著作，并给其资用，（然后指）令（他）让而不受，号曰高士”。由皇帝出面，亲手制造“隐士”的假冒伪劣产品，这也够得上旷世奇闻了。

6

凭眼睛看，两座钓台相距很近，可要一一攀登上去，却也颇费周折。原来，它们中间隔了一道堑壑，先要傍着一丛丛的长林古木，从东台下去，走到岔路丫口，然后折转身来，拐个六十度的锐角，再沿着那条通往西台的曲折山路，穿过林莽，一步步走上去。

太阳渐渐地热起来，原来站在东台的高处，"桐江波上一丝风"，吹到身上甚是凉爽；现在回到山坳坳里，顿时觉得热汗涔涔。好在这段山路不算太长，耐着性子，很快就走到了。上到西台，依然是凉风扑面，视野更加开阔。出乎意料的是，西台的石亭竟逃过了"十年浩劫"，有幸保存下来，亭子前面，立着刻有谢皋羽名作《登西台恸哭记》的石碑。石亭的两边柱子上，镌刻着清人徐夜的诗联，是描写南宋爱国志士谢皋羽的"生为信国流离客，死结严陵寂寞邻"。这副对联简要地概括了谢皋羽的生平。

他为人耿介拔俗，少有大志。早年应试科举，不第。至元十三年(1276)，元军南下，文天祥（因他进爵至信国公，故称"信国"）从海路至福建，任枢密使同都督诸路军马，传令各州郡发兵勤王。谢皋羽率先响应，尽散家财，招募乡勇数百人加入抗元队伍，被委任为谘事参军，与民族英雄文天祥结下了深厚情谊。两年后，文天祥在广东海丰五坡岭兵败被俘，次年押解燕京，在三年的囚禁中，面对元世祖忽必烈的威逼利诱、百计劝降，大义凛然，坚贞不屈，至元十九年(1282)，慷慨就义于燕京柴市。

对文天祥之死，谢皋羽悲痛至极，终生引为恨事，从此避匿民间，杜门不出。但时时缅怀故交，经常梦中相见；每逢文天祥忌辰，都要痛哭野祭，寄托哀思。一次，他登上富春江边严子陵钓台的西台，面对渺渺苍空，下临滔滔江水，北望吊祭，哀恸欲绝。这篇感天动地、泣血吞声的《登西台恸哭记》，记叙了这次祭悼亡友的经过和愤激、隐秘的心曲。此后，便往来于浙江中部，遍访宋末遗老，历游山水名胜，四十七岁时病死于杭州，归葬与严子陵钓台隔江相望的白云村，这里也是唐代诗人方干的终隐之地。

正如黄裳在《钓台游记》中所说，并立着的两座钓台，似乎向游人分别宣示着两种截然不同的价值观和人生观。一种是在鸡鸣风雨、暗夜如磐的破国亡家之际，以极热的心肠，椎心刺骨，奔走呼号；另一种则是“苟全性命于乱世，不求闻达于诸侯”，以至一头扎进寂寂的空山，完全与世隔绝，表现出至重至深的超拔与冷漠。但事物往往是错综复杂的，不似画图中的颜色，黑就是黑，白就是白。严子陵与谢皋羽，表面看来，他们代表了上述两种划然对立的思想境界，各据一端，如隔重城。其实，综观严子陵的言行，他的避官遁世原有逃避“新莽”的意向在焉，明末清初的文人钱牧斋在序《钓台汇集》时就曾指出了这一点。

也是在《钓台汇集》序言中，钱牧斋说过这样一段耐人寻味的话：世上的学者全都不了解严子陵的深心，揣度起他的“不仕光武”之故，各执一词，却都没有说到点子上，唯独南宋的谢皋羽深知此中奥义。“何地不可痛哭，而必于西台？以谓子陵之于西京，信国之于南渡，其志其节，有旷世而相感者也。”钱牧斋认为，严光对于西汉，和文天祥对于南宋，有“旷世而相感”的深情，所以，谢皋羽才选中了钓台这个特殊地点悲歌痛悼的。

对于一度觍颜事清的钱牧斋，后世一向是薄其为人的，他有关严子陵的发覆，人们也未必一体认同。但隐逸不仕，恰如钱氏所言，实在是一种颇为复杂的社会现象。如果只从避离俗尘、寻求解脱这一角度来加以诠释，必然会失之简单，流于肤浅。世界上，大概没有哪一个国度，曾像古代中国那样出现过这么庞大的隐士阶层。如何对这一社会现象予以恰中肯綮的剖析，从中找出一些规律性的认识，应该是研究隐逸文化的学人共同关注的课题。

第三十一篇

文明融合

I

考究历史上每一个封建王朝，都会把握一个处于核心地位的话题。说到北宋，总也绕不开“重文轻武”“守内虚外”这个属于战略性的决策；而论及大明王朝，人们立刻会想到“宦官政治”，“权阉肆、祸如林”。那么，金源王朝的历史，什么是核心话题呢？恐怕非“汉化”莫属了。

这个话题说来就长了。金太祖完颜阿骨打在创建大金国之前，女真族还处于部落联盟的社会形态。对辽朝用兵之始，本民族尚未形成文字，由于言语不通，又没有文字可以表达意向，遇事辄以射箭为号。民众不明岁时节序，没有纪年知识，见一次草青便算过去一年。即使是上层贵族，也没有种种岁时活动，不知生日时辰。后来，受汉族风习影响，从皇帝、大臣开始，各自选择吉日作为生辰，比如，金熙宗选定为七夕，粘罕选定的是元旦。

当时的上京，实际上只是一个较大村寨聚落。“皇帝寨”之外，还有“太子庄”“国相寨”等，都是植木为栅，十分简陋。都城外无城郭，内无宫室，四顾茫然，清一色都是茅草覆盖的土房。居民随意往来，车马杂沓而过，自“前朝门”至“后朝门”尽为出入之路，并没有什么禁制。北宋使臣马政等来到这里，太祖首先安排他们随驾出猎，归来后，指令几个儿郎各具酒肴，款待使者。待朝廷正式宴请时，太祖与大夫人于炕上设两个金装交椅，并肩而坐。他对使者解释说：“我家自上祖留传，即是如此风俗，不会奢侈；只住此类房屋，冬暖夏凉，不另修宫殿，免得劳费百姓。请勿见笑！”

源于原始的自然产生的民主制文化，金朝立国之初，仍然实行军事民主制。史载，当时，“有事集议，君臣杂坐，议毕同歌合舞，携手握臂，略无猜忌”。讨论问题时，大家围坐在一起，就着沙地随画随议，议后即全部涂掉。为听取各方面意见，臣下发表看法时，由地位低、年纪轻者先讲，各陈其策，君主最后择善而从。

其时虽有君臣之称，而无尊卑之别。太祖、太宗和普通的女真臣民一样，“浴于河，牧于野”，乐则同享，财可共用。至于车马、屋舍、服饰、饮食之类，与一般臣僚均无明显差异。皇帝唯一特殊的，是有一座供开会使用的乾元殿，也并非坐落于戒备森严的宫禁之中，而是仅栽植一道柳墙加以围拢。大殿中环绕四壁搭置土炕，每逢开会，臣僚杂坐于四面炕上，由太祖后妃恭侍饮食。在皇宫内廷里，如遇下雨积水，后妃们即脱去鞋袜，赤脚走在“御道”上。这些，都体现了当时完颜家族与普通臣下的平等关系，反映出当时的淳朴风尚。

在女真军队中，当时上自大元帅，下至百户长，上下级之间，军官与士兵之间，饮酒会食，犹如父子兄弟，比较随便，彼此情通意洽，很少产生隔阂和疑忌。行军打仗之前，军事首长召集部下官兵聚餐、会饮，一边吃喝，一边议事，主帅很注意听取各类不同意见。战役结束，长官主持全体大会，兵丁场上环坐，由参战有功人员据实自述劳绩，其他人员参与考核。偶尔出现赏罚失当，有欠公允，可以随时更改、调整，准许当事人进行申诉，发表不同意见。

北方少数民族没有太多的文化积淀，自然也不存在着浓重旧习的因袭和历史的负累。除了野蛮、落后的一面，在文化心理、社群关系上，还保持许多原始健康成分的底蕴。苦寒的气候，辽阔的原野，艰难的生计，赋予女真族以豪勇性格、强壮筋骨、质朴民风，和冲决一切的蛮劲、蓬勃旺盛的生命活力。他们吃苦耐劳，勇于进取，擅长骑射，能征惯战。因而，在完颜阿骨打这个女真族的卓越统帅指挥下，铁骑所至，望风披靡，奇迹般地战胜了军事力量超过自己几倍甚至十几倍的强大对手。十一年间，即扑灭了立国二百零九年的辽朝。然后由太宗完颜晟接手，又吞噬了北宋王朝这个庞然大物，这也只用了两三个年头。

2

当然，一切事物都是发展变化的。女真上层统治集团，也和前朝的契丹、身后的元朝一样，当他们从漠北的草原跨上奔腾的骏马驰骋中原大地的时候，都在农耕文化与游猎文化的撞击与融合的浪潮中，自觉不自觉地经受着新文明的洗礼，面临着一场勃兴与衰颓、生存与毁灭的严峻考验。

本来，女真人主要是生活在白山黑水的森林地带，从事渔猎和粗放型的农耕以及作为经济补充的定居型的畜牧生产，与生活在草原上的游牧民族有很大的区别，而与汉族生活方式则比较接近。这是他们接受"汉化"的重要背景条件。又兼随着金人铁骑的军事扩张，以及作为金朝基本国策的大批汉人北迁和女真人的徙居中土，使他们有更多的机缘与汉文化接触。这样，他们便面临着一个极为严峻的现实课题，就是作为文明程度相对低下的女真与经济、文化高度发展的汉族自然融合与同化的问题。民族融合的首要条件，是各族人民必须在一起生活。而金代统治者挺进中原的军事行为和"内迁外徙"的重要国策恰恰提供了这一条件。

北宋时期，高度发达的中原文化，对女真这个北方游猎民族的吸引力和融摄力是巨大的。儒家思想是汉文化的核心。金太祖时，一批望风归顺或被迫羁留的辽、宋两朝汉官，首先把儒家思想带了进来，并为金王朝初步制定一套君臣朝仪制度，受到了举朝欢迎。熙宗朝，正式确认儒家思想为其统治思想。鉴于熙宗和海陵王先后惨遭杀害，篡弑行为屡屡发生，金世宗践位后，更把中原地区儒家忠君、孝亲的纲常伦理，视为维护统治、调协君臣关系的法宝。

从铁一般事实中，金朝君主逐渐领悟到，马上得天下，不能马上治之。要巩固已取得的统治地位，进而统一全国，还需在创建"剑与火"的赫赫武功的同时，有效地饱吸汉民族的文化乳汁，全面借鉴历代中原王朝治国驭民的统治经验。

金朝统治者出于对文化载负者的敬重和对汉文化的认同，早在立国之初，就采取了“借才异代”的特殊政策。他们多方延揽中原文士，曾经委派专人赴山西寻访北宋名臣富弼、文彦博、司马光的子孙；还发出诏令，要求河北各州县四出寻索进士、举人。对于由宋入金的使者，特别是硕儒名士，他们都设法加以挽留。为了罗致人才，金太宗于天会元年(1123)实施开科取士。灭辽、侵宋过程中，女真统治者曾反复强调，必须尽力保护图书典籍，并指名索要国子监博士和太学生。汴京城破，金廷明令戒杀儒士，说“秀才懑恚，忠孝为国，不要杀他”。

随着北宋王朝倾覆，徽、钦二帝被掳，大量中原文物尽入女真铁骑的囊橐。从显型文化范畴的礼乐、仪仗、典籍，到隐型文化范畴的封建等级制度、儒家正统观念以及讲排场、图阔气的贵族生活方式，都受到了女真统治者的倾慕。他们并没有把中原文明付之一炬，而是毫不迟疑地主动接受了汉文化的浸染与熏陶。

其时，举凡文字创立，教育、科举、官制、典章、礼仪的实施，都大量吸收了汉文化的质素。在最高统治者的带头倡导下，通过与汉文化的融合，金源文化的形态与结构得以迅速改观，政治、经济和整个意识形态都发生了深刻变化，对于这个建立在马背上的帝国的巩固与走向成熟，起到了催化作用。当然，其间也包含着颇大的负面效应。

3

据《大金国志》记载，太祖之孙、第三代君主熙宗完颜亶，自幼即十分聪悟，后来跟随长辈南征中原，接受燕人韩昉和中原儒士的教诲，遂醉心于汉文化，平日儒服打扮，喜欢诗词、书法和弈棋、象戏，所交游的都是一些文墨之士，这种生活环境决定了他的文化选择，从而完全丢掉了女真固有的文化传统。他对女真的开国旧臣竟斥之为“无知夷狄”；而他在这些耆宿旧臣眼中，则“宛然一汉户少年子也”。

熙宗非常明朗地表示：“太平之世，当尚文物，自古致治，皆由是也。”他可以算是金朝第一代的汉化女真人。登极之后，出巡燕京，长达八九个月，留连忘返，乐不思归。古老而丰富的幽燕文明，包括中原皇帝威仪万方的无尚尊荣，汉族士子诗礼蔚然的儒雅风流，以及楼阁的巍峨、弦歌的优美、街市的繁华、生活的潇洒，都使他如饮醇醪，既娱悦了身心，又大开了眼界。

历史上，从陈胜到刘邦，这类草莽英雄初践皇位时，都曾遇到过如何制定礼仪以建威严的现实问题。陈胜刚刚称王，原来一起佣工的伙伴跑来要见他，门卫不给通报，他们便在街头拦住陈王的乘车，并大声呼叫着他的名字。没奈何，陈胜只好载上他们一起回来。进了王宫，看到宫室之美、陈设之精，这些人又指手划脚，议论短长，闹闹嚷嚷，不成体统；不仅随便进进出出，而且讲些陈王的不尽光彩的旧事。为了维护王者的尊严，陈胜接受侍臣们的建议，索性把他们杀掉了事。结果呢，很糟很糟，一些老朋友都相继走开，躲得远远的，再也没有人亲近他了。

刘邦即皇帝位，虽然也曾遇到过类似麻烦，但由于身旁有几个懂得“周公之礼”的儒生帮忙，情况便大不一样。当时群臣喝醉了酒，个个争功邀赏，有的狂吼乱叫，有的拔剑击柱，弄得高祖十分烦苦。儒生叔孙通便为刘邦出主意：依照先王旧制，明尊卑之序，定君臣之礼。礼仪一定，有章可循，人们的行为受到了规范，朝廷内外立刻井然有序。那些共同起事的将领，无拘无束惯了，这回都变得服服帖帖，一个个规行矩步，跪拜如仪。刘邦高兴地说：“吾乃今日知为皇帝之贵也！”

金熙宗同样尝到了这个甜头。在燕京期间，身旁的一大批儒臣，每天都投其所好，大唱赞歌，讲些谄谀媚上的话，教之以宫室之丽、府库之盈、服御之美、燕乐之侈、妃嫔之盛、乘舆之贵、禁卫之严、礼仪之尊。这样，熙宗便接受了群臣所上封号，初御衮冕，始备法驾，美得“不亦乐乎”，光是仪仗队就动用士卒一万四千多人。

返驾回銮之后，熙宗也在会宁府设立仪卫将军，禁止亲王以下佩刀入宫，出则清道警跸，入则端居九重，大臣勋戚要到规定时间方得朝见，而且也效仿汉家制度，臣下面君必须拜伏阶墀。早在几百年前，唐代诗人骆宾王就曾咏叹过："山河千里国，宫阙九重门。不睹皇居壮，安知天子尊！"熙宗此刻也正是这样，安坐在金銮殿上，饱享天子的安富尊荣。自此，君臣上下迥分霄壤，确立了皇帝的专制威仪，摈弃了建国之初君臣、尊卑、贵贱混同的礼俗。在尔后的八九年间，熙宗对朝廷的职官制度、地方行政制度、法律制度、礼制、仪制、服制，以及历法、宗庙制度，都进行了全盘改革，呈现出"政教号令，一切不异于中国"的局面。

4

海陵王完颜亮也是太祖之孙，从小就接受了系统的汉文化教育，有很高的文学修养。其父完颜宗干是熙宗朝推动女真人学习汉制、改革女真旧俗最为得力的权臣政要。在这种环境下成长起来的完颜亮，杀掉熙宗，登上皇帝宝座之后，自然会在女真"汉化"方面迈出更大的步子。迁都燕京是其决定性的一步。这一举措，表明了他以最大的决心加速推进改革，强化中央集权；并主动介入汉人居住地区，与汉人地主、官僚进一步结合，消除民族间的对立，铲削氏族贵族的特权，彻底同女真旧势力决裂，走中原封建制的道路。

以后，海陵王为部下所杀，由同是太祖之孙的完颜雍践位，是为金世宗。初始阶段，他对完颜亮迁都燕京和女真急剧"汉化"所带来的种种后果是深感不安的，他担心长此下去，女真的子孙后代会"数典忘祖"。接受前朝教训，为了笼络宗室贵族，他一上台即声讨海陵王捣毁上京的罪行，恢复上京名号，重建宫室、宗庙，并亲临上京巡幸，同据守在这里的本族元老派势力一道，进行抵制全盘"汉化"的斗争。世宗强调宗室子弟必须说女真话，学习本民族文字。当时，女真人改汉姓、着汉服、习汉俗的现象极为普遍。世宗痛斥说："习学汉人风俗，是忘本也。"通过开展各种活动，倡导恢复女真古风，并于大定十三年(1173)、十七年(1177)先后两次颁布禁令，不许女真人改用汉姓和着南人衣装，犯者抵罪。

世宗对于恢复女真习武、骑射等传统，尤为重视。他多次号召，要通过整军经武，重振故国雄风。一次，南宋贺生辰使到达燕京，按惯例，双方要举行宴射活动。宋使射中五十，而金廷卫士只射中其七。世宗当场批评他们“饱食安卧，专务游惰”，从这里可以看出他的良苦用心。

但是，当时“汉化”倾向已成不可遏止之势，不管如何下令制止，都无法阻止这种社会风尚的蔓延。而世宗本人，认识与实践也并不一致。虽然他严苛指责海陵王忘本弃祖，而他自己却也同样醉心于中原文化。他和前面的完颜亮以及后来继承大统的金章宗完颜璟，都是才华横溢的诗人。君主带头吟诗填词，无疑会产生强大的号召力，成为风行全国的“诗教”，从而逐渐形成强劲的尚文崇儒风气。

其实，这种浸染汉习、修文偃武的风尚，主要还是由金朝几代皇帝带动起来的。原来，在“汉化”方面，金朝与辽朝有所不同。辽朝吸收汉人士子，主要着眼于政治体制的改革，而不在于借鉴文化，辽朝的帝王对于汉文化也并没有颇大的兴趣；而金朝则不然，汉人士子对于吏治并没有太多的建树，只是在文学方面大显身手，而这方面，恰恰得到了中后期的金朝最高统治者的重视。

对于君王们一意崇文尚儒，一些女真军事贵族早就产生了强烈不满的情绪。一天，金世宗正在与诸王、大臣赋诗唱和，军事家完颜兀术的儿子、武将完颜伟实在抑制不住内心的不满，闯进去叩首直言：我国起自漠北，君臣将帅凭借着强大的武力与雄才伟略，得以灭辽吞宋，诸番惧服。近年来，辽、宋亡国遗臣，以华文丽采败坏我们的淳厚土俗，不能不引起应有的警惕。当前，南宋志在恢复，蒙古更不受调役，西夏亦复屡次犯边，而本朝的军威与武备，已经大不如往时。可是，皇帝却从来不谈论兵事，把战将们抛在一边，认为同这些人无话可说；只是让文士们朝夕守在身旁，难道要靠那些整天玩弄诗词的人去上阵杀敌吗？

这一席酸中带苦的悻悻之言，充分暴露了一些军事贵族久积胸臆的愤懑情怀和忧患心理。

金世宗号称中兴令主，在旧代史书中有“小尧舜”之誉。尽管其中不无溢美的成分，但此后的二十余年，确曾出现过治平景象。当然，里面也隐伏着深重的危机，晏安鸩毒，军无斗志，正在逐渐成为金朝中晚期的不治之症。世宗之后，整个国运就开始走下坡路了。一个带有规律性的历史现象就是：颓势一经形成，便如病入膏肓，不但无法逆挽，而且总是愈演愈烈，直到最后彻底垮台。

5

回过头来看，当日女真贵族从本集团的切身利益出发，种种忧虑和不安都不是无谓的。尽管以他们所处的社会时代和认知能力，不可能解读深藏其中的文化价值哲学的底蕴和社会历史发展的规律，但直观的感觉在提醒他们注意：作为胜利者，女真贵族集团在充分获取、享用汉和辽文化硕果的同时，也在吸收这两个封建王朝消极、腐朽的东西，而把本民族所固有的健康质素渐渐地丢掉。此之谓“成也萧何，败也萧何”者也。

是的，从茫茫塞野的“弓刀夜雪三千骑”，到繁华都会的“灯火春风十万家”，对于一个世代生长在艰苦环境中的质朴民族来说，无疑是十分严峻的生存考验。作为统治集团利益的代表，他们当然不能忽视这样一个至关重大而又无法回避的问题：在政治制度、民族素质、文化情境、社会心理方面，如何割除腐败、奢靡的肿瘤，振作民族精神，克服晏安积习，保持本民族所固有的优势？

女真人的全盘“汉化”，彻底改变了其传统的生活方式，养成他们骄惰奢靡、晏安逸乐的生活作风，从而使这个一度生气勃勃的民族最终走向衰落。正如金世宗对臣僚所说的，山东、大名一带的一些军事贵族，骄纵成性，本人不亲稼穑，也不让家人从事农作，而是全部交给汉人去耕作，坐取租金而已。富家尽服纨绮，酒食游宴，而生活尚不富裕的也争相效仿。有的则“种而不耘，听其荒芜”，甚至靠出卖奴婢和土地来维持其寄生生活。即使是生活在金源内地的女真人也同样染上了懒惰奢靡之风，“宗室子往往不事生业”，而女真官僚“随仕之子，父没不还本土，以此多好游荡”。

女真人的全盘“汉化”，彻底销蚀了其传统的尚武精神，使得这个昔日强大无比的“马上民族”，在蒙古人的铁蹄下变得不堪一击。当日以两千五百人起兵的完颜阿骨打，仅用了十一年的时间，就将辽、宋两大帝国彻底征服。那时的女真人何以如此强大？《金史·兵志》上说：“原其成功之速，俗本鸷劲，人多沉雄，兄弟子姓，才皆良将，部落保伍，技皆锐兵。”然而，仅仅三四十年之后，随着南迁内地，女真人就渐渐浸染了中原浮靡骄惰的积习，而尽失其昔日的勇锐。女真人的“汉化”，从根本上改变了他们昔日的好战精神和勇敢无畏的性格。宋人对此做过比较：

> 金人之初甚微……当时止知杀敌，不知畏死，战胜则财物、子女、玉帛尽均分之，其所以每战辄胜也。今则久居南地，识上下之分，知有妻孥、亲戚之爱，视去就、死生甚重，无复有昔时轻锐果敢之气。

更有甚者，是到了金朝晚期，宣宗完颜珣经受不住蒙古铁骑的袭击，从燕京仓皇逃窜到汴京。像当年的宋徽宗一样，整日间醉生梦死，纵情声色，倚红偎翠，笙歌不绝，似乎强敌的威胁根本就不存在。主荒于上，臣嬉于下，把一个好端端的江山弄得一塌糊涂，不但武备虚弱不堪，而且文治也无从谈起。

女真人从“尚武”到“不武”的转变，给大金王朝的国运兴衰带来了决定性的影响。借用一句元人的话来说，就是“金以兵得国，亦以兵失国”。

6

人，既是社会文化的创造者，也是社会文化的制成品。一方面，人们在社会生活中不时地接受一定文化的传播，又必然不时地摈弃着某种文化；另一方面，人类创造的文化，无一不包含着自我相关的价值、功能上的悖谬，并且随着时间的推移，不断地做反向运动与转化。这种文化上的悖论，似乎有意地开人类的玩笑——创造的结果、最后的效应，恰好同原初的愿望悖反。

这里，我想到19世纪初发生在欧洲的一则轶事。在沙皇亚历山大的亲自率领下，帝俄军队与奥、普等反法联军一起追击拿破仑的部队，驰骋在欧洲大地上，并以胜利者的身份进驻巴黎，算是彻底打败了法国。可是，当俄军撤离法国凯旋归来时，人们却惊奇地发现，这支军队已为被征服的土地上的新思潮所濡染。战士们回到俄国，见到城乡中依然盛行着农奴买卖制度和惨酷的肉刑，不禁为之义愤填膺，纷纷起来抗议。这又是沙皇亚历山大始未及料的。

类似问题也出现在元朝帝国。开国的成吉思汗大帝，武功赫赫，横扫亚欧大陆，那该是何等强盛啊！可是，几代传承之后，就一步步走向式微。蒙古军一旦住进繁华的农耕区，很快便在歌舞狂欢、酒肉征逐中败下阵来。不出百年，就腐败得将军拉不开弓，士兵跑不动马，面对着汉族起义军一触即溃，最后，末代皇帝只好从繁华的大都狼狈地逃回草原，逐渐消失得无影无踪了。成吉思汗及其子孙光华夺目的军威，在人类古代战争史上，终于像彗星般一掠而过的事实表明，文化落后者是不可能长久保持武力征服成果的，到头来终将在思想上、文化上溃败于被征服者。

这些情况也说明，弥漫于当日金廷上下的种种殷忧是无济于事的。某种文化世界一经被创造出来，便不以某些个人的意志为转移，而是作为一种超越自我的异己力量客观地存在着，它不为尧存，也不为桀亡。这里反映了一种社会发展的必然趋势。

金章宗完颜璟是他的祖父金世宗在世时亲自指定和培养的继承人。完颜璟由金源郡王晋封为原王，操女真语入朝谢封。其时，世宗正在大力倡导保持女真旧俗，见状大喜，对群臣说："朕曾诏命诸王习本朝语，唯原王习之最力，朕甚嘉之。"可是正是这个原王，即位后，大倡文治，崇尚儒雅，整天谈经论道，寄兴吟哦，每当发现群臣中工于诗文者，必定记下姓名，拔擢到要害部位；也正是这个原王，推行汉化最坚定，也最见成效；正是在他当政时期，最后完成了女真社会的封建化；还正是这个原王，像宋徽宗一样醉心文艺，偏好宋徽宗的瘦金体，书法专学徽宗，笔迹酷似，以至后人难分彼此。因而宋人传说，金章宗的母亲，原是徽宗一位公主的女儿。所以，章宗"凡嗜好书札，悉效宣和，字画尤为逼真。金国之典章文物，唯明昌(章宗年号)为盛"。

女真汉化，亦即封建化的进程，直接推进了金源文化的发展。不过几十年时间，就从建国之初尚无文字，发展到大定、明昌之际文化上的巨大跃迁，以至自立于唐、宋之林，以文治见称于史册。有金一代，不仅诗词创作达到了一个新的高峰，而且院本、杂剧与诸宫调也在后来的文学史上放出了异彩，为北曲和元人杂剧的发展与繁荣创造了条件。通过异质文化的融合渗透、优势互补，更使多元一体、具有丰富内涵的中华文明获得了不断发展的契机与活力，形成了兼收并蓄，集多种民族文化之长的完整体系。

金人侵宋是野蛮的，非正义的，它给中原大地带来了一场灾难。而中原文化与北方文化的融合，却主要是在战争过程中实现的，战争的胜利者在征服敌国的过程中接受了新的异质文明，这种新的文明最后又反过来使它变成了被征服者。从这一点来说，却又是文明的征服。诚如马克思所说，野蛮的征服者总是被那些他们所征服的民族的较高文明所征服，这是一条永恒的历史规律。

第三十二篇

家天下

I

以撰写大观楼一百八十字长联闻名于世的清代诗人孙髯翁，登临滇南武定狮子山时，听说明初“靖难之役”中流亡出走的建文帝曾经长期遁迹于此，一时感慨兴怀，为雄才大略、虑远谋深的朱元璋创业有方却交班无术而深致惋惜，当即赋诗一首，其中有这样两句：

> 滁阳一旅兴王易，建业千宫继统难。

其实，当日朱元璋接替郭子兴成为“滁阳一旅”的领军人物，击楫渡江，建立应天据点，孤军独守，兴王创业，又何尝容易！无非是，比起后来在帝都金陵（古称建邺）反反复复地选择继统对象，最后仍然出了纰漏，相对来说，较为顺利罢了。

不管怎么说，这寥寥十四个字，确实概括了封建王朝在开基与继统方面一个带规律性的现象。

在“家天下”、世袭制的体制下，一切封建帝王，尤其是开国皇帝，对于继统问题无不极端重视，都把它看作是立国之基、社稷之本。当取得皇位之后，他们所昼夜焦虑、念兹在兹的，是自身的统治权如何巩固；而随着皇权的日趋巩固和高度集中，王位继承问题便一跃成为“悠悠万事，唯此为大”的核心问题。

对于继统问题，朱元璋当日绸缪甚早，还在做吴王时，就确定嫡长子朱标为世子，即皇帝位后，遂封为太子。不过，他逐渐地发现，朝中掌控要津者多是一些元勋大老，而生性仁和、温文雅驯的朱标，势难驾驭这个国事繁剧、边防多事、矛盾纷繁的全局。不久，朱标病逝。依照老皇帝的意向，四子朱棣沉雄、果断，颇有父风，应该册立他为皇储。但朝臣们都以朱棣本系庶出(生母为高丽国进贡给太祖的一个妃子)，前面又有两个兄长，弃兄立弟，"违反古制"为由，极力加以反对。最终确定朱标之子允炆为皇太孙。朱元璋也料到了诸叔王未必服气，便特意编写一部《永鉴录》，教育诸王安分守己，顾全大局；又颁布了《皇明祖训》，提出皇亲中如果发现谋逆之事，格杀勿论。但是，这一切终究是纸上文章，一旦他撒手红尘，约束力便化为乌有。诸叔王凭借手中的雄厚实力，言多不敬，行辄越法，根本不把这个年轻、文弱的建文帝放在眼里。特别是燕王朱棣，从青年时代起，即跟随父亲驰驱疆场，战功卓著，成为诸王中的佼佼者，对于建文帝构成了严重威胁。后来，终于借口奸臣跋扈，朝廷孤立，社稷危亡，援引《皇明祖训》，以"清君侧"为由，入京"靖难"。从而爆发了一场持续四年之久的争夺皇位的内战，史称"靖难之役"。

说到"古制"，需要远溯到上古时代。在母系氏族社会，民主选举产生部落首领，财产统归以母系计算的氏族共有。后来进入父系氏族社会，出现了私有财产，但共同财产部分仍然属于全体成员所共有。因而，氏族成员仍然拥有选定与撤换首领的权利。到了公元前 21 世纪，出现了第一个世袭君主制王朝，"夏传子，家天下"代替了"天下为公"、选贤任能的禅让制。接下来是商朝。学者王国维认为，商之继统法，以"兄死弟及"为主，而以"子继"辅之，无弟而后传子。执行的结果，是导致王位纷争，国都几次迁徙，史称"九世之乱"。迨至西周前期，周公旦曾以武王之弟身份继位称王，但由于兄弟不服，引起了一场叛乱。这样，便产生了"皇位嫡长子继承制"：在后妃所生诸子中，皇后之子优先继位；而在皇后所生诸子中，长子又具有优先继承权。明初朝臣所谓"古制"，就是指此。

这种体制的建立，源于宗法制度，更同皇帝多妻制紧相联结着。封建帝王为确保其家族香火绵延，并满足其无度的淫欲，遂广置后妃，以充后宫。《礼记》上说:“古者天子立六宫、三夫人、九嫔、二十七命妇、八十一御妻。”后世有了更大的发展,到了唐代,皇后之外,还有贵妃、淑妃、德妃、贤妃,统称夫人;昭仪、昭容、昭媛、修仪、修容、修媛、充仪、充容、充媛,叫做九嫔;另有婕妤、美人、才人各九人;宝林、御女、采女各二十七人。开天之际,长安三宫和东都两宫,共有宫女四万人。以当时全国四千多万人口计,唐玄宗的妻妾占了千分之一。这样,皇子自然瓜瓞连绵,动辄上百。只能根据母亲身份贵贱,将皇子区分为嫡子、庶子。最后,依照先嫡先长、后庶后幼顺序,锁定一个王位继承人,以保证皇权在家族内部平稳过渡。

这种“嫡长子继承制”,起于周初,止于清代前期,实行两千七百多年。对于皇权顺利交接、防止皇族内部因为争夺储位而同室操戈,确是起到一定作用。且看,从西汉至晚清,二十九个娃娃皇帝,大体上都还顺利地爬上龙墩,显然借力于这种“百王不易之制”。

当然,其弊端也是显而易见的。本来高度集中、不受制约的专制皇权,对于君王的个人德才素质与治国理政能力,提出了至高、至严的要求。可是,“立嫡立长不以贤”,断然放弃了德才考量,成为一种典型的排除贤才、摒弃智能的继统方式。这种强烈的反差,使它与儒家的“尚贤”“传贤”的政治理想完全脱节。最严峻、最尖锐的矛盾,还在于它同现实的需要根本对不上号。如所周知,在纷繁万端的政治事务和错综复杂的宫廷纷争面前,即使经过严格挑选的贤能君主也难以应对,何况在嫡长子继承制度下,幼儿、白痴、草包、恶棍登上皇位,在所难免。而由于君主的终身制,其后果就更为严重。明朝十七帝共二百七十六年,有八人庸劣不堪,占去一百七十三年,而昏聩的嘉靖和以懒惰著称的万历,分别在位四十五年和四十八年。难怪这个庞大帝国,中后期竟然弄得那么混乱糟糕!

制定嫡长子继统制的出发点,是太子定位之后,诸皇子各守本分,从而弭除祸乱;实际情况恰恰相反,其间命定地潜伏着种种危机。太子预定之后,在后妃生下的众多皇子中,难免会出现才能、功业、威望超常的二三佼佼者,那么,东宫太子将何以安其位?纵使因为老皇帝在位,暂时使祸乱隐蔽下来;可是,如果太子本人根本缺乏统御天下的才具,未来总是难以坐稳龙墩。这样,老皇帝在撒手红尘之际,又怎么能够放心、瞑目?

嫡长子继承制的实行,存在着太多的变数与不确定性,制约、干扰的因素很多。比如,许多皇后并没有生下儿子,或者虽然生了儿子却又早夭;有一些即使得以顺利地成长,或因君王的好恶妨害了嫡长制的实行,或因对于皇后的感情变化,"爱屋及乌"或者"殃及池鱼",也会影响到嫡长子的继统;再就是,权奸、藩镇、阉宦、后妃、外戚干政,也是影响嫡长子继承制贯彻实施的重要因素。

史书记载,秦汉两朝二十八位皇帝、宋代十八位皇帝中,嫡出的却只有三人;东汉诸帝中竟无一人为皇后所生;唐代二十二位继统的皇帝中(开基创业的高祖李渊和大周皇帝武则天除外),只有六人为嫡长子,不到三分之一。说到制约、干扰的因素,唐代颇有代表性:前期,太宗至肃宗七朝皇帝,全部是通过宫廷斗争登上王位的;后期,穆宗至昭宗八朝皇帝中,七人为宦官所立,只有敬宗一人凭借储位侥幸继统,最后还是被宦官弄死了。

鉴于嫡长子继承制存在着诸多弊端,实行过程中又会遭遇种种变故,历代封建统治者不断采取补救措施,对建储、继统制度加以完善。他们不遗余力地宣扬儒家的纲常名教,倡导君尊臣卑、君敬臣忠、父慈子孝、兄友弟恭,为执行这一制度奠定必要的思想基础,特别是高度重视对于皇太子以及诸皇子的人格塑造和品德教育。与此同时,他们也曾实行一些极端的防范措施。比如,北魏为防止母后专擅,规定册立太子之前,必须先将其亲生母亲杀掉。姑无论这种做法残酷惨忍、泯灭人性,单就效果而言,也所见甚微。因为危及皇权的因素实在太多,岂是杀掉一个母后所能了断!辽太祖耶律阿保机的改革措施是,皇位继承人先在本部宗亲中选择,使多名候选人同时备选;最后在有各个部族及政治集团参加的"世选"中,实行终选。结果是未见其利而先受其害——每个候选者都有一定的政治势力作为后盾,从而引发了候选人(及其后台班底)之间的激烈争夺,直接导致王朝动荡、社会混乱,终辽之世,未曾平息过。

清代雍正帝即位之后，鉴于康熙帝为建储一事殚精竭虑，最后还是祸乱丛生的深刻教训，着手对建储制度进行改革。具体做法是，由皇帝将准备继统的皇子的名字，亲写密封，藏于匣内，置之乾清宫“正大光明”匾额之后，待皇帝晏驾后，再启封揭晓。这样，建储就由公开转向秘密，皇帝一人独掌权衡，不受任何干扰。同时，也使皇位继承问题暂时显得不那么尖锐、敏感，延缓了皇室内部的火并、争夺。当然，根本性的矛盾并没有解决。

乾隆帝继位之后，曾经试图对这种“秘密建储制”加以改进，就是在储位秘定后明确宣布：待预定的皇子年龄稍长、识见扩充、志气坚定，骄矜之气不再生、诱惑之举不为动之时，他将布告天下，以明正储位。然而，在实际践行中，却遭遇了严重挫折，两次预立的嫡子相继早殇，使他原来由秘密到公开立嗣的想法未能得以实现。他把个人的失算归结为天意，说：“先朝（指其父祖辈）未有以元后正嫡绍承大统者，朕乃欲行先人所未行之事，邀先人不能获之福，此乃朕过也。”最后回过头来，又把乃父的秘密建储制度重新捡起，并作为本朝基本制度坚持下去。乾、嘉、道、咸四代，没有一个是嫡长子。百余年间，皇位继承大体上顺利。

2

纵观两千多年封建王朝史，“嫡长子继承制”也好，“秘密建储制”也好，都未能从根本上消除皇位争夺的祸端。可以说，自从皇权世袭这一体制确立下来，就始终潜伏着无法克服，甚至是无法预测的矛盾，成为一切封建王朝永远跳不出的怪圈：要么，你就干脆放弃“家天下”、世袭制，“天下为公”，选贤任能；要么，就得每时每刻都要面对这一根本无法解决的难题，兵连祸结，骨肉相残，朝廷危机四伏，社会动荡不宁，直至政权丧失，国家灭亡。放弃前者不可能，因为“家天下”、世袭制是历朝封建皇帝的命根子。这样，就只能永无穷尽地吞咽混乱、败亡的苦果。

祸乱的根源在于“普天之下，莫非王土；率土之滨，莫非王臣”，君王拥有绝对的权威、至高无上的权力，世间一切荣华富贵集于一身，而且又能传宗接代。面对皇权的强大诱惑力，一切觊觎王位的人，都不惜断头流血，拼命争夺。这样，交班就成为老皇帝最为棘手的难题。

且看历史上几位大有作为的英主——

隋朝的开创者杨坚，平定江南，统一中国，结束了自东汉末年军阀混战以来长达四百多年的分裂割据局面。本人也躬行节俭，励精图治，堪称"一代英主"。但由于他猜忌多疑，最后导致建储失当，所传非人，不出十四年，就使繁荣富强的隋王朝归于覆灭。

杨坚登上帝位之后，确立嫡长子杨勇为太子。杨勇赋性仁厚，率直任性，不懂得曲意逢迎；加上有些事没有处置好，造成父母疑忌，使他的太子地位发生了动摇。这就为聪慧狡黠、善于伪装，从而博得父母欢心的皇次子杨广趁势夺取储位提供了机会。杨广成为太子以后，原形毕露，日益骄纵无忌，竟至调戏他父亲的宠妃。杨坚这时才认清其狡诈嘴脸，顿生废黜之心。杨广见势不妙，便抢先下手，投毒害死父亲，抢登帝座。结果引发内乱，双方出动了数十万兵马，浴血凶杀，朝野上下为之震荡。

先前，文帝杨坚曾自豪地说："前世天子，溺于嬖幸，嫡庶分争，遂有废立，或至亡国；朕旁无姬妾，五子同母，可谓真兄弟也。"谁知，曾岁月之几何，这五个"真兄弟"，便为疯狂的权欲、野心所驱使，明争暗斗，势同水火，最后，五人竟无一善终。

唐朝的开国帝王李渊，带领建成、世民、元吉同胞三兄弟，起兵反隋，很快就攻下长安，建立了唐朝。遵照皇位嫡长子继承制，李渊登极一个月，即册立嫡长子建成为太子，同时封世民为秦王，元吉为齐王。为了帮助太子树立威信，李渊经常委之以重任，每次临朝，都让他随侍左右，使之洞悉国事，增长才干。而把领兵出征、削平四方割据势力、镇压农民起义、广泛扩展地盘等重要军务，都交给了世民。本来，在灭隋立国过程中，主要是依靠世民的智谋和勇敢，现在，由于他战胜攻取，屡建奇功，勋劳卓著，就益发获取了崇高威望。在世民手下，有一大批著名战将，还有号称"十八学士"的智囊团队;而建成与元吉串通一气,外结朝臣,内连嬖幸、宠妃,在父王面前诋毁世民。从而在王朝内部形成了两个势不两立的政治集团,斗争之激烈达到了白热化程度。

在这一始料未及的严重态势面前,李渊陷入极度苦恼之中:明明知道,世民劳苦功高,应该得位;可是,建成待位已久,又无法让他退出。真是事出两难,一筹莫展。最后,他想出一个点子,让世民居洛阳,"自陕以东皆主之",建天子旌旗,规格拟于皇上。李渊的意图,是想借鉴汉文帝的经验,通过施行"平衡术"来缓和兄弟间的冲突,并保全诸子。但他并未深加考虑,雄心勃勃的世民,如果独据陕东,不啻如虎添翼,最后必然导致一朝二主,国家分裂。后来经过建成提醒,老皇帝也就幡然省悟,收回成命。

恰在这时,突厥发数万骑兵大举进犯,太子提议由齐王元吉代替世民率兵出征,以夺取世民的兵权;齐王又提出条件,要秦王府的尉迟恭、程知节、秦叔宝等大批将领随军出征,采取"釜底抽薪"策略架空秦王,以便乘机将他除掉。李渊并没有想到这一层,也就点头同意了。但秦王府的智囊却看得一清二楚,他们立刻商议对策,最后决定抢先下手,伏兵玄武门,截杀建成、元吉。这就是历史上著名的"玄武门之变"。结局是,三天过后,李渊便宣布世民为太子,全权处理国家政务,两个月后太子即皇帝位,李渊当了太上皇。

清代学者王夫之在《读通鉴论》中评论说,初得天下,李渊完全可以创制垂法,立贤能、有功者为皇储,而不必拘守"立嫡立长"的成例。可是他没有这么做,结果就步步被动,"故高祖之处此,难矣。非直难也,诚无以处之,智者不能为之辩,勇者不能为之决也"。

具有讽刺意味的是,号称"千古明君"的唐太宗本人,最后也不免重蹈他父亲的覆辙,在立嗣方面屡走败棋。先是立八岁的长子李承乾为太子,悉心培养,无奈他太不成器,胡作非为,后来竟然在权臣的煽动下谋反,事败被废为庶人。皇四子魏王李泰聪明好学,端肃多才,太宗比较看好,曾面许立为太子;但朝中重臣多数反对,指出"陛下日者既立承乾为太子,复宠魏王，礼秩过于承乾，以成今日之祸。前事不远，足以为鉴”，主张立皇九子晋王李治。就在太宗举棋不定情况下，李泰恃宠骄横，干了许多蠢事，最后遭到罢黜。这样，李治便获得了储位，进而又继承大统。由于他庸懦昏弱，“溺爱衽席”，执意立武则天为皇后，险些断送了大唐王朝。

面对诸皇子争夺储位的火拼纷争，太宗苦恼万分，自叹“我心诚无聊赖”，竟然“自投于床”，“抽佩刀欲自刺”。《新唐书·本纪》中批评他：“以太宗之明，昧于知子，废立之际，不能自决，卒用昏童。”

与唐太宗类似，清代的康熙帝也因为建储问题而耗尽精神，心力交瘁。说起他的功业，确实是彪炳千古，有口皆碑；对于传位、继统的重要性，他也非常清楚，因而很早就做出了安排。早在康熙十四年(1675)，他仅仅二十一岁，就立了皇后生下的二子胤礽为太子。为什么没有立长子胤禔呢？因为他是庶出。在立长立嫡无法兼顾的情况下，康熙帝做了这样的选择。他为了培养太子胤礽，可说是煞费苦心，从小就延请名儒施教，自己还亲自讲授《四书》《五经》；稍长，无论是南巡北狩，都令其随行，朝夕传授治国之道。太子进步很快，学识渊博，而且精于骑射，深得康熙帝的信任和喜爱。

随着时间的推移，众多的皇子相继长大成人，他们各自在权臣的辅佐下，施展权术，培植势力，做谋取储位的准备。而胤礽作为法定继承人，背上的包袱最重，既害怕诸兄弟夺位，又担心老皇帝移爱。于是，在朝中扩充自己的实力，并和权臣索额图结成了帮派，以专宠固位。而索额图与另一位权臣明珠水火不容，拼搏激烈。明珠等就力推皇长子胤禔争储，双方拉开了决斗的阵势。康熙帝自然不会容忍这种事态发生，便先后向两个权臣开刀。索额图被处死后，激起了太子对皇帝的怨恨，蓄意为之报仇。致使康熙帝昼夜担心自己的生命安全，于是决心易储。

这样，又引起了更多皇子的觊觎，尤其是皇长子胤禔、皇八子胤禩，都做了充分表演，被康熙帝一一看穿。在很短时间里，他拘囚了六个皇子。但他毕竟已经年近六旬，这样下去，将如何收场呢？后来，除皇长子外，其余五人全部放出，并让群臣公议立储之事。结果，包括皇九子、皇十子、皇十四子在内的诸皇子及王公重臣，一致保举皇八子胤禩为太子。康熙帝发现胤禩竟如此深孚众望，为了防止其直接危及皇权，便摆出一着出人意料的绝棋，复立胤礽为太子。这一举措，引起了新的混乱，众多保举胤禩者都危不自安。为了稳定人心，康熙帝便对其他皇子加爵晋封。同样没有达到预期目的，反而增加了诸皇子新的拼争砝码；而胤礽也并没有因为得以复立而心存感激，反倒变本加厉地为夺取皇位疯狂运作。结果，迫使康熙帝痛下决心，再度废掉太子。为了给自己选人失当找出借口，康熙帝强调，胤礽的变坏乃是上了坏人的当："凡人幼时犹可教训，及长，而诱于党类，便各有所为，不复能拘制矣。"

这两度废立，反复折腾，使康熙帝受到极大的刺激，对于预立太子的弊端也深有所悟，于是，明令告诫："诸皇子中如有谋为皇太子者，即国之贼，法所不宥。"这当然并不能从根本上解决问题。在帝位至尊、皇权无限的诱惑下，诸皇子哪个也不甘示弱，仍然"纷置党羽，联络臣工，刺探朝政及其父王之起居，希冀迎合上意，借邀宠眷"。就在这日甚一日的激烈竞争中，老皇帝带着深重的苦恼和无边的憾恨，撒手尘寰。

3

前面论及中国封建王朝史上颇有作为、堪称英主的五位帝王，其中的隋文帝、唐高祖、明太祖还是开国皇帝。这些创业垂统、叱咤风云、建树了伟绩丰功的大人物，都曾是攻无不克、战无不胜、所向披靡的强者。照常理推测，他们筹措任何事情都应该是得心应手，心想事成，一帆风顺，没有闯不过的关口。可是，唯独在建储、交班这件事上，屡屡受挫，捉襟见肘，焦头烂额，狼狈不堪。而且，越是那些开基创业、大有作为的英明君主，在处理继统问题上，越是容易出现麻烦。这真是一个发人深思的现象，其间究竟有些什么规律性认识可供研索呢？

我们可以从史学角度进行分析。这种“龙头鼠尾”，或“其兴也勃焉，其亡也忽焉”现象，反映了历史的规律性。鲁迅说过：“无论什么局面，当开创之际，必靠许多‘还债者’；创业既定，即发生许多‘讨债者’。此‘讨债者’发生迟，局面好；发生早，局面糟；与‘还债的’同时发生，局面完。呜呼‘还债的’也！”一声浩叹，感喟无尽。那些费尽了移山气力，开创了宏基伟业的英明君主，不都是标准的“还债者”吗？封建王朝的盛衰、兴替，正是这些“还债者”与“讨债者”（败家子、不成器的接班人）相伴而生、统一构成的必然结果。

我们也可以从哲学角度进行探索。“种下的是龙种，收获的是跳蚤。”这种愿望与实际、动机与效果恰相背离的“悖论”，是一种无解性的命题，也可以说命题自身即体现着不可破解的矛盾。之所以如此，盖因其间封建帝统制度、僵死的惰性的接班人机制起着决定作用。

还有什么角度呢？似可引述《道德经》中“天之道，其犹张弓欤，高者抑之，下者举之，有余者损之，不足者补之”，说明“天道忌全”，不使“一家独大”。老百姓也常说：“上辈精明下辈茶，太阳老爷轮流转。”也可借助自然现象来证明：高山之下，必有峻谷；长松之下，寸草不生。上一代把风光占尽了，不曾为下一代预留余地，结果是“君子之泽，一世而斩”。这是一种带有某些神秘性、先验性的解释。

其然，岂其然乎？

规律说，悖论说，天意说——各逞异辞，言人人殊。

其实，症结所在，是封建专制下的皇位世袭制与终身制。所谓“无解性命题”，根源盖出于此。明确一点说，再英明的君主，也难以摆脱“立嫡立长不以贤”的死框框，最终同昏庸君主一样，陷入那个永远跳不出的魔圈。这里有如下三个侧面：

一是太子。贤也罢，愚也罢，太子这个角色实在难以把持，或者说，很难站住脚。而且，待位时间越长，风险越大，危机越深。作为君权的法定继承人、权力继承的最大受益者，他当然盼望君权能够平稳过渡。可是，实际情况却要复杂得多。太子公开册立之日，便是他与皇帝、与其他皇子启衅之时。太子与皇帝，说是骨肉情深，实际上关系最难处理。对于太子，老皇帝总是戒心、疑心胜过爱意、亲情。皇帝的特权具有唯一性，绝对不容许任何人（太子也不例外）侵犯一丝一毫；而皇帝本身又负有培养太子继承君权的义务，需要帮助太子树立权威，否则，日后接班，他将难以服众，难以遏制女后、外戚、宗室、功臣等多种势力对最高权力的觊觎。在皇帝面前，太子如果太得人心，肯定遭到疑忌；而若真的庸懦无能，又难入英明君父的法眼。这是难解的一种二元悖论，用一句歇后语来形容，叫做“反贴门神——左右难”。

由于处在权力争夺的风口浪尖，太子必然要设法自保，以防备他人取代。除了费尽心机邀宠于君父，还需利用储君身份，扩展私人势力，千方百计压倒潜在的竞争对手。从另一面看，权力是一种强烈的腐蚀剂。一人之下、万人之上的特殊地位，使他虽未践位，但手中握着权力的“潜力股”，升值空间无限；一当其羽翼长成，很容易骄纵自恃，萌生祸心，所谓“储位既正，人性易骄”，权欲熏蒸、野心狂炽。特别是身边还有大批想要扯着太子衣襟往上蹿的权臣、太监，更会极力撺掇他以种种非常手段抢班夺权。历代王朝更迭中，一幅幅父子、兄弟、叔侄互相残杀的血腥画面，彰彰在人耳目。

二是英明的君主。他们属于顶级封建统治者中较有政治远见的人物，特别是那些开国帝王，因为经历了前朝的兵连祸结、社会动乱，熟谙为政得失的要害，所以，总是比较注重轻徭薄赋，勤政亲民，不使社会矛盾激化为国家灾难，危及帝国的长治久安。但是，由于受到时代、阶级的限制，他们的根本出发点不可能是天下或人民，只能是个人及家族的利益。这样，立储之时，首先必然考虑到，如何在众多因素制约下，选出符合皇族利益和皇帝本人意愿的人，以保障皇权的顺利交接、“家天下”的世袭不替。

可实际上，古今中外，对于任何君主来说，包括那些英明睿智、明察秋毫的圣帝贤王，选择接班人都是一个天大的难题。“不如意者常八九”，处置得当、达到理想要求的,为数甚少。由于封建继统实行的是“嫡长子继承制”或“秘密建储制”,缺乏一种公开、公平、公正的机制,皇帝总是根据自己的判断、依凭个人的喜好来选择继统者。再英明的君主,也会看人“走眼”;即使当时并没有看错,而处在动态过程中的太子,随着时间的推移、地位的改变、周围环境的影响,也难保日后不会发生异化。

为了后继有人,能够发皇历经千难万险开创的帝业,那些英主明君在择储、建储的过程中,无不百般慎重,小心翼翼,仔细掂量,唯恐出现闪失。结果导致信息错乱,干扰因素重叠,脱离正常状态,受到某种特殊的意念支配,反而加大了难度与风险。最恰当的例证,是给至爱亲朋做手术,医生越是加倍小心,往往越会出现纰漏。

按照创业与守成的规律,面对开创者所建立的惊天伟业、留下的巨大摊子,以及亟待处置的各种遗留问题,要求继统者即使不能“强爷胜祖”,超越前辈,起码也应该能够相为伯仲。因此,英主选择接班人,难免条件苛刻,期望值过高,总觉得择非所求,未能如愿,以至犹疑不定,出尔反尔。这样,反倒容易挑花了眼;更是导致储君地位不稳,从而横生枝节、平添变故的直接原因。

当然,也有另一种说法,有些强势的君主比较看好弱势的接班人。如果存在下述考虑,这种说法或可成立:一是“一山不容二虎”;二是老皇帝害怕继任者擅革旧制,希望有个“三年无改于父之道”的孝子。不过,更多情况下,恐怕是皇子震慑于无比雄强、桀骜的父辈,在辉煌耀眼的功业面前,常会产生一种自愧弗如的敬畏心理;特别是在强势君父的过苛吹求、严格管束之下,日久天长,遂逐渐养成盲目崇拜、无条件服从、唯唯诺诺的性格。还有一种可能,并非继统者真的弱势,而是父辈过于强势,事业过于宏伟,继统者无法望其项背,相对地看就显得弱势了。

历史经验表明,确立储君还有个最佳时机的选择问题。选立储君,为时过早,并不一定就是好事。乾隆帝最初立储时,正当春秋鼎盛之际,太子才两岁,上面一个长兄,也不过四岁,而且是庶出,不具备竞争条件。因此,没有遇到任何障碍。可由于他在位的时间过长，几十年间，又生下了三十三个皇子。这样，当两任太子相继早夭之后，再怎么选择就大费周章了。当然，立储过晚，同样也成问题。到了“英雄迟暮”之秋，濒临行将谢幕的窘迫处境，时不我与，被动应付，选择余地很小，而变数却很大，种种棘手问题横置其间，必然难于措置。何况，即便是英主明君，到了晚年，也会在性格、心理方面发生一些变异，这就更增加了选拔、培育接班人的难度。

三是客观环境、条件。这一点至关重要。人是环境的产物，社会环境、成熟条件、人生阅历、生命体验，就每个人来说，都是特定的。从这个意义上讲，那些奇才颖异的创业者是不可复制的。他们胜利地削除群雄、横扫六合，经过历史长期的层层汰洗、苛刻选择，终于被推上了政治历史舞台，登上了龙廷宝座。当时，因缘际会，风虎云龙，主动权在握，有尽多的驰骋天地，具备了大展奇才的条件。而那些后来人，包括刻意遴选出来的储君，并不具备君父成长的环境、人生的经历，因而很难造就杰出的才能。这是无可奈何的悲哀。尤其是，绝大多数储君处于承平之世，外无敌国外患，内部一切可以坐享其成，本人又“生于深宫之中，长于妇人之手”，自幼锦衣玉食，不知稼穑之艰难，只能成为纨绔子弟。再加上，有些创业开基的君主，鉴于自己一生历险犯难，吃尽了世间苦楚，不忍心再让孩子重走老路，便一味放纵、溺爱。这样培育出来的接班人，必然庸劣不堪，不是昏聩无能，便是贪残暴虐，绝无杰出、优秀之可言。

通过前面的“三论”和后面从三个侧面所做的剖析，我觉得问题大致说清楚了。

第三十三篇

情是何物

I

“问世间，情是何物？直教生死相许。”元好问的这两句词，我是在读高中时记下的。前些天，忽然见到有的文章说是台湾作家琼瑶之作，不禁大吃一惊。细想想，又觉得怪也不怪，多年前，不是有个文艺出版社编选了《琼瑶的诗》，竟然把“蒹葭苍苍”和《红楼梦》中林黛玉的《问菊》诗都列在了这位当代女作家的名下吗？说来真叫人脸红，还是到此打住。

记得那天教语文的石先生给我们讲的课文是汉乐府《孔雀东南飞》。当谈到诗中主人公刘兰芝和焦仲卿为反抗封建礼教的压制，分别“举身赴清池”与“自挂东南枝”，以死殉情时，他在黑板上写下了这两句词。说，金代文学家元好问写过两首有关殉情的词，课后同学们可以找来看看。至于这两句，他并没有多加阐释，可是，却给我们这班初涉世事的年轻人留下了一道终生都在叩问、求索的问题。是呀，情是何物？竟有如此巨大的震撼力量！

那天，石先生还说，堪与这首被明人称之为“长诗之圣”的经典作品比美的，在西方还有剧作家莎士比亚的《罗密欧与朱丽叶》。那时的中学生与今天的不同，眼界闭塞，读书范围也窄，多数人还是第一次听到这部作品的名字。先生便略为详细地讲述了剧情，讲了年轻、勇敢、纯洁、善良的一对恋人终因两个家族的世仇而双双赴死的人间悲剧。最后，他以嘶哑的声音朗诵着罗密欧自杀前的那段话：“你无情的泥土，吞噬了世上最可爱的人儿，我要擘开你的馋吻，索性让你再吃一个饱！”

先生年轻时当过副刊编辑，文学修养很深，20 世纪三四十年代在沈阳的《盛京时报》、大连的《泰东日报》上发表过许多作品。教我们课时已经年过半百，但是，仍然热情似火，充满了诗人气质。平素感情容易激动，有时一件细微的物事，也会激起他奋袖低昂，情见乎辞，脸上经常浮现着红艳艳的华彩。据校医说，这和他患有严重的肺结核也有直接关系。这天，他又是带着两颊潮红，像是醉酒一般，讲了一大篇，然后匆匆地离开了教室。

几天后，先生便因咯血住进了医院。我是班上的语文课代表，受班上同学委托，到病房去慰问他。这天，他精神很好，在询问过课程的情况后，又从《孔雀东南飞》谈起了"情死"这个话题。说，过去在编辑部，听一位南方籍的同事讲过，西南少数民族地区也有一部类似《孔雀东南飞》的长诗，名字记不得了。据说，这个少数民族殉情在历史上是十分盛行的。

此后不久，"反右"就开始了，石先生被错划为右派。批斗中，由于大量咯血，终致惨死在会场上。当时一条突出的罪名，就是他曾经在课堂上大肆宣扬爱恋和殉情等"极不健康"的内容，严重地毒害了青少年稚嫩的心灵。可是，我们这些学生却私下里议论，课讲得最棒的就是石先生。别的老师克勤克谨，照本宣科，尽管也是严肃认真，但只是一般地授业、解惑；而石先生则能够以其汪洋恣肆的才情和富于魅力的讲演给学生以感染。他交给学生的是一把开启心灵的钥匙，一大堆颇富情趣的问号和渊深渺远的联想。

2

几十年倏忽飘逝，石先生的面影早已变得模糊不清了。可是，那堂颇有特色的语文课，至今我还记忆犹新。遗憾的是，先生谈到的那部少数民族的杰作却始终没有见到，后来读大学中文系，曾经向业师请教，也没有弄出个究竟。我曾经怀疑是否先生记错了。又过了许多年，大约是 20 世纪 90 年代初吧，我在辽宁省图书馆偶然翻检到一部《纳西族文学史》，从中发现原来纳西族有一部名为《鲁般鲁饶》的东巴叙事长诗。从文学史中叙述的内容、情节看，完全符合石先生所说的，但只有片断的引文，全诗却无从看到。

有一年秋天，我参加中国作家协会的采风活动，来到了云南丽江，这里正是纳西族聚居的地区。放下了行囊，我还来不及洗去脸上的征尘，便连续跑了两家书店去寻觅那部长诗。谁知，营业员竟连《鲁般鲁饶》的书名都没有听说过。我只好拜托当地一位熟悉的文友代为物色，结果仍是落了空。

第三天，参观丽江七大喇嘛寺之一的玉峰寺，听说上院有一株树龄近五百年、每年春天开花两三万朵的古山茶树，被誉为"云岭第一枝"，有人作诗以赞："树头万朵齐吞火，残雪烧红半个天。"刚刚踏进院门，突然，一位文友告诉我，山下一个书摊上有《鲁般鲁饶》这本书。听了，我便不顾一切地跑到山下，唯恐迟到一步被他人买走。万朵山茶就这样失之交臂了。不料，赶过去一看，并非原书，不过是收在东巴文化论集中的一篇论述《鲁般鲁饶》的文章。我也还是兴冲冲地掏钱把它买下——纵使没有见到卧龙先生，能够遇见他的老弟诸葛均，也算"慰情聊胜于无"。刘玄德不是照样步上草堂施礼，再三殷勤致意吗！

那些天，为着寻找这部《鲁般鲁饶》，真个是魂萦梦绕，茶饭无心。天天想的，日日盼的，梦里见的，嘴里念的，无非《鲁般鲁饶》。这个"劳什子"实在是害人好苦。

一天早上散步，我在丽江旅行社的橱窗前偶然停步，不经意地往里瞄了一眼，忽然发现书架上摆着一本《东巴经典选译》。我想，作为一部代表作，这部经典性的长诗肯定是要收入的。当时还没有开门，我便转到后面，找到一位值宿的老人请求帮助，他告诉我必须等到 8 点半上班时才能开橱销售。看了看表，刚刚 6 点一刻，我便四下里闲逛，一直挨到开门才算把书买到。翻检一过，《鲁般鲁饶》赫然印在里面。真是"踏破铁鞋无觅处，得来全不费工夫"！当时的兴奋劲儿实在难以形容。尽管已经过了饭时，饿了半天肚子，心中仍然感到无比的快慰。

原来,“鲁般鲁饶”是“牧奴迁徙下山”的意思。“鲁”字意译为牧奴,“般”是迁徙,“饶”是从高山上下来。它是纳西族东巴祭司用原始象形文字写下的古代书面文学,主要描述奴隶制度下牧奴的爱情悲剧。

故事的梗概是:在很古的时候,一群纳西族的青年男女牧奴在高山牧场里放牧,他们搭起帐篷,吹笛子,弹口弦,相亲相爱,过着自由自在的生活。住在平坝上的牧主不能容忍这种自由的心性和举动,勒令他们迁徙下山。但牧奴们向往的是自由婚恋,为了摆脱拘束,拒不从命。一次又一次地催促,一次又一次地遭到拒绝。牧主怕他们逃跑远游,就在山下修了几道石门加以拦阻。青年牧奴们推倒石门,逃逸而去。前路被金沙江隔断,洪水滔天,他们便造船、溜索,战胜了重重困难,聚集在新的牧地。

这时,牧女开美久命金发现情人祖布羽勒排不见了,不知道他已在半路上被父母拦截回去,便请托善飞的黑乌鸦捎带口信到祖布羽勒排家里去问询,结果遭到其父母的一番咒骂。可怜的开美久命金在绝望中踏上归程,来到什罗山的大桑树下,用一条牛毛编结的绳索结束了年轻的生命,口里还叨念着要去那雪山上的“十二欢乐坡”,会见爱神游主阿祖。七天七夜后,因为寻找丢失的牦牛来到什罗山的祖布羽勒排发现恋人已经吊死在树下,悲痛欲绝,便将她的尸首从树枝上卸下,投入到熊熊烈火之中,同时自己也葬身火海。生时没有得到幸福结合的自由,死后共同奔向理想的“山国乐园”。他们相信,那里是个风景绝佳没有尘世污浊的净洁之地,在那里,处处是鲜花,冰雪酿美酒,白鹿当坐骑,没有嫉妒和干扰,情侣自由爱恋,永远年轻。

纳西族中还流传着一个“情死树”的故事。说是在剌是坪坝上,长着一株亭亭如伞盖的硕大无朋的古树,树身伛偻着,枝杈像虬龙,笼罩的阴凉有几十平方米。传说,当年开美久命金就是在这棵树上吊死的。从此,远近村寨的青年男女,每当遇到自由选择的婚姻受阻时,就跑到这棵树下来结束生命,每年至少有几十对。有人夜间从附近经过,发现树下点燃着熊熊篝火，周围几圈人围着它跳阿蒙达舞。远近传闻，这棵树聚结了情死者的精魂。

3

据纳西族的学者考证，丽江纳西族是西北河湟地区古羌人的后裔，他们身上世世代代流淌着这个古老游牧民族奔腾、炽热的血液。高耸的雪山，幽深的峡谷，急折陡转的金沙江，浩渺苍茫的连天牧野，造就了这个民族刚烈奔放、渴望自由、视死如归的性格。这里，长期保留着母系氏族社会的古老婚姻习俗，男女结合极为自由，没有任何附加条件，唯一需要的就是两人之间的真挚爱情。这种自由自在、了无拘禁的性爱观念，已经成为一种稳定的社会心理结构，深深地积淀在纳西族的传统文化之中。后来在汉族文化的强力冲击下，他们在充分享用社会文明成果、推动生产力进步的同时，一些人特别是老一代人，在观念上也不可避免地接受了封建礼教、包办婚姻的侵蚀。可是，男女青年们骨子里却依旧按照本民族传统的情感方式去理解和追求他们的爱情。这样，两种文化的剧烈冲突出现了，殉情悲剧也随之而愈演愈烈。丽江，因此而获得一个“殉情之都”的别称。

世世代代，为了实现美丽神圣的自由爱情，无数恋人相约到丽江城外的玉龙雪山去赴死，寻找那传说中的“十二欢乐坡”。而《鲁般鲁饶》中的开美久命金则开其先河。当然，有理由说，这只是一种传说。可是，在没有史书记载的地方，作为早期历史的折射，神话传说确有其不可忽视的认识作用。人们可以从神话传说中窥见已经失载的人类早期社会的影子。事实上，在一些特定情况下，幻想世界有时比哲人的记述还更为精辟。因为并非所有的生活都能被语言所阐释。那些亦幻亦真的神游情思，常会在如梦如烟的网络中显现出某些真实的影像。

一位美籍学者指出，在这里，“神话事件构成了原型情境，所颂扬的神话主人公的经历类似情境中活着的人们的再体验。这样，活着的人又成为神话主角”。那些年纪轻轻的人愿意在生命的花季里潇洒地离开人世，以为这样，青春与幸福就会永远地伴随着一对对情侣。按照纳西人的信仰观念，情死者深信，殉情并非生命简单的结束，而是从此进入了一个美妙无比的胜境。他们在那里啜饮露珠，在云彩中漫游，与自己的情侣永世恩爱。在他们看来，情死决非对于生命的轻抛虚掷，而是一番求真求美的生命实验。因此，出发前，男女青年总要梳洗打扮，穿上平时最喜欢的衣裳，好像要做新郎、新娘一样。

听当地的朋友讲，现在这种“情死”的现象很少了，一是包办婚姻不合潮流，为人们所抛弃；二是纵使遇到这种情况，当事者抗争不成，也会一走了之，出现了“跑婚”现象：两人一起跑到很远的地方，去过自己向往的自由生活；或者一方跑到对方家里偷偷藏匿起来，待到生米做成熟饭之后，再托人到家里说亲。数百年来，无数青年男女无法逾越的天堑，在当代恋人的脚下，一步就跨越过去了。

往者已矣。

古老神秘的“情死”本身，原是一种爱情遭受摧残后的感情变形，终竟属于过去制度下的一道风景。但它所蕴涵的那种渴望爱情自由、誓不与陈规旧制妥协、宁为玉碎不为瓦全的抗争精神，却是具有深刻的认识价值和美学意蕴的。

4

文友们说，要想深入探究“情死”这个蕴含丰富的话题，了解一番“十二欢乐坡”的奥秘，就必须去造访玉龙雪山。这个冰清玉洁的所在，恰是纳西人心灵世界的写照。在这里，不仅残存着玄奇、幽缈的原始风韵，而且，每天都在生发着新的神话，每造访一次都会有新的发现、新的感悟。

我以为，关于雪山的话题，当地文友讲得非常到位。玉龙雪山无疑是一处最佳的旅游景点。那透着寒凉、闪着幽光的银雕玉砌的万代冰峰，仿佛要刺破苍天，遗世独立。晴雨晦明，风晨月夕，雪山景观总在交替变换着，呈现出多姿多彩的画面。山间分布着北半球最南端的现代冰川和雪海，被专家誉为"我国天然冰川博物馆"。主峰扇子陡峰五千六百米，是世界上攀登难度最大的险峰之一，至今仍为处女峰。雪山的观赏效果，当然是必须肯定的。可是，文友们并没有停留在这个浅近的层面上，而是突出强调其认识价值。

长期以来，玉龙雪山被纳西族人民赋予了许多瑰奇、神秘的色彩。只要你凝眸一望，就会铸定终生相许的情怀；只要你面对雪山有过一段深沉的思考，你的心灵就会从此被它牢牢地占据。由于举目可见，你会觉得它就在身旁，离得很近；可是，当你想到罩在它头上的魔魇的光环、神话的空灵、传说的奇诡，又仿佛面对一个扑朔迷离的梦境，只能在想象中认知，而无从确实地把握。你会觉得，对于它的阐述，充其量是在表述环境，烘托氛围，若要潜入它的内界探索更深的奥妙，还需解开许许多多的谜团。

比如，纳西人为什么会把自己的理想之国建立在这个冰雪世界之中？是一些什么因素使它获得了灵山圣境的光环？一对对相爱的人们，为了爱情宁愿将生命抛向这晶莹的世界，这么巨大的魅力从何而来？面对这座图腾式的庞然大物，这个古老而充满活力的族群，感到的是轻松抑或沉重呢？作为一个民族的象征，一种古老文化的载体，玉龙雪山不仅象征着神圣与豪纵，而且也映衬着悲凉和苦难。这种神圣、豪纵、悲凉、苦难，体现出纳西族的哲学思想、民族心理、生命情调、价值取向以及自然观、情爱观，需要进行全方位地探索。

秋初的一个响晴天，我驱车向雪山进发。出了丽江城，驶过一片铺满沙砾的白沙坝子，便有一条水清见底的溪流从雪山深涧中涌出。车子停了下来，陪同的友人指着向左前方岔开的一条狭窄的山路，说，顺着这条小路走过去，穿过那一大片原始森林，就到了雪山脚下的云杉坪。这是一个神秘的所在，据说，《鲁般鲁饶》中描绘的"欢乐山国"——"十二欢乐坡"就在那里。我想，纳西族那些为痴迷倾倒的世世代代的殉情者，走的该都是这条路吧。山路弯弯，望眼迢遥，若隐若现，伸入了莽莽的丛林。应该说，人们所见的只是一条世俗之路，而殉情者真正踏上的不归之路却是无形的，那是一条除了自己，其他人谁也看不见的心灵之路。

在穿过云杉林时，我忽然产生了一种错觉，仿佛置身于一座庄严肃穆的大教堂。一棵棵光滑笔直、高耸天际的林杉宛如支撑堂奥的排排支柱，而透过林梢倾洒下来的光束，不就是从哥特式的窗子照射进来的吗？走着走着，突然一阵山风乍起，高高的林梢间掀起一场骚动，原先还在喁喁低诉的丛林一下子腾起了滚滚涛声，几只鸦巢像洪波中的扁舟似的摇晃起来，群鸦"鸹——鸹——"地惊叫着，听来有些像晚祷的钟声。又走了一段，犹如武陵人闯进了桃花源，眼前豁然开朗，一片茫茫无际的巨大草坪唰地摊开。山风掠过，缀满了杂花野卉的绿茸茸的草海，翻腾着五彩浪花，一直荡漾到雪山脚下。

云杉坪又名锦绣谷，海拔三千二百多米。按照通常想法，在这片人迹罕至的草场面前，总会感到一种轻松与宁静，生发出心旷神怡的快感。可是，我从踏上这块草地伊始，便经历着心灵之海的浪激潮涌，感受着感情风雨的飒飒潇潇。我觉得，这里的一花一草、一木一石都具有鲜活的生命，都潜伏着一个个情死者的柔弱的凄婉的幽魂。不要说在草坪上狼奔豕突，肆意践踏，哪怕是采撷一株青草、一朵野花，也不忍心，也下不得手。或许是觉得云杉坪就是"情死坡"的观念太浓烈了，我以为，在这里一切喋喋浮言都是多余的。它需要用心灵去感受、去体悟，而不是用嘴巴、用眼睛。

5

是的，草木花鸟都是有知觉的。这在中外古今的传说中可说是连篇累牍。晋人干宝《搜神记》卷十二中记载，战国时有个韩凭，为宋康王的舍人。妻子何氏饶有姿色，康王夺之，而把韩凭囚禁起来。二人相约坚守爱情，以死抗暴。韩凭自杀，妻子也投河而死。他们遗言，希望能葬在一起。

康王忌恨，偏把他们分开埋葬。两坟相望，不久，各长出一棵大树，根须环抱，枝叶交织，人称之为连理枝。“在天愿为比翼鸟，在地愿为连理枝。”历代诗人为之谱写出无数凄婉动人的华章，其中，元好问的两首词可说是千古绝唱。

金泰和五年(1205)，年仅十六岁的元好问从故里秀容到并州赴试，途中听一位捕雁的人讲述：“今天我捕获一只大雁，把它杀了。没想到，侥幸脱网的另一只雁竟然婉转悲鸣，哀哀不肯离去，自投于地，惨然死去。”词人深受感动，便掏钱买下了这两只死雁，葬于汾水之旁，累石做记，号为“雁丘”。他即兴写了一首《雁丘词》，后来又进行润色，调寄《摸鱼儿》。

全词紧紧扣住一个“情”字。上片以拟人化手法，为雁作传，赞叹雁为情死的“痴”操。开头两句就是前面引过的“问世间，情是何物？直教生死相许”。以问领起，笔势凌厉，震撼人心。表面上是在提问，实际上申明了作者这样的见解：必要时献出宝贵的生命，才称得上真正有情。在这里，词人寄托了无尽的哀思，也表达了深深的赞誉。接着是：“天南地北双飞客，老翅几回寒暑。欢乐处，离别苦，就中更有痴儿女。”先说空间，无分东西南北；后说时间，无分春夏秋冬。大雁总是双宿双飞，形影不离。既有为情而欢，也有为情而苦，而且和人间的痴情儿女一样，更有为情而死的。“君应有语：渺万里层云，千山暮雪，只影为谁去！”意思是，殉情的孤雁如果能够说话，它会这般哭诉：层云漠漠，暮雪茫茫，叫我这单身孤影去追踵谁人，投向何方？言下之意，除了殉死一途，别无选择。凄怆之辞，催人涕下。下片由雁及人，直抒胸臆，写下了词人的深沉感慨。最后说，这对殉情的大雁绝不会像寻常的莺莺燕燕那样与时间俱逝。“千秋万古，为留待骚人，狂歌痛饮，来访雁丘处。”予以深重的期许，崇高的评价。

无独有偶，也是在泰和年间，元好问听说，河北大名府一对民家儿女，“以私情不如意”双双赴水。人们跟着巡查，没有见到踪影。后来，挖藕的人发现水里有两具尸体，经过验证，正是这两个青年。这一年，池中荷花盛开，全都是并蒂的。于是，他又填写了《迈陂塘》这首词：

问莲根、有丝多少，莲心知为谁苦。双花脉脉娇相向，只是旧家儿女。天已许，甚不教、白头生死鸳鸯浦？夕阳无语。算谢客烟中，湘妃江上，未是断肠处。　　香奁梦，好在灵芝玉露。中间俯仰千古。海枯石烂情缘在，幽恨不埋黄土。相思树，流年度，无端又被西风误。兰舟少住。怕载酒重来，红衣半落，狼藉卧风雨。

一开头，就抒发了无限的感慨。以莲丝缕缕象征这对恋人缠绵无尽的情思，以莲心苦涩表现他们的悲惨遭遇。“双花脉脉娇相向”，刻画出这对殉情精魂的深沉爱恋尽在凝眸不语、含情睇视之中。紧跟上就愤愤地逼问一句：既然坚贞不渝的爱情可以感动上苍（死后化生出满池的并蒂荷花说明了这一点），那为什么就不能在人世上白头偕老，非要在付出生命的代价之后才能获得相爱的自由呢？“夕阳无语”——作答的只是斜阳一抹，死一般的静默。看来，即使是人神相恋而不得通其情的江妃，追寻舜帝英灵而失声长泣的湘水女神，比起这一对殉情的痴儿女，都算不上怎样的断肠了。好在这种坚贞之情当会像灵芝玉露一般，俯仰千古，永世长新。纵使海枯石烂，情缘也在，黄土又岂能埋没得了这巨恨幽怀！然而，自然界毕竟布满了风霜雨雪，当西风掠地，大野寒凝，连高大的相思树都要落叶飘零，更不要说这弱质纤柔的荷花了。因此，还是暂驻兰舟，多多看上几眼这并蒂莲吧，只怕下次载酒重来，已经是残红委地，风雨凄凄了。

两首词都寄寓了作者对世间美好事物（包括坚贞爱情）的由衷赞颂和对殉情儿女的深沉悼惜之情。可是，我仍然觉得似乎还没有说清楚究竟“情是何物”——这个“斯芬克斯之谜”似的问题。

看来，还是泰戈尔说得巧妙：“爱情是个无穷无尽的奥秘，就连它自己也说不明白。”

第三十四篇

科举

I

清初，曾流传过这样一首“打油诗”：

圣朝特旨试贤良，一队夷齐下首阳。
家里安排新雀领，腹中打点旧文章。
当年深悔惭周粟，此日翻思吃国粮。
非是一朝忽改节，西山蕨薇已精光。

诗中讽刺、挖苦的是，康熙皇帝在大兴“文字狱”的同时，首次开设博学鸿词科，以吸引那些自负才高、标榜孤忠，或不屑参加科考、隐居山林，又确实有些声望的文人、逸士，前来参加面试，以谋取升斗之禄。当时，确有许多年高德劭的硕学鸿儒，包括有些称病在家、一旁观望的所谓“前朝遗老”，都曾报名应试，最后，康熙皇帝从一百五十多人中遴选出五十人，授予高官厚禄。有幸得中者自是感激涕零，那些落第的人也不再好意思继续以“孤忠”自命了。

“圣代无隐者，英灵尽来归。”英灵或曰英才，原是无需要待设考才来“入彀”的。野无遗贤，方能显示出治平之世的强大感召力。如果英才遍野，要靠设考加以选拔，皇上的“盛德”“圣明”还怎么体现呢？当然，奴才属于例外。

其实，清朝的主子向来是不承认“天王圣明”之外还会有什么“英才”的。在那些雄鸷、精明的最高统治者眼里，作为适应型角色的汉族官员，原本都是一些奴才胚子、只供驱使的有声玩具，是无所谓“英”、无所谓“杰”的。他们一向厌恶那些以“贤良方正”自居的臣子，尤其是看不上那些动辄忧心忡忡、感时伤世的腐儒、骚客。因为设若臣下可以为圣为贤，或者人人都那么“忧患”起来，那岂不映衬出君王都是晋惠帝那样的白痴无能、宋徽宗那样的荒淫无道，说明其时正遭逢乱世吗？乾隆就否定过“天下兴亡，匹夫有责”的说法，他的意思显然是，如果责任都放在村野匹夫身上，那他这个皇帝岂不形同虚设！所以，“圣朝设考”，物色奴才，当无疑义。

不过，说是“圣朝设考选奴才”，也有一个不易绕过去的障碍。在清朝，投考的举子绝大多数都是汉人。而汉人在清朝是不称为“奴才”的。清朝规定，给皇帝上奏章，如果是满臣，应该自称为“奴才”；如果是汉臣，则要自称为“臣”，若是稍一不慎，或者故意谦卑自抑，以“奴才”自称，就算是“冒称”，那是要问罪的。不是有个汉人官员马人龙，偏要自我贬损，在奏章中以“奴才”自称，结果遭到乾隆皇帝一通臭骂吗？套用鲁迅把历史上的时代分作“想做奴隶而不得的时代”和“暂时做稳了奴隶的时代”的说法，也可以说，对于汉人士子来说，清朝就是“想做奴才而不得的时代”。

当然，就广义上讲，满人也好，汉人也好，在清朝主子眼中，一例都是专供驱使的奴仆——明清时期，奴仆就常常被称做“奴才”。他们不要说人格，连起码的人身自由也谈不到。至于那个所谓的“臣”，本来也有奴隶、奴仆之义；而且，这个“臣”的地位也并非就高过“奴才”，实际上则恰恰相反。不妨听听鲁迅有关“臣”字的解释：

> 这并非因为是“炎黄之胄”，特地优待，锡以嘉名的，其实是所以别于满人的“奴才”，其地位还下于“奴才”数等。奴隶只能奉行，不许言议；评论固然不可，妄自颂扬也不可，这就是“思不出其位”。……一乱说，便是“越俎代谋”，当然“罪有应得”。倘自以为是“忠而获咎”，那不过是自己的糊涂。

手头恰好就有个实例：清代名臣纪昀是乾隆帝的宠臣，曾经受命主编《四库全书》，可说是旷代殊荣。但他终究不脱文人习气，不善于收敛锋芒，有时还忘乎所以，结果有一次冲了乾隆爷的“肺管子”。乾隆登时勃然大怒，骂道：“朕以汝文学尚优，故使领四库书，实不过以倡优蓄之，汝何敢妄谈国事？”倡优，不过是奴才的代称。

至于那类名副其实的奴才，就更是等而下之了。有一本书上讲，一天，雍正帝在宫廷里看戏，看得高兴了就破例要对扮演主角的小太监赏赐一番，把他叫到身边来夸赞几句，并要赏赐御膳。也是这个小奴才受宠若惊，竟然得意忘形，不知深浅，忽然向皇帝问了一句：“现在的常州刺史是谁呀？”估计可能是他所扮演的角色也是什么“常州刺史”一类人物，所以才连类而及，顺便这么问了一句。这一下乱子可就出来了。登时，雍正帝勃然大怒，破口大骂道：“你是个什么东西？一个优伶贱辈，怎么竟敢动问国家的名器！”

这可把小太监吓傻了，心里纳闷儿，我怎么动了国家的名器？什么是“名器”呀？名器，犹如人们常说的大器，泛指朝廷的命官、国家的栋梁。在皇帝的眼里，你们这些奴才胚子，只能干奴才的勾当，怎么可以“越俎代庖”，过问这类政治大事？如果哪个人竟然忘记了固有的身份，所言非当，遭来不测之灾，那是咎由自取，势所必然。果然，当下雍正帝便传旨：着即杖毙。结果，这个小太监当场就死在乱棒之下。

2

“太宗皇帝真长策，赚得英雄尽白头。”一个“赚”字，把封建统治者通过推行科举制，牢笼士子，网罗人才，诱使其终世沉迷，难于自拔，刻画得淋漓尽致。“以饵取鱼，鱼可杀；以禄取人，人可竭。”科举制度就是以爵禄为诱饵，把读书、应试、做官三者紧密联结起来，使之成为封建士子进入官场的阶梯、捞取功名利禄的唯一门径。

若说唐太宗当日的设想，确实也是想要选拔英才。因为他若想创不世之功，谋惊天伟业，如果不能网罗大批英才，则只能是一番空想。“济时端赖出群材”，这是千古不易的真理。而且，作为一种拔擢人才的制度，科举制从唐代开始，把过去的拘于门第改变为自由竞争，不再需要长官察举、中央九品中正评定，大开仕进之门，无分寒门、阀阅，凡读书士子都有参加官府考试，从而被选拔做官的机会，这总是一种历史的进步。

只是，科举选士制度，无异于层层递减的多级宝塔，无数人攀登，最终能够爬到顶尖的却寥寥无几。许多人青灯黄卷，蹭蹬终生，熬得头白齿豁，老眼昏花，也未能博得一第。临到僵卧床头，奄奄一息，还放不下那份拳拳之念、眷眷之心。而那些有幸得中的读书种子，一当登上庙堂之高，便会以全副身心效忠王室，之死靡它。这真是一笔大有赚头的买卖。因此，当太宗皇帝李世民看到黑压压的人头攒动，乖乖地涌进号舍应试的时候，不禁喜形于色，毫不掩饰地说：“天下英雄尽入我彀中矣。”“彀”者，圈套也。封建统治者可以从中收“一石三鸟”之效，因此说它是“长策”：一是网罗了人才，能够凭借这些读书士子治国安邦；二是有望获得“圣代无隐者”的盛名；三是把那些在外面有可能犯上作乱的不稳定分子吸引到朝廷周围，化蒺藜为手杖。

对于以少数民族入主中原的清朝征服者来说，这个问题尤其尖锐。他们清醒地认识到，坐天下和取天下不同，八旗兵、绿营兵的铁骑终究踏平不了民族矛盾和思想方面的歧异。解决人心的向背，归根结底，要靠文明的伟力，要靠广泛吸收知识分子。他们自知在这方面存在着致命弱点：作为征服者，人口少，智力资源匮乏，文化落后；而被征服者是个大民族，拥有庞大的人才资源、悠久的文化传统和高度发达的文化实力。因此，从一开始就把主要精力放在两件事上：不遗余力地处置“夷夏之大防”——采取行之有效的民族政策；千方百计使广大汉族知识分子俯首就范，心悦诚服地为新主子效力。

但是，这里也明显地存在着一个难于处置的矛盾，或者说是哲学上的悖论：一方面是治理天下需要大批具有远见卓识、大有作为的英才；而另一方面，又必须严加防范那些才识过人的知识分子的“异动”，否则，江山就会不稳，社稷就会摇动。最佳的方案就是把那些“英才”统统炮制成百依百顺、俯首贴耳的“奴才”。

在牢笼士子、网罗人才方面，清统治者是后来者居上、棋高一着的。他们从过往的历史经验和现实的特殊环境中悟解到，仅仅吸引读书士子科考应试，以收买手段控制其人生道路，使其终生陷入爵禄圈套之中还不够；还必须深入到精神层面，驯化其心灵，扼杀其个性，斫戕其智能，以求彻底消解其反抗民族压迫的意志，死心塌地地做效忠于大清帝国的有声玩偶。有鉴于此，学者钱穆下个定语：“若说(科举)考试制度是一种愚民政策，清代是当之无愧的。”

清初的重要谋士、汉员大臣范文程曾向主子奉献过一句掏心窝子的话：“治天下在得民心，士为秀民，士心得，则民心得矣。”从“驯心”的角度看，他正是一个理想的制成品，这番话可视为“夫子自道”，现身说法。回过头来，这个“理想的制成品”，又按照主子的意图，在针对其他“秀民”的“驯心”工程中，为虎作伥。

“松山战役”中，明朝大将洪承畴兵败被俘，起初，骂詈连声，唯求速死。皇太极派遣范文程前去劝降。洪承畴本进士出身，虽久在兵戎，读书不废。范大学士便围绕着出处进退之类话题，同他出经入史，谈古论今。经过一番艰苦的心灵软化，洪承畴的情绪渐渐缓和下来，谈话间，忽见梁上积尘飘落在袍袖上，便随手拂拭两下。机敏的范文程注意到这一细节，马上报告皇太极说：“皇上请放心，洪承畴不会死的。连身上的衣服都那样爱惜，何况身躯呢！”果然，很快他就降服了。

借助这类“理想的制成品”的筹谋策划，满族统治者从内外两界加强了思想文化方面的钳制：他们通过用八股文取士，把应试者的思想纳入符合封建统治规范的轨道，完全局限在《四书》《五经》和朱熹集注的范围之内；把知识、思想、信仰、范畴的喧哗与骚动控制在固有的格式、现成的语义之中，应试者只能鹦鹉学舌般地编纂经书，不能联系社会实际，更不准发挥自己的见解，渐渐成为不再有任何新知灼见和非分之想的“思想植物人”。所以有“秦坑儒不过四百，而八股坑人极于天下后世”之说。

与控制内心相配合，还要严酷整治外部的社会环境。本来，晚明时期一度出现过相当自由的思想空间，书院制度盛极一时，聚社结党，授徒讲学，刊刻文集，十分活跃，思想信仰与日常生活交融互渗，世俗情欲同心灵本体彼此沟通。而清朝立国之后，便把这一切都视为潜在的威胁，全部加以封禁。

在这里，清初统治者扮演着君主兼教主的双重角色，把皇权对于“真理”的垄断，治统对于道统的兼并结合起来；同时强化“文字狱”之类的高压、恐怖手段，全面实现了对于异端思想的严密控制，从而彻底取缔了知识阶层所依托的逃避体制控制和思想压榨的相对独立的精神空间，导致了读书士子靠诠释学理以取得社会指导权力的彻底消解。应该说，这一着是非常高明，也是十分毒辣的。

3

说到清王朝对付士子的“驯心”手段，令人记起农村的“熬鹰”场景。

村中有绰号“二混”者，平素不务正业，种地地荒，经商蚀本，唯一的拿手好戏是抓鹰、驯鹰，长年靠着这把身手混碗饭吃。深秋一到，地面铺上了厚重的霜华，树叶也全都脱落了，这时候，他便背起一张架子网，到坦平的山坳间，拣一块树木稀少的林间空地，把架子网支起来，围成四面带窟窿眼的绳墙，正中间插上一根矮木桩，上边拴上一只毛色鲜亮的大公鸡。当苍鹰在半空掠过时，远远地就能看见它的猎物，经过往复盘旋、侦察，最后下定狠心，扑腾着翅膀自空而下，向公鸡扑去，却又难以叼走。结果，翅膀挂到了网眼上，滑子一动，整个网就“刷拉”一声全部罩了下来，把苍鹰实实地扣住。

苍鹰的脾性非常暴躁，任你怎样拴缚，也要乱闯乱撞，弄得头破血出，还常常一两天绝食、拒饮。待到苍鹰饿得没有多少力气了，“二混混”便开始施展他的驯化功夫。先喂它香喷喷的“热食”，主要是活鸡活兔，任它吃饱喝足，满足其贪馋无度的欲望，使它觉得比在自由状态下吃得更好。这样一连喂上几天，鹰的体重显著增长，此后就开始折腾它了。

第一步，像填鸭那样，掰开老鹰的嘴，往里面生塞硬填。但填鸭用的是玉米面、高粱面，而填鹰用的是线麻或苘麻做成的小手指头般大小的“麻花”，填进去不能消化，结果是越填越瘦。每次填三四个，两个钟头后再扯出来，上边沾满了带血痕的黄色油脂。一连填上几次，再喂它一点用水浸过的兔肉等解饿而不产生脂肪的食物。然后，再往里硬填“麻花”，再一个个扯出，直到见不到丝毫油脂为止。这时候的苍鹰已经瘦得皮包着骨头。

然后开始第二步——“熬神”。连续几个昼夜，不让老鹰闭眼睡觉，两个人换班守着，发现它闭眼了就立刻弄醒。就这样，饥不得食，困不能睡，再猛鸷的雄鹰最后也都“精神崩溃”了，变得驯顺无比，服服帖帖地听人摆布，而且飞出去之后，能够听从主人调遣，及时返回。这是“驯心”取得成功的主要标志。

驯鹰第三步，叫“抓生”。找来一只活兔或者活鸡，把它的一条腿折断(勉强能跑，但跑不快)，放在老鹰面前，让它去捕捉，抓住了就任它饱餐一顿，以示鼓励。然后，再把它拴在架上，狠狠地饿上几天，只给一些水浸过的兔肉，暂可充饥却得不到餍足。这样，它就会时刻想念着前日捕食鸡、兔后的美餐享受，盼望着早日出击，以博一饱。到这种程度，“熬鹰”的任务算是全部完成，只等着上市向玩鹰带犬的富绅或者猎户出售了。

看来，人也真是够残酷、可怕的。在一只苍鹰身上，竟然使出这么多狠毒的心计，而要驯服一条猛虎呢，还不知要施展何等毒辣手段，使出什么样的浑身解数，更不要说对付“万物之灵”的人，对付“人中之英”——知识分子了。其实，只要仔细地剖析一番清朝统治者对付封建士子(换句话说，就是炮制奴才)的不二法门，就会发现，其手段与驯虎、熬鹰极其相似。招法千变万化，但万法归一，都是在“驯心”二字上做文章，都是“大棒加胡萝卜”，屠杀、高压与利诱、笼络相结合。

清朝皇帝对于广大知识分子（主要是汉族士人），有一套高明的策略，最基本的手段就是设饵垂钩，通过开科取士，使广大读书士子堕入功名利禄的圈套。规定先要取得秀才资格；然后，再参加三年一次的乡试（又叫秋闱），考中了的成为举人。这是科举考试中一个十分重要的环节。许多人就是卡在这个关口上，蹭蹬终生，不得出人头地。取得举人资格后，再进京赶考，参加三年一次的会试（亦称春闱）。九天时间，共考三场，命中率达不到十分之一。通过会试，有望取得进士的称号。这样，才有做官资格。一个人从考中秀才到考取进士，没有几十年工夫是过不来的。因此，百岁老人、九十几岁才考中举人、进士的，并非特例。乾隆时代，有个老书生谢启祚，屡试不第，直到九十九岁才侥幸中举。

由于官职得来艰难，这些封建官吏便视之如命，唯恐失去。结果，许多人只好“十分精神，三分办事，七分奉上”，唯恐稍有疏怠，前功尽弃。正如清代思想家龚自珍所尖锐指出的：虽有耆寿之德，老成之典型，亦足以为新进之楷模，但往往因阅历已深，顾虑重重，畏葸惧事，以致尸位素餐，玩忽职守，整天懒懒散散混日子，更不肯自动请求去官，直到老死为止。而那些埋没下层，无缘得进的英才奇士，却不能直接取而代之，照例要循官阶、按资格，一步一步地往上蹭。这就是当时有用之才奇缺的根本原因。

对于读书士子，清代统治者实行的另外还有几种策略：

——不时发出严厉制裁的信号，大兴“文字狱”，毫不留情地惩治、打击那些心存异念的桀骜不驯者；

——寓监视、牢笼于纂述，组织大批学者纂修《四库全书》，编撰《明史》，把他们集中到皇帝眼皮底下，免得一些人化外逍遥，聚徒结社，摇唇鼓舌；

——整合思想，提倡程朱理学，推行八股制艺，扼杀读书人的个性，禁锢性灵，加重道德约束力。

有件小事，颇堪耐人寻味。

一天，顺治帝向弘文院大学士陈名夏发问，中国历代帝王以谁为最好？陈名夏按照通常的评价标准，答说是唐太宗。顺治帝一个劲儿地摇头，说，不对，明太祖才是最好的。这使陈名夏大感意外，但稍加思索也就懂得了，朱元璋通过严刑峻法包括可怕的“文字狱”，建立了牢固的大明一统政治，实现了对于读书士子有效的思想钳制。这是清朝统治者所拳拳服膺的。

其实，朱元璋也是“药方长贩古时丹”，真正拥有这项专利权的，是战国时期思想家韩非。此人智算超群，以专门为帝王提供对付“游士”的权术见长。他有一句十分警策的话，为历代统治者所心仪：驯服那种凶鸷的乌鸦，要把它翅膀的下翎折断，这样，它就必须依恃人的饲养而得食，自然就驯顺了。他还率先提出严惩隐逸之士，认为古时的许由、务光、伯夷、叔齐之流，都是一些不听命令、不供驱使的“不令之民”，很难对付，赏之、誉之，不为所动，处罚、诋毁，也不感到畏惧。这四种通行手段在他们面前全都失效。怎么办？干脆杀掉！后世不少君主都曾接受过韩非的衣钵，明太祖与清初帝王乃其尤者。

清代开始于顺治一朝的“文字狱”，延续到康熙、雍正、乾隆三朝，步步升级，愈演愈烈。只要发现思想、言论上有越轨的，不管有意无意，或重或轻，立即处以重罪，立斩、绞杀、寸磔，甚至祸延九族，已死的还要开棺戮尸。乾隆帝在位期间，共兴“文字狱”七十余起。许多读书士子因为片言只字，招致身死族灭。一时，阴风飒飒，杀气森森，朝野上下到处充满了血腥味。“避席畏闻文字狱”，确是最典型的概括。

了解这些事实十分紧要。

鲁迅就曾说过，倘有有心人将有关史料加以收集，则不但可使我们看见统治者那策略的博大恶辣、手段的惊心动魄，还能因此明白，我们曾经“怎样受异族主子的驯扰，以及遗留至今的奴性的由来”。

4

为了看清那些儒生是如何跳进清朝主子设下的“坑陷天下聪明才力之士”的陷阱,并进而适应那种牢笼式的文化环境,一步步地失去自我、养成奴性,不妨接触一下清代小说《儒林外史》中的一些人物。

老童生周进已经六十多岁了,一辈子苦读诗书,最后考到胡子花白,却连个秀才也不曾做得。为了找个活路,只好充当私塾先生。这天,正逢举人王惠来到学堂避雨,那副威风凛凛、目空一切的派头,吓得周老头大气都不敢出,只是一个劲儿地打躬作揖,自称“晚生”,逢迎凑趣。待到举人老爷用过丰盛的晚餐,大快朵颐之后,他才默默地用一碟老菜叶、一壶热水下了晚饭。次日起床,还得昏头昏脑地扫那满地的鸡骨头、鱼刺、瓜子壳。

这个日夜想望着爬上科举高梯而不得的可怜虫,终于有一天来到了省城,走进贡院门口,看到了做梦都想进去的考生答卷的号舍。一时百感交集,满怀凄楚,长叹一声,便一头撞在号板上,直僵僵不省人事。被人灌醒了以后,又连续猛撞号板,满地打滚,直哭得口里吐出鲜血来。倒是几个商人动了恻隐之心,答应出钱替他捐一个监生资格,以便可以同秀才一起临场赴试。他一听,竟然不顾廉耻地爬到地上磕了几个响头,说:“若得如此,便是重生父母,我周进变驴变马也要报效!”

还有一个范进,从二十岁考到五十四岁才侥幸取得资格,又跑到省城去考举人,回转来,家里已是两三天没有揭锅了。正当他抱着一只母鸡在街上叫卖时,一个邻居飞奔而来,告诉他“已经高中了”。起初他还不敢相信,待至回到家中见报帖已经升挂起来,一时悲喜交加,空虚脆弱的神经再也经受不住这突如其来的狂潮起落,竟至达到精神崩溃的地步:

> 自己把两手拍了一下,笑了一声道:“噫!好了!我中了!”说着,往后一交跌倒,牙关咬紧,不省人事。老太太慌了,慌将几口开水灌

了过来。他爬将起来，又拍着手大笑道："噫！好！我中了！"笑着，不由分说就往门外飞跑，把报录人和邻居都吓了一跳。走出大门不多路，一脚踹在塘里，挣起来，头发都跌散了，两手黄泥，淋淋漓漓一身的水，众人拉他不住，拍手笑着，一直走到集上去了。众人大眼望小眼，一齐道："原来新贵人欢喜疯了。"

吴敬梓笔下的两个儒生佯狂失据、洋相百出的丑态，在实际生活中也是屡见不鲜的。清代顺德有个名叫梁九图的秀才，乡试之后，觉得自己的卷子答得十分出色，心中有些洋洋自得。发榜的前一天，他把梯子架在贡院的墙上，准备到时候登高看榜。

旧例：乡试填榜习惯从第六名填起，填完后座主退下休息，最后再回过头来补填前五名。梁九图看到座主已经退下，以为是全部填写完了，便赶忙登梯去看，却没有发现自己的名字，再看一遍，还是没有，不禁意冷心灰，嗒然若丧。又加上长时间跨梯登高，有些头昏眼晕。这时，突然听到下面有人唱名："第一名，梁九图！"心中转悲作喜，竟然手舞足蹈起来，完全忘记了自己是架在半空中，结果掉在了墙下。家人赶忙过去搀扶，已经摔成了残废。

蒲松龄在《聊斋志异・王子安》中，写了类似情景。东昌名士王子安"困于场屋"，入闱后，"期望甚切，近放榜时，痛饮大醉"，眼前浮现出考中举人、进士以及殿试翰林的种种幻象，遭到了妻子、儿女的嘲笑。聊斋先生生动形象地揭露了封建士子在名缰利索羁绊下，灵魂所遭受的腐蚀和扭曲，控诉了科举制度对于人性的摧残。

吴敬梓、蒲松龄两位文学大师笔下这些可怜的举子，之所以会造成这种可悲的处境，说来和圈中的驯虎、架上的笼鹰有些相似。司马迁说过："猛虎在深山，百兽震恐；及在槛井之中，摇尾而求食，积威约之渐也。""约"字为文中之眼。正由于它们的威严受到制约，日渐积累，才造成这种心态的变化。无论是志行高骞的封建士子，还是咆哮长林的山中大王、搏击长空的鹰隼，在长时期的圈养过程中，自由被剥夺了，天性被戕残了，心态被扭曲了，一句话，经历艰苦的“驯心”磨炼，最后，都习惯于这种虽生犹死的屈辱生涯，服服帖帖地跟着主子的指挥棒转。

所不同的是，猛虎入槛、苍鹰上鞲，都是自身无奈，迫不得已，是由多舛的命运把它们抛入悲惨境地的；而周进、范进、王子安者流，则是为了显亲扬名、立德立功而自投罗网，心甘情愿地觅饵吞钩。因而，其可鄙、可怜、可悲，自是更进一层。当然，在“哀其不幸，怒其不争”的同时，也应该来个刨根问底：这悲惨的结局究竟是怎么造成的？“孰实为之？孰令致之？”

5

知识者理应是思想者。

专业知识、技能之外，还应具备社会批判精神和心灵的自由度。而我国封建社会中的士人，更多的却是奉行儒学传统的修齐治平、立功名世，因而，他们多是专制制度下炮制出来的精神侏儒。

在两千多年漫长的封建社会中，士是一个特殊的阶层。作为民族的灵魂与神经、道义的承担者、文化的传承者，他们肩负着阐释世界、指导人生、推动社会进步的庄严使命。可是，封建社会却没有先天地为他们提供应有的地位和实际政治权力。若要获取一定的权势来推行自己的主张，就必须解褐入仕，并取得君王的信任和倚重；而这种获得，必须以丧失思想独立性、消除心灵自由度为其惨重的代价。即是说，他们参与社会国家管理的过程，实际上就是驯服于封建统治权力的过程，最后必然形成普泛的依附性，而完全失去自我，“民族的灵魂与神经”更无从谈起。这是一个“二律背反”式的难于破解的悖论。

如果有谁觉得，这样只能用划一的思维模式来思考问题，以钦定的话语方式“代圣贤立言”，未免太扭曲了自己，丧失了独立人格，想让脑袋长在自己的头上，甚至再“清高”一下，像李太白那样，摆一摆谱儿：“长安市上酒家眠，天子呼来不上船。”那就必然也像那个狂放的“诗仙”那样，砸了饭碗，而且，可能比“诗仙”的下场更惨——丢掉“吃饭的家伙”。

较之其他任何朝代，清朝的政治、思想专制，要严酷得多、惨烈得多。有清一代二百余年，盛世自不必说，即使朝政糜烂的晚期，也没有发生过一起满汉官员叛乱的事件，所谓“只有叛民，而无叛官”。即此，足以看出清朝统治者“治术”的高明。这样的专制社会越持久，专制体制越完备，专制君主越“圣明”，那些降志辱身的封建士子的人格，就越是萎缩，越是龌龊。难怪有人说，专制制度是孕育奴才的最佳土壤。明乎此，就可以理解：在封建社会中，何以无数智能之士，一经跻身仕宦，便都“磨损胸中万古刀”，泯灭个性，模糊是非，甚至奴性十足。

而且，奴才的代价很低，只要甘心付出不值多少钱的尊严，肯于交出自由思考的权利，便可以飞黄腾达，获得一切。奴才的门槛儿也不高，任何人都可以迈过去。没有头脑、没有才干不要紧，重要的是“听话”。要善于迎合，学会服从，能够揣摩主子意旨，“终日不违如愚”。对于任何独裁者、专制者，这都是最舒服、最惬意的。他们可以从百依百顺的下属身上，获得一种胜利感、安全感、荣誉感。

史载，康熙皇帝素以骑术专精自诩，一次出郊巡游，坐骑受到惊吓，突然尥起了蹶子，奔突腾跃不止，将他掀了下来，使他在众人面前丢了面子，心里觉得特别窝囊。随从大臣高士奇见此情状，立刻偷偷地跑到污水坑旁，滚上一身臭泥，然后，踉踉跄跄走到康熙面前。皇帝被这副狼狈相逗笑了。高士奇随即跪奏道：“臣拙于骑技，刚一跨上马鞍就掉了下来，正巧跌落在臭泥坑里。适才听说皇上的马受惊了，臣未及更衣，便赶忙过来请安。”一副奴才丑态。可是，康熙皇帝听了，却龙颜大悦：“你们这些南方人（高士奇为浙江人）啊，竟然懦怯到这种地步，连匹烈马也摆布不了！你看，我这匹马该有多么厉害呀，尥了半天蹶子，也没能把我怎么样。”从此，便对高士奇宠信有加，经常同他一起研习书画，竟至形影不离。

原来，奴才如同主子肚里的蛔虫，主子心里有什么想法，即使是十分隐秘的，他们也都能琢磨得一清二楚；关键时刻，能够不失时机、恰到好处、天衣无缝地先承意旨，谄媚逢迎。史料上记载，高士奇为了讨好康熙皇帝，争得信任，特别注意笼络那些宫廷内侍，经常向他们详细询问，皇帝近日在读哪些书？都关注一些什么事情？然后就回去预先做好准备，以备答问。对于这种“遥体圣衷”、媚上取宠的卑劣行径，他不以为耻，反而引为荣耀，洋洋自得，就是说，优越感已压倒了耻辱感，表现出典型的“奴才心态”。

当然，还有一些坚贞之士是不肯俯首就范的。

黄宗羲、顾炎武等大学者把人格独立看得至高无上，重于功名利禄，甚至重于生命，立志终生不仕，潜心著述，粹然成为一代宗师。黄宗羲在《明夷待访录》中猛烈鞭挞封建君主专制，断言“为天下之大害者，君而已矣”。明确指出，专制王朝的法律是帝王一家之法，非天下之法；法乃天下之公器，应该以天下之法取代一家之法。这比法国启蒙思想家孟德斯鸠在《法意》中论述近代资产阶级民主与法制，大约提前一个世纪。

康熙年间，陕西有个李二曲，抱定“宁愿孤立无助，不可苟同流俗；宁愿饥寒是甘，不可向人求怜”的志概，称病在家，不去应试博学鸿词科，官吏一再催逼，他便以拔刀自裁相威胁，只好作罢。后来，干脆把自己反锁屋中，“凿壁以通饮食”，不与任何人见面，朝廷也拿他没有办法。

山西的傅青主不肯赴京应试，官员们让役夫抬着他的卧床前往，到了京师，拒不进城，硬被塞进轿子抬着入朝，他仍是不肯出来叩见皇上，被人强行拉出，一跤跌倒，权作伏地谢恩，最后只好放回。

还有蒲松龄、郑板桥、曹雪芹等文坛巨擘，有的根本就不买这个账，不咬这个钩；有的进到圈子里来，晃了一圈，打个照面，又“溜之乎也”。

但遗憾的是，在茫茫史影中，这种灿若星辰的坚贞之士，终属凤毛麟角。而更多的则是庸才、驽才，甚至是寡廉鲜耻的奴才。这是社会制度与艰难时势使然，不必苛责于前人的。

第三十五篇

历史周期率

I

这天清晨，我正在抚顺浑河岸边闲步。河水清且涟漪，照鉴着我颀长的身影，吹面不寒的清风，温煦而湿润，轻轻地梳理着鬓发，令人感到神凝气爽。净洁的青空，像刚刚擦拭过，又高又远，不现一丝云迹。

我忽然发现，初起的朝阳和渐落的晓月，同时出现在左右的天边。而笔直的河流竟像是一条长长的扁担，挑着这一为鲜红、一为玉白的两个滚圆的球体，悠然向西流去。霎时，我被这奇异的景观惊呆了。

联想到努尔哈赤以十三副遗甲起兵，艰难缔造，创业开基，军威赫赫，战胜攻取；随之，他的继承者挥麾出关，中原跃马，实现中华一统；又外御强敌，拓土开疆，奠定现当代中国版图的牢固基础。可是，到了晚清之世，包羞忍辱，受尽欺凌，最后竟至傀儡登场，卖国求荣，导致国破家亡，身败名裂。不禁百感中来，兴怀无限，遂口占七绝四首：

浑河今古浪翻新，悲笑兴亡照影频。
东上朝阳西下月，一般光景有升沉。

十三遗甲困龙伸，星火燎原势若神。
六合乾坤如电扫，兴勃亡忽果何因？

八荒同轨谈何易，寸草为标虑亦深。
讨债跟踪还债者，拓疆卖国一家人。

兴王祖迹久成尘，谁记当年万苦辛？
鼠尾龙头堪浩叹，英雄自古少传人！

2

抚顺及浑河流域，不仅是满族与大清王朝的发祥地，龙兴所系，王气所钟，而且也是他们的先祖，以及努尔哈赤与皇太极两代开国帝王的夜台长眠之地。终清之世，此间都是人们最为向往的神圣区域。顺治帝曾发布东巡祭祖的圣谕，说是“自登极以来，眷怀陵寝，辄思展谒”。由于他盛年早夭，未克所愿，遂由他的儿子康熙帝予以践履，先后进行三次东巡，通过谒陵祭祖，追远思源，炫耀成功，光大祖业。这个先例一开，东巡祭祖活动，在尔后的几代帝王中遂成定例，其中乾隆帝四次、嘉庆帝两次、道光帝一次。实际上，雍正帝也曾参加过谒陵祭祖活动，那是在康熙三十七年(1698)第三次东巡时随同前往的。

这些皇帝到达抚顺等地之后，览古兴怀，都曾留下诗篇，以记其盛。康熙第三次东巡，到达兴京(今抚顺新宾)时，曾题五言律诗一首：

霭霭兴王地，风云莫可攀。
潆洄千曲水，盘叠百重山。
瞻拜陵园肃，凝思大业艰。
茏葱松柏茂，瑞鸟满林间。

彩云缭绕的兴京，是大清王业肇基勃兴之地，地处浑河、苏子河上游，周围有烟筒山、启运山环绕，苍松翠柏，葱葱郁郁，蔚为壮观。这里埋葬着清太祖努尔哈赤的远祖孟特穆、曾祖福满、祖父觉昌安、父亲塔克世，是为永陵。瞻仰、肃拜中，先祖披荆斩棘、历险克艰的精神，叱咤风云的气概，创业垂统的煌煌盛业，令人缅怀无尽。

作为随从的皇子，雍正帝当时也写了两首五律，题为“侍从兴京谒陵”，其二曰：

龙兴基景命，王气结瑶岑。
不睹艰难迹，安知启佑心。
山河陵寝壮，弓剑岁时深。
盛典叨陪从，威仪百尔钦。

诗句典雅、谨严，作为追步皇父的唱和之作，非常得体。首联从前诗的“兴王地”中衍生“龙兴”“景命”，王气所钟的话题；颔联展扩前诗“大业艰”之意；颈联一写陵园依山面河，气势雄壮，一写“马上得天下”的岁时久远；结尾，颂扬这次东巡盛典。

康熙帝与乾隆帝祖孙二人，相隔半个世纪，都曾在东巡期间凭吊过萨尔浒古战场，并各题七绝一首：

城成龙跃竦重霄，黄钺麾时早定辽。
铁背山前酣战罢，横行万里迅飞飙。

铁背山头歼杜松，手麾黄钺振军锋。
于今四海无征战，留得艰难缔造踪。

两首诗都是歌颂努尔哈赤的。诗的侧重点不尽相同，爷爷的诗重在开辟，万里横行，所向无敌；孙儿的诗作于守成之际，强调勿忘创业维艰。“城成龙跃”，指铁背山城。“早定辽”，指萨尔浒一战扭转了辽东战场大明与后金发展的大势。乾隆的诗前有小序：“太祖高皇帝以五百人破明数十万众，实王业之基也。”萨尔浒之役，后金首战告捷，明总兵杜松战死。

康、雍、乾三代帝王的诗，贯穿一条共同的思想脉络，就是通过缅怀兴王故迹，颂扬先祖丰功盛烈，表达永志不忘创业艰辛的奋斗精神。

可到了后来，这种昂扬奋发的精神，这个为子孙后世所经常夸耀的传统，却渐渐地被丢弃得一干二净。

3

如果说，这种成于斯也败于斯的现象，纯属历史的巧合，或者称之为偶然性，那么，“其兴也勃焉，其亡也忽焉”的王朝兴废特征，则是带有规律性的。

这里面有个典故，出自《左传·庄公十一年》：

> 宋其兴乎！禹、汤罪己，其兴也勃焉；桀、纣罪人，其亡也忽焉。

这是鲁国大夫臧文仲的话。大意是，宋国将要兴盛起来吧！因为当年的大禹王和商汤王都是以身作则，反求诸己，所以，他们的国家能够很快就强盛起来。而夏桀王和殷纣王总是归罪于别人，他们的国家就很快灭亡了。

后来，在抗战时期，黄炎培老先生到延安访问，与毛泽东主席交谈，在论及历史上政事兴衰时，引用了“其兴也勃焉，其亡也忽焉”这句成语，把它作为一种历史的“周期率”提出来。

“兴勃亡忽”，或者说“龙头鼠尾”现象，在数千年的文明史上，确实屡见不鲜。所有的封建王朝，无一例外地都在绕这个圈子，有的圈子大，有的圈子小，有的时间长，有的时间短，最后，九九归一，都没有逃出这个铁律。

司马迁在《史记·项羽本纪》中指出：

> 羽……何兴之暴也！夫秦失其政，陈涉首难，豪杰蜂起，相与并争，不可胜数。然羽非有尺寸，乘势起陇亩之中，三年，遂将五诸侯灭

秦，分裂天下，而封王侯，政由羽出，号为“霸王”，位虽不终，近古以来未尝有也。及羽背关怀楚，放逐义帝而自立，怨王侯叛己，难矣。自矜功伐，奋其私智而不师古，谓霸王之业，欲以力征经营天下，五年卒亡其国，身死东城，尚不觉寤而不自责，过矣。

这是就楚霸王自身而言。那么，作为整个一个王朝，又如何呢？

就说有清一代吧。经过太祖、太宗父子两代六十年的苦心经营，费煞移山气力，南征北战，创业垂统，奠定下二百九十六年的鸿基伟业；而到了光、宣末世，就如同李鸿章所形容的，清王朝简直就是一个纸糊的破屋，表面看上去，还算完整。可是，风一鼓荡，到处都出窟窿，糊不胜糊，堵不胜堵，千疮百孔，破烂不堪。同样反映了这种“兴勃亡忽”“龙头鼠尾”的规律性现象。

当然，这里的为“勃”为“忽”，大抵是以“势”而言。京剧《霸王别姬》中，虞姬有一句唱词：“自古常言不欺我，成败兴亡一刹那。”古代文人也常用“不旋踵间”来状写成败兴亡的疾速，这不过是一种文学表现手法。实际上，国家的兴衰成败，犹如人的生老病死，原是一个由量变到质变的积累、渐进的过程。清王朝从努尔哈赤崛起于抚顺地区的穷乡僻壤赫图阿拉，中经萨尔浒、辽阳、沈阳三次建都迁都，最后定鼎北京，中华一统，前后经过六十余年；而从鸦片战争前后呈现国运倾颓之势，到最后完全垮台，仍然维持了七十几度春秋。

再者，人的晚年疾病，尤其是内科慢性疾病，往往种因于中年时期。同样，研索一个国家、一个朝代——比如清朝——的衰亡肇因，也应求源溯本，关照全局，要追溯到尚处于盛世的中、前期。择其荦荦大端，这里只谈一点：面对西方资本主义科学文化的蓬勃发展，乾隆皇帝却狂妄自大，以天朝大国自居，闭关锁国，拒绝开放，视西方先进科学为异端邪说，使中国失去了转型的历史机遇；而政治、思想的极端专制，更扼杀了科学与民主的思想萌芽，使新的启蒙运动无法形成，从而直接影响到近代中国的发展；洎乎末季，由于不能因应形势变化，迅速而决绝地推进社会变革，遂使这个老大帝国一败涂地。

这么说，绝不意味着那些阴险的太后、孱弱的君主、昏聩的权臣，不应该对于晚清的衰亡负有直接的责任。他们早已被钉在历史的耻辱柱上，饱遭千秋唾骂。这里只是想说，如果抛开那些致命的“传统基因”于不顾，只从个别人身上寻找病原，尽管显得实际，也不能说不中肯，但终归是“舍本逐末”，不得要领。否则，不妨设想，假如最后换上一个颇有作为的君王来收拾残局，难道就能从根本上挽救这个垂死挣扎中的末世王朝吗？充其量，只能起到几支“强心剂”作用，使“一命呜呼”勉强延缓几日罢了。

4

末代皇帝溥仪在《我的前半生》中，叙述过一个“寸草为标”的故实：

> 在那些陈列品之间有一样东西值得一提的，是“寸草为标”。据说这是康熙皇帝留下来的一种家规的象征。这位皇帝曾经这样规定过：宫中的一切物件，哪怕是一寸草都不准丢失。为了让这句话变成事实，他拿了几根草放在宫中的案几上，叫人每天检查一次，少了一根都不行，这就叫“寸草为标”。我在宫里十几年间，这东西一直摆在养心殿里，是一个景泰蓝的小罐，里面盛着三十六根一寸长的干草棍。这堆小干草棍儿曾引起我对那位祖先的无限崇敬，也曾引起我对辛亥革命无限的愤慨。但是我并没想到，康熙留下的干草棍虽然一根不曾短少，而康熙留下的长满青草的土地被儿孙们送给“与国”的，却要以成千上万平方公里计。

这里体现了康熙皇帝作为一代英主，坚持国家与民族的“大一统”的光辉思想。

>>> 清代前期，“三祖一宗”始终坚定不移地奉行“大一统”原则，通过长达百多年的奋斗，奠定了当代中国版图的坚实基础。

整个清代前期,“三祖一宗”(清太祖努尔哈赤、清世祖顺治、清圣祖康熙和清太宗皇太极)一直坚定地奉行这一思想传统。他们以实现统一、巩固统一、发展统一为依归,为了维护国家主权和领土的完整,展开了长达百余年艰苦卓绝的奋斗。他们内平叛乱,外御强敌,经文纬武,拓土开疆,创立下中华一统的煌煌盛业,奠定了现当代中国版图的坚实基础。其中最堪称颂的就是这位康熙大帝。

在他统治的初期,南方有“三藩”割据,东南海上有郑氏政权占据台湾,西北边疆有蒙古准噶尔部上层分子制造民族分裂,东北部沙俄侵略势力重又入侵黑龙江流域。形势十分严峻。亲政之后,康熙帝首先除掉了鳌拜集团,实现了君主集权,这为铲除各种分裂势力,维护国家的大一统,创造了政治条件。

当时,镇守云南的平西王吴三桂、镇守广东的平南王尚可喜、镇守福建的靖南王耿精忠,拥兵自重,割据一方,与中央对峙。特别是实力最为雄厚的吴三桂,于康熙十二年(1673),以“反清复明”为号召,向朝廷展开了大规模的武装进攻,来势十分凶猛。康熙帝坚决果断,且又调处有方,对强藩吴三桂坚决打击,对随同叛乱的耿精忠、尚可喜等人,实施抚剿兼用、分化瓦解的方针,并封赏、重用一批汉族将领,经过八年苦战,终于取得了平叛全胜,维护了中国的统一。

“三藩之乱”平定以后,制止分裂、解决台湾郑氏政权长期割据的问题,就成为当务之急。台湾自古以来就是中国的领土,明代末年被荷兰人侵占,后来郑成功率军驱逐荷兰殖民者,收复了台湾,大有功于中华民族;但他的子孙及其统治者,却坚持割据,实质上是坚持分裂。他们仿琉球、朝鲜例,只称臣纳贡,同清朝保持藩属朝贡关系。在招抚政策行不通、谈判失败的情况下,康熙帝圣裁独断,任命施琅大将军为福建水师提督,统率大军跨海出征,终于使台湾回归祖国。

面对沙俄入侵黑龙江流域的频繁蠢动,康熙帝明确表态:“环黑龙江流域一水一溪,皆我领土,决不能允许沙俄侵占。”康熙二十二年(1683),调兵永驻黑龙江，紧接着，又先后发起两次雅克萨反击战，将沙俄侵略者逐出中国领土。后来又签订了《中俄尼布楚条约》，收复了黑龙江流域被俄占领的失地，并从法律上明确肯定了黑龙江流域、乌苏里江流域是中国的领土。随着条约的签订，战争也宣告终结，得以及早腾出手来解决噶尔丹叛乱问题，有利于进一步完成国家的彻底统一。

“经文纬武，寰宇一统。虽曰守成，实同开创焉！”《清史稿·圣祖本纪》中对康熙大帝的评价，应该说是很确当的。

5

可是，到了晚清之世，包羞忍辱，受尽欺凌，最后竟到了“割地赔款年年有，卖国条约岁岁签”的地步。道光年间，鸦片战争失败，清政府在英国海军炮舰的威逼下，卑躬折节，屈辱投降，最后签订了清朝历史上第一个不平等条约——中英《南京条约》，割地赔款，被迫开放五个通商口岸，开西方列强大肆侵略中国之先河。

接着，又签了中英《虎门条约》；并分别同美国和法国签订了中美《望厦条约》、中法《黄埔条约》；紧接着，比利时、瑞典、挪威等国也于19世纪40年代后期，与中国签订了一批不平等条约。从此，天朝的大门被彻底打开，中国的领土主权、关税自主权、司法主权和领海主权遭到了严重的侵犯。

到了咸丰年间，第二次鸦片战争之后，中俄、中美、中英、中法签订了《天津条约》，中英、中法签订了《北京条约》。而狡猾的沙俄，三十多年间通过中俄《瑷珲条约》《北京条约》《中俄勘分西北界约记》等不平等条约，侵占了我国一百四十多万平方公里的领土，抵得上十个辽宁全省那么大。

光绪年间，中法战争之后，签订了《中法和约》。特别是甲午战争之后中日《马关条约》的签订，丧失领土主权之重、损失权益之多、赔款数额之巨，打破了以往纪录，成为一次空前浩劫。紧接着，又与俄、德、法、英等签订了多种丧权辱国的条约。美国来晚了一步，不甘落后，便以“门户开放，机会均等”为由，谋取了在华实际的经济利益。最后，八国联军进北京，烧杀劫掠，而躲在西安的慈禧太后，主使李鸿章等与十一国列强签订了卖国、屈辱的《辛丑条约》。从此，中国便沦陷为半封建半殖民地社会，在帝国主义列强掀起的瓜分惨剧中，蒙受了空前的民族灾难。

那种情景，正像辛亥革命前出色的宣传家陈天华在《猛回头》中所写的：

> 大地沉沦几百秋，烽烟滚滚血横流。
> 伤心细数当时事，同种何人雪耻仇？
>
> 俄罗斯，自北方，包我三面；英吉利，假通商，毒计中藏。
> 法兰西，占广州，窥伺黔桂；德意志，胶州领，虎视东方。
> 新日本，取台湾，再图福建；美利坚，也想要，割土分疆。
> 这中国，那一点，我还有分？这朝廷，原是个，名存实亡。
> 替洋人，做一个，守土官长；压制我，众汉人，拱手降洋。
>
> 痛只痛，甲午年，打下败阵；痛只痛，庚子年，惨遭杀伤。
> 痛只痛，割去地，万古不返；痛只痛，所赔款，永世难偿。
> 痛只痛，东三省，又将割献；痛只痛，法国兵，又到南方。
> 痛只痛，因通商，民穷财尽；痛只痛，失矿权，莫保糟糠。
> 痛只痛，办教案，人命如草；痛只痛，修铁路，人扼我吭。
> 痛只痛，在租界，时遭凌践；痛只痛，出外洋，日苦深汤。

看到这里，人们不禁要问：面对着这种丧权失地的奇耻大辱，那些熟记康熙皇帝“寸草为标”的圣谕的帝胄皇孙们，又是如何做想呢？

史载，道光帝在批准中英《南京条约》之后，他为自己打破了天朝帝国的领土完整，久久愧怍于心，死前还下了“罪己诏”，遗命：死后不许配天、祔庙，不许立功德碑。可说是“羞恶之心”未泯，尚有天良发现。而到了他的儿子咸丰帝，虽也不愿与“夷使”同城居住，移居热河避暑山庄，终有避事、苟安之嫌。从他自号“且乐道人”，并终日酣嬉宴游、骄纵淫侈，就可见本质上是陈后主之辈的“全无心肝”者流。后继者更等而下之。到了慈禧太后，则对大清的国运如何全不在乎，只要能保住“垂帘听政”的大权，不管签订什么和约，割多少地，赔多少款，根本不做考虑。即此，对于“宁赠友邦，勿予家奴(汉人)”，“量中华之物力，结与国之欢心”，也就可以洞悉底里了。至于末帝溥仪三度傀儡登场，最后竟沦为汉奸、卖国贼，就更是“马尾串豆腐——提不起来了”。

这种一代不如一代的“龙头鼠尾”现象，使人想起了鲁迅先生关于“还债者”与“讨债者”聚于一家，先后出场的论述。他说，无论什么局面，当开创之际，必靠许多“还债的”；创业既定，即发生许多“讨债者”。此“讨债者”发生迟，局面好；发生早，局面糟；与“还债的”同时发生，局面完。

在清代，崛起、开基时期的太祖、太宗、顺治皇帝，鼎盛时期的康、雍、乾三帝，都属于创业者，亦即“还债的”；而从道光帝以降，咸、同、光、宣四帝，则都是“讨债的”。努尔哈赤开基创业，直到二百九十多年之后，才出现溥仪这样“讨债者”，此亦大清不幸中之幸也。

从道光帝开始，整个晚清之季，这类“讨债者”，不知为什么竟一代压过一代，层出不穷，愈演愈烈。

而那位道光帝的曾孙、末代皇帝溥仪，堪称此其尤者。